Scout Cloud Lee

Der Heilige Kreis

Ein Medizinbuch
für Frauen

Arun

Titel: Die Haut einer Rahmentrommel und ein Motiv von Carol Stanton.

Arun-Verlag, Ortsstr. 28, D-07407 Engerda, T. & F.: 036743/233-0,
e-mail: info@arun-verlag.de, www.arun-verlag.de.
Titel der amerikanischen Originalausgabe: *The Circle is Sacred. A Medicine Book for Women.*

Originally published 1995 by Council Oak Books, Tulsa/San Francisco, USA.

Text- und Umschlaggestaltung: Arun-Verlag & Carol Stanton.
Übersetzung: Ulrike Spindler.
Gesamtherstellung: Hubert & Co., Göttingen

ISBN 3-935581-25-4

Inhaltsverzeichnis

WIDMUNG

Die folgenden Frauen haben mich inspiriert
und so möchte ich ihnen dieses Buch widmen.

Pat Spencer ist die Heldin meines Lebens
und beispielhaft für weibliche Größe.
Sie ist meine Mutter und ich bin ihr außerordentlich dankbar.

Die Anerkennung von Großmutter Jerry hat mich
schon immer das Licht der Liebe erfahren lassen.

Großmutter Princess Moon Feathers zeigte mit Unerschrockenheit
einen leuchtenden Pfad zum langen Leben,
zur weiblichen Kraft und zur guten Gesinnung auf.
Ich fühle mich ihr sehr verwandt.

Jan Summers ist meine Zwillingsschwester.
Sie lehrte mich für das ganze Leben die Bedeutung
von Spiegelbildern und die Bedeutung von Beispielen.
Sie ist meine liebste Spielgefährtin.

Colonel Lyn Gunter (Colonel "God") ist
meine älteste Freundin und Schwester. Zusammen haben wir
oft gelacht, in schweren und in guten Zeiten.
Ihren Namen zu erwähnen bringt ein Lachen auf meine Lippen!

Brooke Medicine Eagle nahm mich an der Hand
und öffnete mir aufs Neue die Augen für
meinen wundervollen Planeten. Sie zeigte mir,
daß ich gegen den Strom schwimmen muß,
um zu meinen Wurzeln zurückzukehren.

Beth Skye zeigte mir eine Schönheit, für die es sich zu leben lohnt.
Sie ist immer an meiner Seite und gibt mir Kraft zum Atmen.
Sie ist meine Zwillingsschwester in den Träumen.

Mariah Kat spiegelt mir all meine Lehren wider und fordert
mich täglich dazu heraus, meinen Worten Taten folgen zu lassen.

Asia Sayr Ladd ließ die Vision, daß die Abbilder der Schönheit
um uns herum bewahrt werden, Wirklichkeit werden.
Wir danken ihr für die vielen Gesichter,
durch die sich uns Schönheit zeigen kann
und für die Bilder in diesem Buch.

All diese Frauen haben mich dazu inspiriert,
meine heilige Kraft als Frau wiederzuerlangen.

Scout Cloud Two-Children Lee

An Unsere Leserinnen und Leser

Ich widme euch ein lachendes Herz. Im Lauf der Jahre haben sich unsere Herzen zu euch hin geöffnet. Wir wissen, daß ihr, ebenso wie wir, von einem einzigen Willen gelenkt werdet. Seid gewiß, daß wir an eurer Seite sind. Fühlt euch mit uns vereint im inneren Kreis eures Herzen.

Fünfzehn Jahre lang haben wir die "Medizin" mit dieser Welt und anderen geteilt. Wir sind Diener der Medizin. Wir beschreiten den roten Pfad von Mutter Erde und Vater Himmel.

Wir sind Hüterinnen, die nur vorübergehend hier weilen, um uns um unsere eigenen Körper sowie um die Mutter Erde, auf der wir leben, zu kümmern. Wir sind hier, um unsere Bestimmung und unser jeweiliges Schicksal in Harmonie miteinander und im Einklang mit der Natur zu erfüllen und zu leben. Die Zeiten, in denen man zu den Waffen griff, sind vorüber. Jetzt ist die Zeit der Kraft der Medizin angebrochen. Es ist dies eine Zeit, in der wir für unsere Taten und deren Konsequenzen in besonderem Maße zur Rechenschaft gezogen werden.

So warnt Brooke Medicine Eagle: "Wir müssen unsere gegenwärtigen Probleme lösen, ohne dadurch neue zu schaffen. Wir müssen das Hauptgewicht darauf legen, Respekt zu zeigen, statt Aggressionen; uns anderen zuzuwenden, statt uns von ihnen abzuwenden; die Kraft im Fluß der großen Mächte zu erkennen, statt die Herrschaft einzelner über andere zu akzeptieren; zu nähren, statt zu kämpfen; Leben zu erhalten statt, es zu zerstören. Auch müssen wir uns auf eine tiefe heiligen Ökologie, die respektvoll mit all unseren Beziehungen umgeht, konzentrieren. Die sanfteren Lebensformen können auf Dauer nicht niedergehalten werden. Es ist wie mit dem Grashalm, der durch den Asphalt hindurchwächst".

Innerhalb des heiligen Kreises All Dessen Was Ist entspringt Heilung. Innerhalb des Kreises können wir die Ganzheit und die Heiligkeit des Lebens neu erschaffen. Was auch immer wir im Hinblick auf einen einzigen Bestandteil des großen Netzes des Lebens tun, tun wir mit, für oder gegen uns selbst, denn wir sind alle eins.

Wenn wir eins sind mit allen Dingen, dann werden wir ein Gefühl von Gelassenheit, Einklang und Glück empfinden, und wir werden unsere besten Gaben und Talente einbringen können.

Die Frage ist nicht, ob sich der Löwe in Frieden mit dem Lamm zur Ruhe legen wird, sondern ob es den Menschen möglich sein wird, überhaupt irgendeiner Kreatur in Frieden begegnen zu können. Man sagte einmal: "Es gibt kein Land, in dem die Spuren von Mokassins und die der Stiefel des weißen Mannes nebeneinander verlaufen". Und doch haben wir jetzt die Gelegenheit, zusammen - Rote, Gelbe, Schwarze, Weiße - den heiligen Kreis zu betreten und einen neuen Weg zu wählen, einen Weg, der herausfordernd, aufregend, unterhaltend, provokativ, lehrreich und in tiefstem Sinne spirituell ist. Im Zuge der Entfaltung unserer Chance eröffnet sich uns die noch nie zuvor dagewesene Möglichkeit, ein Teil dieser Erde, des Himmels über ihr und all dessen was dazwischen liegt, zu sein, und dann wird sich ein Weg auftun, und wir werden unser Volk und diesen wundervollen Planeten retten.

In vielen Kreisen werden wir mit unseren Trommeln um das Feuer des Rates sitzen und mit starken Herzen den Tag begrüßen, an dem wir eins sein werden. Wir werden alle zusammenkommen, wie viele einzelne kleine Bäche, die sich in einem großen Fluß vereinen. Und vielleicht werden wir von einem fernen Ort, hoch oben, sehen, wie sich all unsere Flüsse in jenem großen Wasser, daß unsere ganze Heimat umschließt, zu einem großen Ganzen vereinen. Wir werden um unsere Feuer und an den Orten des Lehrens sitzen, und wir werden aufbrechen zu einer Reise, um unseren alten Planeten wiederzufinden. Wir werden zu seinem Mond aufblicken und in seinen Wassern schwimmen, seine Früchte essen und seine Geschöpfe aufs Neue entdecken und bewundern. Wir werden uns im Wind und in der Sonne reinigen und die Stätten unserer Vorfahren aufsuchen. Wir werden nicht weiter um Tische sitzen, an denen wir gescheite Reden halten und doch mit leeren Händen dastehen. Wir werden uns fühlen wie die letzten noch nicht eroberten Einwohner der Erde und uns auch demgemäß verhalten.

Wir werden sagen: "Dank sei Dir, oh Höchster! Ich liebe Dich! Ich liebe Deine Bäume, Deine Sonne, Deine Sterne und den kleinen Mond. Ich liebe Deine Dunkelheit und Dein Licht. Deine Beeren und Früchte, Deine Gräser und Wiesen sind wunderschön. Ich liebe all Deine Geschöpfe, ihr herrliches Fell und ihre wundervollen Augen, Federn und Panzer. Ich liebe jeden Menschen, der hier lebt. Und mehr noch, ich respektiere jeden Menschen für seine Eigenheiten und erkenne an, daß jeder von uns seinen eigenen Weg zu seinem Schutz, für seine Ziele und sein Glück einschlägt".

Wir werden unser Schild der Medizin erheben und somit unsere Bestimmung erkennen. Wir werden weitsichtig wie ein Häuptling werden und von einem erhabenen Ort zum nächsten ziehen, bis wir am Ort unserer endgültigen Bestimmung angekommen sein werden. Wir werden Halt machen und unser eigenes Tipi errichten; jede seiner Stangen werden wir als eine Nation betrachten, und das aufgerichtete Tipi wird die Zeit symbolisieren, in der alle Nationen verbunden sein werden. Die hölzernen Stangen werden wir als unsere kleinen Kinder ehren und einen Eid darauf leisten, daß eine jede unserer Handlungen segensreich für unsere Kinder der kommenden sieben Generationen sein wird.

Wir werden darauf achten, daß Tiere, Insekten und Pflanzen mit dem Respekt behandelt werden, wie er üblicherweise Erwachsenen in hohen Positionen erwiesen wird. Wir werden erkennen, daß das Leben ein Kreis ist, und alles in ihm seinen heiligen Platz hat. Wir werden unsere Frauen wieder emporheben und ihre Friedfertigkeit, Harmonie, Zusammenarbeit, Gesundheit und Fruchtbarkeit achten und ehren.

Wir werden uns gemeinsam daran erinnern, daß die Ehre eines Volkes in den Spuren der Mokassins der Frauen liegt. Sollte der Stolz und die Tugend unserer Frauen verloren gehen, so werden wir sehen, daß der Frühling zwar kommen wird, daß aber die Pfade der Büffel sich in Gras verwandeln. Wir werden zu der Einsicht gelangen, daß kein Volk bezwungen werden kann, solange die Herzen seiner Frauen stark sind. Wir werden erkennen, daß ein Volk untergehen wird, wenn die Herzen seiner Frauen zu Staub geworden sind.

Auch werden wir aufs Neue erkennen, daß das Wohlergehen unserer Jungen und Alten von herausragender Bedeutung ist, denn darin liegt all die Weisheit unserer Zukunft. Wir werden achtsam sein, doch werden wir unseren Kindern die Möglichkeit geben, ihre eigenen schmerzlichen Erfahrungen zu sammeln. Dann können wir gewiß sein, daß sich ihre Augen nicht im Zorn gegen denjenigen wenden, der sie zurückgehalten hat, sondern gegen die Quelle des Schmerzes. Wir werden lernen, ihr natürliches Streben, Dinge zu erforschen und zu erproben, nicht zu unterdrükken. Wir werden sehen, wie sie mit Vorsicht zurückkehren und den Ort erkennen, an dem sich die Wärme des Feuers in sengende Hitze verwandelt.

Wir werden lernen, die Dinge mit unseren Herzen und nicht mit unserem Verstand zu begreifen. Wir werden den Wert der wahren Höflichkeit, der Freigebigkeit, der Akzeptanz unterschiedlicher Lebensstile, des Optimismus und der Gleichheit der Rechte von Mann und Frau erkennen. Wir werden handeln, um zu sehen und nicht um gesehen zu werden. Wir werden lernen, einfach zu leben, so daß andere einfach leben können. Wir werden an der Seite von Kriegern gehen, denen nichts in ihrer Behausung so heilig ist, daß sie es nicht bereitwillig verschenken würden. Wir werden nach Führung streben, wenn uns kein Besitz mehr geblieben ist, außer die Freude daran, zu geben.

Wir werden uns der einfachsten Dinge bewußt, Dinge wie "ein Kind zu schlagen bringt kein Glück" und "wenn man hinter vorgehaltener Hand schlecht über andere spricht, dringen die Worte dennoch zwischen den Fingern hindurch". Wir werden singen: „Woksopa muku ye“ ... Mach mich mutig und weise!

Wir werden uns nicht mehr die Köpfe darüber zerbrechen, wie es zur Störung des Gleichgewichts gekommen ist, sondern uns darauf konzentrieren, wie wir das Gleichgewicht wiederherstellen können. Wir werden in einen Zustand ewiger Kindheit zurückkehren und unsere Führer so auswählen, wie Kinder sie auswählen würden. Ein so gewählter Führer wird nicht der Sohn des einflußreichen Bankmanagers sein, sondern der Mensch, dem man am meisten vertrauen kann. Wir werden unsere Freiheit, unsere Mythen, unsere Wurzeln und unsere Magie wiedererlangen.

Wir werden unseren eigenen Stab und unsere eigene Lanze schnitzen und sie mit uns auf die Felder nehmen. So werden wir lernen, daß uns Bewegung davor bewahrt, stumpfsinnig und dumm zu werden. Wir werden lernen, nicht die zu bestaunen, die töten, sondern die, die heilen. Wir werden lernen, das menschliche Leben mehr zu achten als den Besitz. Aus erster Hand werden wir erfahren, was es heißt, die Kundschafterin unserer Sippe zu sein, ... die Augen, die Ohren und das Herz der Menschen. Wir werden den Wert der obersten Wärterin des Friedens, die ihre Wohnstatt im Mittelpunkt des Dorfes aufschlägt, erkennen.

Wir werden mit unseren Pferdeherden spielen, neue Versteckspiele und Erntespiele erfinden und Jäger und Gejagter spielen, um unsere Tapferkeit, unseren Geist und unseren Körper auf die Probe zu stellen. Wir werden die Bedeutung von drei Tagen des Lachens und des Spielens vor jeder ernsten Aufgabe zu schätzen lernen. Wir werden feststellen, daß diejenigen, die ihre Kraft für das Gewinnen eines der vielen Spiele des Lebens verleugnen, den Geist des jeweiligen Spieles schwächen.

Wir werden uns zusammen mit den Stone People in die Schwitzhütte begeben und erkennen, daß das Schwitzen bei jeder Krankheit verordnet wird und daß diese Maßnahme so alt wie das Leben selbst ist. Wir werden die Wahrheit sprechen, wenn wir die chunupa (die Pfeife) in unseren Händen halten und zusehen, wie das Pferd unseres Atems unsere Gedanken in Spiralen hinaus in die Welt um uns herum trägt. Wir werden lernen, unsere Knochen hohl zu machen, so daß wahre Kraft durch uns fließen kann. Wir werden den Rauch von Zeder, Salbei und Süßgras atmen und lernen, wie man eins wird, wie man sich mit anderen verbindet, wie man Wahlverwandte auswählt, wie man ein Mann oder eine Frau wird, wie man einen neuen Namen schafft und wie man sich selbst einbringt.

Wir werden lernen, zu scherzen und kleine Geschichten zu erzählen, um so den Pfad unseres Schicksals kurzweiliger zu gestalten. Wir werden lernen, niemanden für primitiv zu erklären, der die sterbenden Bäume um Vergebung anfleht. Wir werden erkennen, daß Bäume Sauerstoff erzeugen und daß es nicht an uns ist, sie mit Bulldozern niederzureißen. Wir werden lernen, daß wilde Tiere das geistige Equivalent zu Sauerstoff erzeugen, und wir werden von dem Zauber und dem Staunen über die wundervollen Arten, durch die das Universum das Leben auszudrükken vermag, ergriffen werden.

Wir werden feststellen, daß die wilden Blumen, die auf den Hügeln wachsen, sich vermehren und noch prächtiger erblühen werden, wenn wir sie loben und preisen. Und wenn wir die wilden Tiere dafür bewundern, daß sie sich uns zeigen, werden sie mit ihrer gesamten Familie zurückkehren und uns erfreuen. Wenn wir unsere gesamte Aufmerksamkeit darauf richten, die Schönheit in den Dingen zu erkennen, werden wir selbst reich an innerer und äußerer Schönheit.

Wir werden lernen, daß ein Indianer, der zu Wakan-Tanka und Tunkashila betet, damit auch Gott-Vater und Bruder-Freund Jesus anruft. Wir werden die Heilige Mutter, den Heiligen Geist, über die Erde ziehen sehen und im Wind sprechen hören.

Wir werden sehen, daß nur die Biene mehr Vorräte anlegt, als sie braucht und daß sie deshalb vom Bären, vom Waschbären und von der Krähe beraubt wird. So ist es auch mit den Menschen, die mehr für sich anhäufen, als eigentlich ihr Anteil ist. Man wird es ihnen wieder wegnehmen. Über ihre Reichtümer werden Kriege ausgetragen und sie werden lange reden, nur um mehr behalten zu können, als ihr Anteil ist. Sie werden sagen, daß es eine Fahne gibt, die dafür steht, daß sie so handeln dürfen, und Männer und Frauen werden dieser Worte und der Fahne wegen in den Tod gehen. Und doch werden wir lernen, daß all dies die Regeln des Gleichgewichts nicht ändern kann.

Wir werden erkennen, daß die "Väter unseres Landes" nicht nur die *"Wasicus"* (die, die den Büffel töten) waren, die das Abschlachten der Bisons und der Indianer sowie die Versklavung der Farbigen angeordnet haben. Wir werden feststellen, daß die Väter der Steppe und der Prärie auch unsere Vorväter waren, sie alle, Sitting Bull, Crazy Horse, Chief Joseph, Frank Fools Crow, Black Elk, Geronimo, Osceola und Billy Bow Legs. Wir werden die "Mütter unseres Landes" und ihre matriarchalische Liebe ehren.

Wir werden erkennen, daß die indianischen Ideale von Demokratie, Gleichheit und Freigebigkeit bedeutenden Einfluß auf die Entstehung des Charakters und der Werte des heutigen Amerika hatten. Wir werden entdecken, daß die amerikanische Verfassung auf der Grundlage indianischer Demokratie geschrieben wurde. Wir werden feststellen, daß heutige Pädagogen sich ihre Anregungen aus den Lehren der Indianer holen, wenn es um Intuition und Gefühl als wichtigste Grundlage für den Lernprozeß geht. Wir werden feststellen, daß die indianischen Heiler eine ganzheitliche Sichtweise der Gesundheit haben, die die psychischen Komponenten der jeweiligen Krankheit anerkennt. Wir werden erkennen, daß die indianischen Künstler in Amerika zu unseren größten Visionären zählen, die uns neue Inspirationen im Bereich der Malerei, der Skulpturen, der Literatur, des Tanzes und der Musik geben.

Wir werden feststellen, daß wir in unserer gegenwärtigen ökologischen Krise zu den Vorstellungen der Ureinwohner Amerikas über ein Leben im Einklang mit der Natur zurückkehren. Wir werden sehen, daß erfolgreiche Geschäftsmänner neue, nichthierarchische Organisationen aufbauen, die auf den indianischen Idealen der persönlichen Unabhängigkeit und Gleichheit sowie auf dem Konzept des offenen Forums basieren. Wir werden den "Redestab" weiterreichen und den Wert der offenen Möglichkeiten zu schätzen lernen. Wir werden den indianischen Glauben an Transformation, einen Glauben, in dem der Einzelne in jeder Phase seines Lebens eine neue Identität, neue Ideale und einen neuen Namen annehmen kann, zu schätzen lernen. Wir werden den Gedanken des Schenkens ehren und feststellen, daß im Zyklus des Lebens alles, was wir verschenken, im Überfluß zu uns zurückkehren wird. Wir werden erkennen, das wahrer Reichtum nicht in dem zu sehen ist, was man besitzt, sondern darin, was man geben kann.

Wir werden feststellen, daß es vor der Entdeckung der Neuen Welt in Europa keine Teamsportarten gab und daß die Ballspiele der Indianer, wie beispielsweise Lacrosse, die Modelle für unsere heutigen Baseball- und Fußballspiele sind. Wir werden bemerken, daß die heutige Sportbesessenheit nichts anderes ist, als eine Fortsetzung der Spielbegeisterung der Indianer sowie ihrer Freude und ihrem Ehrgeiz, den Stamm zum Sieg zu führen.

Wir werden erkennen, daß die Indianer niemals das menschliche Leben als etwas Gewöhnliches oder etwas, was man mit einer oberflächlichen Haltung abtun kann, angesehen haben. Ihre Rituale fordern die tiefsten Qualitäten in einem Menschen heraus. Die Indianer lernten die Prüfungen zu schätzen, durch die es ihnen möglich wurde, sich in physischer und emotionaler Hinsicht zu entwickeln. Wir werden dieses ausschließliche Wertesystem der Ureinwohner Amerikas, in dem kein "Outsider" innerhalb des Stammes bestehen kann, zu verstehen lernen. Wir werden ein System zu schätzen lernen, das unübliche Talente und unübliches Verhalten akzeptiert und assimiliert. Wir werden eine Welt mit vielen Wahrheiten und kulturellen Komplexitäten entdecken.

Wenn wir zusammenkommen, wird unser Herz sich mit Mut und Hoffnung auf Erneuerung füllen. Und was noch wichtiger ist, unser Geist wird allein auf Taten voller Kraft und Schönheit, die für das Leben in seiner Gesamtheit gut sind, gerichtet sein.

Geschichten brauchen eine Stimme. Sie sind Personen, die in uns wohnen, genauso wie unsere eigene Lebenskraft, und sie beleben unser ganzes Wesen. Genau wie die Kraft uns auswählt, so wählen auch Geschichten uns aus. Das einzige was wir tun können, ist uns auf das vorzubereiten, was kommen wird. Und so wird eine Geschichte unseren ganzen Geist gefangennehmen.

Folklore ist das Herz des Selbstausdrucks. Von daher ist sie auch das Herz der Akzeptanz der eigenen Person. Wir leben in einer Zeit, in der die meisten Menschen ihre Vergangenheit nicht kennen. Wenn Menschen ihre Vergangenheit nicht kennen, dann kennen sie auch ihre Zukunft nicht. Wenn sie nicht wissen, wo ihr Volk herkommt, dann können sie auch nicht wissen, wo es hingeht.

Lange haben wir darum gebetet, daß Filme gemacht werden, durch die wir auf die eine oder andere Weise etwas über unsere wahren Vorfahren erfahren. Wir hofften, daß wir darin nicht wieder den üblichen sterilen, fehlerfreien, nicht mehr als menschlich erkennbaren Stereotypen begegnen würden, die wir lange genug ertragen haben. Innerhalb des Kreises haben wir die Chance, selbst als Mitglieder der Schauspielertruppe mitzuwirken und tatsächliche Erfahrungen zu machen. Ist es möglich, daß derartige Erfahrungen unseren Brüdern und Schwestern die Augen öffnen, für die Tatsache, daß das ganze Leben eine Bühne ist und daß wir ständig die Welt um uns herum erschaffen? Wenn dies möglich ist, dann könnten wir vielleicht gemeinsam beschließen, auf dieser Erde einen wunderschönen Garten wiederzuerschaffen.

Wir haben die Kraft in uns, die auch tief im Herzen von Sitting Bull verankert war, den heilenden Regen heraufzubeschwören. Unser Leben, ebenso wie unser Tod, liegt in unseren eigenen Händen. Es wurde gesagt: "Klopft an, und es wird euch aufgetan. Bittet, und es wird euch gegeben. Was ihr dem Geringsten unter ihnen tut, das habt ihr mir getan". Wir sind die Welt! Nur wenn wir Grund dazu haben, das zu fürchten, was in unseren eigenen Herzen ist, haben wir Grund dazu, um diesen Planeten zu bangen.

Mögen wir unser Leben heilig halten und möge der Große Geist es in das Netzwerk aller Dinge einbringen, auf daß wir in Harmonie mit der Welt leben können. Durch diesen Prozeß können wir uns selbst den Frieden lehren. Mögen wir die Kraft des Friedens erkennen und weitergeben!

In der Zeit vom 4. bis zum 11. August 1991 kam eine Gruppe junger Mädchen und Frauen auf einer abgelegenen und friedlichen Ranch in Oklahoma zusammen, um den heiligen Kreis zu feiern. Vertreten waren die Lehren, die für so viele unserer Wurzeln stehen, wie zum Beispiel die der Seminolen, Cherokee, Choctaw, Seneca, Lakota, Irokesen, Hawaiianer, Aborigines, Kelten, Deutschen, Engländer, Niederländer, Iren, Franzosen und vieler mehr. Wir baten die Ältesten und die kleinen Mädchen, unser Zusammensein zu segnen und zu leiten. In den Kapiteln dieses Buches sind Weisheiten unzähliger Jahrhunderte enthalten. Wir teilen hiermit unser Verständnis von dem, was wir gemäß der Weisung des Großen Geistes zum Auftakt des 21. Jahrhunderts beisteuern sollen. Keine von uns wird sich in diesem Buch mit ihren offiziellen Titeln, Ehrungen und Auszeichnungen hervortun. Wir werden einfach nur unsere Erfahrungen mit dem Großen Geheimnis mit anderen teilen. Jede von uns ist Körper und Seele. Jede von uns ist ein Wissen, das mit dem Allwissenden verbunden ist. Mögen wir immer hohle Knochen haben, so daß die Große Kraft in uns einen Tempel der Liebe und Weisheit für unsere Kinder über sieben Generationen errichten kann.

Dieses Werk ist uns durch Visionen zugetragen worden. Wir haben uns nur auf unseren Glauben verlassen. Es war das Verdienst der Frauen, die unsere Vision der Wiederkehr des heiligen Kreises teilen, daß wir unsere Ältesten um uns versammeln und sie mit Würde und Freigebigkeit behandeln konnten.

Dieses Werk entsprang der Arbeit mit Frauen. Wenngleich wir uns Ritualen und Zeremonien zuwenden, die sowohl für Frauen als auch für Männer von Bedeutung sind, liegt der Hauptschwerpunkt auf der Wiederkehr der obersten Mutter des heiligen Kreises. Sherry Ruth Anderson und Patricia Hopkins haben das spirituelle Leben der Frauen untersucht. Sie haben folgendes zu sagen: "Im Laufe der Geschichte haben die Frauen im allgemeinen über ihre persönliche spirituelle Existenz geschwiegen. Männliche Führer und Vertreter, Priester, Rabbis, Geistliche, Zen-Meister, Yoga-Meister und zahllose andere männliche Lehrer haben festgelegt, was Spiritualität ist und wie sie im Leben von Männern und Frauen entwickelt werden sollte. Selbst wenn hoch angesehene Frauen das Wort ergreifen, können ihre Ausführungen nicht so leicht von den patriarchalischen Idealen, die uns seit den Tagen der Kolonialisierung beeinflussen, abgetrennt werden". Des weiteren sagen sie: "In unserer Kultur weiß man nahezu gar nichts davon, wie sich Frauen in spiritueller Hinsicht entwickeln. Es ist uns klar geworden, daß Frauen, die sich auf der Suche nach Inspiration heute auf spirituelle Pfade begeben, über die Modelle der Vergangenheit hinausschauen müssen"*. Die heutigen Frauen brauchen Geschichten von geistig reifen Frauen unserer Zeit und Kultur, die das Heilige in einer der heutigen Zeit angemessenen Weise darstellen. In diesem Werk stellen wir unsere Version des Alten und des Neuen dar. Als Frauen schreiben wir Bücher, fahren über die Schnellstraße zur Arbeit, arbeiten für den Frieden, lassen uns scheiden und heiraten wieder, ziehen unsere Kinder groß, zahlen Rechnungen, tragen den Müll raus, ziehen die Klospülung und hängen hin und wieder vorm Fernseher rum. Wir sind ganz gewöhnliche Frauen mit einem außergewöhnlichen Lebensstil, in einer Welt, die so dringend unsere Liebe braucht. Im Buch der Sprichwörter lesen wir: "Lerne nicht nach deinem eigenen Verständnis, sondern erkenne und ehre in all deinem Tun die Quelle, und sie wird dich auf deinem Weg leiten". Diese Rituale und Zeremonien kamen schon immer aus uns heraus und nahmen durch die Gegenwart des Geistes in jedem Menschen Gestalt an. Wenn sie zu euch kommen, mögen sie sich lachend an eure Seite gesellen und euch in euren eigenen Erfahrungen mit dem Geist beistehen. Wenn sie nichts weiter bewirken, als euch den Mut zu geben, eure eigene Welt zu schaffen, haben wir schon einen Sieg errungen.

A Ho!

Möge der Friede regieren,

Cloud & Skye

---

*Übernommen aus *The Feminine Face of God* (Das weibliche Antlitz Gottes), Bantam Books, 1991

Kapitel 1

Ehrung des Kreises

Ohne Zweifel ist die Schöpferin-Mutter dabei, ihren Weg zurück in die Dreieinigkeit zu finden, in die Dreieinigkeit, in der sie seit der Zeit der Kolonialisierung hinter dem Etikett "heiliger Geist" versteckt war. Der kleinste Kreis, ein Kreis, der aus drei Personen besteht, hat nun wieder eine Mutter-Göttin, die Seite an Seite mit dem Vater-Gott und dem heiligen Kind steht. Der Kreis, die Dreieinigkeit, ist heilig. Dieses Werk ehrt die große Mutter im Geiste. Die Gegenwart des Weiblichen in der Gottheit ist essentiell für die Ganzheit des Menschseins und für die Familien, die die Hirten unserer wundervollen Erde sind. Der Heilige Geist, der sich in allen Dingen bewegt, ist unsere Mutter. Sie ist die Wahrheit. Unsere gesegnete Große Mutter erhält uns und nährt unsere Träume, so wie unsere eigenen Mütter uns an ihren Brüsten hielten und nährten. Es ist unser Großer Vater, der unsere Träume verficht und ihnen Kraft gibt, und zwar im Einklang mit den tiefsten Wünschen unserer Großen Mutter und unseren eigenen Sehnsüchten. Es ist unser Bruder Jesus, dessen Geist bei uns weilt, als Lehrer und Freund. Und es gibt da noch andere Geister, die sich mit uns auf die Reise begeben, während sich der Kreis der Dreieinigkeit ausweitet und die große Familie "All Dessen Was ist Und Was Jemals War" in sich einschließt. Unsere Vorfahren sind uns vorausgegangen und dienen uns weiterhin, bis zum heutigen Tag. Das Unsichtbare ebenso wie das Sichtbare steht uns bei, wenn wir uns selbst entleeren und dem Geist Raum geben, sich in uns zu entfalten. Unsere Knochen mögen hohl sein, auf daß Wahrheit und Weisheit in uns fließen können. Laßt uns unseren Platz innerhalb des Kreises einnehmen, denn der Kreis ist heilig.

Jede Zeremonie muß mit der Ehrung des Kreises beginnen. Die Alten haben uns gesagt, das "Christ" soviel bedeutet wie "Kreis". Jesus war ein Mann des Kreises. Der Kreis stellt sowohl den zentralen Brennpunkt, aus dem heraus alles fließt, als auch die alles umfassenden Arme All Dessen Was Ist dar. Wenn Anfänger mit dem Erlernen von Karate beginnen, erhalten sie einen weißen Gürtel. Die meisten Menschen denken, daß ein Schüler, der seine Karateausbildung ernst nimmt, danach strebt, den schwarzen Gürtel zu erlangen. Tatsächlich gibt es neun Stufen innerhalb des schwarzen Gürtels, von denen der erste von manchen Menschen als der am wenigsten erstrebenswerteste angesehen wird, da der Schüler genug weiß, um gefährlich zu sein. Wenn man beim Karate den höchsten Gürtel erreicht, so ist dieser nicht schwarz sondern weiß. Somit kehren die Schüler an den Anfang zurück. Sie erkennen, daß sie in Wahrheit nichts wissen. Ähnlich dazu haben die wirklich Weisen keine Anhänger und der wahrlich gute Lehrer ist der beste Schüler. Der Kreis ist sowohl der Anfang als auch das Ende, das Alpha und das Omega. Wir leben und atmen und bringen unser Wesen in den Kreis mit ein. Es gibt Menschen, die die "Wiederkehr Christi" vorhersagen. Wir wissen, daß sie die "Wiederkehr des Kreises" meinen.

Heute ist der Tag, an dem die Kraft der Frauen,

die Kraft der Kinder und die Kraft der Erde gebraucht wird.

Alinta

Kollektive Energie reicht aus, um Wasser aus der Wüste zu ziehen.

Laßt uns zusammenkommen. Das ist unsere einzige Aufgabe.

Cloud

Der Kreis ist eine weibliche Figur, ein weiblicher Klang. Er ist ein geheiligter und geschützter Raum, in dessen Inneren alle Dinge und alle Menschen gleich sind. Der Kreis ist das Symbol und die Wurzel schlechthin für Gleichheit und Gleichberechtigung. Der Kreis befindet sich an der Wurzel zur wahren Demut, wo jeder einzelne als wichtig für das Ganze erachtet wird und keiner wichtiger ist, als der andere. Gott ist ein Kreis, dessen äußerer Rand nirgendwo und dessen Mittelpunkt überall ist.

Geschlossene Kreise sind immer ein Schutz, insbesondere für diejenigen, die sich mit Zauber und Magie befassen. Ein Heiler ist einer, der Kreise zieht. Der Kreis ist das Symbol schlechthin für die universelle Gottheit und wird durch die Kraft des vollen Mondes und des alles-sehenden Auges angerufen.

Zu diesem Zweck ist dieses Buch als unser Geschenk dem Großen Geheimnis geweiht.

Auf immer stehen wir in der Mitte.

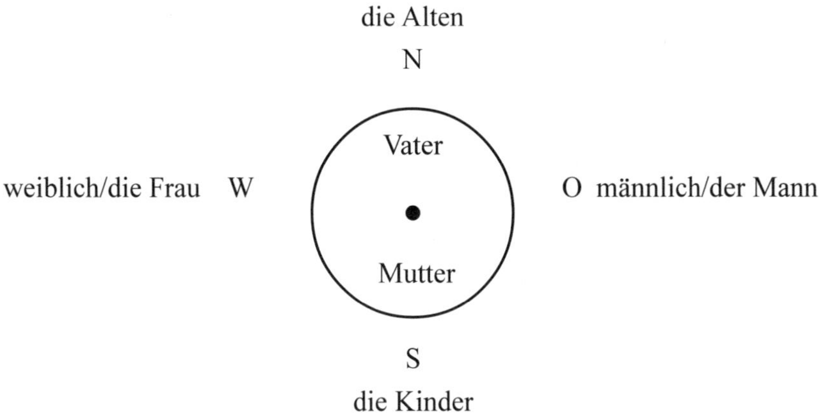

Die sieben heilige Richtungen des Kreises

Von diesem Ort aus lassen wir unsere Stimmen zu Ehren des Großen Vaters erschallen und sehen die Manifestation seiner Kraft in der Sonne. Die Sonne sendet ihre Energie auf unsere Mutter Erde herab und zieht aus ihrem Leib Leben hervor. Wir senden unsere Worte der Ehrerbietung zu unserer Großen Mutter, aus der alle materiellen Dinge, die für unser körperliches Wohlergehen notwendig sind, hervorgehen. Wir segnen ihren heiligen Geist, denn sie ist es, die durch alles Leben fließt und dafür sorgt, daß unsere Mühen Früchte tragen. Wir erheben unsere Stimme in jede der vier Himmelsrichtungen; möge sie auf dem Wind reiten und von Baum zu Baum und Fels zu Fels reisen, und mögen in ihr die Stimmen aller lebenden Geschöpfe widerhallen.

Wir senden unsere Stimme gen Osten, dorthin wo die Sonne jeden Morgen aufgeht. Wir segnen alle lebenden sichtbaren und unsichtbaren Geschöpfe, die im Osten leben. Dies tun wir, um uns die Geburt aller Dinge zu vergegenwärtigen. Im Osten ehren wir das männliche Prinzip und das Sähen neuen Lebens und neue Anfänge.

Wir senden unsere Stimme gen Süden und wiederholen unseren Segen für alle Geschöpfe, wobei wir an die Tage unserer Jugend, unserer Leidenschaft, unserer körperlichen Wendigkeit, unserer Unschuld und unseres Vertrauens zurückdenken. Im Süden ehren wir unsere Kinder.

Wir senden eine Stimme gen Westen und segnen damit alle Menschen des Westens und alle sichtbaren und unsichtbaren Dinge. Wir heißen diese Energien in unserem Kreis willkommen und denken an die Wohltat des Sonnenuntergangs, wenn wir unsere tägliche Arbeit beenden und nach Hause in den inneren Kreis der Familie zurückkehren, wo wir uns ausruhen und am Zusammensein erfreuen. Hier erkennen wir die unerforschten Orte und verstehen, wie alles Leben entsteht. Es gleicht einem Samenkorn, das seine Hülle abwirft, seinen Bauch ausdehnt und seine Füße tief in den Boden streckt, von wo aus es die Kraft nehmen kann, sich nach oben, aus der Dunkelheit ins Licht, auszustrecken. Im Westen ehren wir das weibliche Prinzip.

Wir senden eine Stimme gen Norden, dorthin wo die Weisheit in den Herzen und im Geist der Alten und Weißhaarigen liegt, dorthin wo die Blätter von den Bäumen fallen und sie wie Gerippe des Lebens zurücklassen. Dort strecken die Bäume ihre nackten Glieder dem Leben entgegen, da sie tief in ihrem Inneren wissen, daß sie neues Leben in sich tragen, das hervorbrechen wird, wenn der Frühling und die Sonne erneut Einzug halten. Im Norden verehren wir unsere Ältesten.

Der Begriff "der Kreis" ist eine Möglichkeit,
die Verwandtschaft aller Dinge miteinander auszudrücken.
Es handelt sich um eine Perspektive, in der die eigene Erfahrung
der physischen Welt, der Welt der Ereignisse, der Gefühle,
der Gedanken und der Beziehungen, anerkannt wird.
Auf diesem Kontinent nannten die Ureinwohner
diesen Kreis des Lebens "das Medizinrad".
Damit erkannten sie an, daß das Ziel der großen Reise
der Menschen innerhalb dieses Kreises darin besteht,
zu ganzheitlichen menschlichen Wesen zu werden,
die in einer guten und ausgeglichenen Beziehung
mit allen Aspekten des Lebens leben,
sei es in physischer, mentaler, emotionaler
oder vor allem es in spiritueller Hinsicht.

Skye

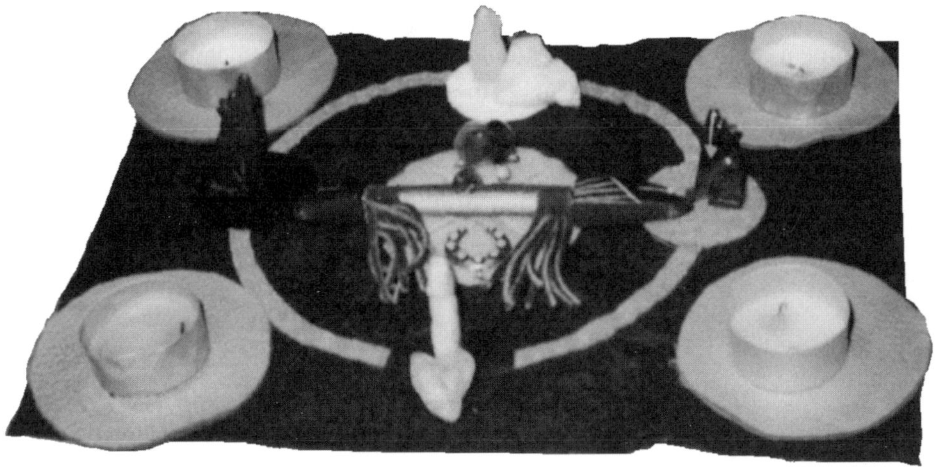

Skyes Gebetsbündel

Wir heißen alles, was ist und was aus den vier Windrichtungen kommt, im Kreis willkommen.

Schließlich blicken wir nach Innen, dorthin wo unsere Verwandtschaft mit allen Völkern dieser Erde liegt. Innen wohnt das Allwissende, das auf ewig mit dem Allwissenden verbunden ist.

Wir stehen immer im Mittelpunkt des Kreises. Jede Zeremonie, jedes Gebet, jede Feier, jedes Ritual, jeder Augenblick im Lauf der Zeit beginnt mit der Ehrung des Kreises. Wir sind mit allen sichtbaren und unsichtbaren Dingen verbunden.

Es gibt viele Möglichkeiten, um den Kreis des Lebens zu ehren. Im folgenden werden nur ein paar davon angesprochen.

Die Frau erhält und nährt den Traum und gibt ihm Kraft.

Der Mann tritt für den Traum ein und beschützt ihn.

Kinder träumen den Traum.

Dies ist die heilige Dreieinigkeit.

Dies ist das innere Gleichgewicht.

Cloud

Feuerkreis im Zentrum des Dorfes

Südlicher Eingang des Dorfes

Östliches Tor, Schutzschild

Ein einfaches Gebetsbündel enthält das Tuch des Kreises, das man zum Gebet auf dem Boden ausbreitet.

Das Tuch ist grün. Wir wollen damit dem Heiligen Geist, der Großen Mutter, die in allen Dingen auf Erden gegenwärtig ist, gedenken. Der Kreis ist golden, wegen seines Alters. In ihm rufen wir den Ring aller Dinge als eine Familie zusammen. Der östliche Kreis ist gelb, wie die Sonne und die Völker des Ostens mit gelber Hautfarbe. Der südliche Kreis ist rot, wie das liebende Herz und die Völker mit roter Hautfarbe. Der Westen ist schwarz, wie die Nacht und die reiche Erde, und wie die Völker mit schwarzer Hautfarbe. Der nördliche Kreis ist weiß, wie der fallende Schnee, wie die Weisheit und das Haar der Alten, und wie die Völker mit weißer Hautfarbe.

Westlicher Eingang - Willkommensschild

Nördlicher Eingang des Dorfes

Sternen-Hütte der Kinder

Stammesschwitzhütte

Himmels-Hütte für Übergangs-zeremonien

Polarbären-Hütte für das Rauchen der chanunpa

Sippenschwitzhütte

Das Zentrum des Kreises ist blau, wie der weite Himmel und die Weite der Liebe unseres Großen Vaters. Im Mittelpunkt des blauen Kreises ist das goldene Kreuz, das für unseren ältesten Bruder und Freund, den Mann des Kreises, steht. Das einfache Tuch breitet man für sich alleine auf die Erde. Es ehrt die sieben Richtungen des Kreises ALL DESSEN WAS IST. Mein privates Gebetsbündel enthält noch ein paar besondere Dinge, die dem Kreis hinzugefügt werden. Eine kleine Puppe, die so geschnitzt und angezogen ist, daß sie mir ähnelt, wird in die Mitte gesetzt. Wenn die Puppe in die Mitte gesetzt wird, so ist dies begleitet bewußtem Atmen, von der Konzentration auf das Innere und von Musik. Es wird Salbei verbrannt, um das süße Unsichtbare herbeizulocken. Jedes Gebet ist von Musik und süßen Düften begleitet. Ein alter, den Mittelpunkt darstellender Fels meiner Vorfahren wird im Osten aufgestellt. Er gehörte einem älteren Medizinmann. Im Süden wird ein klarer Quarzkristall, der viele Kanten hat, aufgestellt. Der Kristall wurde mir von meiner Großmutter, die ihn aus der Erde ausgegraben hat, geschenkt. Er erinnert an den "Lehrer", der vorausgesagt hat, daß die Kinder den Weg weisen würden. Im Westen liegt ein Bündel der Familie der Geschichtenerzähler, das mit buntem Garn umwikkelt ist. Dieses Bündel erinnert mich an die Zeit des Sonnenuntergangs, wenn ich mich des Abends mit meiner Familie zum erzählen von Geschichten ans Feuer setze. Im Norden steht ein 400 Billionen Jahre alter Felsen. Er erinnert mich an das Versprechen, das zum Anbeginn der Zeit gegeben wurde sowie an die Weisheit der Zeiten. Jedes dieser Dinge wird unter Danksagung und Lobpreis niedergelegt. Manchmal entsteht bei einer Niederlegung ein ganz bestimmtes Lied, und der Geist bewegt sich frei und spricht in der Stille. Manchmal findet ein bestimmter kraftspendender Gegenstand seinen Weg ins Innere des Kreises und gibt seine Geheimnisse in den Momenten, in denen man für den Geist geöffnet ist, preis. Das Gebet innerhalb des Kreises ist eine aktive und sichtbare Handlung voller Farben und eine Wohltat für das Ohr. Die Feier dieses kleinen Kreises wird immer allein durchgeführt, und zwar zu Ehren und zum Lobpreis des Großen Geheimnisses.

Der Kreis im Dorf, in dem die heiligen Tänze und Reinigungszeremonien stattfinden, ist größer als der eben beschriebene.

Im Mittelpunkt befindet sich der Feuerkreis, der immer heilig gehalten wird. (Niemals werden Reste von Zigaretten oder ähnliches in das Feuer geworfen.) Die Felsen, die um die Feuerstelle herum aufgebaut sind, sind so angeordnet, daß sie die Tiere und Energien einer jeden Richtung ehren. Im Osten ist der Adlerfelsen, der für Erleuchtung, Visionen und prophetische Gaben steht. Im Süden ist der Schildkrötenfelsen, der für die Stärke und Ausdauer der Jugend und für den Rücken, auf dem die Kinder der Erde leben und wohnen, steht. Im Westen ist der Bärenfelsen, der uns zu träumen, uns auszuruhen und Träume aus der Dunkelheit hervorzubringen lehrt. Im Norden ist der Büffelfelsen, der uns lehrt, alle Dinge zu Ehren unseres Ernährers zu nutzen, so daß auch unsere Kinder der kommenden sieben Generationen noch im Überfluß leben werden.

Im Osten des Dorfes steht ein großer Totem mit einem eindrucksvollen Hirschgeweih. Die goldenen Farben des Schildes erinnern uns an die aufgehende Sonne. Dieser Schild kennzeichnet den östlichen Eingang des Dorfes.

Im Süden befindet sich ein Schild, der an unsere innere Bindung mit den Aborigines in Australien erinnert. Der Schild ist wie ein Kind und erinnert uns daran, all unsere anderen "verwandtschaftlichen Beziehungen" anzurufen. Er steht am südlichen Eingang des Dorfes.

Möge unser Ziel die Liebe sein ...

so kann das Ergebnis der Friede sein.

Gebt Liebe, wohin auch immer ihr geht.

Grossmutter Kitty

Im Westen steht ein Schild, in dem 405 Gebete für den Frieden in der Welt mit Tabak verschnürt wurden. Im Mittelpunkt befindet sich der Schädel einer Hirschkuh, die zu ihrem Partner im Osten schaut. Über ihr befindet sich die Haut einer Kuh, die den Ältesten in Zeremonien geschenkt worden ist. Diese Haut stammt von dem Bereich um das Herz der Kuh. Der Schild befindet sich am westlichen Eingang des Dorfes und wird der Willkommensschild genannt.

Im Norden steht der Schild der Unendlichkeit, der so konstruiert ist, daß er einer Acht ähnelt. Er besteht aus einer einzigen langen Kletterpflanze. Jeder Kreis ist mit der Haut einer heiligen Kuh, einschließlich der Partie um die Schultern, die Wirbelsäule und des Hinterteils, bedeckt. Die Symbole, die auf den beiden Kreisen des Zeichens der Unendlichkeit angebracht sind, bedeuten: "Seht uns als ein Volk". Dies ist der nördliche Eingang des Dorfes.

Im Dorf befinden sich die Sippen- und Stammesschwitzhütten, die der Reinigung dienen.

Die Sternen-Hütte der Kinder ist fünfeckig und auf Pfählen errichtet.

Diese Sternen-Hütte hat Fenster an den Seiten und im Dach. Die Kinder können in ihrer Hütte unter sich sein und doch am Kreis der Zeremonie teilhaben. Durch die Fenster können sie die gesamte Zeremonie mitverfolgen, während sie trotzdem leise spielen können. Oftmals werden sie während der nächtlichen Feiern müde und können dann gleich in ihrer eigenen Hütte schlafen.

Die Polarbären-Hütte ist ein Ort des Gebetes, an dem man die *chanunpa* (die Pfeife) rauchen kann.

Wo auch immer ich sein mag,

dies ist mein Zuhause,

solange ich lebe.

Grossmutter Princess Moon Feathers,
die sich dabei auf die "Open Spoke Ranch" bezog

Die Himmels-Hütte erinnert an einen Korb; sie ist ein Ort des Übergangs. Oft wird sie mit Decken und Blumen, die der jeweiligen Art des Übergangs angemessen sind, dekoriert. Solche Übergangszeremonien sind beispielsweise die Hochzeit, die aus einem zwei macht, die Zeremonie des Übergangs vom Kind zur Frau bzw. zum Mann, die Zeremonie des Alters der Weisheit, durch die ein Erwachsener seinen Platz unter den Ältesten einnimmt, die Erntezeremonie und die Zeremonie dessen, der eine Vision hatte.

Der Altar des Empfangens im Westen befindet sich an dem Ort, an dem um Gaben gebeten wird.

Der Altar des Verschenkens befindet sich im Osten. Die Sonnen-Hütte befindet sich im Südosten und ist ein Versammlungsort der Männer. Die Mond-Hütte ist im Südwesten und ist der Versammlungsort der Frauen. Jedes einzelne Gebilde innerhalb des Kreises des Lebens ist ein einfacher Tempel zu Ehren des großen Schöpfers.

Die Feiern und Zeremonien beginnen mit dem Schlagen der Trommel, deren Rhythmus den Herzschlag der Erde darstellen soll. In den Klang der Mutter-Trommel stimmen andere Trommeln mit ein, so daß es zu einem Crescendo kommt. Der Rhythmus wird schneller und schneller, was die Spannung des Augenblicks erhöht. Sodann stimmen Rasseln mit ein, um diejenigen "die kriechen" darauf aufmerksam zu machen, daß der Kreis, zum Lobpreis All Dessen Was Ist, zusammenkommt. Flöten oder Schlagstöcke, Handtrommeln, Glocken, Schellen und andere Klänge schließen sich an, und machen allen bewußt, daß hier etwas von großer Bedeutung geschieht.

In dieser Sinfonie von Klängen hört man den tiefen und vollen Ruf des Muschelhorns und die dunklen Harmonien des Didgerido. Zunächst richtet sich der Klang nach Osten und sagt uns, daß das östliche Tor geöffnet ist. Kleine Kinder bringen Essensgaben zum Altar am östlichen Eingang und laden die unsichtbaren Kräfte des guten Willens dazu ein, an den Festlichkeiten teilzunehmen. Den unsichtbaren Kräften werden Stärkungen (Getreide, Reis, Wasser, Wein, Käse, Beeren, Früchte und Erdnußbutterbrote) angeboten, und man lädt sie dazu ein, ihre Kräfte in die Feierlichkeiten miteinfließen zu lassen. Das Duett aus Muschelhorn und Didgerido erklingt sodann im Süden, wo die kleinen Kinder ihre Einladung wiederholen und erneut Gaben darbringen. Auf diese Weise werden auch die im Süden lebenden unsichtbaren Kräfte zur Teilnahme an der Feier eingeladen und das südliche Tor

Westlicher Eingang – Altar des Empfangens

geöffnet. Danach zieht das Duo weiter gen Westen, wo die Kinder ihre Opfer wiederholen. Wieder werden die unsichtbaren Kräfte angerufen, und das westliche Tor wird für sie geöffnet. Schließlich zieht das Duo gen Norden, wo den unsichtbaren Kräften das Tor geöffnet wird und die Kinder gemeinsam mit dem gesamten Kreis die Ältesten ehren. Die Gastgeberinnen begeben sich nun zum Mittelpunkt des Kreises ans Feuer, wo das Muschelhorn und das Didgerido den Großen Vater anrufen, auf daß er unsere Anliegen anhöre und, wie versprochen, mit uns sei, dort wo zwei oder drei reinen Herzens zusammenkommen. Das Duo ruft nun auch die Große Mutter an und lädt sie ein, bei uns zu sitzen und unsere Ehrungen für ihre große Liebe zu erfahren. Schließlich bitten die Gastgeberinnen um den Blick in die Herzen, um Christus in uns zu sehen und den lebendigen Geist unseres ältesten Bruders in unseren Herzen zu spüren. Sodann wird dem Großen Geist Tabak angeboten und dann in die vier Windrichtungen gestreut. Der Großen Mutter wird bestes Getreide dargeboten, um ihr so für ihre Gaben zu danken. Dann setzen die Trommeln wieder ein, begleitet von allen anderen Klängen. Salbei wird verbrannt und der Rauch wird zu allen Menschen, Tieren und heiligen Gegenständen gebracht. Auf diese Weise sind alle gereinigt worden und bereit, an der Zeremonie teilzunehmen. Es ist dies ein einfacher Weg, um den Kreis zu ehren.

Kapitel 2

Ehrung unserer Ältesten

Großmutter Princess Moon Feathers ist in unserem Kreis die Älteste. Vor über hundert Jahren fuhr ein Blitz in einen Baum, der in der Nähe eines Ortes stand, den Princess Moon Feathers Mutter gerade betrachtete, da sie dort in ein paar Monaten ihr Kind zur Welt bringen wollte. Der Blitz jedoch bestand darauf, daß das kleine Mädchen sofort geboren werden sollte. Es war aber noch zwei Monate zu früh, und das Kind wog weniger als vier Pfund. Ihre Augen waren strahlend grün und ihr Haar war weiß und länger als ihr ganzer kleiner Körper. Man hielt sie für tot. Als am nächsten Tag der Medizinmann kam, um sein Beileid auszusprechen, begann sie zu strampeln und sich dem Engel des Todes zur Wehr zu setzen. Ihr Vater füllte zwei alte Whiskey-Kannen mit Wasser und erhitzte einige Steine, um das Wasser warm zu halten. Fast ein Jahr lang diente diese primitive Konstruktion als Brutkasten für das Kind. All dies geschah in einem Cherokee-Reservat, in dem Großmutter Princess Moon Feathers geboren wurde. Irgendwann wurden ihre Augen braun, und paßten somit besser zu ihrer gesamten Erscheinung, doch ihr Haar hatte weiterhin einen außergewöhnlich schnellen Wuchs und blieb hellblond.

Großmutter, die eine Vollblut-Cherokee-Indianerin ist, ist ein gänzlich außergewöhnlicher Mensch. Im Alter von zwölf Jahren hatte sie sich bereits selber das Lesen beigebracht, den amerikanischen Grundrechtskatalog auswendig gelernt und die Bibel von Anfang bis Ende durchgelesen. Es war dies das letzte Jahr, in dem sie ihre Familie sah. Sie begab sich ganz allein in ein Kanu und paddelte die Küste entlang zum Key Largo. Dort stieg sie aus und wurde zu einer wahrlich ursprünglichen Bewohnerin ihres Landes. Man setzte eine Prämie vom 200 US Dollar auf ihren Kopf aus, weil sie eine gebürtige wilde Indianerin war.

Großmutter war durchaus eine Berühmtheit; sie war beispielsweise die große Sabrina in den Anfangszeiten des Ringling Brothers Circus; sie war eine gerissene

Kartenspielerin und hatte auf diese Weise mit Al Capone zu tun; außerdem war sie mit Faulkner und Hemingway befreundet. Sie stand einigen bekannten Künstlern nackt Model und arbeitete als Stripperin in einschlägigen Clubs in Mexiko. Allein stellte sie sich dem Bürgermeister und dem Stadtrat von Charlotte, North Carolina, entgegen, als die Polizeibehörden von ihr mehrere Hundert Dollar für Strafzettel wegen Falschparkens eintreiben wollten. Sie forschte nach und entdeckte ein altes Gesetz, durch das jedem Bürger der freie Zugang zu allen öffentlichen Straßen gewährt wird. Und so drohte sie damit, zur Presse zu gehen, wenn nicht sämtliche Strafzettel zurückgezogen würden und sie das Recht, überall zu parken wo sie wollte, zugesprochen bekäme.

Ich war eine Fremde in meinem eigenen Land,

eine Witwe, die alleine lebte.

Dann traf ich Chief Cloud.

Sie nahm mich auf und gab mir eine Familie.

Nun werde ich nie wieder alleine sein.

Grossmutter Princess Moon Feathers

Zwölf Jahre lang habe ich mich mit den Weisungen

von Großmutter auseinandergesetzt.

Zu Anfang fielen mir tausend Gründe dafür ein,

warum ich sie nicht befolgen könnte.

Ich dachte, ich kann nicht nähen, ich kann keine

schönen Verzierungen machen, bla, bla, bla.

Als ich endlich erkannte,

daß unsere Ältesten zu mir sprachen, sagte ich "Ja".

Mahisha

In späten Jahren fand sie durch Zufall ihre "Jugendliebe" auf der "Sterbestation" eines Krankenhauses. Sie schmuggelte ihn in einem Wäschewagen heimlich aus dem Krankenhaus, nahm ihn mit zu sich nach Hause und pflegte ihn gesund. Sie heirateten und lebten noch fünfzehn Jahre glücklich zusammen, bevor er schließlich starb.

Großmutter behauptet, daß sie die Hosen für Frauen erfunden habe und daß sie sie selber bei öffentlichen Zusammenkünften getragen habe, bei denen sie die ersten Kondome über ihren Fingern abrollte, um die modernen Möglichkeiten der Geburtenkontrolle zu demonstrieren. Großmutters hundert Jahre alte Brüste sind noch immer voll und schön. Sie ist voll der Überzeugung, daß dies daran liegt, daß sie nie einem Mann gestattet hat, daran zu saugen.

Amtsärzte haben Großmutter für blind erklärt, doch sie ist gerade dabei, ihre eigene Autobiographie mit dem Titel "You Savage, You Lonely One" (Du Wilde, Du Einsame) fertigzuschreiben. Sie hat nie irgendwelche "Gesundheitspillen" genommen. Hin und wieder genehmigt sie sich ein Gläschen Wein, doch von härteren Alkoholika und Zigaretten hat sie sich stets ferngehalten. Ihr Haar ist noch immer voll und lang, und im Reden, im Marschieren und im Argumentieren schlägt sie noch einen jeden von uns. Großmutter Princess Moon Feathers ist die älteste unter uns. Sie verdient es, geehrt zu werden.

Wir haben das Glück, in einen Kreis von Familien eingebunden zu sein, der die Weisheit des Alters respektiert. Der Pfirsichbaum bringt ein Kind hervor, nämlich einen Pfirsich. Dieser ähnelt seiner Mutter bzw. seinem Vater, dem Pfirsichbaum, in keinster Weise. Und doch, wenn der Samen im Innern des Pfirsichs zu Boden fällt und Wurzeln schlägt, so ist die Pflanze, die daraus wächst, ein Abbild seiner Vorfahren. So ist es auch mit unseren Ältesten. Wir sind wie unsere Vorfahren, und unsere Bestimmung ist es, ihre Träume in die Zukunft zu tragen. Unsere Eltern sind also die Brücke, die sicherstellt, daß die Linie unserer Ältesten über sieben Generationen weitergeführt wird.

Dies nenne ich ein Paradies.

Ich wünschte, die ganze Welt könnte sehen,

was ich in der letzten Woche gesehen habe.

Es hat mein Leben für immer verändert.

Nun bin ich nicht mehr heimatlos.

Ich bin nicht mehr ohne Familie.

Grossmutter Princess Moon Feathers
als sie über Oklahoma sprach

Es ist gut, daß immer ein Vertreter der Ältesten in unseren Kreisen sitzt. Es ist gut, daß die Ältesten zu allem was geschieht ihre Zustimmung geben. Es ist gut, daß wir darauf achten, ihren Bedürfnissen gerecht zu werden, ebenso wie wir den Bedürfnissen unserer Kinder gerecht werden. Als Erwachsene, die im Leben stehen, ist es uns eine große Freude, unseren Ältesten ebenso wie unseren Kindern zur Seite zu stehen. All unsere Taten müssen so sein, daß sie die Herzen unserer Ältesten erfreuen und unseren Kindern helfen, in Freuden und im Geist der Freiheit aufzuwachsen. Es ist gut, daß die Ältesten eine jede Phase in unserem Leben segnen. Wenn die Ältesten sich zu uns in den Kreis gesellen, so ist dies das beste Omen.

Alle Zeremonien beginnen mit der Ehrung des Kreises allen Seins. Sodann ist es gut, sich an die Ältesten zu wenden und um ihren Segen zu bitten. Einmal haben wir auf der Welt-Expo in Vancouver eine Friedenszeremonie abgehalten. Wir luden Großmutter Caroline von den Hopis dazu ein, auf die Bühne zu kommen und ihren Segen auszusprechen. Zwei junge Vertreter unseres Kreises begleiteten sie auf die Bühne. Das Mikro wurde auf ihre kleine Körpergröße eingestellt. Der Applaus der Menge verebbte langsam, und die Stille breitete sich über die Zuhörer aus. Großmutter Caroline wartete schweigend. Sie stand ruhig da mit gefalteten Händen und erhobenem Haupt. Sie sagte nichts. Für die Menschen in der wartenden Menge wurde die Stille nach einigen Minuten unerträglich. Sie begannen unruhig hin und her zu rutschen.

Konnte es sein, daß es der alten Dame angesichts dieser großen Menge zivilisierter Menschen die Rede verschlagen hatte? Das Unbehagen wuchs zusehends. Der Toningenieur verfiel in Panik: “Was sollen wir jetzt nur tun?” Großmutter verharrte unbeirrt in ihrem Schweigen.

Nach ungefähr fünf unerträglich lang erscheinenden Minuten kehrte unter den Zuschauern ebenso wie unter dem Bühnenpersonal irgendwie Ruhe ein. Im Laufe der folgenden Minuten schloß sich nach und nach jeder einzelne der Anwesenden, einer nach dem anderen, Großmutter Caroline im Kreis der Stille an. Als endlich nichts anderes in Raum und Zeit mehr existierte als unsere Einheit, und sich die Stille beinahe wie eine Massenbegeisterung ausbreitete, lehnte Großmutter sich zu dem für ihre Ansprache bereitgestellten Mikrophon vor und sagte leise: “Amen!” Völlig gebannt und gleichzeitig ekstatisch verfielen die Zuschauer in einen Applaus, wie er während der vorangegangenen elf Stunden der Darbietung nicht zu hören gewesen war. Gemeinsam hatten sie etwas gefeiert, das sie noch nicht einmal in Worte zu fassen vermochten. Unsere Älteste hatte uns den lebenden Geist des Kreises als Segen gebracht. Es ist gut, die Ältesten zu ehren.

In jedem Kreis stehen bequeme Stühle für unsere Ältesten bereit. Es mangelt nicht an Wasser, Tee, Kaffee und anderen Dingen, die sie erfreuen. Für diejenigen unter ihnen, die rauchen, stehen Aschenbecher bereit. Man bringt ihnen zuerst zu essen und nimmt Rücksicht auf ihre persönlichen Vorlieben. Wenn sie beten, hat nichts um sie herum mehr Bedeutung. Es ist gut, die Ältesten zu ehren.

Wenn wir tanzen, so tun wir das für unsere Ältesten. Wir necken sie, scherzen mit ihnen und bringen sie zum Lachen. Es ist unser Wunsch, die Ältesten lachen zu sehen. Wenn die Alten lachen, ist alles gut. Wenn ihre Herzen zu Staub werden, werden die Menschen vom Angesicht der Erde verschwinden.

Einer der wichtigsten Wege, die Ältesten zu ehren, ist es, Geschenke zu machen. Unsere Ältesten haben ihr eigenes Leben dafür gegeben, daß wir ein besseres Leben führen können. Die Geschenke, die wir unseren Ältesten machen, ähneln den Geschenken, die wir dem Schöpfer machen würden. Unsere Ältesten sind im Grunde die lebenden Vertreter der Großen Mutter und des Großen Vaters. Wenn der Respekt für die Ältesten fehlt, so kann es auch keinen Respekt für den Allmächtigen geben. Es ist gut, die Ältesten zu ehren. Der nachfolgende poetische Text, dessen Autor unbekannt ist, wurde zur Erinnerung an unsere Ältesten angefügt:

Was ist eine Grossmutter?

(von einem Schüler der Dritten Klasse)

Eine Großmutter ist eine Dame, die keine eigenen Kinder hat. Sie mag die kleinen Kinder von anderen Leuten. Ein Großvater ist eine männliche Großmutter. Er geht mit den kleinen Jungen spazieren und sie reden über's Fischen und solche Sachen.

Großmütter haben nichts zu tun, außer daß sie da sind. Sie sind alt und deswegen sollten sie keine wilden Spiele spielen oder schnell rennen. Es reicht, wenn sie uns zum Markt fahren, wo das Spielzeugpferd ist, und wenn sie genug Kleingeld dabei haben. Wenn sie mit uns spazieren gehen, sollten sie bei Sachen wie schönen Blättern oder Raupen stehen bleiben. Sie sollten niemals sagen: "Beeil dich!"

Normalerweise sind Großmütter dick, aber nicht so dick, daß sie dir nicht die Schuhe zubinden könnten. Sie tragen Brillen und komische Unterwäsche. Sie können ihre Zähne mit samt dem Zahnfleisch rausnehmen.

Großmütter müssen nicht besonders klug sein; sie müssen nur Fragen wie "Warum ist Gott nicht verheiratet?" oder "Warum jagen Hunde Katzen?" beantworten können.

Großmütter reden nicht in Babysprache, wie manche Leute, die zu Besuch kommen, denn das ist schwer zu verstehen. Wenn sie uns etwas vorlesen, lassen sie nichts aus, und es macht ihnen nichts, die selbe Geschichte wieder und wieder zu lesen.

Jeder sollte versuchen, eine Großmutter zu haben, besonders dann, wenn er keinen Fernseher hat, denn Großmütter sind einfach Erwachsene, die Zeit haben.

Großmütter sind sehr wichtig.

Sie sind der Mittelpunkt des heiligen Kreises.

Sie sind Leuchtfeuer in der Dunkelheit, die uns sagen:

"Dies ist der Weg, den ihr gehen werdet".

Mahisha

Teil jeder Zeremonie ist der Stab der Ältesten, die unter uns wandeln. Dabei handelt es sich um einen Wanderstab. Ihm wohnt der Geist eines Pferdes inne, und er ruft nach dem freien Geist aller Kinder. Er wird an einem Ehrenplatz innerhalb des Kreises aufgestellt und sagt zu allen, die das Wissen haben: "Die Große Mutter ist mitten unter uns". Sie ist der Mutterleib aller Kinder und ist immer bei uns. Sie erinnert uns daran, unseren Vorfahren Dank zu sagen. Sie erinnert uns daran, daß wir um ihre Weisheit, uns in den Zustand des Wachens und des Schlafens zu träumen, bitten. Sie ermahnt uns dazu, nicht zu vergessen, daß die Art und Weise, auf die wir unseren Ältesten begegnen, die Art und Weise sein wird, auf die wir behandelt werden, wenn wir unser Alter der Weisheit erreicht haben. Diejenigen, die die Ältesten bevormunden wollen, laufen Gefahr, die Sünde des Verschwendens ganzer Jahrhunderte von Weisheit zu begehen. Auf diejenigen, die unsere Ältesten ehren, wartet ein Leben in Überfluß.

Innerhalb unserer Familie besteht eine strenge Hierarchie des Respekts, die niemals mißachtet werden darf. Großmutter Alinta ist eine unserer Ältesten. Sie ist Mitte Fünfzig und gehört den Aborigines an. Wir nennen sie "Großmutter", um auf diese Weise ihre Weisheit zu ehren. Als Großmutter Kitty zu uns kam, nannte Großmutter Alinta sie "Großmutter", denn Kitty ist Mitte Sechzig. Großmutter Kitty und Großmutter Alinta benahmen sich wie kichernde Teenager, als Großmutter Moon Feathers, die über hundert Jahre alt ist, auftrat. Es ist nun mal so: wer auch nur eine Minute älter ist, der wird als der Älteste bzw. die Älteste angesehen. Das letzte Wort hat immer die Älteste unter den Ältesten, es sei denn, sie gibt das Wort an jemand anderen ab. In dem bezeugten Respekt spiegelt sich unser grundlegendes Prinzip wider; es hält allzu große Ichbezogenheit im Zaum. Unter unseren Ältesten haben die Frauen die vorherrschende Rolle. Wenngleich die Männer (insbesondere im Hinblick auf ihre medizinischen Kenntnisse) oftmals eine Führungsposition einnehmen, so geschieht dies aufgrund der Entscheidungen, die die Frauen getroffen haben. Auch haben die Frauen immer das letzte Wort. Von Männern getroffene Entscheidungen müssen immer auf das Wohl der Kinder ausgerichtet sein und der Einheit des Stammes dienen. In den alten Tagen konnten die alten Frauen dem Häuptling, der sein Volk auf die Pfade des Unglücks führte, die Kehle durchschneiden. Niemand hätte wegen einer solchen Tat auch nur mit der Wimper gezuckt. In jenen Tagen saßen die alten Frauen oftmals stoisch hinter den alten Häuptlingen, während diese ihre Pfeife rauchten und mit den Weißaugen Geschäfte machten. Ihr Ernst und ihre Nüchternheit ließ die stumme Drohung erkennen: “Fälle deine Entscheidung zum Wohl unseres Volkes, oder du wirst mit dem Engel des Todes gehen”. Es ist gut die Ältesten zu ehren.

Das letzte Wort wird von der Ältesten gesprochen

(sofern sie es nicht einer anderen erteilt).

Durch diese Ehrenbezeugung halten wir unsere Grundprinzipien

aufrecht und zügeln so manch einen,

der zu sehr mit seinem Ego beschäftigt ist.

Cloud

Im Verlauf unseres einwöchigen Camps der Frauen ehrten wir die Ältesten. Unser erster Feuerkreis ehrte den Kreis der Kreise. Unser zweites Feuer entzündeten wir zu Ehren der Ältesten. Eine jede von ihnen wurde von uns mit selbst geschriebenen und aufgezeichneten Liedern beschenkt. Wir sangen zu Ehren ihrer Weisheit, und wir beteten darum, daß sie noch einen langen Weg in Gesundheit vor sich haben mögen. Auch die Kinder überreichten Gaben, und eine von uns tanzte den alten Tanz des Macaw, der als der Medizinvogel einer der ältesten Gesellschaften alter und weiser Frauen bekannt ist. Wenn der Kreis zusammenkommt, ist es gut, die Ältesten zu ehren.

Kinder - sie tun was der große Geist weissagt.

Grossmutter Kitty

Kapitel 3

Ehrung unserer Kinder

Die meisten unter uns wissen, daß unser ältester Bruder, Jesus, seinen Zorn darüber zum Ausdruck brachte, daß im Tempel seines Vaters die Geldwechsler ihre Tische aufgestellt hatten. Die wenigsten unter uns wissen jedoch, daß er noch viel zorniger über seine eigenen Jünger war, weil sie die Kinder nicht ehrten. Als er die Geldwechsler aus dem Tempel vertrieb, zeigte er seinen Zorn mit lauter Stimme. Sein Zorn über seine Jünger jedoch zeigte sich nicht in einem lauten Ausbruch, sondern brodelte vielmehr in seinem Inneren. Es geschah in der Gegenwart vieler Menschen. Die Kinder hatten sich ganz nahe zu ihm gesetzt, um seine wundervollen Geschichten anzuhören. Doch die frommen Jünger schimpften die Kinder und sagten zu ihnen, sie sollten den großen Meister in Ruhe lassen. Sie wandten sich gegen die Mütter und sagten ihnen, daß sie besser auf ihre Kinder aufpassen sollten. Unser Bruder und Freund sprach, als wollte er sagen “Lest von meinen Lippen”. Und mit der Selbstkontrolle eines Menschen, der sich nur mit Mühe zurückhält, sagte er: “Der Kreis, von dem ich spreche, ist den Kindern bekannt. Wenn ihr (Erwachsenen) euch ihrer Denkweise anschließt, werdet ihr so sein wie sie. Ihr werdet ihnen die Führung überlassen, denn sie kennen den Weg”. Es ist gut, die Kinder zu ehren.

John Bradshaw, der sich auf die “Heilung des inneren Kindes” spezialisiert hat, sagt uns, daß 96 Prozent der amerikanischen Familien nicht in einer gesunden Weise funktionieren. In diesen Familien haben die Kinder oftmals die Last vieler schmerzlicher Erfahrungen zu tragen, die von den Grauen körperlichen oder sexuellen Mißbrauchs bis zu heimtückischeren Verletzungen, wie der emotionalen Abwertung und dem Angreifen des Selbstwertgefühls des Kindes reichen. Bradshaw sagt unter anderem: “Ich glaube, daß dieses vernachlässigte und verwundete innere Kind von früher die Hauptquelle des menschlichen Unglücks ist”.[1]

Im Kreis des Stammes wurden die Kinder hoch und heilig gehalten. Es wäre nie jemandem in den Sinn gekommen, in die naturgegebene Neugier und die natürlichen Fähigkeiten eines Kindes einzugreifen. Die Rollen der einzelnen Mitglieder des Stammes wurden als für die Ganzheit des Kreises wichtig angesehen, und jeder Rolle wurde der entsprechende Respekt bezeugt. Häuptling, Wettermacher, Geschichtenerzähler, Spurenleser, Medizinmann, Peitschenträger, Trommelmacher, Trommelträger, Essensträger, Nachrichtenüberbringer, Jäger, Krieger, Lanzenträger, Pfeifenträger, Sammler – sie alle hatten einen angesehenen Rang innerhalb des Kreises. Es gab viel Raum für natürliche Begabungen. Man wußte, daß die Menschen all ihre Gefühle zulassen müssen und daß Gefühle so verschieden wie die Launen des Windes sind. Man wußte auch, daß Krankheiten immer auf das Zurückhalten oder Unterdrücken tiefer Gefühle zurückzuführen sind.

Ich wünschte, jedes Mädchen in der Welt würde hierher kommen

und einfach nur eine Woche hier verbringen.

Das würde sie stärken. Sie würde ihre Selbstachtung und ihren Mut finden.

So hätte sie die Kraft, 100 Jahre alt zu werden.

Princess Moon Feathers,

als sie über die Kreise der Kinder und Frauen sprach

Als mit der Kolonialisierung die alten matriarchalischen Einflüsse, die bis dahin noch in den Stammeskreisen geherrscht hatten, unterdrückt und durch kleinere patriarchalische Einheiten ersetzt wurden, zerstreuten sich die natürlichen Triebe wie Sand im Wind. Die Herzen der Menschen wurden bis ins Innerste verwundet. Und so haben wir unsere Gefühle über Hunderte von Jahren hinweg unterdrückt und geschändet.

Wenn wir unserem Ärger Luft machten, wurden wir geschlagen, gemieden oder man hat uns gesagt: ”Was ist in dich gefahren? Wie kannst du nur so etwas sagen?” Oder wenn wir geweint haben, wurden wir bestraft und es hieß: “Hör auf zu weinen, sonst gebe ich dir einen Grund zum Weinen”. Oder man hat uns verspottet, weil wir uns gefürchtet haben: “Mein Gott, bist du ein alter Angsthase”. Oder man hat uns zurechtgewiesen, wenn wir voller Begeisterung waren: “Freu‘ dich nicht zu sehr; es könnte schnell wieder vorbei sein”. Als Erwachsene tragen wir ein verwundetetes Kind in uns und mit uns herum, das ganz leicht von einem Blick des Geliebten oder dem Tonfall des Chefs angesprochen werden kann. Bis wir das verwundete Kind in uns, das in dem zerbrochenen Kreis verlorengegangen ist, nicht geheilt haben, werden wir auf dem geraden Pfad, der vom Leben zum Tod führt, wandern. Innerhalb des Kreises werden wir den Roten Pfad beschreiten, der vom Leben zum Leben führt. Es ist gut, die Kinder zu ehren.

All diejenigen, die auf dem Roten Pfad des Geistes unterwegs sind, bezeugen einstimmig, daß man in der Kindheit besonders zugänglich für das Göttliche ist. Die Kindheit ist außerdem eine Zeit, in der wir die Atmosphäre von schwierigen familiären Situationen sowie andere kulturelle Einflüsse besonders stark in uns aufnehmen. Die Psychoanalytikerin und Autorin Alice Miller schreibt: "Wir dürfen unsere Kinder nicht als Wesen ansehen, die wir manipulieren und verändern können, sondern eher als Boten einer anderen Welt, die wir einst sehr gut kannten aber schon lange vergessen haben; als Boten, die uns mehr über die wahren Geheimnisse des Lebens und unseres eigenen Lebens zeigen können, als unsere Eltern dies jemals konnten". Langsam fangen wir an, den Kindern Glauben zu schenken, wenn sie uns sagen, daß sie mißbraucht worden sind. Glauben wir ihnen doch auch, wenn sie uns von ihren Gesprächen mit den Engeln erzählen. Es ist gut, die Kinder zu ehren.

Mein Leben ist allen Kindern gewidmet;

ich schaffe Spielplätze für das Kind in jedem von uns.

CLOUD

Das Wedeln mit Pferdehaaren über den Köpfen kleiner Kinder soll die Zuneigung der Familie gegenüber den Kleinen zeigen. Wenn man Pferdehaare an heiligen Gegenständen befestigt oder in Bündeln zusammengefaßt sieht, so sind diese Gegenstände als Erinnerung an das Gesetz der sieben Generationen gedacht. Dieses Gesetz sieht unsere heutigen Teenager als die Kinder unserer Vorfahren über sieben Generationen hinweg; es sieht die neue Generation von Kindern als diejenigen an, die uns dabei helfen werden, auf den Guten Roten Pfad, der zum Gleichgewicht auf unserer Mutter Erde führt, zurückzukehren; es ermahnt uns dazu, nicht zu vergessen, daß alles was wir heute planen, auf die Schaffung einer besseren Welt für unsere Kinder der kommenden sieben Generationen ausgelegt sein soll. Wenn ein Baum gefällt wird, so sagt man, daß sein Leben dazu beitragen wird, die Welt für die kommenden Generationen besser zu machen. Wenn der Schößling einer Weide als Strebe in der Schwitzhütte dient, so sagt man, daß die Kinder der kommenden sieben Generationen tiefe Ehrfurcht vor dem Baumgeist haben werden, und zwar wegen der vielen Gebete und der heiligen Lehren, die in der Hütte ausgesprochen werden. Und dem kleinen Baum wird man großen Respekt dafür erweisen, daß er bereit war, sich für den Bau der Schwitzhütte zu opfern. Bevor die Axt erhoben wird, um ihn zu fällen, erklärt man seinem Geist das Vorhaben, und gibt ihm die Zeit, aus dem kleinen Baum herauszugehen. Sodann lädt man den Geist ein, in der Schwitzhütte zu wohnen und all die dort gesprochenen guten Gebete anzuhören. Man erklärt dem kleinen Baumgeist die Bedeutung des Punktes im Norden, im Süden, im Westen und im Osten und daß der kleine Baum als Tor für die unsichtbaren Kräfte aus allen Richtungen dienen wird. Die Kinder lehrt man all diese Dinge, und so lernen sie, Achtung vor allem Leben zu haben.

Baut das Leben um die Kinder herum auf.

Alle Erwachsenen sind für die Kinder verantwortlich.

In unserer Kultur suchen sich die Kinder diejenigen aus,

mit denen sie leben wollen.

Erzieht die Kinder dazu, sich selbst zu respektieren.

Alinta

Man heißt die kleinen Kinder in jeder Zeremonie willkommen, so daß lernen sie das Leben zu ehren. Man lehrt sie, niemals einen Ältesten zu unterbrechen oder in einer unehrenhaften Weise zu reden. Man lehrt sie, sowohl den Ältesten, als auch ihrer inneren Stimme, von der sie wissen, daß sie niemals verbietet und niemals Zwang ausübt, zu lauschen. Die Kinder lernen, daß ihre innere Stimme die Wahrheit erkenntlich macht, daß sie aber niemals verlangt, auf der Grundlage der Wahrheit zu handeln. Sie lernen, Entscheidungen zu treffen, und sie erkennen, daß Entscheidungen zu treffen eine der heiligsten Handlungen ist. Die Kinder machen die Erfahrung, daß sie allein es in der Hand haben, zu unterscheiden und auszuwählen und daß dies für das Wachstum der Seele so sein muß. Sie lernen, daß sie nicht nur ihre eigenen Fragen stellen, sondern diese auch beantworten müssen. Die Zeit zwischen dem Kindesalter und dem Alter als Krieger/-in geht so schnell vorbei, doch innerhalb des gesamten Lebens ist sie die wichtigste Phase. So sagt es die Großmutter. Es ist gut, die Kinder zu ehren, denn alle kommenden Generationen hängen davon ab.

Man sagt den Kindern, daß sie zu den Alten gehen und deren Legenden lauschen sollen. “Gebrauche das, was dir die Alten sagen, in einer guten Weise”, sagen die Großmütter. “Hüte deine Zunge, wenn du noch ein Kind bist, dann werden deine Gedanken, wenn du reifer bist, deinem Volk von Nutzen sein”. “Dinge, denen du ratlos gegenüberstehst, werden dir zur Perfektion verhelfen, und was dir wie ein Geheimnis erscheint, ist nur eine natürliche Erscheinung, die du noch nicht verstanden hast. Was du verstehen mußt, wird ganz von allein zu dir kommen, wenn du soweit bist, daß du die Antworten leben kannst”. Dies sind alles Dinge, die die Großmütter sagen. “Finde einen Menschen, dem du deine Unsicherheit eingestehen kannst, und du wirst von ihm einen Rat erhalten. Hab Vertrauen zu diesem Menschen; nenne ihn ‚Vater‘, ‚Mutter‘, ‚Großvater‘, ‚Großmutter‘, ‚Onkel‘ oder ‚Tante‘. Mache deinen Lehrmeistern keine Schande, sondern erweise ihnen die Ehre, indem du selbst einen guten Ruf genießt”. Auch dies sind Dinge, die die Großmütter sagen. Sie sagen, daß Kinder, die nicht dazu in der Lage sind, zu Hause ihre Zunge im Zaum zu halten, mit größter Wahrscheinlichkeit Feinde in den Kreis bringen werden wenn sie älter sind. Mutigen Kindern bringt man bei, die Dunkelheit nicht zu fürchten, denn was auch immer dort sein könnte und ihnen Angst macht, hat auch Angst vor ihnen. Man lehrt sie außerdem, die Wahrheit nicht zu fürchten, ebenso wie die Suche nach der Wahrheit.

Schon früh wird in den Kindern die Kraft des Durchhaltens verstärkt; sie müssen lernen, Schmerz, Durst, Kälte und Spott zu ertragen. Wenn sie dies gemeistert haben, kommen alle zusammen und feiern sie. Doch wer würde schon jemanden feiern, der es gestattet, daß man seine Stimmung drückt, seinen Mut zerstört und seinen Geist verdirbt?

Die Kinder lernen, eins mit den Bäumen zu sein und auf die Stimmen des Himmels und der Lüfte zu hören. Sie lernen, ihre Habe als etwas zu sehen, das sie verwahren, bis zu dem Augenblick, in dem sie es denen geben, die weniger bevorzugt sind als sie selbst. Die Kinder lernen, daß einem jeden sein eigener wichtiger Platz im Kreis gebührt und daß keiner einem anderen im Wege steht. Die Großmütter sagen, es ist wichtig, die Kinder all diese Dinge zu lehren.

Es scheint so, als würden heutzutage die allerwenigsten Kinder ihre Wurzeln kennen. Das traditionelle Volkswissen ist verlorengegangen; bestenfalls erlebt man sie noch an irgendwelchen Feiertagen. Dieses traditionelle Volkswissen ist aber das Herz des Selbstausdrucks und von daher auch das Herz der Selbstannahme. Wenn unsere Kinder ihre Wurzeln nicht kennen und wenn sie nicht wissen, woher sie kommen, wie können sie dann wissen, wohin sie gehen?

In “Living by the Word” (Dem Wort gemäß leben) schreibt Alice Walker von weißen Kindern unserer Tage, die von Schwarzen aufgezogen wurden. Diese Kinder erfuhren die erste allumfassende und alles-akzeptierende Liebe von den schwarzen Frauen. Dann, im Alter von ungefähr zwölf Jahren, sagte man ihnen, sie sollen diese tiefe Verbindung zu der "Mammy", die sie lieb gewonnen hatten, "vergessen". Die meisten der Indianer unter unseren Ältesten sind nicht in ihrer eigenen Sprache und im Einklang mit ihren Gebräuchen erzogen worden. Ohne die Lehren unserer Ältesten, befinden wir uns in der Isolation, und müssen die Reise zurück auf den guten Roten Pfad allein antreten. Die Traditionen wurden besudelt und verändert, so daß nichts mehr geblieben ist von der grundlegenden Verbindung der Seele mit dem großen Geist, obgleich diese Verbindung in den alten Tagen, also vor der Zeit der Beschämung, den meisten Kindern wohlbekannt war.

Jahrhundertelang lebten die Indianer, die Väter des Landes, in der Weite des Landes, das sie liebten, verehrten und priesen, ohne es zu vergewaltigen und zu unterwerfen. Black Elk sagte einmal: "Es ist die Geschichte allen Lebens, das heilig ist, und es ist gut, diese Geschichte zu erzählen, die Geschichte von uns zweibeinigen Wesen, die wir das Land mit den vierbeinigen Wesen, den Schwingen des Windes und allen grünen Kreaturen teilen; wir sind Kinder der einen Mutter und des einen Vaters, des Geistes". Es ist gut, die Kinder zu ehren.

Fußnote:

[1] Aus "*Homecoming: Reclaiming and Championing Your Inner Child*" (Die Heimkehr: Das Zurückfordern und die Verteidigung des inneren Kindes in uns), Bantam Books, 1990

KAPITEL 4

DAS ERSCHAFFEN VON MUSIK

Ich, Cloud, bin professionelle Sängerin, Entertainerin, und ich schreibe meine eigenen Lieder. Skye hat die Stimme eines Engels. Zusammen hatten wir die Gelegenheit, bei dem berühmten Arthur Joseph von Los Angeles zu studieren. Arthur war und ist verantwortlich für die Gesangsausbildung vieler berühmter Sänger und Sängerinnen sowie für die Sprachbildung vieler bekannter Schauspieler und Schauspielerinnen. Er ist ein freundlicher und natürlicher Mann. "Menschen, die Musik machen wollen, müssen sehr ehrlich hinsichtlich ihrer Gefühle sein". Mit diesen Worten begann Arthur unsere erste Gesangsstunde, eine Stunde, die uns die Tränen in die Augen trieb. Auf ganz vorsichtige Weise beginnt Arthur seine "Gesangsstunde" mit einer Einführung in das Thema "Mißbrauch von Frauen". In diesem Zusammenhang erläutert er auch, wie dies zu Hemmungen im Ausdruck der Betreffenden führt. Vor dem Ende unserer ersten Stunde haben wir zum ersten Mal unsere Stimmbänder gesehen. Sehr zu meinem Erstaunen mußte ich feststellen, daß unsere Stimmbänder den weiblichen Genitalien sehr ähnlich sehen. Arthur wies mit Nachdruck darauf hin, daß alles, was in unseren Mund und unseren Hals hinunter gelangt, an diesem sensiblen und schönen Instrument vorbeikommt. Dieses Wissen und Bewußtsein führte schließlich dazu, daß ich das Rauchen aufgab und mich darum bemühte, den Geist meiner eigenen Musik anzurufen und zu fördern.

Barbara Walker sagte einmal, daß in den uralten östlichen Traditionen die weibliche Stimme ein bedeutsames Symbol der Schöpfung war. Sie wies außerdem auf den Ursprung des Wortes "Schöpfung" hin und erläuterte, daß die Griechen und die Christen die Bezeichnung "Logos" verwendeten. Es war eine weibliche Stimme, die in das Nichts hinein sprach. Es war die wundervolle Stimme einer Mutter, die neues Leben hervorbrachte. Die ersten Laute, die das Licht um sich versammelte, kamen von einer Frau. Es war die erste Mutter, die uns ins Leben rief.

Rasseln

Muschelhörner

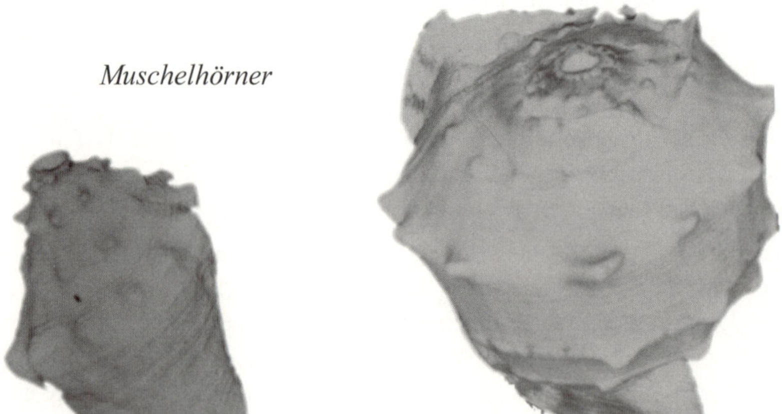

Am Anfang war der Gedanke, und sein Name war “Frau”. Die Mutter ebenso wie die Großmutter wurde von den alten Zeiten bis hin zum heutigen Tag von denjenigen Bewohnern Amerikas, die die alten Traditionen gewahrt haben, geehrt. ... Ihr verdanken wir unser Leben, und von ihr haben wir unsere Fähigkeit des Erduldens und Ausharrens – trotz der Kolonialisierung. Sie ist die “alte Frau”, die die Feuer des Lebens hütet. Sie ist die alte Spinnenfrau, die uns in einem Netz des Verbundenseins zusammenhält. Sie ist die älteste Göttin; sie ist die eine, die sich an alles erinnert und alles zusammenführt. Selbst wenn die Geschichte der letzten fünfhundert Jahre Bitterkeit und hilflose Wut in uns aufkommen ließ, sind wir am Leben und ertragen die Gegenwart in dem Bewußtsein und der Sicherheit, daß sie der Mittelpunkt allen Seins ist und der heilige Kreis All Dessen Was Ist.

(Paula Gunn Allen, *The Sacred Hoop: Recovering the Feminine in American Indian Traditions [Der heilige Kreis: Wiederentdeckung des Weiblichen in den indianischen Traditionen]*, Beacon Press, Boston, 1986)

Jeder Mensch macht seine eigenen Lieder

... welches Lied möchtest du singen?

Mache ein Lied, daß vom Geist zu dir kommt.

Grossmutter Kitty

Als kleine Kinder lernen wir von unserer Mutter das Sprechen. Ihre vertraute Stimme formt die Welt unseres Geistes. Sie ist die Stimme; sie ist wie der Wind, der von den Himmeln weht und allen Dingen die Essenz der Seele einhaucht. Durch ihre Stimme lernen wie die Schönheit des Himmels, der Erde und dessen, was uns umgibt, zu erkennen. Den alten wedischen Weisen zufolge war ihr Name Vac. Vac war die Oberste, die Königin aller Gottheiten. Die frühe hebräische Mythologie kennt eine der Vac vergleichbare weibliche Gottheit, genannt Bath Kal oder “Tochter der Stimmen”. In biblischen Zeiten kannte man sie als die göttliche Eingebung, die Quelle der Inspirationen der Propheten; sie war die kostbare und auf geheimnisvolle Weise weibliche Stimme Gottes. (Barbara Walker, *The Women's Dictionary of Symbols and Sacred Objects [Buch der Symbole und heiligen Gegenstände für Frauen]*, Harper, San Francisco, 1988)

In der gnostischen Literatur besagte der weibliche Logos: "Ich bin die Mutter der Stimme, die auf viele verschiedene Weisen spricht und Alles vollendet. In mir wohnt die Weisheit, die Weisheit der ewigwährenden Dinge. Ich bin es, die in und aus jeder Kreatur spricht. ... Ich bin der Mutterleib, aus dem Alles Leben hervorgeht und aus dem das Licht, das in Pracht und Herrlichkeit erstrahlt, geboren wird. Ich bin das Äon, das kommen wird. Ich bin die Erfüllung von Allem, was Meirothea ist, die Herrlichkeit der Mutter. Ich bringe den Klang der Stimme an die Ohren derer, die mich kennen. (J.M. Robinson, *Pagan Christus [Heidnischer Christus]*, NYU Books, N.Y. 1967, S. 466-467)

Jedesmal, wenn ich die Stimme Gottes zusätzlich zu meiner eigenen vertrauten Stimme in mir hörte, war sie weiblich. Mit der Stimme der Schöpfung, der Großen Mutter, beginnen wir, Musik zu machen. Unsere Stimme, die geformt ist nach ihrem Abbild, ist unser erstes und auch unser wichtigstes Musikinstrument.

Der Tanz ist für mich etwas, das alles verbindet,

alle Menschen, alle Dinge und alle Zeiten.

Wenn ich das Herz und die Bewegung des Geistes erfahre,

dann fühle ich grenzenlose Weite.

Mahisha

Jedem Teil der Schöpfung wurde sein ganz eigener Klang verliehen, denn er entspringt selbst direkt dem Urquell der Musik. Man sagt, daß das Universum erst durch die Klänge der Lyra zum Leben erweckt wurde und daß ihre sieben Saiten direkt mit den Himmeln verbunden seien. Die Planeten erzeugen sieben genau voneinander abgegrenzte und differenzierbare Töne. Diese Siebenerkonstellation stellt den Kern allen Seins dar. Die sieben harmonischen Töne kommen von den kreisenden Planeten; zu jedem Ton gehört je ein gesungener Vokal. Man kennt diese Harmonien unter dem Begriff "Sphärenklänge"; von ihnen sagt man, daß sie das Fortbestehen des Universums sichern. (Barbara Walker, *The Women's Dictionary of Symbols and Sacred Objects [Buch der Symbole und heiligen Gegenständen für Frauen]*

Auch sagt man, daß während der Erschaffung der Welt Rasseln zu hören waren. Sie symbolisieren den Klang der Verschmelzung der Elemente in der Geburtsstunde der Welt. Heute verwendet man Rasseln, um böse Geiser auszutreiben und unliebsame unsichtbare Wesen zu verscheuchen. Gleich dem warnenden Rasseln der Klapperschlange will auch der Klang der Rassel sagen, daß sich nur das versammeln soll, was gut für die Welt ist. Die Rasseln "filtern" gleichsam die Energie und verjagen alles, was stören könnte. Im Kreis der Zeremonien wird man sie immer antreffen, und oft stehen sie bei Heilungen im Mittelpunkt.

Unser Onkel Bear Heart hat uns zum ersten Mal beigebracht, wie man einen "singenden Kürbis" macht. Als er einst zu seinem Großvater ging, und ihn um einen singenden Kürbis bat, erwartete er, sofort eine Rassel zu bekommen. Jedoch dauerte der Prozeß über ein Jahr. Zuerst ließ ihn sein Großvater die Art von Kürbis auswählen, die ihm am besten gefiel. Sodann sammelte er die Kerne von diesem Kürbis und bereitete sie für die Zeit des Pflanzens vor. Zusammen mit seinem Großvater bestellte er den Boden und bereitete ihn darauf vor, die Samen zu empfangen. Als der Mond günstig stand, sprachen sie gemeinsam ihre Gebete und legten ihre Gaben auf Mutter Erde nieder. Sie beteten darum, daß Sonne und Regen ihrer jungen Saat gewogen sein mögen. Jeden Tag kehrten sie an den Ort zurück und sangen für die kleinen Samen, um sie zu stärken. Gemeinsam sahen sie zu, wie sich die Erde öffnete und die kleinen Pflanzen dem Licht entgegenstrebten. Der Großvater sprach jeden Tag vom Wachstum, von der Liebe und der Zärtlichkeit. Er erklärte Bear Heart, wie mutig und stark die kleine Pflanze sei, da sie sich trotz ihrer Zartheit und Jugend ihren Weg durch die Erde hindurch zum Licht bahne. Er sagte ihm, daß die kleine Pflanze sehr verletzbar sei, wenn die Hasen in den Garten kämen, und er zeigte ihm, wie er sie schützen könnte, bis sie stark genug wäre, um auf sich selbst aufzupassen. Bear Heart und sein Großvater wachten Tag für Tag über die kleine Pflanze und beobachteten ihr Wachstum. Er erinnert sich noch daran, wie aufregend es war, als er zuerst kleine Blüten an seiner Pflanze sah, und wie sich langsam kleine Kürbisse formten. Als die Kürbisse immer größer wurden, nahm ein jeder von ihnen seine ganz eigene Form an, und Bear Heart und sein Großvater überlegten, welcher wohl am Ende der besondere "singende Kürbis" werden würde.

Als schließlich der Tag gekommen war, an dem Bear Heart den ganz besonderen Kürbis aussuchen sollte, wußte er ganz genau, welcher von ihnen "für ihn singen" wollte. Zusammen sprachen sie ein Gebet, in dem sie dem Geist des Kürbis sagten, daß der kleine Kürbis von nun an in so manchem Kreis singen würde, und sie baten darum, daß er sein Lied zum Leben erwachen lassen möge. Es schien eine Ewigkeit zu dauern, bis der kleine Kürbis endlich so getrocknet war, daß man aus ihm eine Rassel machen konnte. Der kleine Bear Heart träumte Tag und Nacht davon, wie er seine Rassel bemalen wollte. Endlich war es dann soweit, daß man die ersten Löcher, in denen dann der Griff befestigt werden sollte, in den Kürbis bohren konnte. Der Großvater erklärte Bear Heart dann, daß die Samen seines Kürbis aufgehoben würden, um weitere Kürbisse für die anderen zu ziehen.

Nachdem der Kürbis geöffnet und die Kerne entfernt worden waren, ging der Großvater mit dem kleinen Bear Heart auf die Suche nach 100 singenden Grashüpfern, die dem Kürbis ihr Lied schenken sollten. Ganz vorsichtig schütteten sie Wasser in die Schlupflöcher der Grashüpfer, um diese glauben zu machen, daß es regnete. Als sie nun hervor kamen, um im Sturm ihr Lied zu singen, wurden sie von Bear Heart und seinem Großvater eingefangen und zu dem Kürbis gebracht. Sie setzten die Grashüpfer, einen nach dem anderen, in den Kürbis und ließen sie dort ihr Lied singen. Nachdem die 100 Grashüpfer den Kürbis mit ihrem Lied beehrt hatten, war er dazu bereit, bemalt zu werden und seine eigenen singenden Steine zu empfangen. Diese besonderen Steine wurden auf den Hügeln von großen Ameisen gesammelt. Bear Heart und sein Großvater wandten sich an das Ameisenvolk und erklärten ihm ihr Ansinnen, Musik zu machen. Nachdem sie genau erklärt hatten, wie jeder kleine Stein der Ameisen in den Zeremonien verwendet werden würde, sammelten sie 100 der schönsten Steine der Ameisen. Als Gegengabe für die Steine ließen sie den Ameisen eine Essensgabe zurück. Die folgenden Tage verbrachte Bear Heart damit, seinen kleinen Kürbis zu bemalen. Zum Schluß wurden die kleinen Steine der Ameisen vorsichtig in den Kürbis gelegt, wo sie darauf warteten, daß ein Griff für die Rassel geschnitzt würde.

Die Suche nach dem richtigen Stock für den Griff bescherte Bear Heart und seinem Großvater tagelangen Spaß bei ihren gemeinsamen Wanderungen durch den Wald. Da es Bear Hearts erste Schnitzarbeit war, dauerte es noch einige Tage, bis er den Griff für seinen Kürbis geschnitzt und poliert hatte. Es war ein ganz besonders aufregender Augenblick, als der Griff in das vorgesehene Loch eingeführt und an dem wunderschönen Kürbis befestigt wurde.

Als nun Bear Heart endlich seine kleine Rassel in die Hand nahm und begann, sein liebstes Dankeslied anzustimmen, kannte er auf einmal die Wahrheit der Musik. Alle Dinge und Wesen haben ihren Gesang; zusammen lassen sie das Lied der Schöpfung erschallen. Zum ersten Mal kam ihm zu Bewußtsein, daß auch er selbst ein Schöpfer war. So stand er in der Mitte des Kreises mit seiner Rassel und legte all seine Kraft in den Rhythmus und den Klang des Liedes seines Herzens. Vom tiefsten Innersten seines Herzens, durch den Kürbis, hinaus in die Lüfte und wieder zurück in seine Ohren und sein Herz erschuf er Musik. So ist es mit allen Dingen.

Keine Zeremonie und kein Ritual ist vollständig, wenn die Musik fehlt. Vom Ruf des Muschelhorns bis hin zum Schlagen der Trommeln – Musik ist die Energie, die den Kreis in Bewegung bringt.

Man sagt, daß die Trommel einst in den Feiern der katholischen Kirche eine wesentliche Rolle spielte, daß man sie dann aber mit heidnischen Riten in Verbindung setzte und deshalb wieder aus der katholischen Kirche verbannte. Und so wurde der Herzschlag des Geistes aus der Religion entfernt. Heute wenden sich mehr und mehr Musikgruppen wieder dem Geist der Trommel zu und verleihen so dem Rhythmus unseres eigenen Herzschlages sowie auch dem unserer heiligen Mutter Erde seinen Klang. Wundervolle Flötenklänge ertönen im Chor der Elemente und der Vögel, während Hörner und Glocken zu den Wassern, den Winden und den Geschöpfen der Natur sprechen. Wie früher in unserer Kindheit können wir sagen: "Stock und Steine brechen mir die Beine, oder sie sollen mein Lied singen". Wir sehen dem Tag entgegen, an dem kleine Kinder, Teenager und auch Erwachsene immer ein Musikinstrument in ihrer Tasche mit sich tragen, so daß sie jederzeit ganz spontan die Natur preisen oder in ein Rockkonzert miteinstimmen können, zum Lobpreis des Lebens und zu Ehren unserer Mutter Natur. Mögen alle Stöcke und Steine, die unsere Beine und Herzen gebrochen haben, sich zu Ehren unseres Schöpfers in Rhythmusinstrumente verwandeln. Mögen sich alle metallenen Kriegswaffen in Glocken verwandeln, auf denen unsere Kinder ihre Lieder spielen können. Mögen wir unsere Kinder auf den Trommeln, die wie Trampoline auf der Erde gebaut sind, tanzen sehen. Laßt sie ausgelassen durch die Gärten laufen, wo sie die Glocken mit ihren Stöcken zum Klingen bringen und auf den umgeschmolzenen Kriegsgeräten die schönsten Melodien spielen. Laßt die Luft der Stadt erfüllt sein vom Klang der Loblieder für das Leben. Laßt die Musik beginnen, auf daß uns in jeder Zeremonie die Macht des Klanges der Schöpfung bewußt wird. Am Anfang war der Klang, und der Klang wurde Licht, und das Licht wurde zu All Dem Was Ist. Laßt uns zu allen Zeremonien Musik spielen, bis alle Herzen gemeinsam schlagen.

So wie die Erstgeborene zum Rhythmus ihres eigenen Herzschlages aus den wallenden Massen der Erde hervorging, so kennt jeder Mensch den wahren Rhythmus in sich. Manche werden die wahre Kraft des Liedes erkennen, die Kraft, mit dem Geist in Kontakt zu treten. Bevor eine von uns jedoch eine wahre Seherin werden kann, muß sie dazu in der Lage sein, die Macht zu kontrollieren und als ein Mensch zu leben, dem die Erde durch seine Liebe gehört. Dann wird das wahre Lied seine Macht entfalten, und wir werden durch die Musik das Paradies auf Erden neu erschaffen.

Singt, um die durch die Arbeit ermüdeten Hände wieder zu stärken. Singt, um alle zu vereinen, die gemeinsam zu neuen Ufern aufgebrochen sind. Singt, um das eine Herz mit all den vielen Herzen zu vereinen. Singt, wenn ihr etwas Neues schafft. Singt, um die Geister zu besänftigen und das herbeizurufen, was ihr wollt. Singt, wenn die heiligen Dinge geschaffen werden, die die Menschen zusammenhalten. Singt, wenn das Essen bereitet wird. Singt für alle Dinge das Lied der großen Liebe Gottes, die durch eure Herzen, eure Hände und eure Stimme fließt. Singt und macht Musik bei allem was ihr tut.

Clouds Gebetsbündel

Kapitel 5

Wie man Gebete und Gebetsbündel macht

"Großes Geheimnis! Höre mich an! Ich bin Cloud. Voller Dankbarkeit sende ich meine Stimme in alle vier Richtungen des Windes. Höre mich an! Du bist meine Mutter und mein Vater. Höre mich an! Ich bin mit allen Geschöpfen, die schwimmen, kriechen, gehen oder fliegen, verwandt. Vom Anfang meines Daseins an war alles in mir mit jedem Geschöpf auf der Erde und außerhalb der Erde verwandt. Mein Herz, mein Kopf, meine Hände, Arme, Beine und Füße dienen den mir verwandten Wesen. Zusammen erkennen wir das eine Große Geheimnis an. Du bist in allen Dingen. *Taku skanskan*! Du bist geistiges Leben. Du bist die Liebe. Ich bin Cloud, und ich werde sprechen!

Ich klatsche Beifall für die gesamte Schöpfung. Meine Worte kommen aus meinem Herzen und gelangen an die Ohren All Dessen Was Ist. Ich bin erfüllt von großer Dankbarkeit für Deine große Liebe, die mich mit allen Dingen verbindet. Ich befolge Dein göttliches Gesetz, indem ich allen Geschöpfen dieser Erde tiefen Respekt entgegenbringe.

Ich stehe hier und würdige den Beweis Deiner Liebe, die es mir ermöglicht, hier vor Deinem Thron zu stehen. Ich folge Deinem Beispiel und Deiner Ermahnung: ‚Glaube wie ein kleines Kind. Werdet wieder wie die Kinder'. Ich begebe mich zu Dir in die Mitte des Kreises und werde wieder wie ein Kind. Sieh auf mich und erkenne meine Hingabe für unsere Kinder der kommenden sieben Generationen.

Sollte ich vom Weg abkommen, vergib mir und führe mich wieder auf den Pfad des heiligen Pfeils, der zum Herzen der Wahrheit führt. Tu dies für mich, so wie ich es für mich selbst und andere tun will. Laß meinen Kopf klein genug sein, so daß all die Hüte, die man mir Tag für Tag gibt, auf ihn passen. Laß meine Füße in die Mokassins aller mir verwandten Menschen passen, so daß ich auf dem Sternenpfad der Erde wandeln kann.

Laß mich stolz und aufrecht stehen, sei es mit Freunden, sei es mit Feinden. Zügle meine Zunge, wenn meine Worte Mißstimmung hervorrufen könnten. Gib, daß meine Rede die heilige Spirale so dreht, daß alles und alle in perfekter Harmonie zusammenkommen.

Laß das Feuer meines Herzens hell und stark brennen, bis zu dem Tag, an dem ich Dein Werk auf Erden vollendet habe und Du mich heimrufst. Und wenn der große Tag angebrochen ist, so laß mich singend heimkehren.

Im Zentrum meines Seins ist Deine Gegenwart, die viel bedeutender ist, als Deine vielen Namen. Laß Deine Gaben als Werkzeug Deiner Wunder in diesem Land der Gaben dienen. Göttlicher Geist, fließe ungehindert von Verwirrung und Unentschlossenheit in mir.

Worte, die vom Herzen kommen, sind heilig,

egal wo sie gesprochen werden ...

Mahisha

Ich bin stets auf der Suche nach meiner eigenen Kraft, nicht nach der Kraft eines geistigen Helfers. Sieh und erkenne mich als Frau. Erkenne mich als denkendes Wesen an. Erkenne mich als heilende Kraft an. Laß mich denen, die zu mir kommen und um Hilfe bitten, neue Kraft schenken. Sieh in mir die schöpferische Kraft, die sich nach Deinem Abbild fortpflanzt. Ich werde meinen Geist bereit halten, in dem Wissen, daß er mein größter Verbündeter ist, und der einzig verläßliche Verbündete, den ich habe. Ich öffne mein Herz und lasse Deinen großen Geist eintreten, als Beispiel der Einheit auf Erden. Laß mich die Macht des Friedens erkennen; laß ihn mich in jedem Atemzug mit anderen teilen. Großmutter! Großvater! Ich erhebe meine Stimme zu Euch. Hört mich an! Von dieser Erde erhebe ich mit Eurem Atem meine Stimme zu Euch. Ich lebe! Ich lebe! Ich bin Cloud. In tiefer Dankbarkeit habe ich gesprochen! Ho!"

So bete ich heute, da ich diese Zeilen schreibe. So bete ich, die ich noch immer gesund und am Leben bin, nachdem Ärzte mir meinen bevorstehenden Tod durch Krebs diagnostiziert hatten. Sie sprachen von Krebs im Endstadium, den sie heute nicht mehr finden können. Gott hat meine Gebete erhört! Erst als die Tränen über meine Wangen strömten und meine Brust benetzten, fand ich mein inneres Gleichgewicht wieder. Erst als ich all meine Tränen geweint hatte, verstand ich ihre belebende Kraft, eine Kraft, die all die verwirrten Gedanken, die überhaupt Krankheit entstehen lassen, verbannt. So wie ein Rettungsschwimmer den Ruf eines Ertrinkenden von all den Geräuschen, die an einem sonnigen Strand zu hören sind, unterscheiden kann, so hört auch Gott die Rufe eines Menschen, der wahrlich um Hilfe ruft.

Am 7. Januar 1991 entdeckte ich eine markstückgroße Geschwulst auf der Innenseite meiner Armbeuge. Sie war auf einmal da. Da ich die Befürchtung hegte, sie könnte bösartig sein, änderte ich sofort meine Essensgewohnheiten, meine Aktivitäten, meine Arbeit und begab mich in ein anderes Klima. Ich zog also nach Florida, wo ich eine Zeit damit verbrachte, Spaziergänge am Strand zu unternehmen. Ich wollte ein wenig Zeit mit dieser "ungewöhnlichen Wucherung" verbringen. Diese schien über die Monate kleiner zu werden, während ich betete und den Weggefährten meiner Träume darum bat, mich auf den Weg der Heilung zu führen. Eines Nachts träumte ich von einem rothaarigen Arzt, der die Geschwulst herausschnitt. Einige Tage später kam ich an der Klinik eines Landarztes vorbei, der auch unangemeldete Patienten aufnahm. Natürlich hatte er rote Haare.

Am Morgen des 3. Juli begab ich mich in das Daytona-Krankenhaus und ließ mir die Geschwulst herausschneiden. An dem Morgen war ich zuvor noch mehrere Kilometer am Strand entlang gelaufen. Am Nachmittag teilte der Chirurg meiner Familie mit, daß ich noch zwei Monate zu leben hätte. "Mein Tag ist gerettet, Herr Doktor!" Und doch schien irgend etwas nicht ins Bild zu passen. Ich sah weder krank aus, noch fühlte ich mich so. Andererseits kommt man mit der Verleugnung von Tatsachen auch nicht weiter. Vielleicht war es an der Zeit, daß ich mich mit der Eventualität, bald den Pfad des Geistes zu beschreiten, auseinandersetzten sollte. So ließ ich diese Möglichkeit erst einmal auf mich wirken und bis in mein tiefstes Innerstes sinken. Und dann wußte ich, daß es nicht die Wahrheit war. Dennoch wollte sich meine Familie nicht ohne ärztliche Beweise zufriedengeben. So ließ ich all die entwürdigenden Untersuchungen über mich ergehen. Ohne Ergebnis. Zwei Monate später stellte das Krebszentrum fest, daß man mir eine falsche Diagnose mitgeteilt hatte. Anstelle von Krebs der Kategorie A (der tödlich ist), hatte ich Krebs der Kategorie B (der nicht nur tödlich ist, sondern für den es auch keine Behandlungsmöglichkeiten gibt). Das ist nun drei Jahre her. Für die Ärzte bin ich ein medizinisches Wunder. Für mich bin ich Cloud, ein Kind des großen Schöpfers, verbunden mit dem Allwissenden. Im Traum kam mein kürzlich verstorbener Onkel in Begleitung eines Engel zu mir. Er sagte mir: "Der Tag deines Fortgehens wurde auf unbestimmte Zeit verschoben". Heute glaube ich, daß die "Geschwulst" von einem Blutegel herrührt, der mich genau zwei Jahre zuvor in Australien gebissen hatte. Vor allem hatte mir diese "Krankheit" in einer Hinsicht geholfen: ich bin daran gewachsen. Es ist an sich nicht schwer, sich vor Augen zu halten, was man im Leben gewonnen hat. Allerdings ist es gar nicht so einfach, den Gewinn zu sehen, den man aus den Verlusten im Leben gezogen hat. Ich bin an die Grenzen der Demut gestoßen und habe gelernt zu vergeben. Gerade in dieser Zeit habe ich die andere Seite des Betens erlernt, nämlich die Gabe des Zuhörens.

J. Edgar Hoover sagte einmal: “Eine ganze Nation beten zu sehen flößt uns mehr Respekt ein, als die Explosion einer Atombombe. Die Macht eines Gebetes ist größer als jede mögliche Kombination aus von Menschen gemachten und durch Menschen kontrollierten Kräften, denn das Gebet ist das größte und wichtigste Mittel der Menschen, die sich an die unendlichen Kräfte Gottes wenden”. Isaak Newton, einer der bedeutendsten Wissenschaftler, die jemals gelebt haben, sagte: “Ich kann mit meinem Teleskop Millionen und Abermillionen von Kilometern weit in den Weltraum schauen; ich kann aber mein Teleskop auch beiseite legen, in mein Zimmer gehen, die Türen schließen, niederknien und beten. Dann werde ich mehr vom Himmel sehen und näher bei Gott sein, als ich es bin, wenn ich mich all meiner Teleskope und anderer technischer Hilfsmittel bediene”. Dr. T. Bulkley wendete sich einst an die britische Gesellschaft für Medizin mit den folgenden Worten: “Als Arzt, der überdies sein ganzes Leben den Krankheiten des Geistes gewidmet hat, möchte ich folgendes zum Ausdruck bringen: Wenn ich sämtliche medizinischen und klinischen Maßnahmen zur Bekämpfung von Schlaflosigkeit, Depressionen und anderer derartig bedauerlicher seelischer Zustände betrachte, so würde ich eindeutig der einfachen Gewohnheit des Betens den Vorzug geben”. Und Dr. Joseph Parker äußerte sich in folgender Weise: “Man kann genau sagen, wenn man einen Menschen vor sich hat, der nicht mehr betet. Man hat das gewöhnliche Gesicht eines Menschen vor sich, der nicht mehr täglich mit Gott kommuniziert. Es verliert seine Schönheit. Die Gesichtszüge des betreffenden Menschen sagen geradezu gegen ihn aus. Irgendwo gibt es einen unsichtbaren Bildhauer, der dem Gesicht die Haltung der Seele einmeißelt”.

Wenn ich an einem Ort sitze und wieder und wieder Dank sage,

verwehre ich mir selbst die Möglichkeit der Weiterentwicklung.

Einmal ist genug.

Cloud

Ein gewisser Mr. Rogers soll gesagt haben: “Das Gebet ist die größte ungenutzt gebliebene Macht in der Welt, und der Glaube ist die größte unentdeckte Ressource”. Die schnellste Methode, um Menschen wieder auf die Füße zu helfen ist, sie auf die Knie zu bringen. Einmal beklagte sich ein Pfarrer bei einem Steinmetz: “Ich wünschte, ich könnte solch bedeutende Meißelschläge an den steinernen Herzen meiner Schafe ausführen”. Der Steinmetz antwortete: “Vielleicht könnten Sie das, wenn Sie, wie ich, ihre Arbeit im Knien verrichten würden”.

In der Bibel lesen wir: “Ich werde antworten, bevor sie fragen; während sie noch reden, werde ich zuhören”. Warum also ist das Gebet das allerletzte Mittel, wenn alles andere schon versagt hat? Über Alexander den Großen erzählt man sich folgende Geschichte: Einst näherte sich ihm ein einfacher Höfling und bat ihn um finanzielle Unterstützung. Der große Monarch sagte zu ihm, er könne sich an den Schatzmeister wenden, und die Summe verlangen, die er benötige. Kurze Zeit darauf kam der Schatzmeister zu Alexander und berichtete ihm, daß der Mann eine unglaublich hohe Summe gefordert hätte, und daß er nun zögere, ihm diese Summe auszuzahlen. Doch Alexander befahl: “Gib ihm, was er verlangt. Als er mich anflehte, behandelte er mich wie einen König. Und wie ein König handle ich nun, indem ich ihm gebe, um was er mich bittet.” Die Größe unseres Schöpfers und Ernährers ist so unermeßlich, daß nichts, um das wir ihn bitten, zu viel sein kann. Wie betrübt muß unser Schöpfer sein, angesichts der kleinen Bitten, die wir an ihn herantragen.

Wenn wir, die wir das Schicksal unserer Sippe in unseren Händen halten, den Schöpfer um etwas bitten, so wenden wir uns an den Urquell der Gaben und des Lebens. Wenn wir über die Gemeinschaft wachen, so halten wir alle, die dazugehören, im Geist, in Liebe und in der Absicht, für sie zu sorgen, in unserer Hand. Und darum geht es bei dem Gedanken der Harmonie und des Gleichklangs, aus dem der ganze Kreis All Dessen Was Ist einen Gewinn ziehen kann. Was macht es schon, wenn die Wahrheit eines Menschen ihn mit erhobenem Haupt einherschreiten läßt und die Wahrheit eines anderen ihn dazu veranlaßt, die Knie zu beugen, solange keiner der beiden in das Geschick und den Weg des anderen eingreift? Jeder von uns ist ein eigenständiges Geheimnis innerhalb des Großen Geheimnisses. Jeder von uns ist ein Bewußtsein, das mit dem Allwissenden in Verbindung steht. Jeder von uns hat einen lebenden Körper, in dem eine Seele wohnt, die mit der alles umfassenden, alles berührenden Seele verbunden ist. Und genau hierin liegt die ganze Wahrheit. Laßt uns gegen andere gerichtete böse Gedanken beiseite legen und für den Frieden auf Erden beten.

Überall auf der Welt beten die Völker unter Zuhilfenahme der unterschiedlichsten Rituale. Die Ureinwohner Amerikas beten oft, während sie die Pfeife rauchen. Die Pfeife besänftigt die Gedanken und führt sie zum eigenen Volk zurück. Während die Pfeife weitergegeben wird, ist Zeit dafür, Ruhe einkehren zu lassen und abzuwarten, bis alle Herzen im Einklang schlagen. Der Duft des Tabaks ist das Pferd, auf dem unsere Gedanken in Spiralen gen Himmel reiten, wo sie ans Ohr des Schöpfers gelangen. Der Rauch der Pfeife macht den Atem, dem die Seele des Gebets gehört, sichtbar. Der süße Duft des Tabaks zieht die unsichtbaren Geister unserer Vorfahren an und ruft die Aufmerksamkeit des Betenden wach. Er vermischt sich mit All Dem Was Ist und ruft das Universum an. Mit unserer eigenen Aufmerksamkeit rufen wir genau das herbei, mit dem wir uns wiederum beschäftigen werden. Das Ritual des Rauchens der Pfeife beim Gebet dient dazu, die Aufmerksamkeit des Betenden bei seinem Gebet zu halten, und gleichzeitig die Aufmerksamkeit vieler anderer auf den einen Großen Geist zu lenken. Während wir beten können wir uns die wichtige Frage stellen: "Was möchte ich heute mit meiner Aufmerksamkeit kaufen?" Dies ist stets eine gute Frage, denn in der Weite des Universums ist ein Gebet im übertragenen Sinne mit unserem Geld gleichzusetzen. "Bitte, und es wird dir gegeben". Dies gilt, ob die Bitte nun bewußt oder unbewußt formuliert worden ist.

Die Ältesten der Aborigines beten, während sie auf dem Feuer Eukalyptusblätter verbrennen. Der süße Duft des Rauches weckt den inneren Atem und auch die Ältesten. Inselbewohner beten, während sie den Duft von Blumen um sich herum atmen. Dreimal vereinen sie ihren Atem mit dem süßen Duft der auf den Inseln wachsenden Blumen. Dreimal erheben sie ihre, mit dem Duft der Blumen vermischten Stimmen zum Großen Geist. Danach bewahren sie ihre Gebete solange schweigend in ihren Herzen, bis sie erhört wurden. Der süße Blumenduft soll eine Ehrerbietung für Gott sein, und er soll die Aufmerksamkeit des Allerhöchsten, den so viele Gebete erreichen, auf genau dieses Gebet lenken.

Bete immer darum, daß der Geist dir die Stange hält.

KAKTUS

In der katholischen Kirche verwendet man Weihrauch beim Gebet, und die Baptisten schmücken ihre Kirchen mit wunderschönen Blumen, wenn sie zum Gebet zusammenkommen.

Überall in der Welt dienen die Gebete und die damit verbundenen Rituale dazu, die Herzen der Menschen mit einzubinden und die Aufmerksamkeit der Geister zu erregen bzw. sie geneigt zu machen.

Manchmal muß sich das Universum viele Male neu formieren, bis es zu einer Ordnung gelangt. Vor einigen Jahren reiste ich nach Ohaua und hörte dort von einem Conférencier namens Johnny. Er leitete eine multikulturelle Konferenz in einem Hilton-Hotel in Hawaii. Zum ersten Mal in meinem Leben sah und hörte ich, wie jemand eine Nasenflöte spielte. Nie zuvor hatte ich reinere und schönere Klänge vernommen. Sogleich machte ich mich daran, ein Gebet für eine Nasenflöte zu sprechen. Ungefähr drei Jahre später kehrte ich auf die Insel zurück, um dort ein einwöchiges Seminar zu leiten. Wie üblich lud ich einige der "Einheimischen" zu dem Seminar ein, auf daß sie uns ein wenig von ihrer heiligen Ökologie erklären mögen. Unter anderem kam eine wunderschöne einheimische Tänzerin mit ihrer

Truppe. Unter den ortsansässigen Menschen gibt es eine Tradition, die Ältesten mit einer Gabe von Tabak zu ehren. Auf diese Weise will man sagen: "Deine Gebete sind zum Wohl des Volkes; der gute Duft und der Rauch mögen ihnen Festigkeit und Form verleihen. Dein Atem ist der Atem Gottes". Da ich die Traditionen der Inseln nicht kannte, dachte ich, daß auch ich meinen Gästen ein ähnliches Geschenk machen sollte. Der Unterschied war nur, daß ich an ein Geschenk dachte, daß man auf den Inseln nicht erwerben konnte und daher für die Einwohner etwas besonderes wäre. Mein Geschenk war eine wunderschöne kleine Dose aus purem Elfenbein. Meine neue Freundin war davon so gerührt, daß ihr die Tränen in die Augen stiegen. Während ihrer heiligen Zeremonie spielte sie eine wundervolle Nasenflöte. Als ich ihr so zuhörte, erinnerte ich mich an mein Gebet von damals, behielt es aber für mich. Als unsere Gäste sich verabschiedeten, um das Boot zu besteigen, das sie zu unseren Unterkünften bringen sollte, blieb meine neugewonnene Freundin einen Moment am Strand stehen. Es schien so, als würde sie einen Augenblick lauschen. Dann suchte sie in ihrer Tasche und überreichte mir ihre Nasenflöte. "Die ist für dich, Cloud", sagte sie mit einem Lächeln. Wir umarmten einander mit Freudentränen in den Augen; wir hatten beide die Stimme Gottes gehört. Gott erhört unsere Gebete auf eine Weise, die viel schöner ist, als wir es uns jemals erträumen würden. Oft denke ich an einen göttlichen Häuptling, der in einer Art Kontrollzentrum im Himmel thront. Wenn dann unsere Gebete in dem Kontrollraum eingehen, wird ein besonderer Spurenleser losgeschickt, der das ganze galaktische Königreich durchstreift, auf der Suche nach der perfekten Antwort auf unser Gebet. Manchmal dauert dies länger, als uns lieb ist, aber das Ergebnis ist es wert, daß man darauf wartet. Was auch immer einer von uns haben oder lernen will, es wird früher oder später von dem unbegreiflichen Geheimnis gewährt. Was wir als Geheimnis bezeichnen, ist an sich nur natürlich, wenn wir es letztendlich verstehen.

Fast alle Geräte und Gegenstände der Medizin sind aus Gebeten gemacht. Für so manch einen ist die Tasche des Arztes oder Medizinmannes das, was die Perlen des Rosenkranzes für einen Katholiken sind. In jedes Medizinbündel werden auch Liebe, Aufmerksamkeit und Ehre für den Schöpfer gepackt, die es schließlich zu einem lebendigen Gebet machen. Jedes Mal, wenn man das Bündel in einer Zeremonie gebraucht, werden die in ihm enthaltenen Gebete reaktiviert. Mein eigenes Gebetsbündel wurde von dem verstorbenen Großvater Frank Fools Crow und seinem Leben voller kraftvoller Gebete und Hingabe inspiriert.

Das ausgebreitete Tuch ist grün, wie die Mutter Erde. Ein goldener Reif ist in der Mitte des Tuches aufgenäht und symbolisiert den großen Kreis All Dessen Was Ist. In der Mitte befindet sich ein blauer Kreis mit einem goldenen Pluszeichen. Die Farbe Blau soll an den Vater Himmel erinnern, so wie die Farbe Grün an die Mutter Erde erinnert. Das goldene Kreuz steht für den Morgensterns. Im Osten des goldenen Reifs befindet sich ein goldener Kreis, um an den Durchgang zum Osten und an die Völker des Ostens zu erinnern. Gott segne die Menschen mit gelber Hautfarbe. Ein roter Kreis befindet sich im Süden des goldenen Reifs und steht für die Völker des Südens sowie für das Portal des Südens. Gott segne die Menschen mit roter Hautfarbe. Ein schwarzer Kreis befindet sich im Westen des goldenen Reifs und steht für den Durchgang zum Westen und die Völker des Westens. Gott segne die Menschen mit schwarzer Hautfarbe. Schließlich befindet sich ein weißer Kreis im Norden des goldenen Reifs, der für den Durchgang zum Norden und die Völker des Nordens steht. Gott segne die Menschen mit weißer Hautfarbe. Auf der Rückseite des Tuches ist eine lächelnde weiße Wolke, die für mich selbst als Mittelpunkt, als Frau und Abbild Gottes steht.

Wenn ich bete, verbrenne ich duftende Kräuter und Salbei neben dem Kreis. Leiser Gesang und Flötenspiel besänftigen meinen Geist und die Geister der unsichtbaren Kräfte, die als Zeugen meines Rufens zusammengekommen sind. Ich beginne meine Gebetszeremonie, indem ich eine kleine Puppe, die mich als kleines Mädchen symbolisieren soll, in die Mitte des goldenen Reifs setze. Auf diese Weise mache ich mir bewußt, daß ich ein Kind des Schöpfers bin und daß ich immer in der Mitte des Kreises stehe. Am östlichen Punkt lege ich einen Stein nieder, der mir von meiner Großmutter anvertraut worden ist. Einst gehörte er einem älteren Medizinmann. Wenn ich an das östliche Tor denke, so denke ich daran, starke männliche Energien zu besitzen. An das südliche Tor lege ich einen Erinnerungskristall, den ich von meiner Großmutter bekommen habe. Er erinnert mich daran, daß die größte Weisheit in den Herzen unserer Kinder liegt und daß ihnen alle Ehre gebührt. Der Süden ist für mich der Ort des Kindes. Im Westen lege ich eine aus Stein gehauene, "geschichtenerzählende Familie". Diese geschichtenerzählenden Steine habe ich von einer jüdischen Großmutter geschenkt bekommen. Für mich ist der Westen der Ort des Weiblichen. Die Steine erinnern mich an die Familie. Im Norden lege ich einen kleinen, 400 Millionen Jahre alten Stein ab. Dieser erinnert mich an die Weisheit der Großmütter und Großväter, und so ist der Norden für mich der Ort der Großeltern. Wenn ich mich nun in meinem Kreis umsehe, so erblicke ich alles Leben, das männliche und das weibliche. Ich sehe ein perfektes Gleichgewicht. Und in diesen Ort des Gleichgewichts lege ich meine Aufmerksamkeit, von ihm erlange ich mein Leben.

Manchmal bete ich mit einer schwarzen Binde über den Augen, um die Bilder, die der Schöpfer mir sendet, genauer erkennen zu können. Ich setze mich ganz ruhig hin und betrachte die Leinwand vor meinem inneren Auge. Manchmal bete ich auch mit offenen Augen und schaue mir all die vor mir liegenden Dinge an. Manchmal trage ich eine Clownsmaske, die aus weichem, weißen Wildleder gefertigt ist. Wenn ich diese Maske trage, bete ich normalerweise um etwas ganz Bestimmtes und möchte dem Schöpfer als kleines Kind gegenübertreten und auf diese Weise seine Aufmerksamkeit auf mich lenken. In solchen Momenten kann man mit Gott scherzen und Spaß haben. Manchmal, wenn ich etwas ganz bestimmtes erfahren oder lernen will, drehe ich das Abbild, das mich selbst symbolisieren soll, in eine der Himmelsrichtungen. Manchmal lege ich mein eigenes Abbild mit dem

Gesicht nach unten auf die Mutter Erde. In solchen Augenblicken geht es mir um das Horchen und Fühlen. Ein anderes Mal lege ich mein Abbild mit dem Gesicht nach oben hin, um auf diese Weise zu sehen und zu beobachten. In jedem Fall werde ich in die Tage meiner Kindheit zurückversetzt, als alles möglich war. Wenn ich mein ganzes Bündel ausgebreitet, die süßen Düfte verbreitet und meine Lieder gesungen habe, bin ich wieder ein Kind. Dann kann ich mit Gott auf so nahe und natürliche Weise reden, wie damals, als ich noch ein Kind war und in den Sümpfen herumlief.

Die meisten meiner medizinischen Gegenstände und Geräte haben ihre eigene Tasche, in der sie leben können. Mit Bedacht lege ich jeden Gegenstand an seinen Platz zurück, damit er meinen Respekt und meine Wertschätzung erfahren kann. An sich ist das eine gute Übung, um zu lernen, wie man alle Dinge behandeln soll. Mein Gebetsbündel ist mein einziges heiliges Werkzeug, das in einer normalen Tasche wohnt und von mir überall mit hingenommen wird. Dieses orange-schwarze Bündel geht überall als normale Tasche durch. Einmal überlegte ich mir, eine wunderschöne heilige Tasche für das Bündel anzufertigen, aber meinem Bündel macht unsere Maskerade genauso viel Spaß wie mir selbst. Das Beten als etwas zu betrachten, was Spaß macht, ist aufregend und gibt Kraft. Ich bin immer bereit zur Begegnung, und mein Herz öffnet sich, um jede Situation mit Liebe zu umarmen. Jedesmal wenn ich mein Bündel zum Gebet ausbreite, befolge ich die Worte unseres Bruders: "Werdet wieder wie die Kinder, und ihr werdet das Himmelreich erben".

Schwitzhütte des Clans

Schwitzhütte des Stammes

Kapitel 6

Rituelle Reinigung

Der Name unserer neuen Schwitzhütte ist "die Behausung des Sonnenhundes". Diese Hütte steht im Cheatham Wildlife Reservat in Tennessee. Als wir die letzte Strebe befestigt hatten, erschien am Himmel ein Sonnenhund[1]. Tagelang hatte es nicht geregnet, und es war auch kein Regen vorausgesagt. Am Himmel war keine Wolke. Als es langsam Abend wurde und die Sonne gerade noch so hoch wie die Bäume am Horizont stand, erschien der Sonnenhund. Der Regenbogenkreis erschien plötzlich am Himmel und verweilte gute fünf Minuten über unserer Hütte. Aus ihm heraus kam ein großer Strahl weißen Lichts, der in Richtung Norden zeigte und uns an die Prophezeiung unserer Ahnen erinnerte. Der Sonnenhund ist ein seltenes aber natürliches Phänomen, das für all jene sichtbar ist, die in diesen letzten Tagen der alten, langsam verwehenden Formen, noch offene Augen haben. Man hatte uns gesagt, daß wir eines Tages einen Sonnenhund sehen werden und daß jetzt die Zeit sei, zu der wir unsere Ahnen in weiße Kleider gehüllt und mit roten Hüten auf ihren Köpfen zurückkehren sehen werden. Man sagte uns auch, daß die Ahnen kommen werden, um uns wieder auf die alten Wege zu führen. Es ist dies eine Zeit, in der man mit all jenen, die lernen wollen, die Medizin teilt. Unsere Schwitzhütte hat sich selbst einen Namen gegeben, in dem ein bedeutsames Omen enthalten ist: Die Behausung des Sonnenhundes.

Als Ort der Reinigung hat die Schwitzhütte eine sehr alte Bedeutung. Diese Tradition können wir überall bei den einheimischen Völkern finden. In der Mitte wird eine kuppelartige Konstruktion errichtet; man legt heiße Steine hinein und beträufelt sie mit Wasser, wodurch Dampf entsteht. Tatsächlich wird bei beinahe allen Krankheiten das Schwitzen als ein Heil- und Reinigungsmittel verordnet.

In welchem Maße die Schwitzhütte nun von ritueller Bedeutung ist, kann variieren. Für die Indianer der Ebene ist der Aufenthalt in der Schwitzhütte (*inipi*) fester

Schwitzhütte des Stammes

Bestandteil einer jeden Zeremonie des Übergangs. Vor allen Sonnentänzen geht man in die *inipi* und reinigt sich so von allem Alten, bevor man sich in den heiligen Sonnenkreis zum Tanz begibt. Hochzeiten, Bitten um Visionen, Namengebungen, Adoptionen (*hunkayapi*), Kriegsvorbereitungen, Entscheidungsfindungen, Reisen, Ernten und zahllose andere Handlungen im Leben sind immer Anlaß, zuvor eine rituelle Reinigung durchzuführen.

Es ist gut, sich von der Vergangenheit reinzuwaschen, bevor man mit Entschlossenheit der Zukunft entgegentritt. Es ist gut, im Hinblick auf die vergangenen Erfahrungen inne zuhalten, zu verschnaufen, zurückzublicken, ihren Wert zu erkennen, sie zu schätzen und dann mit Segenswünschen gehen zu lassen. Auf diese Weise kann uns nichts, was in der Vergangenheit geschehen ist, den Weg in die Zukunft verstellen. Die rituelle Reinigung ist eine sehr alte und anerkannte Methode der Vergangenheitsbewältigung.

Es gibt so viele verschiedene Arten der rituellen Reinigung wie es verschiedene Zeremonien gibt. Selbst die von den fundamentalistischen Christen durchgeführte Taufe mit Wasser ist eine Art der Reinigung von den "Sünden" (wörtlich "Abweichungen vom Weg"), die einem im tatsächlichen Sinne abgewaschen werden. Das englische Wort für Sünde, "sin", kommt ursprünglich von den Bogenschützen, die auf den Mittelpunkt der Zielscheibe, das "bulls eye", anlegten. Die Abweichung vom Mittelpunkt bezeichnete das Ausmaß der "sin". Auch wenn es bei uns liegt, das von uns bevorzugte Reinigungsritual auszuwählen, so ist zu beachten, daß die hinter dem Ritual stehende Absicht der Reinigung der einzig wichtige Aspekt dabei ist. In diesen Tagen des Geistes muß ein jeder von uns in sich hineinhorchen und sich auf seine eigenen Wünsche und Gedanken einstellen, um eine sinn- und bedeutungsvolle Reinigungszeremonie für sich zu finden. Die einfache Handlung, seine

Kleidung zu waschen, während man ein Gebet spricht, kann die beste und bedeutsamste Reinigungszeremonie sein.

Die Schwitzhüttenzeremonie wird von vielen als die alte Zeremonie der Stone People oder die "*Inipi*" bezeichnet. Die meisten Menschen nehmen jedoch mit dem einfachen Wort "schwitzen" darauf Bezug. Hierbei ist die Bezeichnung wörtlich zu nehmen, denn es geht bei der Zeremonie genau darum: die Menschen schwitzen. Und sie schwitzen wirklich. Ich habe einmal eine unserer Ältesten sagen hören, daß ein paar Stunden in der Schwitzhütte mindestens so viel bewirken, wie zehn Tage des Fastens. Ich für meinen Teil ziehe das Schwitzen dem Fasten bei weitem vor! Für diejenigen, die rauchen oder trinken ist die Schwitzhütte ein bitter-süßer Freund, denn es ist eine schmerzhafte Erfahrung, all die Giftstoffe auf der Oberfläche der Haut zu sehen. Es kann aber auch eine große Befreiung sein. In der Schwitzhütte kann man alle Krankheiten, die man in sich trägt, aus sich herausschwitzen. Darüber hinaus bietet die Schwitzhütte auch die Möglichkeit, vielerlei andere wertvolle Erfahrungen zu sammeln.

Jeder von uns sollte Abend für Abend in den Spiegel schauen und sagen:
"Ich liebe mich; ich bin wertvoll". Ja, fast sollte man so weit gehen, zu sagen:
"Ich bin der einzige Mensch auf der Welt". Dies wäre das beste Gefühl der Heilung.
Dann kann man am Morgen aufstehen und sich fühlen wie ein Riese.
Man kann dies tun und doch klein bleiben, denn Bescheidenheit kommt von allein.
Auch Demut wird sich einstellen - sie ist eine unserer größten Waffen.
Wenn wir nicht demütig sind und uns unser "Ich liebe mich" zu Kopfe steigt,
dann wird sich auch der Fall nicht vermeiden lassen.
Wenn wir demütig sind, wird uns Mutter Erde alles schenken.

ALINTA

Die Menschen, die sich zum gemeinsamen Schwitzen zusammengefunden haben, sind sich einig, daß sie etwas aushalten wollen, das nicht unbedingt ausschließlich angenehm ist. Sie tun dies gemeinsam. In der Runde derer, die zusammen in der Schwitzhütte sitzen, herrscht eine gewisse Intimität, die man außerhalb nicht so schnell finden wird. Manche begeben sich sehr leicht oder gar nicht bekleidet in die Hütte, um im wahrsten Sinn eine Wiedergeburt zu erleben. Neulinge (insbesondere solche, die wie Weiße denken) befürchten oft, daß in der Schwitzhütte sexuelle Gefühle aufkommen könnten. Ihnen sei gesagt, daß dies mit Sicherheit nicht der Fall ist. Den meisten wird sehr schnell bewußt, daß sie meilenweit von derartigen Gedanken und Gefühlen weg sind. Für den Neuling in der Schwitzhütte steht oftmals eher der Gedanke des Überlebens im Vordergrund!

Es kann sehr heiß werden in der Schwitzhütte. Und das ist ja auch genau der Sinn der Übung: Man will das Alte aus sich herauslassen, um Raum für das Neue zu schaffen. Der Gastgeber ist derjenige, der die Temperatur bestimmt; er ist derjenige, der das Wasser aufgießt.

Für diejenigen, die Alkohol trinken, ist das Schwitzen besonders mühselig. Alkohol hat die Eigenschaft, die Körpertemperatur zu erhöhen und ein brennendes Gefühl auf der Haut zu erzeugen. Doch ist es sehr heilsam, die Giftstoffe des Alkohols aus dem Körper zu lassen, ebenso wie das mit den Giftstoffen des Nikotins der Fall ist. Beim Schwitzen sammelt sich das Nikotin auf der Zunge und es ist wichtig, es sofort beim Verlassen der Schwitzhütte von der Zunge zu schaben. Es gibt einen alten Glauben, der besagt, daß man auf Anweisung des Leiters der jeweiligen Schwitzhütten-Zeremonie dem großen Geist ein Jahr des Dienens schuldet, wenn man es nicht schafft, die vier Runden durchzustehen. Von daher ist es gut, einen Trinker schon vorher darauf hinzuweisen, daß viel Ausdauer gefordert sein wird, um das Schwitzen auch wirklich abzuschließen.

Lernt mit dem Herzen, nicht mit den Augen.

Alinta

Bereits das Betreten der Schwitzhütte ist wichtiger Bestandteil der Reinigungszeremonie. Wenn wir am Eingang, der so klein ist, daß wir ihn nur auf allen Vieren passieren können, innehalten, dann ist es gut, ein offenes Herz für All Das Was Ist, zu haben. Wir sollten die Hütte nicht mit innerem Groll gegen einen anderen betreten. Die Energie wird in der Schwitzhütte auf uns zurückkommen. Sollte das, was an Unerledigtem in uns ist, in unser Energiefeld gelangen, so wird es mit größter Vehemenz auf uns zurückgeworfen. Üblicherweise werden wir am Eingang kurz verweilen und einen Gruß aussprechen, der unsere Verwandtschaft zu Allem Was Ist ausdrückt. "*A Ho, Mitakuye Oyasin!*" ist ein weitverbreiteter Gruß beim Eintritt in die Schwitzhütte. Dieser Satz stammt von den Sioux und bedeutet: "Ich grüße alle mir verwandten Wesen ... ich komme in guten Absichten". Der Eintritt in die Schwitzhütte ist gleichsam der Eintritt in den Mutterleib der Mutter Erde. Es ist gut, mit reinem Herzen und der klaren Absicht, in der Wahrheit zu leben, einzutreten.

Das sich in der Hütte abspielende Ritual ist eine höchst individuelle und spezifische Angelegenheit, die auf die Bedürfnisse der Teilnehmer ausgerichtet ist. Dennoch wird es fast in jeder dieser Zeremonien vier Runden heißer Steine geben. Was in jeder dieser Runden gesagt und gebetet wird, wird am Ende einer jeden Runde hinausgelassen, indem die Türe kurz geöffnet wird. So können die Teilnehmer ihre Gebete und alles was sie sonst noch losgelassen haben, zusammen mit dem Dampf zur Türe hinaus in den Himmel steigen sehen.

Die Schwitzhütte gereinigt und erneuert zu verlassen ist so als würde man neu geboren. Vielleicht kann man das Ritual der Schwitzhütte in gewisser Weise mit der Taufe der Christen gleichsetzen. Es gibt uns die Möglichkeit, einen neuen Anfang zu wagen, uns in eine neue Richtung zu bewegen und dem Licht entgegenzustreben.

Es gibt noch viele andere Formen der rituellen Reinigung. Selbst zu duschen oder ein Bad zu nehmen wird insbesondere von der New Age Bewegung als Form der rituellen Reinigung angesehen. Das Baden war jedoch von jeher ein anerkanntes Reinigungsritual und wird noch immer als Zeremonie der Erneuerung angesehen. Oftmals wird vorzugsweise frisches, fließendes Wasser verwendet. Ebenso wie man die Pfeife in Achtung und Aufmerksamkeit für das Große Geheimnis, die Mutter Erde, alle Geschöpfe, die Familie, die Freunde und sich selbst raucht, so gilt dies auch für das Baderitual. Für jede Bitte wird neues Wasser eingegossen und für jeden Gedanken, der zum Ritual gehört, wird man erneut in das Wasser eintauchen.

Der größte Lehrmeister ist unser eigenes Selbst, unser Geist, unser Herz und unser Weg. Die größte Blockade ist die Angst.

Alinta

Ein wunderschönes Reinigungsritual ist jenes, bei dem eine Schale mit duftendem Wasser in der Runde herumgereicht wird. Jeder der Anwesenden hat dann die Möglichkeit, seine Hände von der Vergangenheit reinzuwaschen oder die Füße seines Nachbarn zu waschen, um sie vom Staub des mühseligen Weges des Lebens zu befreien. Dies ist eine Möglichkeit, auf vorsichtige und einfühlsame Weise eine

Gruppe zusammenzubringen und auf die neue Erfahrung vorzubereiten, daß alle Herzen im Einklang schlagen werden. In die Schale mit duftendem Wasser werden oft auch Blumen gegeben, die an die Schönheit in allen Dingen erinnern sollen.

Ein weiteres Reinigungsritual ist das Räuchern. Man verbrennt geweihte Gräser und Kräuter und fächelt den Rauch mit einer Feder zu der jeweiligen Person bzw. dem jeweiligen Gegenstand. Auch ist es Tradition, nach der täglichen "Jagd", sei es im übertragenen oder im tatsächlichen Sinn, seine Hände im Rauch zu "waschen". Salbei, Zeder, Wacholder und Süßgras werden vorzugsweise für diese Rauchrituale verwendet. Es ist gut, jede Zeremonie damit zu beginnen, jeden einzelnen Teilnehmer zu beräuchern, auf daß er alles loslassen möge, was er mit sich bringt und gänzlich an dem Ort, an dem er gerade verweilt, anwesend ist. Alle Dinge, die in der Zeremonie eine Rolle spielen, werden zu Beginn mit dem Rauch umhüllt, um sie zu reinigen und vorzubereiten. Der süße Duft des Rauches zieht die unsichtbaren Kräfte an und erinnert die körperlich Anwesenden, daß etwas Wichtiges geschieht.

Menschen, die wahre Größe haben, haben eins gemeinsam:

sie haben das stille Bewußtsein von: ...

... Ich weiß, wer ich bin.

... Ich weiß, wohin ich gehe.

... Ich bin hier, um zu teilen.

Colonel Lyn

Zu den weiteren Reinigungsritualen gehören vielerlei Fastenrituale. Das Fasten kann sich auf Essen, auf spezielle Speisen oder Getränke, auf besondere Gedanken oder Verhaltensweisen gegenüber anderen damit in Verbindung stehenden Menschen, auf sonstige Genüsse, auf Sex oder etwas anderes beziehen, das die im jeweiligen Zusammenhang gewünschte Reinheit stören könnte.

Eines der einzigartigsten Reinigungsrituale, denen ich mich je unterzogen habe, war eines, das wir gemeinsam vollzogen, um alte Reaktionen und Verhaltensweisen "wegzuwaschen". Bis zum letzten und wildesten Moment führten Skye und ich dieses Ritual alleine aus.

Wir hatten den Tag damit zugebracht, Papiermasken unserer am meisten unterdrückten und am wenigsten erwarteten Gefühle anzufertigen. Jede von uns machte fünf Masken. Als wir der Meinung waren, daß unsere Masken wirklich unser Innerstes widerspiegelten, verkleideten wir uns, ließen das Licht der Nacht auf den Schauplatz unseres Rituals scheinen, drehten unsere Musik auf volle Lautstärke und begannen damit, unsere Gefühle wachzutanzen. Mal tanzten wir zusammen, mal jede für sich. Wir lachten und weinten, wir stöhnten und klagten, wir schrien und kreischten und verfielen dann wieder in staunendes Schweigen. Wir verausgabten uns völlig mit unserem selbsterfundenen Ritual und dachten die ganze Zeit, daß wir selbst irgendwie von dem was wir taten, abgetrennt wären, da unsere Gesichter hinter den Masken verborgen waren. Und dann kam es wie es kommen mußte; eine Unbeteiligte kam am Schauplatz unseres Rituals vorbei. Bis zum heutigen Tage wissen wir nicht, wer sie gewesen ist, aber wir sind sicher, daß sie der Meinung gewesen sein muß, zwei absolut hoffnungslose Fälle vor sich gehabt zu haben.

Oft und oft haben wir über das Ritual gelacht, und wir hatten niemals den Mut dazu, es zusammen mit anderen zu wiederholen. Und doch hat uns dieses Ritual die Möglichkeit gegeben, die Tür zu etwas, was zuvor noch kein anderer berührt hatte, zu öffnen. Die Reise auf unerforschten Pfaden ist und bleibt eines der aufregendsten Dinge im Leben.

Obwohl es unendliche Möglichkeiten der rituellen Reinigung geben muß, haben wir hier nur die gängigsten sowie eine unübliche erwähnt, um unsere Leserinnen dazu anzuregen, ganz frei mit dem Geist zu kommunizieren und ihre Rituale direkt von der Quelle zu beziehen. All diese Rituale dienen nur dazu, die Schöpfung zu stimulieren. Die letzte Form der rituellen Reinigung, die ich ansprechen möchte, betrifft das Teilen und den Klang.

Wenn Sie schon einmal eine halbe Stunde oder gar mehrere Stunden lang an einem Trommel-Kreis teilgenommen haben, dann wissen Sie sicher, wie reinigend dies wirken kann. Alle Gedanken verfliegen und alle Herzen beginnen, in einem gemeinsamen Rhythmus zu schlagen. Zur Reinigung des ätherischen sowie des emotionalen Körpers ist es üblich, Rasseln zu verwenden. Fingerzimbeln oder tibetanischen Schellen bieten eine weitere Möglichkeit, den Körper im übertragenen Sinne zu reinigen und die Aufmerksamkeit auf Gedanken und Taten zu lenken. Heute gibt es vielerlei verschiedene Glocken, Schellen, Gongs etc., die dazu dienen, die einzelnen Chakras anzusprechen. Man sagt, daß am Anfang der Klang gewesen sein soll. Danach kam das Licht. Dann erstand die Form. “Am Anfang war der Klang ... und der Klang wurde ... ALLES WAS IST!”

Fußnote:

[1] Ein Sonnenhund ist ein kleiner Halo, ein geschlossener Regenbogenkreis um die Sonne herum, von dem weiße Strahlen in alle vier Himmelsrichtungen ausgehen.

Ich bin der Tanz, der grenzenlos ist und mit allem
überall zu jeder Zeit verbunden ist.
Das ist so, weil ich vom Geist komme, und als Geist wußte ich,
daß es keine Zeit, keinen Raum und keine Grenzen gibt.
Alles geschieht im gleichen Augenblick.

Mahisha

Kapitel 7

Wir tanzen den Tanz:

Das Leben als rituelle Handlung

Tina Turner hatte mal einen Song: "What you see is what you get. What you don't see is better yet" *(Was du siehst ist was du bekommst. Was du nicht siehst, ist noch viel besser)*. Unsere erweiterte Version wäre: "Was du siehst ist was du bekommst. Was du *tust*, ist noch viel stärker". Tatsächlich ist das, was man tut oftmals das, was einen unglücklich macht. Taten sprechen lauter als Worte. Ein Gedanke, den man tausendmal denkt, wird zu einem Wort. Worte, die man wieder und wieder spricht, werden zu Taten. Taten definieren unsere Existenz. Das Leben an sich ist eine rituelle Handlung. Wir bekommen genau das, auf das wir unsere Aufmerksamkeit richten. Tag für Tag erwerben wir das, was im Zentrum unserer Aufmerksamkeit steht. Wir sind was wir tun. Eine ältere Apachin, die ich einst kannte, hatte die Angewohnheit, ihren Kopf zurückzuwerfen und in den Himmel zu lachen. Dabei sagte sie: "Was willst du dir heute mit deiner Aufmerksamkeit kaufen?" Unsere Handlungen sind die wichtigsten Zutaten im Kochrezept des Lebens. Wir werden jeden Tag mehr von dem bekommen, was wir tun. Also, was wollt ihr euch heute mit eurer Aufmerksamkeit kaufen?

Wir haben immer einen alten eisernen Kessel voll Eintopf oder Chili über dem Feuer bei unserem Lager in den Bergen von Tennessee. Wann immer ein Freund bei uns vorbeischaut, haben wir etwas zu essen bereit. Ich kann mich gar nicht daran erinnern, wann der Kessel zuletzt ausgewaschen wurde, aber eigentlich ist es gar nicht nötig, ihn zu waschen. Ein Topf voller Wildbret-Chili kommt als erstes in den Kessel, dann geben wir Bohnen, Zwiebeln, Tomatensoße und Gewürze dazu und – Hokuspokus – und schon köchelt unser Chili friedlich über der Feuerstelle vor sich hin. Manchmal haben wir genug von all dem Chili, und dann geben wir Gemüsesuppe, frisches Gemüse und Gewürze dazu und – Hokuspokus - haben wir unseren Eintopf. Eigentlich sind wir ständig dabei, etwas herauszuschöpfen und dann wieder etwas hinzuzufügen. Die Zutaten ändern sich jeden Tag mit den Besuchern, die an unser Feuer kommen, und mit unserem jeweiligen Appetit. Unser Chili-Kessel ist beinahe eine Metapher für das Leben an sich. Mit jedem unserer Atemzüge leisten wir einen Beitrag zum Leben und können damit große Veränderungen herbeiführen.

Heute Morgen wurde ich um halb sieben von meiner "Weck-Katze" aufgeweckt. Sie heißt Wildblume und steht jeden Morgen mit dem Sonnenaufgang auf. Jeden Morgen kommt sie an mein Bett und schnurrt solange, bis ich endlich aufstehe, sie füttere und mit meiner Hausarbeit beginne. Nachdem ich die Katzen und Hunden gefüttert habe, widme ich mich meinem kurzen Morgenritual, d.h. ich wasche mein Gesicht und meine Hände und putze mir die Zähne. Dann gehe ich mit Gaby zusammen in den Wald zum Laufen. Gaby ist meine Schnauzer-Hündin. Durch sie habe ich eine echte Unterstützung bei meinen sportlichen Aktivitäten im Freien. Sollte es mir jemals in den Sinn kommen, einen morgendlichen Lauf auszulassen, um ein paar Minuten länger an der Schreibmaschine sitzen zu können, dann nervt mich Gaby solange, bis ich aufgebe und mit ihr laufen gehe. Und ich bin dann aber doch jedes Mal dankbar für unsere Begegnung mit Mutter Natur, für das Schwitzen und den Spaß, den ich habe, wenn ich Gaby voller Freude durch den Wald springen sehe.

Unser Morgenritual endet jedes Mal mit einem Gebet im Dorf. Gaby und ich kuscheln uns auf einem großen Heuballen zusammen und verschnaufen, bis unser Atem eins ist mit dem großen Schöpfer aller Dinge. Die stillen Ermahnungen und die großen Ideen, die in diesen Augenblicken zu spüren sind, werden mit dem gebührenden Respekt beachtet. Zuhause gehen wir dann unter die Dusche, um für den Tag gerüstet zu sein. Und dann kommt mein Lieblingsritual: Frühstück!

Schon im Wald habe ich zu singen angefangen; mein Lied hat mich unter die Dusche begleitet und ist noch immer bei mir, wenn ich das Obst für mein Frühstücksmüsli schneide. Den Kontakt mit dem großen Geist knüpfen wir durch das Lied, d.h. durch unsere eigene Stimme, mit der wir singen. Normalerweise merke ich schon an den Liedern, die mir in den Sinn kommen, in welcher Stimmung ich gerade bin. Üblicherweise singe ich mein eigenes Lied der Stärke. Ich singe es in der Originalsprache der Apachen. Seine Übersetzung lautet: "Ich bin ohne Furcht. Ich tue wundervolle Dinge. Ich bin ein Besucher an diesem Ort. Bereitet mir einen Weg. Ich werde solange zurückkehren, bis mein Werk vollendet ist". Heute Morgen sang ich immer wieder einen Teil eines Liedes, das ich gerade schreibe. Für den Moment lautet der Text in etwa: "Mein guter alter Freund ... ich würde unsere Zeit zusammen niemals missen, nicht für eine Million, nicht für eine Billion, nicht für alles Geld der Welt". Es überraschte mich nicht, daß es eine Stunde später an meiner Tür klopfte und ein guter alter Freund davor stand.

Während meines Abendrituals lese ich etwas Aufbauendes. Gerade habe ich in der Bibel das Buch Salomo gelesen. Danach fing ich mit dem Buch Jesaja an, doch schien es mir lange nicht so inspirierend und so begann ich mit "*In the Spirit of Crazy Horse (Im Geiste von Crazy Horse)*". Diese informative Dokumentation über die Greueltaten, die den Ureinwohnern Amerikas angetan wurden, ist sehr lehrreich, und außerdem geht sie in die selbe Richtung wie meine derzeitige Arbeit mit einem Time-Warner[1] -Projekt. Alles in meinem Leben verschmilzt zu einem großen Ganzen. Sich des Tanzes bewußt zu sein, macht es leichter, die Wahl zu treffen, und man hat mehr Spaß.

Durch den Tanz trete ich mit dem Heiligen in Verbindung.

Ich schaffe einen Raum, tief in meinem Inneren.

So erlebe ich ein Gefühl der Grenzenlosigkeit und Zeitlosigkeit.

Oftmals, wenn ich tanze, verändert sich der Raum um mich herum,

und zwar in Abhängigkeit davon, welchen Tanz ich tanze.

Ich kehre in eine Zeit zurück, in der ich das Wesen

des Tanzes an einem anderen Ort der Zeit erlebte.

Mahisha

Entscheidungen sind die heiligsten Handlungen, die wir vornehmen. Wir müssen uns in einen Tanz des Wachens begeben und ein Leben im Gleichklang wählen. Wir müssen unser Volk zurückbringen; ein Volk, das einen jeden einzelnen als Besitzer der Erde sieht; ein Volk, dem nichts heiliger ist, als die freie Entscheidung; ein Volk, das keine anderen geistigen Ältesten hat, als seinen eigenen Verstand. Wenn wir nicht dazu imstande sind, eine Entscheidung zu treffen, so ist es gut, weit vom Camp wegzureiten, an einen Ort, an dem niemand unsere jämmerlichen Klagen und Fragen der Unentschlossenheit hören kann. Unentschlossenheit, diese Haltung eines Menschen, der weder Fisch noch Fleisch, weder hier noch da ist, ist mehr als alles andere der Grund für Aggression und Mißbrauch. Es ist ein höchst unangenehmes Gefühl, unentschlossen und zögerlich zu sein. Wenn ein Mensch keine Wahl treffen kann, dann ist er nicht mit der Quelle in Kontakt. Ich halte mich selten lange in der Gesellschaft eines Menschen auf, der ständig sagt: "Ach, ich weiß nicht. Es ist mir eigentlich egal". Ich bevorzuge die Gesellschaft derer, denen das Leben nicht egal ist. Mich interessiert die Meinung der anderen. Alle Menschen haben eine Meinung zu fast allen Dingen. Es ist gut, eine Entscheidung zu treffen und sich dann entsprechend zu verhalten. Nur so können wir die Wahrheit der Entscheidung erleben.

Mein Freund Melvin versteht Menschen anderer Rassen nicht und deshalb mag er sie nicht. Ich bin weder für noch gegen seine Haltung. Für mich spielt die Hautfarbe eines Menschen einfach keine solche Rolle, wie für ihn. Was ich jedoch an Melvin so schätze ist, daß er mit Stärke eine Wahl getroffen hat und die volle Verantwortung für seine Taten übernimmt. Er führt sogar seine regelmäßigen Kirchenbesuche auf seine Abneigung gegen diese Menschen zurück. Er weiß, daß seine Haltung nicht "heilig" ist, und dieser Gedanke läßt ihn ständig zu den Kirchenbänken zurückkehren. Er sagt, daß er zur Kirche gehen muß, weil er als Mensch so durchschnittlich und gewöhnlich ist, daß er einfach in die Kirche gehen muß. Es macht ihm dann nicht mehr so viel aus, daß er so schlecht ist, und er fühlt sich besser. Als Melvin heute Morgen vor der Tür stand und Holz hacken wollte, fiel es mir gar nicht schwer, die alte Schreibmaschine stehen zu lassen und ihm sein Holz zu schleppen. Es ist nämlich so: Melvin gehört das ganze Land hier in der Gegend, und er ist ziemlich eigen, wenn es darum geht, wen er auf sein Land läßt. Und damit hat er an sich auch recht, denn die Menschen haben den Respekt vor dem Eigentum anderer verloren. Ich helfe ihm dabei, Wilderer aus dem Wald zu verscheuchen, und ich sammle den Müll zusammen, den irgendwelche Idioten einfach aus ihren Autofenstern werfen. Auf Melvins Grund und Boden steht eine der schönsten Waldkapellen, die man sich vorstellen kann. Er hat uns erlaubt, zu der Kapelle zu gehen, wann immer wir möchten. Ich freue mich immer, wenn ich meinem Freund Melvin helfen kann. Wir plaudern miteinander, wenn wir Holz hacken, und heute hat er mir gesagt, welche Lieder ich heute Abend seiner Meinung nach singen sollte. Eins meiner morgendlichen Gebete war auch schon eine Bitte um Weisung für mein Programm von heute Abend. Melvin kam also als Bote Gottes zu mir. Melvin ist übrigens der Typ Mann, dessen Handhabung der Kettensäge an den Rand sämtlicher Vorstellungen von Sicherheit geht. Heute zogen wir mit seinem Traktor einen alten toten Baum mitsamt Wurzelstock aus dem Wald und ein paar Mal war es wirklich ganz schön knapp. Wenn Melvin sich ein Ziel gesetzt hat, dann zieht er die Sache auf Biegen und Brechen durch. Ich bin genauso. Deshalb ist dieser Charakterzug eine der Eigenschaften, die ich an ihm mag. Eine weitere Botschaft von Melvin war: Was auch immer du tust, geh bis an die Grenzen. Wir arbeiteten bis Mittag, schlichteten das Holz auf, und dann fuhr er. Ich genehmigte mir eine Schüssel Chili, und nun sitze ich wieder an der guten alten Schreibmaschine.

So, was habe ich mir nun heute mit meiner Aufmerksamkeit gekauft? Gesundheit, Weisheit, Wissen, Freundschaft, Gesellschaft und ein paar gute Witze, über die wir unterwegs gelacht haben. Eins weiß ich: das Leben hält noch mehr von eben diesen Dingen für mich bereit, und ich werde sie freudig annehmen. Heute wurden Melvin und ich für kurze Zeit eins, nämlich als zwei Menschen, die wie ein Herz zusammen Holz hackten. Unsere Freundschaft ist mit Schweiß und Lachen besiegelt. Als wir mit unserer Arbeit fertig waren, schenkte er mir das ganze Holz. Er wollte eigentlich nur ein bißchen Bewegung und die Gelegenheit, an diesem schönen Tag ein wenig frische Waldluft zu tanken. Vielleicht wollte er auch meine Freundschaft genießen, so wie ich die seine. Im Mittelpunkt meines Lebens steht das eine Streben: daß alle Herzen wie eins schlagen. Heute bin ich diesem Ziel wieder einen Schritt näher gekommen.

Unlängst habe ich von einer früheren Kommilitonin aus der Studentenverbindung einen Brief bekommen. Sie ist gerade dabei, ihren Universitätsabschluß für das Lehramt zu machen. Ihre Stimme ist mindestens so schön wie die von Barbara Streisand, nur daß sie mehr Ausstrahlung hat wie die Streisand. Sie sagt, daß sie sich berufsmäßig als Sängerin engagieren will, obwohl sie sich schon über vier Jahre lang nicht mehr ihrer Musik gewidmet hat. Von den Dingen, denen wir unsere Aufmerksamkeit widmen, bekommen wir mehr. Ich zum Beispiel möchte einen Plattenvertrag, deshalb singe ich wo auch immer ich hingehe; ich singe beim Einkaufen, im Auto, unter der Dusche, im Wald. Ich übe meine Lieder am Nachmittag und trete Abends damit auf. Ich will einen Plattenvertrag, also singe ich. Ich möchte auch, daß meine Bücher als Taschenbücher veröffentlicht werden und so für die Leute im Supermarkt und am Zeitungskiosk zu kaufen sind. Deshalb schreibe ich jeden Morgen. Ich zeige meine Manuskripte meinen Nachbarn und verschicke Kopien davon an meine Freunde. Wir bekommen das, worauf wir unsere Aufmerksamkeit richten. Das Leben ist ein ritueller Tanz. Wir müssen unseren Geist bereit halten, denn wir werden nie einen treueren Freund haben, als unseren eigenen Geist.

Heute werde ich im Nashville Palace singen. Ich stamme von einem Palast, denn ich bin das Kind des Königs und der Königin. Ich war mir meiner königlichen Abstammung schon immer bewußt. Einmal habe ich den herrlichen Palast, in dem ich zu Hause war, sogar gesehen. Eines Morgens, bei Sonnenaufgang, schwebte vom Himmel herab. Ungefähr dreißig Sekunden lang verweilte er über dem Horizont, bevor er verschwand. In spiritueller Hinsicht fließt blaues Blut in meinen Adern. Deshalb trete ich auch so gerne in Palästen auf. Als die "Harmonic Convergence" so populär war, begab ich mich nach Los Angeles. Zu Beginn fanden die Feierlichkeiten in Palenque in Mexiko statt. Die Einheimischen nannten Palenque den "Palast". Ich wollte das Anbrechen dieser neuen Zeit mit einem Auftritt im Palace (also im Palace Theater von Los Angeles) begrüßen. Judy Garland hat einmal ein Lied geschrieben und gesungen, in dem es heißt: "Du kannst nicht in Hollywood spielen, wenn du nicht im Palace gespielt hast". Auch Prince wollte von sich sagen können, daß er im Palace aufgetreten sei, also organisierte er eins seiner Konzerte dort. Leider ist das einst stolze Palace Theater mittlerweile Schauplatz für Rap, Heavy Metal und Drogen. Einmal im Monat jedoch läßt der Eigentümer eine New Age Gruppe in das Theater, und was dann geboten ist, erinnert eher an einen Gottesdienst.

Am 17. August 1987 trat ich mit meiner Truppe im Palace auf. Alle Verantwortlichen der Harmonic Convergence hatten Los Angeles bereits verlassen und waren zum Berg Shasta, nach Stonehenge und nach Machu Picchu geflohen. Infolgedessen stand ich mit dem Mikro für CNN, CBS, NBC und ABC News in Los Angeles da. Man stelle sich vor, daß ich damals noch gar nichts von der Harmonic Convergence wußte, außer daß da so ungefähr 200.000 Leute zusammen das Leben auf dem Planeten Erde feierten. Sie kamen von überall auf dem Globus, um gemeinsam Kraft zu schöpfen und zu beten. Irgendwie war es mir so ziemlich egal, daß der Kalender der Majas zu Ende ging und wir uns auf ein neues Zeitalter zubewegten. Was aber nicht egal war, war die Tatsache, daß viele Herzen wie eines zusammen schlugen. Genau zu diesem Moment beschloß ich, eine rituelle Feier abzuhalten, gewissermaßen eine weltweite Vereinigungsparty.

Für mein Macaw-Tanz-Kostüm habe ich Federn verwendet,

die eigentlich an meinem Hochzeitskleid hätten sein sollen.

Die Dinge änderten sich,

und so stehen die Federn nun für eine Hochzeit,

die in meinem Inneren stattfand.

MAHISHA

Mit 300 Dollar in der Tasche und einer Straßenkarte von Los Angeles verließen wir Oklahoma und fuhren Richtung Kalifornien. Klint fuhr mit seinem Kombi, in den wir all unsere Utensilien für die Bühne gepackt hatten, voraus, und wir zuckelten mit unserem kleinen Phoenix hinterher. Unsere Mission führte uns durch die Wüste, über die Berge und schließlich ins Tal von Los Angeles. Wir fühlten uns wie der Nikolaus, mit seinem Schlitten voller Geschenke für die kleinen Mädchen und Jungen. Unsere Mission war es, eine Bühne zu schaffen, auf der wir das Leben in Harmonie auf diesem unseren Planeten preisen konnten. Wir zogen los, trotz aller Warnungen irgendwelcher galaktischer Psychos, die uns prophezeit hatten, daß die Piraten des Orion uns angreifen und zerstören würden. Da wir aber keinerlei weltliche Vorstellung davon hatten, wer oder was die Banditen des Orion sein könnten, setzten wir unsere Fahrt mutig fort. Wie durch ein Wunder fanden wir dann das Palace Theater, trafen auf vierundzwanzig New Age Anhänger, die an unserem Ritual teilnehmen wollten, heuerten ein paar Leute an, die sich um den Sound kümmern würden, und taten uns schließlich mit dem berühmten Ron Hay, der uns bei der Produktion und der Leitung unserer Show helfen wollte, zusammen. Dies alles hatten wir in knapp drei Wochen auf die Beine gestellt. Wir hatten die Aufmerksamkeit der Fernsehstationen und sogar des Magazins *People* für unser Vorhaben gewonnen. Wir hatten die ganze Welt für heilig erklärt und riefen zu unserer weltweiten Party auf. Ich stand in voller Kostümierung an der Ecke Hollywood und Vine, blies das Muschelhorn in alle vier Richtungen des Windes, rief den Großen Geist an, daß er meine Stimme in alle vier Ecken der Erde tragen möge und erklärte sodann diesen Ort für heilig, ebenso wie alle Orte der Erde. Die Medien konnten natürlich die Bedeutung unseres Anliegens nicht richtig begreifen, doch sie berichteten eher wohlwollend und nur mit gelegentlichen Anflügen von Sarkasmus über das Geschehen. So war beispielsweise ein Artikel in der *L.A. Times*, der über eine Seite ging. Der Verfasser hatte zwar die Bedeutung unseres Rituals nicht in seiner ganzen Tiefe begriffen, doch kam deutlich zum Ausdruck, daß man von der Teilnahme einiger berühmter Persönlichkeiten an unserer Feier durchaus beeindruckt war. Wir konnten kaum ahnen, daß unser Tun rund um die Welt mitgefühlt wurde. Ich glaube, daß wir in gewisser Weise den Grundstein gelegt haben, für den aktuellen Trend, Musik auf der ganzen Erde miteinander zu teilen, so wie man dies kürzlich bei Paul Simon-Konzerten erleben konnte.

Man sagt, daß man es auf der ganzen Welt spüren könne, wenn in Oklahoma ein einziges Blatt zu Boden fällt. Dieses einfache Verständnis hat uns dazu bewogen, uns im Mittelpunkt unseres Landes zu versammeln und für eine weltweite Vereinigung zu beten. Wir haben Schilde für die ganze Welt und den Globus umfangende Musik geschaffen. Wir haben mit allen, die gekommen sind, das Geschenk des Lebens als Ritual gefeiert. Wir haben uns gemeinsam stark und fest gemacht. Bevor ein Stern in die Galaxien hinausexplodiert, implodiert er zunächst in sich hinein und wird stark und fest. Wenn er am meisten verdichtet ist, explodiert er in das Universum hinaus. Laßt uns jeden Schritt mit Entschlossenheit tun. Laßt uns die Unentschlossenheit ablegen. Laßt uns stark und fest werden.

Wir stehen am Anfang einer Zeit, in der die Frauen vorangehen müssen.

Eine Frau, die Frieden in ihrem Herzen hat,

kann in einer Menge wütender Männern die Wasser spalten.

CLOUD

Als ich zum ersten Mal Linda Gray aus der TV-Serie "Dallas" begegnete, war sie gerade dabei, sich von ihrer Rolle als biestige Frau von J.R. Ewing loszusagen. Es versteht sich irgendwo von selbst, daß ein Schauspieler, der einige Zeit lang einen bestimmten Charakter verkörpert, gewisse Züge dieser Person mit in sein richtiges Leben nimmt. Linda war nun ein wenig unsicher hinsichtlich ihrer Abkehr von eben dieser Rolle. Ich schlug vor, sie solle durch jeden Lebensabschnitt ganz bewußt, wie durch einen Torbogen, hindurchgehen. Dabei solle sie auf die in diesem Schritt liegende Kraft achten. So zeigte ich ihr, wie so ein Schritt aussehen könnte, und wir übten gemeinsam an Eingangstüren und Gartentoren. Beispielsweise schlenderte ich durch einen Torbogen und sagte dabei: "Ich habe beschlossen, diesen Übergang mit Würde, Fassung, Leichtigkeit, Vertrauen und Selbstkontrolle zu vollziehen. Ich segne das, was ich zurücklasse und blicke mit Neugier und voller Erwartung der Wahrheit meiner Zukunft entgegen". Wir übten gemeinsam, dann zog sie ihrer Wege. Einige Wochen später kam sie auf unsere Ranch in Oklahoma, um mit uns "die Herausforderung der Vortrefflichkeit" zu erleben. Zu diesem Anlaß hatte sie die Gelegenheit, über Balken, die in fünfzehn Metern Höhe aufgehängt worden waren, zu balancieren. Sie sprang von einem sechs Stockwerke hohen Masten und schaffte es, ein Trapez zu greifen, das beinahe drei Meter von ihr entfernt war. Sie sang immer wieder: "Ich liebe dich, Linda! Ich liebe dich, Linda!" Und sie sah ihren Abschied von "Dallas" und die damit verbundene Entscheidung mit Freude und Vertrauen. Kurze Zeit darauf wurden ihr neue, aufbauendere Rollen angeboten. Das Leben ist ein Ritual. Man muß damit beginnen, das zu tun, von dem man sich noch mehr wünscht, und man wird es bekommen. Was wir tun ist was wir bekommen.

Dieser Gedanke ist wörtlich zu nehmen. Wenn man ihn erst einmal begriffen hat, kann das Leben sehr aufregend werden. Wenn Sie im Leben gleichsam über eine Brücke gehen, so begeben Sie sich zu einer Brücke und gehen Sie über diese. Wenn Sie eine Trennlinie überschreiten wollen, so zeichnen Sie eine solche Linie auf den Boden und überschreiten Sie sie in einer zeremoniellen Art und Weise. Wenn Sie im Leben durch ein Tor gehen, so machen Sie sich einen Torbogen aus Zweigen oder bitten Sie ihre Freunde, mit ihren Armen einen Bogen zu formen und gehen Sie darunter hindurch. Wenn Sie sich in ihrem Leben in einer Phase der Dunkelheit befinden, die einer hellen Phase vorausgeht, so gehen Sie in die Dunkelheit und von dort ins Licht.

In all diesen Fällen ist es wichtig, sich die Zeit zu nehmen, um das, was wir zurücklassen, entsprechend einzuschätzen. Anerkennung und Würdigung sind genau die Gefühle, die den Hunger dessen, was uns verfolgt, stillen. Manche Menschen sind der Auffassung, man müsse die Geister der Vergangenheit aushungern. Andererseits liegt aber in allem irgendwo zumindest ein Funke wahrer Schönheit. Wenn wir uns die Zeit nehmen, diese Schönheit zu finden und anzuerkennen, so kann der Geist der Vergangenheit von seinen ständigen Versuchen, unsere Aufmerksamkeit zu erregen, ablassen und Ruhe finden. Der Versuch, etwas auszuhungern wird letztendlich zu einer heißhungrigen Gier und Maßlosigkeit führen. Durch das Aushungern und Hervorheben von Bedürfnissen geraten wir in die Abhängigkeit. Wenn wir aber alle Dinge mit Aufmerksamkeit und Anerkennung speisen, so werden sie ans Licht kommen. Ein solches Vorgehen läßt manche Energien wachsen und gedeihen. Andere lösen sich dadurch langsam im Nichts auf. In jedem Fall sind zuerst Anerkennung und Aufmerksamkeit nötig.

Bei Ritualen ist die stete Wiederholung von großer Wichtigkeit. Vergessen Sie nicht, daß sie mehr von dem bekommen, was Sie tun. Tun Sie deshalb mehr von dem, was sie verstärkt tun wollen. Wenn Sie singen wollen, so singen Sie. Selbst wenn der Beruf, den Sie gerade ausüben, wenig mit Musik zu tun hat, dann singen Sie eben auf dem Weg zur Arbeit, auf dem Klo, an ihrem Schreibtisch, beim Kochen, auf der Straße und im Supermarkt, bis die anderen schon auf Ihre frohe Stimme warten. Werden Sie süchtig nach Ihrem eigenen Lied. Singen Sie! Wenn Sie singen wollen, dann beschränken Sie sich nicht darauf, andere im Radio singen zu hören. Damit rufen Sie nur weitere Situationen herbei, in denen Sie anderen zuhören. Wenn Sie selbst singen wollen, dann singen Sie!

Wenn Sie in einen ganz besonderen Menschen verliebt sein wollen, dann verhalten Sie sich so, als wären Sie in einen ganz besonderen Menschen verliebt (und seien Sie selber dieser ganz besondere Mensch.). Treten Sie jedem Menschen, den Sie treffen, so entgegen, als hätte es ihnen gerade den Atem verschlagen, weil Sie dem wundervollsten Menschen auf der Welt begegnet sind. Gehen Sie jede Situation so an, als wären Sie Hals über Kopf verliebt. Wenn Sie verliebt sein wollen, so seien Sie einfach verliebt. Wenn Sie rumhängen und sich selber leid tun, dann werden Sie mehr von diesem Gefühl des Selbstmitleids anziehen. Erfahrungen werden folgen, die Ihre Taten verstärken. Wenn Sie sich selbst bemitleiden, dann werden auch andere Sie bemitleiden und das Leben wir Ihnen noch mehr von den Dingen "liefern", auf Grund derer Sie sich dann aufs Neue bemitleiden können. Sie bekommen immer noch mehr von dem, was Sie tun. Lächeln Sie, und die ganze Welt wird mit Ihnen lächeln. Weinen Sie, und die Welt wird Sie meiden. Dann haben Sie einen Grund zum Weinen. Tanzen Sie das Leben! Das Leben ist ein Ritual.

Wir sind Kinder des Regenbogens. In meinen Adern fließt seminolisches, holländisches, irisches, französisches, deutsches und englisches Blut. Skyes Vorfahren hingegen waren Norweger und Irokesen. Wir schaffen mit unseren Leben eine Brücke über einen breiten Strom, die die verschiedensten Rassen miteinander verbindet. Jedesmal, wenn wir über eine Brücke gehen, sagt eine jede von uns: "Ich bin eine Brücke. Durch mich wird es den Menschen möglich, von einem Ufer an das andere zu gelangen". Wir sind Adler. Wir fliegen paarweise. Wir suchen uns hoch gelegene Orte aus. Wir lieben den Wind und die Sonne. Wir sind voller Geist, und wir nähern uns dem Großen Geist durch unser Singen. Zusammen mit dem Großen Geist sind auch wir Schöpfer, und wir sehen uns als Menschen, denen die Erde gehört. Wir haben gelernt, daß Reue niemals Trost bringt; sie bringt nur noch mehr Reue. Wir wissen, daß Mißtrauen neues Mißtrauen hervorbringt. Wir wissen, daß die Tränen der Reue dann fließen, wenn uns unsere Taten betrogen haben. Wir sind uns darüber im Klaren, daß befreiende Tränen unsere Wangen und unsere Herzen wärmen und uns zur Wiedererlangung unseres inneren Gleichgewichts verhelfen. Wir kennen die belebende Kraft der Empfindung, die eigenen Gefühle in sich aufsteigen zu spüren. Wir kennen die Wirkung einer verstandenen Träne, die verwirrte Gedanken verscheucht und unüberlegte Taten verhindert. Wir weinen, wenn wir etwas, das wir lieben, sterben sehen, denn wir wissen, daß nichts von größerem Einfluß im Himmel ist, als die Tränen eines Kindes.

Unser Freund und Bruder sagte: "Werdet wieder wie die Kinder". Wenn wir dies tun wollen, so ist die Voraussetzung dafür die Existenz einer Welt, die Kindern gerecht wird. Laßt uns einen Tanz tanzen, der unseren wundervollen Planeten wieder zu einem Garten für Kinder und Tiere macht. Wenn wir das tun, werden alle anderen ein Paradies vorfinden, das darauf wartet geschätzt und gepflegt zu werden.

Übung macht den Meister. Das Gesetz der Anziehung ist ein universelles Gesetz. Wir bekommen mehr von dem, was wir tun. Das Konzept ist ganz einfach. Wenn Sie tanzen wollen, so tanzen Sie! Wenn Sie singen wollen, so singen Sie! Wenn Sie in unbekannte Gefilde vorstoßen möchten, so tun Sie das! Essen Sie etwas, was Sie noch nie zuvor probiert haben. Verhalten Sie sich so, wie Sie sich noch nie verhalten haben. Sprechen Sie fremde Menschen an. Probieren Sie neue Sachen aus. Tragen Sie ihr Haar einmal ganz anders. Wenn Sie ein Star sein wollen, so benehmen Sie sich wie einer. Tun Sie so als wären Sie weltbekannt. Melden Sie Ihr Telefon ab. Kleiden Sie sich auffällig. Verbessern Sie ihr öffentliches Image. Vermeiden Sie Verhaltensweisen, die Ihnen negative Publicity bringen oder Ihren Gesundheitszustand verschlechtern könnten. Wenn Sie reisen wollen, so reisen Sie! Wenn Sie Hausfrau sein wollen, so betätigen Sie sich als solche.

Wenn Sie zur Chefin aufsteigen wollen, so beginnen Sie damit, daß Sie Ihre eigene Chefin sind. Geben Sie sich selbst Anweisungen und überlegen Sie sich, welche Art von Unterstützung Sie sich von einem Untergebenen erwarten würden. Wenn Sie sich sportlich betätigen wollen, dann bringen Sie sich in Form und treiben Sie Sport! Wenn Sie schreiben wollen, so schreiben Sie. Schreiben Sie Tagebuch. Schreiben Sie Briefe. Schreiben Sie Gedichte. Schreiben Sie! Wenn Sie schön sein wollen, dann verhalten Sie sich wie eine Schönheit. Wenn Sie gesund sein wollen, denken Sie gesund, reden Sie gesund und seien Sie gesund! Wenn Sie etwas verstehen wollen, dann verstehen Sie es, indem Sie einen Schritt zurücktreten und es aus einer anderen, demütigeren Haltung betrachten. Hören Sie zu, beobachten Sie und lernen Sie. Wenn Sie eine Fahrradtour quer durch Kanada machen wollen, dann beginnen Sie damit, mit dem Fahrrad zur Arbeit zu fahren. Wenn Sie mehr Gleichgewicht in eine Situation bringen wollen, dann beginnen Sie damit, ihren eigenen Gleichgewichtssinn zu üben. Tun Sie das auf Baumstämmen, Holzbalken, Mauern, Steinen etc. Wenn sie an der Spitze sein wollen, dann begeben Sie sich auf die Spitze eines Berges. Wenn Sie auf der Erfolgsleiter ganz oben sein wollen, dann steigen Sie eine Leiter hinauf. Wenn Sie Gleichgewicht erlangen wollen, dann wiegen und messen Sie eine Zeit lang alle möglichen Dinge und lernen so etwas über das Gleichgewicht und über Maße. Ziehen Sie alle Linien mit einen Lineal.

Nehmen Sie das, was Sie tun wollen, wörtlich, tun Sie es und Sie werden mehr davon anziehen. Im Verlauf dieses Prozesses werden Sie einen Teil von sich wekken, der noch schläft. Nach und nach werden Sie Gefallen an dem "Tanz" finden. Und das Wichtigste: Haben Sie Spaß! Denken Sie daran: Sie werden das bekommen, auf das Sie Ihre Aufmerksamkeit richten. Also, was wollen Sie sich heute mit Ihrer Aufmerksamkeit kaufen?

Fußnote:

[1]größter Medien- und Entertainmentkonzern der Welt

Ich war schon immer eine Führungspersönlichkeit sowie eine Lehrerin,
und es macht mir wirklich Freude, in jungen Frauen Vertrauen, Individualität,
Unabhängigkeit und das Wissen um die eigene Kompetenz zu fördern.
Mein Leben lang habe ich passive und unglückliche Frauen gesehen,
die an einem Ort verharrten, um einem anderen Menschen zu gefallen,
statt daß sie bestrebt gewesen wären, sich selbst zu gefallen.
Ich habe größten Respekt vor denjenigen Frauen,
die hinaustreten und wissen, wer sie sind und wohin sie gehen.
Ich respektiere Frauen,
die ihre Kraft und Stärke in ihre eigenen Hände nehmen.

Colonel Lyn

KAPITEL 8

DIE KÖRPERLICHE HELDENTAT

EINE HEILIGE HANDLUNG

Unsere Großmutter Moon Feathers hat das gesegnete Alter von hundert Jahren erreicht. Sie selbst führte ihren guten Gesundheitszustand über all diese Jahre darauf zurück, daß sie niemals geraucht, getrunken oder Gesundheitspillen geschluckt hat und daß sie nie einen Mann an ihren Brustwarzen saugen ließ. Bis zum Tag ihres Todes zeigte sie stets voller Stolz ihre volle und straffe Brust. Sie sagte, daß die Brüste schlaff herabhängen, wenn der Geist erschlafft und erlahmt. Letzteres würde sich bei einer Frau einstellen, wenn sie ihr Leben damit verbrächte, andere zu "säugen". Großmutter Moon Feathers praktizierte Naturheilkunde und fluchte wie ein Hafenarbeiter. Sie sagte, daß es ganz natürlich sei, sich so auszudrücken, wie es einem gefiele, und sie wollte keine Minute ihres Lebens mit dem Versuch zubringen, anderen Menschen zu gefallen. Ich bin der Überzeugung, daß sie der offenste und ehrlichste Mensch war, den ich jemals gekannt habe. Sie praktizierte wirklich das Motto "leben und leben lassen". Sie hatte eine durchaus fundierte Meinung zu allen Dingen. Im Alter von zwölf Jahren hatte sie sich selbst das Lesen beigebracht und sodann die Bibel gelesen, um sich und den anderen zu beweisen, daß sie es konnte. Bis zu dem Tag, an dem sie verstarb, war sie körperlich vollkommen fit. Und sie verstarb auf ganz einfache und stille Weise. Sie aß noch mit ihren Freunden zu Abend, ging dann ins Bett und verließ diese Welt noch vor Sonnenaufgang. Als sie von uns ging, lag ihre Katze schnurrend auf ihrer Brust. Wenn ich an körperliche Heldentaten denke, dann denke ich an Großmutter Moon Feathers, und es ist mein Bestreben, so zu sein wie sie, wenn ich mein hundertstes Lebensjahr vollende.

Als Großmutter starb, warf sie ihre Kleider (d.h. ihren physischen Körper) ab. Alles was sie war, existiert noch immer, bis auf ihre sterbliche Hülle, die sie an einem Strand, auf den Keyinseln zurückgelassen hat. Als Kind dachte ich, daß der physische Körper alles wäre, was einen Menschen ausmacht und wenn der Körper gestorben wäre, dann sei auch der Mensch tot. Im Laufe der Jahre entwickelte ich mehr und mehr Stolz auf meinen physischen Körper und war bestrebt, ihn fit und gesund zu erhalten. Dann erwachte mein Interesse an meinem geistigen Körper und ich brachte viele Jahre damit zu, ihn zu nähren; ich widmete ihm so viel Aufmerksamkeit, daß ich darüber beinahe meinen physischen Körper vernachlässigte. Ich setzte meinen physischen Körper vielerlei Strapazen aus und war mir oftmals bewußt, daß er damit zu kämpfen hatte, meine spirituellen Reisen zu verkraften. Jetzt, Jahre später, erkenne ich die Wahrheit und Schönheit meines physischen Körpers als Tempel meines eigenen heiligen Geistes. Genauso wie ich möchte, daß meine Wohnung sauber, in gutem Zustand und mit den verschönenden Accessoires, die sie gemütlicher machen, versehen ist, so möchte ich, daß das Heim meines Geistes sauber, froh und gut erhalten ist. Solange mein Geist hier residiert, werde ich darauf achten, daß er ein Heim zur Verfügung hat, das in einwandfreiem Zustand ist und dem ein guter Ruf vorauseilt. Auch ein Krieger lernt, daß er sowohl seinen physischen als auch seinen geistigen Körper fit halten muß.Ich bin eine lachende Großmutter.

Die Natur hat mich mit dem Naturell einer Komödiantin ausgestattet.

Ich wußte, daß ich niemals eine strenge Großmutter sein müßte.

Nein, ich bin eine lachende Großmutter.

Die Welt braucht das Lachen.

Grossmutter Princess Moon Feathers

Unsere physischen Körper sind im Grunde genommen das Ergebnis der Wahrnehmung und Erfahrung unseres Geistes. Unsere Gedanken rufen in unserem Körper neurochemische Reaktionen hervor. Wenn wir einen angenehmen Gedanken hegen, dann produziert unser Körper Chemikalien, die unsere gute Stimmung unterstützen. Wenn wir traurigen Gedanken nachhängen, dann produziert unser Körper Chemikalien, die die Trauer unterstützen. Ebenso ist es auch mit angstvollen oder mit aufregenden Gedanken. Unser Körper wird immer die entsprechenden Chemikalien produzieren. Ich denke, also bin ich. Das gilt sowohl für Männer als auch für Frauen. Hinter jedem Gedanken, jedem Wort und jeder Tat verbirgt sich eine spezifische und direkte physiologische Komponente. Und so ruft jede Tat eine bestimmte Art des Denkens hervor. Wenn ich zum Beispiel zusammengekauert und mit verschränkten Armen dasitze, ist es nicht besonders wahrscheinlich, daß ich über die Erweiterung meines Horizonts sprechen werde. Und wenn ich aufrecht und mit ausgebreiteten Armen dastehe, dann werde ich wohl kaum darüber sprechen, mich zu verschließen. Der physische Körper ist ein gutes Barometer für den geistigen Körper. Es ist recht wahrscheinlich, daß das, was sich im physischen Körper abspielt, genau das ist, was sich schon seit geraumer Zeit im geistigen Körper abgespielt hat. Was auf geistiger Ebene geschieht, wird sich früher oder später auf der physischen Ebene manifestieren.

Unsere Aufgabe während unseres Aufenthalts auf dieser Erde ist es, den Gedanken eine Form zu geben. Von daher hat man uns die körperliche Ebene gegeben, damit wir uns durch sie ausdrücken können. Es ist fast so, als hätte uns jemand einen Klumpen Lehm gegeben, mit dem wir die Welt erschaffen sollen. Wir beginnen damit, unsere eigenen physischen Körper so zu kreieren, wie wir die Welt sehen. Es fällt mir immer schwer, einem fetten Pfarrer zuzuhören, der über Abstinenz predigt. Wenn er über den Überfluß, das Wachsen und Geben spricht, dann kann ich seine Korpulenz tolerieren.

Unser Körper und das, was wir mit ihm schaffen, ist das Erleben der Gedanken. Wir nehmen alle Dinge mit unseren körperlichen Sinnen wahr. Die Wirklichkeit ist nur das, was wir wahrnehmen. Das was wir als wahr ansehen ebenso wie das was wir als Imagination betrachten, wird jedesmal von demselben Körper als solches klassifiziert. Wenn wir des Nachts träumen, daß wir verfolgt werden, dann glaubt das auch unser Körper, und wir wachen schweißgebadet auf. Wenn wir uns vorstellen, daß uns etwas ganz fürchterliches zustoßen wird, dann reagiert auch unser Körper mit all den entsprechenden Zuständen und Signalen der Anspannung. Wenngleich man die Physiologie körperlichen Heldenmutes genau spezifizieren kann, so muß man sich doch vor Augen halten, daß jener körperliche Heldenmut das Ergebnis eines geistigen und mentalen Heldenmutes ist. Wir sind was wir denken. Wenn man die Bewegungen und Taten eines Menschen in seinem Leben verfolgt, kann man viel über seinen Geist erfahren.

Es gibt Menschen, die wie Elefanten durchs Leben trampeln; diese haben auch einen behäbigen Geist. Andere wiederum sind zögerlich in ihren Bewegungen und gehen weder hierhin noch dorthin. Solche Menschen sind auch auf geistiger Ebene unentschlossen. Vielleicht sind sie aber auch leichtfüßig und anmutig und berühren alles, was ihnen begegnet, sehr vorsichtig. Ebenso wird auch ihr Geist sein. Man kann kein Kämpfer und Krieger im Geiste sein, wenn man nicht auf körperlicher Ebene über die entsprechende Tapferkeit verfügt. Ein Geist, der an einen wenig beweglichen Körper gebunden ist, hat wenige Ausdrucksmöglichkeiten. Körperliche Tapferkeit und Heldenmut sind die wesentlichen Kriterien für den Gang des Kriegers.

Als Kind habe ich einmal ein Gedicht gehört, das mich sehr beeindruckt hat. Es ging ungefähr so: "Ich würde lieber einen Prediger in Aktion sehen, als jeden Tag seine Worte anhören zu müssen. Ich würde lieber sehen, was du tust, als zu hören, was du sagst". Wenn wir das Verhalten einer Person beobachten, dann kommt eine ganz einfache Daumenregel zur Anwendung. Glaube lieber das, was du siehst, anstatt das, was du hörst. Taten sprechen lauter als Worte. Diese einfache Wahrheit hat mich dazu veranlaßt, menschliches Verhalten zu studieren. In gewisser Weise wurde ich zur "Fährtensucherin" im Hinblick auf menschliches Verhalten. Nach jahrelangen Beobachtungen der Menschen, denen ich gewissermaßen durch den Dschungel des Lebens gefolgt bin, kam ich zu ein paar simplen Schlußfolgerungen, die vielleicht ganz interessant sein könnten.

Ihr Frauen, hört auf damit,
die Opferrolle zu übernehmen;
tretet hervor und erkennt eure eigene Kraft und Stärke.
Niemand hat Schuld daran, wo ihr gerade seid.
Übernehmt selbst die Verantwortung für euer Leben und dafür,
was euch dieses Leben bringt.
Euer Kreis der Frauen wird euch die Unterstützung gewähren
und die Informationen zukommen lassen,
die ihr braucht, um diese Reise anzutreten.

Colonel Lyn

Die erste und wichtigste ist, daß die Menschen in dem was sie tun dann besser sind, wenn sie Spaß daran haben. Ich schätze, daß die Lieblingsbeschäftigung einer Göttin das Spiel ist. Ganz bestimmte Dinge geschehen, wenn Menschen sich amüsieren und Spaß haben: sie haben einen hohen Blutzuckerspiegel und hohe Fettsäurewerte; Adrenalin wird ausgeschüttet, und außerdem werden Endorphine und Encephaline, bei denen es sich um endogene Opiate handelt, freigesetzt. Die Leber produziert vermehrt Glucose und versorgt somit das Gewebe. Die Pupillen erweitern sich, um den Sichtkreis zu vergrößern. Die Atmung wird angeregt und Epinephrin erweitert die Atemwege und das Herz. Die Menschen fühlen sich besser, sehen besser, hören besser und denken besser, wenn sie Spaß haben. Sie sind flexibler in ihren Bewegungen und gehen mehr aus sich heraus. Körperlicher Heldenmut erfordert die Fähigkeit, das Leben zu genießen, zu lachen und Spaß zu haben. Ein Mensch, der Spaß im Leben hat, ist auch körperlich fitter. Im Grunde heißt das: Es ist die Aufgabe eines Kriegers, das Leben so richtig zu genießen, zu lachen und zu singen, zu tanzen und zu springen. Alles, was diese Bewegungen ver- oder behindert, sollte vermieden werden. Um richtig gut sein zu können, muß ein Krieger immer zu Spaß und Freude aufgelegt sein. Die Freude der Aversion vorzuziehen, ist eine Entscheidung, die nicht nur dem einzelnen Menschen, sondern der gesamten Gemeinschaft zugute kommt.

Wir dürfen nicht vergessen,

daß wir des Geistes sind und daß wir hier weilen,

um das physische Menschsein zu erfahren.

Grossmutter Kitty

Meine zweite Beobachtung ist: Was du siehst, ist was du bekommst. Vielleicht ist das, was du nicht siehst, noch viel besser, nur darauf kann man leider nicht zählen. Man sollte immer auf das vertrauen, was man von dem Wesen eines Menschen sieht, dann wird man nicht enttäuscht. Wenn der betreffende Mensch sich von einem hinfort bewegt, während er sagt, daß er sich um einen sorgt, dann sollte man der Bewegung und nicht den Worten Glauben schenken. Die Person wird sich in Liebe von einem weg bewegen. Sollte die Person sich auf der gegenüberliegenden Seite des Zimmers befinden, so wird sie wahrscheinlich auch hinsichtlich der meisten Dinge eine gegenteilige Meinung vertreten. Wenn eine Person auf einer Party hinter uns steht, so wird sie wahrscheinlich auch in politischer Hinsicht hinter uns stehen. Wenn sie sich darüber beklagt, daß die ganze Welt voller mieser Typen ist, dann bräuchte sie sich eigentlich nur vor den Spiegel zu stellen, um den Anführer der miesen Typen zu sehen.

Vor einiger Zeit begann ich mit einem Schöpfungsspiel, das immer noch in seiner Entwicklung ist. Es wurde mir langsam klar, daß wir ständig auf einer Bühne stehen und daß da immer jemand ist, der uns zuschaut. Und so habe ich auch in meinen eigenen vier Wänden gespielt, daß ich auf der Bühne sei. Vielleicht hat das ein bißchen dazu beigetragen, daß ich mein Lampenfieber abbauen konnte. In jedem Fall hat es mir geholfen, daß ich üben konnte, in meinem Leben gut zu sein.

Mein Wunsch, auf der Bühne zu stehen, wurde zu einer allgegenwärtigen Realität. Eigentlich bin ich immer auf der Bühne, und jede Handlung, die ich vornehme, hat eine Schlüsselrolle, d.h. alles, was ich tue, ist die Voraussetzung für die nächste Gelegenheit, die sich in meinem Leben ergeben wird. Jede Gelegenheit, die ich am Schopf ergreife, ist wiederum die Grundlage für die nächste Gelegenheit. Es ist wie wenn man ein Haus baut; jeder Stein des Fundaments muß gut verankert sein, damit das ganze Gebäude auf festem Grund stehen und schön werden kann. Jede meiner Handlungen ist ein Baustein für den Tempel meines Lebens. So handeln wir in jedem Augenblick unseres Lebens auf der Grundlage von heiligen Entscheidungen.

KAPITEL 9

WIR SPIELEN DAS SPIEL

Es gab einmal eine Zeit, in der die Krieger nicht töten mußten, um Ehre und Ruhm zu erlangen. Sie berührten ihren Gegner lediglich oder "schlugen" ihn. Es war dies das Spiel des Lebens, immer auf den Schlag vorbereitet zu sein. Die körperliche Stärke und der Heldenmut des einzelnen waren gefordert, und man mußte stets vor dem Schlag des Feindes auf der Hut sein. Damals existierte auch der Begriff des Diebstahls als Delikt nicht. Wenn jemand eine Sache in Liebe und Zuwendung in Besitz nahm, so wurde sie als sein Eigentum betrachtet. Wenn der Betreffende nun diese Sache nicht mehr in Liebe behütete, konnte es leicht geschehen, daß sie ihm vom Gegner weggenommen wurde. Ein solcher "Streich" war nicht Grund für Ärgernis, sondern vielmehr für Beschämung. Es wurde als Trägheit angesehen, wenn ein Krieger es zuließ, daß sich ein anderer in sein Lager einschlich und ihm die Frau und die Pferde wegnahm. So etwas war dann Gegenstand von amüsanten Erzählungen am Lagerfeuer in langen Winternächten. Ein Krieger achtete stets darauf, in Höchstform zu sein, damit es ihm nicht am Ende selbst so ergehen möge und er zum Gegenstand solcher Geschichten, die man sich im Lager des Gegners am Feuer erzählte, wurde. Das Spiel des Lebens war ein Spiel der Tapferkeit, der körperlichen Heldentat, der Wachsamkeit und der Klugheit. Das Spiel gewährleistete die Erhaltung der Gesundheit des Stammes. Und dann geschah etwas, was das Spiel veränderte. Übergriffe auf das Land zwangen die Stämme, sich auf immer kleiner werdende Gebiete zurückzuziehen und sich schließlich bis auf den Tod zu bekämpfen, um das eigene Überleben zu gewährleisten. So hatte das Spiel auf einmal wesentlich ernstere Konsequenzen.

Auch heute ist das Leben noch immer ein Spiel, jedoch mit sehr ernsten Konsequenzen. Die Art und Weise, wie wir das Spiel spielen, bestimmt den Grad von Freude und Erfolg, mit dem wir belohnt werden. Wenn unser Spieleinsatz weniger ist als das Beste, was wir geben können, dann mindern wir die Qualität des Spieles für alle, die daran beteiligt sind. Je mehr unser Leben das Leben der anderen berührt, um so mehr werden wir die Auswirkungen, seien sie im Guten oder im Schlechten, spüren. Es kann von Nutzten sein, wenn wir uns selbst sowohl als Mitspieler als auch als Leiter des Teams betrachten. Um dieses Bewußtsein zu schärfen, haben wir "erhabene Spiele" geschaffen. Bei einem solchen erhabenen Spiel handelt es sich um ein Spiel, dessen Machart und Ergebnis auf ein größeres Streben nach dem Begreifen und Meistern des Schöpfungsaktes ausgerichtet sind. Man kann sagen, daß ein erhabenes Spiel in uns das Bewußtsein verstärkt, daß wir selbst die Hände, das Herz und der Geist des Schöpfers sind. An uns ist es, den Himmel auf Erden neu zu erschaffen. Das erste von uns geschaffene "erhabene Spiel" ist der sogenannte "Indian Coup".

Das Erkennen des eigenen Selbstwertes ist aufregend

und gibt uns große Inspiration.

Seid immer auf kreative Weise im Wettstreit.

Mahisha

Bei diesem Spiel geht es um die Einheit des Stammes und um das Überlebenstraining. Jeder Clan wird mit Federn und Stirnbändern ausgestattet. Jedes einzelne Clanmitglied trägt eine bestimmte Feder, die seinen eigenen Gang der Kraft und Stärke symbolisiert. Außerdem trägt ein jedes Mitglied das Stirnband, das ihn bzw. sie als Angehörige des jeweiligen Clans erkenntlich macht. Sodann wird ein etwa fünf bis sechs Hektar großes Spielfeld ausgewählt, welches die Clanmitglieder bei Tageslicht erkunden dürfen; das eigentliche Spiel findet unter dem Mantel der Dunkelheit statt.

Während des ganzen Tages, in dessen Verlauf die Clanmitglieder ihre Totems, ihre Lieder und Kleider vorbereiten, werden die Trommeln geschlagen. Bei Einbruch der Dunkelheit versammeln sich die Mitglieder der Clans, um ihre Anführerinnen zu wählen. Unter diesen erwählten Personen sind die folgenden vertreten: Kriegshäuptling und Friedenshäuptling, Fährtensucherin, Herold, Pfeifenträgerin, Anführerin der Medizin und des Heilens, Liedermacherin, Geschichtenerzählerin, Kriegerinnen und mutige Streiterinnen. Die Clans versammeln sich an den Feuern des Rates und geben die Namen ihrer Anführerinnen sowie ihren eigenen Namen bekannt. Jedem Clan wird viel Zeit gegeben, um sich Strategien zurechtzulegen, Lieder der Stärke zu singen und sich für die Reise zu bemalen.

Jeder Clan macht sich mit dem Schrei des jeweils gewählten Tieres vertraut, der sie später in der Dunkelheit durch das große Spielfeld hindurchführen soll. Die Herolde sind diejenigen, die den Tierschrei ausstoßen, und deshalb sind sie die ersten, die auf das Spielfeld geführt werden. Sie postieren sich am anderen Ende des Feldes und führen ihren Clan durch die Dunkelheit zu dem jeweiligen vorbereiteten Heiligtum. Die Clanmitglieder bleiben stets in Rufweite, während sie von den Mitgliedern der anderen Clans unbemerkt und ohne von ihnen "geschlagen" zu werden, an die andere Seite des Feldes gelangen müssen. Die Pfeifenträgerin ist das wertvollste Element des ganzen Clans und muß deshalb besonders gut beschützt werden. Es gib den Glauben, daß die Pfeife unbedingt in Sicherheit gebracht werden muß. "Wenn es einen gibt, der sich im Gleichgewicht bewegt, so besteht die Möglichkeit, daß auch andere sich im Gleichgewicht bewegen".

Tatsächlich bestehende sowie erfundene Handikaps sind immer ein fester Bestandteil des Spiels. Einige der Mitspielerinnen sind alt und blind, andere sind verletzt und müssen getragen werden, wieder andere sind jung und furchtsam. Die Spielregeln verlangen, daß all diese Kriterien bei den strategischen Erwägungen zur sicheren Durchquerung des Gebietes berücksichtigt werden. Wer von einem Mitglied eines anderen Clans "geschlagen" oder berührt wird, muß seine Feder der Stärke abgeben. Wenn die Trommel schlägt, um das Ende des Spieles zu signalisieren, werden alle Federn, die noch im Besitz der jeweiligen Clanmitglieder sind, gezählt. Gewonnen hat der Clan, der noch die meisten Federn hat. "Indian Coup" dauert üblicherweise bis in die frühen Morgenstunden, da die Mitspieler durch die Nacht wandern, rennen und schleichen müssen. Manchmal spielen auch andere Geschöpfe der Nacht mit, die sich den Schreien der Herolde anschließen. Vielleicht stimmt eine Eule in die Rufe eines Herolds, der einen alten Uhu imitiert, mit ein. Dies trägt natürlich zur Komplexität des Spieles bei, da die Clanmitglieder zwischen den Schreien einer echten Eule und denen ihrer Herolde unterscheiden müssen. Es kommt gar nicht so selten vor, daß man das eine oder andere Mitglied seines Clans eine Zeit lang im Unterholz verliert.

"Indian Coup" ist ein Spiel, das es einem jeden Mitspieler ermöglicht, ganz den jeweiligen Umständen entsprechend zu agieren. Dieses Spiel wird uns zeigen, wie wir sind und wer wir sind. Wenn wir nach der Durchquerung des Spielfeldes an den Feuern zusammenkommen und uns darüber austauschen, auf welche Art wir die Reise gemeistert haben, stellen wir oftmals mit Erstaunen fest, daß es sich genau um die selbe Art handelt, auf die wir auch das Spiel des Lebens spielen. Manchmal wird dieser Stil nun verschönt und anerkannt. Manchmal finden wir uns vor einem Spiegel wieder, der uns jede unserer Taten reflektiert, die wir fortan ändern wollen. Einmal lag ich auf der Lauer und wartete auf eine Mitspielerin, die sich an meine Fersen geheftet hatte. Als sie so nahe herangekommen war, daß sie schon beinahe auf mich trat, wurde ich augenblicklich zu einer Schlange, die zum Sprung bereit war. Meine eigene Vorstellungskraft war so stark, daß sie die Gegnerin zum erschreckten Zurücktreten veranlaßte, so daß ich unentdeckt blieb. Dadurch, daß mir die Stärke meiner Vorstellungskraft bewußt geworden war, hatte ich später oft die Möglichkeit, genau aus diesem Talent Kraft zu schöpfen. Es ist wirklich so: Was ich mir als wahr vorstelle, ist tatsächlich wahr! Ein anderes Mal spielte ich “Indian Coup”, und dabei verfolgte ich fieberhaft ein einziges Mitglied aus einem gegnerischen Clan. Ich war so sehr auf diese eine Gegnerin fixiert, daß ich alle anderen nicht mehr wahrnahm. Danach wurde mir bewußt, daß ich mich auch in meinem Leben oft schon so verhalten hatte und auf diese Weise viele Gelegenheiten verpaßt hatte, weil ich sie einfach nicht gesehen hatte. Ich hatte mich so sehr auf eine Sache fixiert, daß mir die andern schlichtweg entgangen waren. Wenn die Dinge so stehen, dann kann eine derartige Fixierung ungut sein.

Ich verspüre große Verwunderung über die Ehrlichkeit der Kommunikation

und über das Verschmelzen aller Dinge und aller Menschen.

Dies konnte ich im Laufe von hundert Jahren

niemals in der Welt der Weißen antreffen.

Und nun habe ich es hier in der Gemeinschaft der Frauen gefunden.

Grossmutter Princess Moon Feathers

“Indian Coup” ist ein kraftvolles Spiel, in dessen Verlauf man neue Rollen ausprobieren und sich und den anderen ein neues Verständnis vermitteln kann. Üblicherweise weisen wir in unserer Gruppe derjenigen die Rolle der Fährtensucherin zu, die häufig an anderen Kritik übt. Diese muß zweimal so weit gehen, wie die anderen, da es ihre Aufgabe ist, vorauszugehen, das Gebiet zu erkunden und dann zur Berichterstattung zum Clan zurückzukehren. Auch muß eine Fährtensucherin sehr genaue Informationen liefern, um den Clan durch das weite Spielfeld zu führen. Wenn man einmal Fährtensucherin gewesen ist, wird man erkennen, wie wichtig es ist, auf die Einsichten und die Sichtweisen anderer, die die Dinge anders sehen, zu hören.

Diejenigen, denen es schwer fällt, ihre Stimme zu erheben, werden die Aufgabe des Herolds bekommen, denn diese Aufgabe verlangt es, Stunden lang seine Stimme erschallen zu lassen, um so den Clan durch die Nacht zu führen und in Sicherheit zu bringen. Diejenigen, die immer die Macht an andere abgeben, werden als Führerinnen der Medizin und des Heilens eingesetzt. So werden sie erfahren, wie es ist, Macht zu haben. Es ist nämlich ihre Aufgabe, einem jeden Mitglied des Clans in irgendeiner Form die Kraft und Stärke zu verleihen, die zur Durchquerung des großen Spielfeldes erforderlich ist. Ebenso kann es einer Mitspielerin, die sich üblicherweise gerne vor der Übernahme von Verantwortung drückt, leicht passieren, daß sie die Rolle der Pfeifenträgerin übernehmen muß. Einer streitbaren Person wird man die Rolle des Friedenshäuptlings übertragen, und eine friedliche Person kann sich leicht in der Rolle des Kriegshäuptlings wiederfinden. Je mehr Gelegenheiten wir haben, das Leben aus all den verschiedenen Blickwinkeln zu betrachten, um so größer sind unsere Chancen, daß wir die Ganzheit des Lebens erkennen. Jeder von uns ist Teil des Ganzen. Jeder von uns ist ein Bewußtsein, das mit dem großen, allwissenden Bewußtsein verbunden ist. Und jeder von uns ist ein Geheimnis innerhalb des großen Geheimnisses. Wenn wir uns entspannen und erkennen, daß das Leben ein großes Spiel ist, in dem wir unsere Rolle spielen, können wir das Leben mehr und mehr genießen.

Meine Verwandte, die Krähe, nennt mich

"Rotschwänziger Habicht, der im sonnenbeschienenen Wind fliegt".

Die Kinder unseres Stammes nennen mich

"Verrückter Habicht, der in jedem Wind fliegt".

"Verrückt" zu sein, macht am meisten Spaß.

Es gewährt mir die Freiheit, ich selbst zu sein.

Cloud

Es ist immer recht amüsant, wenn man einen besonders "erwachsenen" Menschen ausrufen hört: "Ach, das ist doch nur ein Spiel". Nur ein Spiel, nun, das ist das ganze Leben, und wir streben danach, ausgezeichnete Spieler zu sein. Viele kleine Spiele können auf der Suche nach Spielgefährten im Spiel des Lebens nützlich sein.

"Traumwandler-Traumjäger" ist ein "erhabenes Spiel", das uns darauf vorbereiten soll, unsere Träume zu verfolgen. Diejenigen, die ihre Träume kennen, verbringen ganze Tage damit, ihre eigenen Traum-Schilde zu bauen. Diejenigen, die noch keine derartige Klarheit über ihre Träume haben, machen sich Stäbe, mit denen sie ihre Träume aufstöbern. Beide Gruppen werden in einer Zeremonie gesegnet und gereinigt. Sowohl die Traumwandler als auch die Traumjäger begeben sich dann in die Schwitzhütte, um das Spiel frei von Rückständen aus der Vergangenheit spielen zu können. Wenn die Zeit gekommen ist, um das Spiel zu den Klängen der Trommel zu beginnen, wird auf dem Spielfeld irgendwo in der Ferne ein kleines Feuer entzündet. Durch einen Rhythmus, der an Herzschläge erinnert, wird das Spiel von den Trommeln eingeleitet. Die Traumjäger gehen voraus und bereiten sich darauf vor, die Traumwandler aus dem Hinterhalt zu überfallen. Jene haben die schwierige Aufgabe, ihre Träume den ganzen weiten Weg bis zum Feuer der Rates zu tragen, ohne dabei von den Traumjägern und deren Stäben berührt zu werden. Die Art und Weise, wie die einzelne Mitspielerin ihren Traum trägt, gibt Aufschluß über den potentiellen Erfolg der Traumwandlerin. Die meisten Menschen, die einen Traum haben, scheinen unterwegs aufzugeben. Diejenigen, die schließlich Erfolg haben, sind diejenigen, die an ihren Träumen festhalten und weiter vorangehen. Auf dem Spielfeld kann man sehr leicht gewisse Muster und Strukturen erkennen. Diejenigen, die auf der Jagd nach einem Traum sind, sind oftmals überrascht über die Tiefe ihrer Hingabe hinsichtlich des Erkennens des Traumes. Andere machen die Erfahrung, daß es ein gutes Gefühl sein kann, wenn man einer anderen dabei hilft, ihren Traum zum Feuer des Rates zu tragen.

Es gibt noch andere Spiele, die darauf ausgerichtet sind, unsere Fähigkeiten als Mitspieler im Spiel des Lebens zu verbessern. Das Spiel "Triff mich am Fuße des Berges" zum Beispiel fordert die Anführerin dazu heraus, Mittel und Wege zu finden, eine große Gruppe von Menschen durch unwegsames Gelände zu führen, während sie selbst des öfteren das Gefühl hat, aufgeben zu wollen. Das Spiel "Heimtükke" wird zu Pferd ausgetragen und gibt den Clanmitgliedern Gelegenheit, sich mit dem Problem der Unterdrückung und Diskriminierung auseinanderzusetzen, denn es geht darum, daß ein Clan den anderen heimtückisch überfallen will. "Familienvereinigung" ist ein Spiel, das das Bestreben, trotz Verschiedenheiten der Charaktere zu einer Einheit zu gelangen, fördern will. Es fördert überdies die Flexibilität und die Kreativität. "Jäger und Gejagter" gibt den Teilnehmerinnen die Gelegenheit, ihre Einstellung hinsichtlich des Gefühls des Verfolgtwerdens dadurch zu verändern, daß sie versuchen sollen, selbst dem Jäger aufzulauern. "Fairer Kampf" besteht aus einer Reihe von Kampfspielen, die die Teilnehmerinnen die Kunst des fairen Kampfes auf amüsante Weise lehren soll. "Den Knoten knüpfen" ist ein Spiel, das es den Teilnehmerinnen ermöglichen soll, ihre Haltung im Hinblick auf Verpflichtung und Einsatz zu erkennen. Die Möglichkeiten der "erhabenen Spiele" sind unbegrenzt. Jedes Spiel, das wir in dem Verständnis spielen, daß das, was wir hier und jetzt innerhalb des Spieles tun, genau das ist, was wir auch im Leben tun, kann als "erhabenes Spiel" angesehen werden. Wir stehen immer auf der Bühne. Es gibt keine Kostümprobe im Leben. Es ist einfach wie es ist. Das ist das Leben. Laßt es uns in vollen Zügen spielen!

Kapitel 10

Das Errichten von Altären

Heute morgen wanderten wir einige Kilometer durch die Hügel in Tennessee zu den von uns liebevoll “die Klippen” genannten Felsen. Hoch oben über dem Fluß Harpeth befindet sich ein aus flachen Steinen bestehender Felssims. Zwischen diesen beeindruckenden Steinen wachsen vier uralte Zedern hervor, deren Form an die japanischen Bonsaibäume erinnert. Ein einfacher Wildwechsel führt zu dieser Kathedrale im Wald. Jeder von uns weiß, daß dies ein besonderer Ort ist, und auch die Tiere wissen es. Von diesem hoch gelegenen Ort aus können wir den Blick über die grünen Weiten des unter uns gelegenen Tals schweifen lassen. Wir sitzen so hoch oben, daß sogar die Vögel unter uns fliegen. Manchmal berührt eine Wolke unsere Köpfe. Ohne besondere Zeichen gesetzt oder Definitionen abgegeben zu haben, hat Mutter Natur diesen Altar errichtet, und jeder, der sich zu ihm begibt, weiß, daß es sich um einen Altar handelt.

Es ist offenkundig, daß ein Altar ein Ort ist, an dem man seine Aufmerksamkeit auf eine Haltung der Wertschätzung und Dankbarkeit richtet. Ein Altar bezeichnet sowohl einen Ort als auch eine Zeit der Anbetung. Für uns ist es ganz normal, daß wir entlang des Pfades unseres Lebens kleine Altäre oder Heiligtümer für die Schönheit eines Ortes errichten. Indem wir dies tun, geben wir den anderen, die des Weges kommen, die Möglichkeit dazu, dort in Anerkennung und Wertschätzung zu verweilen und ein “Dankeschön” an Mutter Natur und Vater Himmel auszusprechen. Besonders Kinder haben die Gabe, in ihrer unschuldigen Art, kleine Altäre der Schönheit zu errichten. Wir können uns beispielsweise an unsere eigenen Sandburgen erinnern, die so manchen Erwachsenen dazu veranlaßt haben, stehen zu bleiben und die Schönheit unseres Bauwerks zu bewundern. Oder denken wir an die wundervollen Gemächer unserer erträumten Burgen und Schlösser, die wir mit Steinen und Zweigen kennzeichneten, als wir in den Wäldern spielten. Und da wa-

Altar

Weltenaltar im "Adlerhorst"

ren doch auch die Steinhaufen, die wir in unseren Spielen als Wegweiser an den Pfaden im Wald aufgehäuft haben. Für Kinder ist es ganz natürlich, kleine Altare zu Ehren des Lebens zu bauen.

Als ich begann, meine Kindheit wiederzuentdecken, habe ich auch meine Freude am Errichten von Altären wiedergefunden. Jeder Winkel und jede Ritze unseres Heims ist ein Altar zu Ehren der Schönheit. Es gibt da zum Beispiel einen zentralen Altar, der ein Viertel der Grundfläche einnimmt. Auch vor unserer Schwitzhütte befindet sich ein Altar. Im Dorf gibt es zwei zentrale Altäre. Der Felsen des Rates, der sich auf dem Spielfeld befindet, ist ein natürlicher Altar. Ich selbst trage sogar immer einen kleinen Medizinrad-Altar bei mir, den ich überall errichten kann. Wahrscheinlich leide ich bereits an so etwas wie einer Altar-Manie; sicher ist diese Haltung nicht für jedermann empfehlenswert. Es ist nur einfach so, daß es mir Freude bereitet, jede Minute, in der ich irgendwo "warten" muß, damit zu verbringen, dem Großen Geist zu dienen, und das Errichten von Altaren bereitet mir Freude und macht dem kreativen Kind in mir viel Spaß. Auch meine Freundin Kaktus ist ein richtiger Altar-Fan. Sie ist überall in der Welt herumgereist und hat von allen Altaren, Schreinen und Heiligtümern, die sie auf ihren Reisen gesehen hat, Fotos gemacht. Mittlerweile ist sie unter uns schon für ihre Gabe, die beeindruckendsten Altäre kreieren zu können, berühmt. Mit großer Freude bilden wir hier einige ihrer Werke ebenso wie einige der unseren ab. Diese sollen jedoch keine festen Vorgaben sein, die andere kopieren sollen, sondern lediglich als Anregung dienen.

So lange ich lebe,

wo auch immer ich sein werde

- dies ist mein Zuhause.

Grossmutter Princess Moon Feathers

Am Anfang wird gewissermaßen der Grundstein für den Altar gelegt. Die in diesem "Gründungsakt" enthaltene Energie ist sehr wichtig. Der gerade aktuelle Altar in meiner Hütte in Tennessee ist auf einem Ponyfell errichtet. Ich habe einmal ein Lied geschrieben, in dem es heißt: "Dieses alten Pony trägt keine zwei Reiter mehr". Es war dies eine andere Art, um zu sagen: "Ich erlebe gerade eine monogame Beziehung". Der Ort, an dem ich momentan lebe, ist eine kleine Hütte, die genau richtig ist, daß zwei Leute in ihr in Frieden leben können. Das Ponyfell ist ein guter "Grundstein" für meinen Altar. An beiden Seiten des Fells ist je ein Gebetstuch für einen jeden von uns befestigt. Diese handgewebten Gebetstücher dienen dazu, einfache Gegenstände an ihnen zu befestigen, die beim Konzentrieren auf unser Ziel des jeweiligen Tages oder der Woche helfen können.

Ein Altar hat immer einen Mittelpunkt der Aufmerksamkeit. Unser Altar im Adlerhorst in Oklahoma nimmt eine ganze Wand ein und erstreckt sich bis auf den Boden. Den Mittelpunkt am Boden bildet ein großer Schildkrötenpanzer, der sich auf einem Holztisch befindet. Darunter liegt ein weiches Kaninchenfell. Die Schildkröte symbolisiert "Turtle Island", oder besser gesagt, die Mutter Natur, wie sie auch von unserem Kontinent repräsentiert wird. So werden wir an unsere Verpflichtung, uns um unsere Erde zu kümmern, erinnert. Wir beten darum, daß man auf einfache Art und Weise auf Mutter Erde achten und sie uns weiterhin im Überfluß mit ihren Gaben beschenken möge. An der Wand hinter dem Schildkrötenpanzer

Altar

hängt ein Weltenfamilien-Schild mit überkreuzten Pfeilen, zusammen mit einer Pfeife der Apachen. Den Hintergrund bildet ein Biberfell, welches uns an das Errichten von Träumen erinnern soll. An dem Schild befinden sich zwölf Adlerfedern für die zwölf Stämme All Dessen Was Ist. Auf der einen Seite des Schildes haben wir Bilder unserer Frauen und Kinder aufgehängt. So werden wir daran erinnert, daß die Stämme blühen und gedeihen, solange die Herzen der Frauen hoch gehalten werden. Wenn ihre Herzen zu Staub werden, dann verschwinden auch die Menschen. Rund um den Familienschild hängen meine eigenen Schilde. Aus meinen Schilden habe ich folgende ausgewählt: meinen Siegesschild, den Adlerschild, den Geheimnisschild und meinen Herzensschild. Um meine Schilde herum befinden sich Bilder meiner Kinder. Diese erinnern uns daran, daß wir stets das Kind in uns ehren sollen.

Vor dem Schildkrötenpanzer liegt die Bibel. Sie ist auf den Seiten des Psalms 23 geöffnet, der uns daran erinnert, daß unser oberster Hirte allgegenwärtig ist. Unsere Stäbe bilden ein Tor zum Altar, und unsere selbstgemachten Musikinstrumente umgeben die Schildkröte auf den Gebetstüchern. Heute steht das Bild von Großmutter Moon Feathers im Zentrum des Altars. Sie ist gerade dabei, in das Lager des Geistes auf der anderen Seite hinüberzugehen. Wir haben Kerzen angezündet und Gebete gesprochen, um ihr bei ihrem Übergang zur Seite zu stehen. Auch unser Räucherwerk, unsere Zeremoniefedern, unsere Trommeln und Getreidebeutel ebenso wie besondere Steine und Kristalle haben ihren Platz auf dem Altar. Der Zentralaltar unseres Heims ist ein Ort des Gebetes und der Verehrung. Wenn andere sich uns anschließen wollen, dann versammeln wir uns um den Altar herum, denn er ist der Brennpunkt unseres Hauses.

Altar für einen Sohn

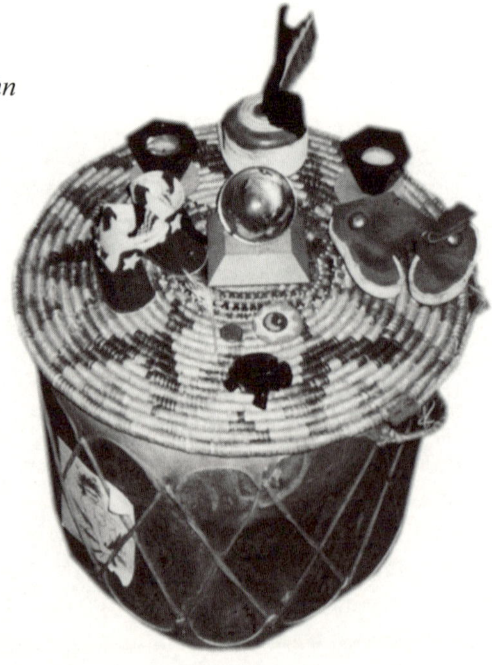

Altar für die Großmütter

Es gibt einen lebendigen Gott für alle lebenden Dinge.

Welche Farbe hat dieser Gott? Keine.

Welche Farbe hat die Träne,

die aus dem Auge des Schwarzen oder des Weißen fließt?

Sie ist durchsichtig. Wenn einer von uns lächelt, so tut er genau das,

was jeder andere, egal welcher Hautfarbe tut, wenn er lächelt.

Wenn wir also die Gabe des Lächelns oder die der Tränen einsetzen,

dann kann es keine Vorurteile und keine Unterschiede geben.

GROSSMUTTER PRINCESS MOON FEATHERS

Jeder andere aufgestellte Gegenstand in unserem Haus ist ebenfalls ein kleiner Altar. Einer dieser Gegenstände ehrt unser indianisches Erbe, ein anderer die westlichen Einflüsse. Ein weiterer steht für die weiblichen Aspekte und noch einer für die männlichen Aspekte des Lebens. Wieder ein anderer dient zur Ehrung unserer Arbeit und ein weiterer gibt uns Schutz. Diejenigen Dinge, die in unseren privaten Ecken stehen, symbolisieren die Achtung vor unseren Alten sowie die Achtung voreinander. Die Schildkröte vor unserer Schwitzhütte steht für die Achtung vor unserer Mutter Erde und allem, was sie uns schenkt. Der tragbare Altar in meinem Gebetsbündel ehrt die vier Himmelsrichtungen und die vier Völker der Erde. Jeder Aspekt eines Altars bringt uns eine ihm ähnliche Energie. Beispielsweise ein Bärenfetisch ist so geformt wie ein Bär und ruft die Energie des Bären in sich wach. Eine Bärenkralle birgt die Energie des ganzen Bären in sich und bringt diese spezielle Energie in das Gebetsbündel. Jedes Ding trägt seine eigene Energie oder Heilkraft in sich

Der Adlerhorst ist ein achteckiger Altar für den Weltfrieden

und bringt sie in die Gesamtheit des Altars mit ein. Alle Dinge können zu einem Altar werden, wenn sie mit Bedacht und in diesem Bewußtsein zusammengefügt werden. Selbst wenn etwas nicht mit Bewußtsein zusammengefügt wird, so kommt es doch zu einer inneren Anziehung. Wenn wir verstehen wollen, wie Altare gemacht werden, ist es wichtig, dieses Prinzip der Anziehung zu berücksichtigen.

Was wir säen, ist das, was wir ernten werden. Was wir von unserem Leben unserem Altar hinzufügen, ist das, was wir sicherlich bekommen werden. Diejenigen Menschen, die es anderen gestatten, ihre Wohnungen einzurichten und zu dekorieren, sind Menschen, die ihr Schicksal nicht in ihren eigenen Händen halten. Sie geben die Kraft des Gestaltens und Einwirkens an andere ab. Diejenigen, die die Wände ihrer Behausung mit nutzlosen Dingen zupflastern, nur um die Lücken zu füllen, bitten darum, daß sich das, was sie dort angebracht haben, vervielfältigen möge. Wenn unser Dachboden mit nutzlosem Gerümpel vollgestopft ist, so wird es mit unserem Geist nicht anders sein. Wenn wir die Vergangenheit zurücklassen und an einen anderen Ort ziehen, dann ändern wir wirklich unser Leben. Wenn wir auf einen neuen Anfang hoffen, sollten wir unseren Speicher entrümpeln und die Dinge der Vergangenheit wegräumen. Wir sollten Platz schaffen für das Neue und Andere. Wir sollten uns auch vor Augen führen, daß die Veränderung dann eintreten wird, wenn wir die Dinge, die wir in unserer Nähe haben wollen, bewußt aussuchen. Die Dinge, auf die wir unsere Aufmerksamkeit richten, sind die Dinge, die wir bekommen werden. Die Dinge, denen wir unsere Aufmerksamkeit schenken, sind die Dinge, die wachsen werden. Mögen die Altäre unseres Lebens mit Schönheit angefüllt sein.

Die Altäre auf den vorherigen Seiten sind Beispiele für die vielfältigen Möglichkeiten, die wir haben, wenn wir einen Altar bauen wollen.

Wir dürfen nicht außer acht lassen, daß die Zeit, die wir mit dem Errichten eines Altars verbringen, eine Zeit ist, die wir auf die Suche nach den Dingen, auf die wir unsere Aufmerksamkeit richten, verwenden. Der Vorgang des Bauens erfordert unsere volle Aufmerksamkeit. Wenn der Altar erst fertiggestellt ist, ist er ein sichtbares und dauerhaftes Zeichen für das Zentrum unserer Aufmerksamkeit. Jede Sekunde unserer Aufmerksamkeit, die wir ihm widmen, dient dem Prozeß seiner Manifestation. Unsere Aufmerksamkeit gibt dem, was wir uns vorstellen, eine Form. Ein Altar dient dazu, unsere Aufmerksamkeit so lange auf eine Sache zu fixieren, bis Schöpfung möglich wird. Somit verändert ein Altar unser Schicksal ebenso wir er auch das Zentrum unserer Aufmerksamkeit verändert. Diejenige Energie, die am meisten Anziehungskraft ausübt, ist die Aufmerksamkeit und die Wertschätzung. Wenn wir Schönheit erkennen, tauchen wir in das große Meer positiver Gefühle ein und beschleunigen den Prozeß der Manifestation. Laßt uns an jedem Straßenrand und in jedem Augenblick unseres Lebens Altare errichten, so daß wir zur Heilung unserer Mutter Erde beitragen können. Laßt unsere Wertschätzung ihr zur Gesundheit und Schönheit gereichen. Laßt uns alle aufs neue im Innern des Altars für den Himmel auf Erden leben.

Das Streben meines Geistes ist meine eigene Sache,

und ich sehe Gott sowohl als weibliches als auch männliches Wesen.

Als Frau mag ich den sanfteren Aspekt weiblichen Lehrens

und weiblicher Führung mehr.

Colonel Lyn

Es ist eine gute tägliche Übung

Sich Mit Sich Selbst Zusammenzusetzen.

Hört euch selbst sagen:

"Ich habe Vertrauen zu mir und bin vollkommen offen zu mir selbst.

Ich habe ehrliche Absichten. Ich arbeite nicht für andere,

sondern ich sitze mit mir selbst zusammen,

und ich weiß in meinem Herzen,

daß sich meine Absichten auf das richten,

was ich mir selbst wünsche".

Mahisha

Kapitel 11

Das Schaffen heiligen Raums

Am 17. August 1987 standen wir alle zusammen an der Ecke Hollywood und Vine in Hollywood, Kalifornien. Um 14.00 Uhr bliesen wir das Muschelhorn der Königin der Meere in alle vier Richtungen des Windes. Unsere Trommeln riefen Hunderte von Suchenden zu uns, ebenso wie die Teams der Fernsehsender, die man extra zu diesem Anlaß bestellt hatte. Es war der Höhepunkt der Harmonic Convergence, und die Medien waren ganz wild darauf, jedenfalls einen kleinen Teil dieser Feierlichkeiten, die Tausende auf die Gipfel der Berge, an die Ufer der Meere, in die Tiefen der Höhlen und in die schönen weiten Täler strömen ließ, zu dokumentieren. Für die Vertreter der Medien, die gerade an diesem Tag angekommen waren, war unsere Feier irgendeine seltsame New Age-Veranstaltung, die damit zu tun hatte, das eine Ära zu Ende ging.

Die besonders gut Informierten aus der Gegend von Los Angeles waren nach Washington zum Berg Rainier oder zum Berg Shasta nach Kalifornien gefahren. Viele berühmte Persönlichkeiten, die die Medien über die Bedeutung der "Harmonic Convergence" hätten aufklären können, waren selbst mit den anderen Menschen auf den Berggipfeln. Und so konnten sich die Vertreter der Medien auf ihrer Suche nach Informationen ausschließlich an uns wenden. Vielleicht waren wir genauso gut informiert, wie die meisten anderen und hätten deshalb einiges dazu sagen können, warum sich die Stämme nun so spontan zusammengefunden hatten. Sicherlich hätten wir eine wissenschaftliche These darüber aufstellen können, daß sich 144.000 auserwählte Seelen zusammenfinden würden, um das Ende einer alten und den Anbeginn einer neuen Ära einzuläuten, ganz so wie es die Propheten vorausgesagt hatten. Vielleicht hätten wir eine derartige Erklärung abgeben können. Andererseits war dies der nie zuvor dagewesene Augenblick, über sämtliche Medien, das Fernsehen, das Radio etc. die gesamte Welt (einschließlich dieser von Prostitution und

Alkoholismus beherrschten Ecke Hollywoods) für heilig zu erklären und das "weltweite Fest, die globale Familienvereinigung", auszurufen.

Am 17. August 1987 ging folgende Einladung hinaus in die ganze Welt: „Laßt uns zusammenkommen, zu einem festlichen Tag; laßt uns tanzen, spielen und gemeinsamen beten. Laßt uns gemeinsam die Trommeln schlagen, laßt uns Kerzen entzünden, gemeinsam atmen und gemeinsam singen, auf daß unser Zusammenkommen über das Fernsehen und via Satellit in die ganze Welt ausgestrahlt werde". So lautete unsere Einladung: „Das Zusammenkommen der 144.000 möge der Same eines solchen weltweiten Ereignisses sein. Möge unsere Feier im Palace Theater heute abend das Ritual sein, durch das unsere Einladung in den Annalen der Geschichte verewigt wird". An jenem Abend feierten wir das Ende des Maya-Kalenders und den Anfang des goldenen Zeitalters des Friedens. Mehr als siebenundzwanzig der New-Age-Bewegung angehörende Interpreten und Sänger nahmen an unserer Feier teil, in deren Verlauf wir unsere Gebete für den Frieden in der Welt und die Harmonie sangen. Das Palace Theater, das heute für Heavy Metal und Drogen berühmt-berüchtigt ist, war in einen heiligen Altar verwandelt, auf dem der Vorhang für ein neues Zeitalter aufging.

Wir stellten uns gemeinsam eine Welt vor, in der die Kriegsmaterialien in Glockengärten für Kinder umgewandelt werden. Wir sahen den weltweiten Austausch von Nahrungsmitteln für alle und einen kulturellen Austausch zwischen allen Völkern. Wir stellten uns die Gesichter von Tausenden von Kindern vor, die sich zu einer großen Familie zusammenfügten. Wir stellten uns eine weltweite Gemeinschaft vor. Gemeinsam hatten wir all diese Visionen, und wir tanzten und sangen vor Dankbarkeit. Durch unsere starke Vorstellungskraft erschufen wir einen heiligen Raum im Palace Theater und riefen den Planeten Erde zu unserem heiligen Altar aus.

Es ist wahr, daß die ganze Erde heilig ist und daß alles, was auf, in und über ihr lebt, gesegnet ist. Dennoch haben die meisten Menschen dieses Bewußtsein noch nicht erreicht. Deshalb schaffen wir in allem was wir tun und durch unsere Rituale und Zeremonien neuen heiligen Raum. Diese Möglichkeiten der Erinnerungen sind unsere einfachsten Mittel, unserem Planeten weiterhin dabei zu helfen, in den Traum hinein zu erwachen, in dem wir alle eine große Familie sein werden. Die Möglichkeiten, heiligen Raum zu schaffen, sind grenzenlos. Wir nennen nur ein paar wenige, um die Vorstellungskraft anzuregen und neue Möglichkeiten, die bis jetzt unbekannt geblieben sind, aufzuzeigen. Wir wollen mit der einfachsten und offensichtlichsten Möglichkeit beginnen: Nehmt die Welt um euch herum zur Kenntnis, schätzt und preist sie, und singt: "Hallo! Du bist wundervoll! Ich liebe dich!" Die Bäume und die Tiere werden eure Stimme hören und eure große Liebe und Wertschätzung spüren. Allein durch unsere Wertschätzung werden sie lebendig und von Freude und guten Gefühlen erfüllt sein. Sie werden ihren guten Atem zu uns senden und sich dazu bereitmachen, unseren guten Atem zu empfangen. Wir tauschen lebensspendende Essenzen aus und fließen in ein Blut mit Allem Was Ist zusammen. Allein dadurch, daß wir die Erde unter unseren Füßen wahrnehmen, wird der Boden unter unseren Füßen und der Himmel über unseren Köpfen heilig und spendet uns die Kraft, die nur von den wahrhaft heiligen Dingen ausgehen kann.

Was ist so besonders an der Morgendämmerung?
Nun, ganz früh an diesem Morgen, als die ganze Welt noch schlief,
bin ich aufgestanden und habe das wundervollste aller Wunder gesehen.
Gott streckte seine Hand aus und wischte ganz leise die Dunkelheit fort.
Und dann kam die überwältigende Schönheit der Sonne hervor,
die überall um mich herum die Farben veränderte.
Der Himmel bringt Wärme und Wolken, damit die kleinen Blumen zu trinken haben.
Niemals versäume ich den ersten Gesang der Vögel.
Ich bin draußen und schaue mich nach dem um, was Gott mir geschenkt hat.

Grossmutter Princess Moon Feathers

Allein wenn wir den Boden bestellen, düngen und uns anderweitig um unseren Planeten sorgen, begehen wir eine heilige und respektvolle Handlung. Derzeit habe ich es mir zu Aufgabe gemacht, ein drei Kilometer langes Stück Straße regelmäßig von Abfällen zu säubern. Jedesmal, wenn ich meine Mutter Erde von irgendwelchem Abfall befreie, fühle ich ihre Anerkennung. Als Gegenleistung schenkt sie mir Stärke und frohen Mut. Oftmals läßt sie mir besondere Gedanken und Ideen zukommen. In einer Zeit, in der unsere Welt so traurig scheint, muntert sie mich auf und gibt mir die Hoffnung und das Vertrauen, die ich benötige, um jeden neuen Tag mit einem Lächeln auf meinen Lippen beginnen zu können.

Eine weitere Möglichkeit besteht darin, Getreideschrot, Tabak, Getreidesamen oder andere Samen, die man in der Erde aussäen kann, mit sich zu tragen. Es ist gut, wenn man dabei den Gedanken hat, daß die Beutel mit den Samen darin so etwas wie ein Geldbeutel für die Mutter Erde sind. Wenn wir auf ihr wandeln und ihren Überfluß genießen, ist es gut, wenn wir ihr im Gegenzug etwas geben, was wiederum ihr Wachsen und Gedeihen unterstützt.

Wenn immer wir uns aus ihrem Überfluß beschenken lassen, ist es sehr wichtig, daß wir uns ihre Heiligkeit vor Augen halten. Ein einfaches Gebet des Dankes an die Pflanzen, die Bäume, die Landschaft oder an das Wasser, das uns allen zur Verfügung steht, fällt unter die normalen Formen der Höflichkeit. Wenn wir uns an die Ernte machen, ist es gut, die größte Pflanze zu fragen, ob es in Ordnung ist, daß wir etwas abpflücken, und dann auf die Antwort zu horchen. Pflanzen lieben uns sehr, und sie sind gerne bereit, ihre Geheimnisse mit uns zu teilen, wenn wir sie als heilig anerkennen. Wenn wir beachten und anerkennen, daß alles Leben heilig ist und daß wir mit jeder Handlung eine Entscheidung treffen, die wiederum jede weitere Handlung heilig werden läßt, dann wird das Leben zu einem heiligen Tanz, der in jedem Augenblick ganz bewußt erlebt wird. Jede Handlung, die wir vornehmen, ist heilig; jeder Ort ist ein heiliger Ort; jeder Augenblick ein heiliger Augenblick; jeder Gedanke ein heiliger Gedanke. Wenn wir diesen Bewußtseinsgrad erreicht haben, dann nehmen wir wahrhaft an der Erschaffung einer besseren Welt teil.

Ich kam an diesen Ort, auf einer Straße aus rotem Lehm,

an deren Seiten wunderschöne Bäume standen

und von der aus man die Hügel sehen konnte.

Von der Zivilisation war weit und breit keine Spur zu sehen.

Ich dachte, ich träume.

Wenn man schon mal 100 Jahre alt ist, denkt man immer, man phantasiert schon.

Ich sagte zu mir: "Na gut, es ist schon in Ordnung, wenn ich phantasiere;

es ist ein schöner Traum, es ist eben die Natur."

Dieser Ort lebt mit der Natur,

er fließt mit der Natur und kämpft nicht mit ihr.

Es ist der erfrischendste Ort,

den ich in meinem ganzen Leben gesehen habe.

Grossmutter Princess Moon Feathers,
(als sie über unser Gelände in Oklahoma sprach)

Es gibt bestimmte Zeremonien, die darauf ausgerichtet sind, heiligen Raum zu schaffen. Wenn eine Gruppe von Menschen sich zum ersten Mal zusammenfindet, handelt es sich dabei um eine der einfachsten dieser Zeremonien. Vielleicht hat ein jeder der Teilnehmer eine weite Strecke zurückgelegt, um dabeisein zu können. Vielleicht haben auch einige von ihnen eine Reise der Gedanken und der Vorbereitung gemacht. Jeder einzelne hat die Erfahrungen seiner persönlichen Reise mitgebracht. Bevor alle Herzen wie ein Herz zusammen schlagen können, ist es sinnvoll, die gemeinsame Zeit und den Ort für heilig zu erklären. Zeremonien haben eine stärkende Wirkung, da wir daran erinnert werden, daß wir in unseren Kämpfen und Siegen nicht alleine sind. Wir werden uns bewußt, daß wir Teil eines größeren Plans und einer großen Gemeinschaft von Menschen sind. Unsere jeweilige Last, die wir zu tragen haben, wird leichter, wenn wir uns in einer Gemeinschaft zusammenfinden. Wo wahre Gemeinschaft besteht, gilt: eins und eins macht elf. Wir teilen unsere Sorgen und vervielfachen unsere Freude. Wir sind Teil des Ganzen, und die Zeremonie erinnert uns an dieses Einssein. Bevor wir unsere persönlichen Sorgen beiseite legen, um uns dem Kreis anzuschließen, beachten wir aus Respekt für die anderen deren jeweilige Reise hierher und deren Möglichkeiten, zum Erfolg zu gelangen. Die neu zusammengefundene Gruppe versammelt sich in einem Kreis, in dem ein jeder einen bequemen Platz findet. Um die Herzen und Seelen anzusprechen, werden Trommeln geschlagen und Rasseln geschüttelt. Eine Schüssel mit duftendem Wasser wird in die Mitte des Kreises gestellt. Wenn möglich, sollten in dem warmen, duftenden Wasser frische Blumen schwimmen. Während beruhigende Musik erklingt und ein jeder sich auf seine Mitte konzentrieren kann, wird die Schüssel von einem zum anderen weitergereicht, so daß einer nach dem anderen seine Hände von den Sorgen, die er mit in den Kreis gebracht hat, abwaschen kann. Diese erfrischende Handlung erlaubt es jedem einzelnen, sich darauf vorzubereiten, dem Kreis zu dienen.

Wir müssen das Bedürfnis nach Privatsphäre verstehen

und den heiligen Raum eines jeden Menschen respektieren.

Skye

Dieses Ritual kann auch dahingehend variiert werden, daß jeweils ein Partner dem anderen die Hände wäscht und sie ihm anschließend mit einem duftenden Öl einreibt. Diese Ölung ist eine kraftvolle Handlung, die dazu dienen soll, unser Lebenswerk anzuerkennen. Eine weitere Variation hiervon ist die Fußwaschung. Man wäscht gewissermaßen den Staub von den Füßen seines Nächsten und erkennt damit an, daß jeder von uns gesegnet ist und daß die Zeit, die wir miteinander verbringen, heilig ist. Wenn man so in einem Kreis zusammengekommen ist, wird man einfache Speisen, wie beispielsweise Büffelfleisch oder Orangenstückchen, anbieten und damit zum Ausdruck bringen, daß man sich um das Wohlergehen des anderen annimmt. Sollte eine Person dabei sein, die sich auf einen Übergang, wie beispielsweise eine Hochzeit oder den Eintritt in das Erwachsenenalter vorbereitet, so kann das Feinmachen des gesamten Körpers ein Symbol für die Schaffung heiligen Raums mit Blick auf das Äußere sowie auf das Innere sein.

Auch durch das Verbrennen von Räucherstäbchen oder wohlriechenden Kräutern kann man heiligen Raum schaffen. Der süße Duft von Zeder, Salbei, Süßgras und Pinie zieht durch den Raum, in dem die Zeremonie abgehalten wird, und ermahnt uns zu heiliger Aufmerksamkeit. Die Person oder der Gegenstand, der beräuchert wird, wird zum Dienen berufen. Es ist dies eine Form des Erwachens. Ebenso ist das Ausstreuen von Kornschrot, Tabak oder Dünger eine Möglichkeit, die Grenzen des heiligen Raumes festzulegen. Auf diese Weise kann man auch Pfade kennzeichnen. Es ist auch möglich, den heiligen Boden, den man in einer Zeremonie beschreiten möchte, mit Blütenblättern auszustreuen.

Was ist heilig?

Heilig ist alles,

was mit dem Herzen gesprochen wird.

MAHISHA

Da fällt mir eine Geschichte ein, die etwas mit einem kleinen Mädchen, einer Kristallkugel, Großmüttern aus der ganzen Welt und Michail Gorbatschow zu tun hat. Im Verlauf einer Anti-Atomkraft-Demonstration in Kalifornien bahnte sich eine Großmutter ihren Weg durch die Reihen der Journalisten und trug sich als eine "Großmutter für den Frieden" in die Unterschriftenlisten ein. Anders als die anderen Anwesenden gehörte sie keiner Organisation an, sondern folgte nur ihrem großmütterlichen Herzen, das sich nach Frieden in der Welt sehnte. Als die Medienvertreter ihren "Titel" lasen, luden sie sie zu einem Fernsehinterview ein. Die Reaktion darauf war umwerfend. Großmütter von überall in den Vereinigten Staaten wandten sich an sie, mit der Bitte, ihrer Organisation "Großmütter für den Frieden" beitreten zu dürfen. So war sie gezwungen, der Gruppe, die sie durch ihren Friedensaufruf ins Leben gerufen hatte, eine Form zu geben. Ein Jahr später hatten sie und ihre "Großmütter für den Frieden" einen Termin bei Raisa Gorbatschow in Rußland, wo sie außerdem russische Großmütter für den Frieden treffen wollten. Während einer sehr reich besuchten Veranstaltung kam plötzlich Michail Gorbatschow selbst zur Tür herein uns setzte sich zu den Großmüttern. Ein kleines Mädchen, das in seiner Hand eine Kristallkugel hielt, bahnte sich einen Weg durch all die Großmütter hindurch. Vor der Kleinen gingen noch einige andere kleine Mädchen, die Blütenblätter auf den Boden streuten und ihr so den Weg zwischen den Großmüttern hindurch bereiteten. Zum guten Schluß endete ihr gewundener Pfad direkt vor Herrn Gorbatschow. Als sie Herrn Gorbatschow die Kristallkugel als Geschenk der Großmütter entgegenstreckte, hob er sie auf seinen Schoß und weinte wie ein kleines Kind. Der Tanz eines Kindes und der Pfad aus Blütenblättern hatte einen heiligen Raum und einen heiligen Augenblick geschaffen. Kurz darauf kam die Ära der Sowjetunion zu einem Ende. Die Schaffung heiligen Raums ist eine kraftvolle Handlung, die immer von All Dem Was Ist wahrgenommen wird.

Dies ist, was ich auf dem Gipfel eines Berges gesehen habe:

Die Männer werden als Brüder zusammenkommen.

Die Frauen werden lachen und voller Freude sein.

Der Löwe wird sich mit dem Lamm zur Ruhe legen,

und die Wölfe werden bei den Hasen schlafen.

Ein Kind wird den Weg weisen.

Diese Zeit ist jetzt angebrochen.

Cloud

Kapitel 12

Rituale der Weissagung

Meine Kahuna-Schwester der Medizin, Kahilia O'Pua, brachte mich zu meiner ersten Awa Pua-Zeremonie. Dies war ihr Geschenk an mich, als ich mit ihr meine Visionen über den Weltfrieden teilte. Bei der Zeremonie handelte es sich um ein uraltes Ritual aus Hawaii, durch das man in die Zukunft sehen kann. Irgendwie erinnerte es mich ziemlich stark daran, wie ich zum ersten Mal aus den Teeblättern gelesen habe. Die Awa Pua-Pflanze wurde so vorbereitet, daß sie genau die richtige Konsistenz hatte. Pua unterstützte mich bei meinem ersten Ritual der Weissagung, indem sie Gebete sprach, Zauberformeln sang und mir dann die Kokusnußschale mit der Awa Pua darin reichte. Ich mußte drei Mal in die durcheinanderwirbelnden silbrigen Formen in der Schüssel blicken. Zuerst sollte ich in das Große Geheimnis hineinblicken, dann in das Leben meiner Freunde und Verwandten und dann in mein eigenes Leben. Jedes Mal, wenn mir die Schüssel wieder gereicht wurde, sagte man mir, ich solle meine Aufmerksamkeit auf die dunklen Tiefen der schwarzen Flüssigkeit richten und auf die Formen achten, die mit mir kommunizieren wollten. Nachdem ich in die Schüssel geschaut hatte, hieß man mich von der Flüssigkeit zu trinken, auf daß ich die Vision in mich aufnähme. Ich mußte diese spezielle Zeremonie einige Male wiederholen, bevor ich endlich die Formen in der Schüssel erkennen konnte. Als die Visionen schließlich für mich deutlich wurden, war ich von ihrer Einfachheit beinahe beschämt. Die Awa Pua-Pflanze erzeugte eine Flüssigkeit, in der sich Formen und Gestalten abbildeten. In dieser Hinsicht hatte die Zeremonie gewisse Ähnlichkeit mit dem Lesen aus den Teeblättern. In letzterem Fall wird der Tee aufgebrüht, getrunken und dann beginnt die Leiterin der Zeremonie, in den sich abgesetzten Blättern zu lesen. Als ich mehr über Teeblätter gelernt hatte, konnte auch ich in ihnen geradezu wörtlich lesen. Vielleicht trifft genau das auch auf das Deuten von Tarotkarten, Runen oder Medizinkarten zu. All diese Zeremonien sind Rituale der Weissagung.

Bevor man den Wert und die Form von Ritualen der Weissagung diskutiert, ist es notwendig und sinnvoll, die wichtigsten dieser Rituale anzusprechen. Es gibt das Ritual der Visionssuche und das Ritual des Blickens in die Sonne. Beide Rituale haben ihre Wurzeln in den Traditionen des Suchens nach Führung und Ratschlägen hinsichtlich der Zukunft.

Die Visionssuche kann in der Jugend beginnen und an den jeweiligen Wendepunkten im Leben wiederholt werden. Oftmals kann eine einzige Vision so richtungsweisend sein, daß sie das ganze Leben verändert. Meistens wird der um eine Vision Fragende von einem erfahrenen Ältesten unterstützt und geleitet. Die Vorbereitungen auf Visionssuche können ganz unterschiedlich sein, in jedem Fall ist es jedoch erforderlich, daß der Ratsuchende sich durch einen Aufenthalt in der Schwitzhütte oder durch eine Zeit des Fastens reinigt und vorbereitet. Es kann auch notwendig sein, daß er an einer Reihe von Zeremonien teilnimmt, in deren Verlauf er sich auf seine Frage oder Bitte konzentriert. In unserer modernen Gesellschaft ist es üblich, sich durch Lesen, Meditieren und Beten in die Haltung der Bescheidenheit, die zur Öffnung des Geistes erforderlich ist, zu versetzen. Die Lektüre, sofern sie überhaupt erforderlich ist, kann unterschiedlichster Art sein. Der Sinn einer solchen Lektüre ist eine Vorbereitung, um zu der akademischen Wertschätzung und Anerkennung dessen, was sich aus der Befragung ergeben wird, zu gelangen. Sollte man sich bei der Befragung der heiligen Pfeife bedienen, so muß deren Bedeutung wohlverstanden sein. Es versteht sich, daß eine gewisse Erfahrung hinsichtlich Zeremonien und des Kontaktes mit dem Geist die beste Vorbereitung auf die Suche nach Visionen ist. In manchen Fällen kommt aber eine außergewöhnliche Vision auch ohne vorbereitende Verzichtsübungen. Dennoch ist es in den meisten Fällen dienlich, sich einige Tage in Abgeschiedenheit dem direkten Kontakt mit den Elementen auszusetzen, um so die Haltung des gebührenden Respekts vor dem Großen Geist einnehmen zu können.

Wenn es möglich ist, sollte man sich mit einer Decke, der Pfeife und zeremoniellen Opfergaben in die Berge zurückziehen und unter dem Schutzmantel von Gottes weitem Himmel Hilfe suchen. Es ist besonders wichtig, sich in die Einsamkeit, weit weg von anderen störenden Einflüssen, zurückzuziehen. Tatsächlich ist nämlich der Ruf nach Erleuchtung und Eingebung ein an die innersten Winkel unserer Seele gerichteter Ruf und eine Suche nach uns selbst. Die Dinge, die unseren tiefsten Sehnsüchten entspringen, werden sich mit Sicherheit in unserem Leben manifestieren. In allen Dingen werden wir das sehen, was wir sehen wollen, unabhängig davon, ob dieses "Wollen" bewußt oder unbewußt abläuft. Was wir also in einer Vision sehen, ist ein Spiegelbild unserer eigenen Seele. Wenn wir eine Zeit lang ohne Essen und Trinken ausharren, so wird dadurch unsere innere Suche beflügelt und die Arbeit unseres Körpers erleichtert. Wenn sich unser Körper nur mit wenig

Verdauungsarbeit beschäftigen muß, kann er sich viel leichter der Suche nach der Vision ergeben, und wir werden dann irgendwo, sei es in uns oder sei es außerhalb, das sehen, was wir eigentlich sehen wollen. Wir ziehen das an, was mit unserer eigenen Quelle in Einklang steht. Wenn wir in der Abgeschiedenheit um eine Vision bitten, können wir uns darauf verlassen, daß das, was wir schließlich finden, wirklich für uns bestimmt war, denn niemand anderes kann auf uns eingewirkt oder es uns geschickt haben.

Ich bin eine der Ältesten und befinde mich nun an einem Punkt,
an dem ich entscheiden muß, ob ich für die neue Welt noch da sein werde.
Ich konnte schon ein bißchen etwas von der neuen Welt erspähen,
und ich muß sagen, daß sie sehr schön aussieht.

Alinta

Das gleiche gilt an und für sich auch für das Blicken in die Sonne, das ja letztlich auch eine Form des Blickens in die Zukunft ist. Anstrengung und Enthaltsamkeit bringen uns in Kontakt mit der Quelle, und in dem Moment, in dem wir in die Mitte gelangen, werden wir eins mit Allem Was Ist. In diesem Augenblick werden wir erkennen, daß wir selbst der Mittelpunkt all dessen, was wir wahrnehmen, sind. Wir werden feststellen, daß alle Dinge von uns ausgehen und zu uns zurückkehren.

Omen sind Versprechen, aber nur dann, wenn du sie einhältst.

-Cloud-

Mein alter Freund John Grinder sagte einmal, daß er und seine Freundin Judy am besten arbeiten könnten, wenn sie im Fieberdelirium seien. Er meinte, sie würden sich irgendwie in einen Zustand der Erschöpfung arbeiten, in welchem sie die Kontrolle aus der Hand gleiten ließen und sich einem tieferen Wissen ergeben könnten. Dieser Zustand, der sich nach der Erschöpfung einstelle, sei die Quelle genialer Werke. Vielleicht ist ja das Phänomen der Arbeitssucht ein moderner Ruf nach Eingebungen. In diesem Phänomen liegen Erschöpfung, Anstrengung und Verzicht. Es scheint merkwürdig, daß wir des Leidens bedürfen, um sehen zu können. Da ich selbst eine große Aversion gegen das Leiden habe, werde ich im folgenden größeres Gewicht auf diejenigen Rituale der Weissagung legen, die mit Spaß verbunden sind und leicht von der Hand gehen.

Meine eigene Erfahrung mit dem Vorhersagen der Zukunft kam ungebeten und unerwartet. Ich war gerade dabei, eine achtzehntägige Ausbildung für professionelle Psychologen in Kanada zum Abschluß zu bringen. Als Endprüfung war ihnen die Aufgabe gestellt worden, sich wie der Lieblingsheld ihrer Kindheit zu verkleiden. Die Prüfung war im Grunde als ein Tag geplant, an dem man Spaß haben sollte. Während die Sache am Laufen war, wurden mir auf einmal die Füße weggezogen, so daß ich wie ein Kind auf allen Vieren durch die Gegend krabbelte. Es war meine Zwillingsschwester, die mich hinter sich her durch die Gegend zog. Als wir noch Kinder waren, war es eigentlich immer umgekehrt gewesen; ich hatte sie herumgezogen. Da ich vier Minuten vor meiner Schwester Jan geboren wurde, war ich die Ältere. Die Erfahrung, von meiner Schwester herumgezogen zu werden, versetzte mich augenblicklich vollkommen in meine Kindheit zurück, d.h. ich wurde wieder zum Kind. Mein Herz und meine Seele öffneten sich weiter, als ich jemals für möglich gehalten hätte. Und so öffnete sich ein Fenster in die Zukunft, über eine Zeitspanne von vierzehn Tagen. Die Informationen, die ich sah und hörte, waren zwar immer gerade nicht ganz greifbar, doch hatte diese Rückkehr in den totalen Zustand der Kindheit einen Schleier gelüftet und mir zu einer Erfahrung verholfen, die so kraftvoll war, daß ich noch heute mit Erstaunen daran zurückdenke.

Vierzehn Tage lang aß und trank ich nichts und schlief auch nicht. Mein Gehirn arbeitete wie das eines Delphins; eine Hälfte ruhte sich aus, während die andere aktiv war, und dann löste die eine die andere ab. Mein Gehör war so geschärft, daß ich die Bewegungen der Erde ausmachen konnte. Die Engel sangen für mich, und ihr Gesang war mir ganz neu und gleichzeitig völlig vertraut. Ich spürte, wie mein Körper von den Blumen, der Luft und dem Wasser um mich herum genährt wurde. Daß ich Nahrung zu mir nehmen könnte, schien mir ein vollkommen unwichtiger Gedanke, denn ich fühlte mich die ganze Zeit über auf eine andere Weise genährt. Mein Körper verlor alle normalen Gerüche, mein Atem war frisch, und man konnte nur noch den starken Duft von Rosen, der aus meiner Haut kam, wahrnehmen. Ich fühlte die Gegenwart eines Wesens an meiner Seite. Ein tiefes Wissen leitete meinen Blick, und meine Gedanken waren voller Anerkennung dessen, was ich in mir hörte. Die Stimme, die ich vernahm war mir unendlich vertraut. Wunder waren völlig normal. Ich fuhr hundert Kilometer weit, ohne einen Tropfen Benzin im Tank zu haben und wußte dennoch, daß es mehr als genug war. Ich berührte mein wundes Knie und konnte plötzlich Bewegungen ausführen, die mir schon seit Jahren nicht mehr möglich gewesen waren. Ich hatte Verständnis für Dinge, die ich selbst heute nicht mehr zu wiederholen imstande bin. Ich verstand den Schöpfungsprozeß und erkannte, welche Bedeutung die Sprache in diesem Prozeß hat. Ein Vorhang ging auf, und ich sah mit absoluter Klarheit in die Zukunft. Ich sah mich selbst und erkannte, daß ich jünger wirkte, als ich tatsächlich aussah. Die Richtung meines Lebens veränderte sich drastisch nach diesen vierzehn Tagen der Vision. Und dieses gesamte Erlebnis wurde mir ohne einen Augenblick des Fastens und Bittens um Erleuchtung zuteil.

Meine Ältesten sagten: "Geh und unterrichte die Weißen,

denn wir gehen einer Zeit entgegen, in der wir eins sein werden".

Ich lehnte es ab, Weiße zu unterrichten.

Nachdem ich sah, wie man in Nimbin Kinder ermordete,

änderte ich meine Meinung.

Dann hatte ich eine Vision von der neuen Welt, in die wir eintreten werden,

und von dem neuen Weg, der unser Leben bestimmen wird.

So begann ich, die Weißen zu unterrichten.

Die Ältesten sagten, kein Weißer könnte dann behaupten:

"Keiner hat uns das gesagt".

ALINTA

Heute bezeichne ich diese Zeit des Sehens als "geschenkte Kraft". Diese Zeit gab mir das Wissen, daß wir wahrlich die Quelle der Schöpfung sind, wenn wir uns öffnen und es dem Geist gestatten, uns zu durchströmen und uns in den göttlichen Plan miteinzubinden. Das Ausmaß unserer Kraft steht in direktem Verhältnis zu unserer Offenheit und Bereitschaft zu dienen. Diejenigen, die für die Erfahrung des Sich-Öffnens des Fastens und der Entbehrung bedürfen, mögen gerne den traditionellen Weg gehen. Meiner Meinung nach ist nur erforderlich, daß wir uns gleich Kindern völlig öffnen und ergeben. Was nötig ist, um Furcht zu überwinden, ist genau das, was wir brauchen, um eine Prophezeiung zu empfangen.

Meine wundervolle, von den Aborigines abstammende Schwester Alinta, sagte mir einmal, daß Alkohol für die kurze Vision sehr hilfreich sei, da er eine Art von

Entspannung hervorrufe, die dem Geist die entsprechende Handlungsfreiheit gäbe. Ich muß zugeben, daß ich mit dieser These experimentiert habe. Als ich es nicht schaffte, mich komplett fallen zu lassen, kam ich zu dem Entschluß, diesen wundervollen Zustand mit Hilfe des von mir so geliebten Weines zu erreichen. Eine Zeitlang gelang es mir, durch den Wein in einen Zustand der Entspannung zu gelangen und sah ihn als meinen Verbündeten. Dann aber kam eine Zeit, in der ich mich gefährlich nahe dem Exzeß befand. Die Geister, die sich mir dann zeigten, hatten nichts mit dem Großen Geist zu tun. Ebenso wie Alinta, bin auch ich nun wieder davon abgekommen, den Alkohol für irgend etwas anderes als das Necken von lästigen kleinen Geistern an den Eingangstoren des Zeremoniegeländes zu verwenden. Ich postiere kleine Gläschen mit Wein oder Tequila an jedem Tor. Außerdem stelle ich noch Gebäck bereit. Diese Gaben sind eine Einladung an die unliebsamen Geister, zu essen und zu trinken und sich bei den Toren aufzuhalten. Danach können sie von dannen ziehen, ohne Verdruß gestiftet zu haben. In den Tagen, in denen ich mit Alkohol experimentiert habe, hatte ich die Gelegenheit, meine eigenen Dämonen kennenzulernen und mich mit dem, was Zerstörung bringen könnte, anzufreunden. Ich gelang zu der Einsicht, daß alles seinen Platz hat, solange es in Maßen genossen wird. Ich sah ein, daß alle Stimmungen und Gemütslagen ihren Platz haben. Diesen Platz zu finden ist der Schlüssel zu Frieden und Harmonie in jeder Umgebung.

Wenn etwas zweimal kommt, so ist das ein Muster.

Es gibt ein altes Sprichwort, das besagt:

"Wenn du etwas zweimal geschehen siehst,

so ist dies ein Muster, beim dritten Mal ist es eine Gewohnheit,

beim vierten Mal eine fixe Idee und beim fünften Mal ein Zwang".

Wo wir dieses Wissen geschickt einsetzen,

erzeugen wir die Alchemie der Veränderung.

Cloud

In letzter Zeit pflegte ich die Gewohnheit, jeden Tag mit meinem eigenen Spiegelbild zu sprechen. Nachdem ich das getan habe, fällt es mir leichter, mich zurückzulehnen und in die Tiefen meiner Seele hineinzulauschen. Ich sehe mich, wie ich mir selbst ins Gesicht schaue. Ich schaue mit meinem dritten Auge in mein Gesicht, wo ich all die Fragen und Antworten finden kann. Sodann lausche ich, was durch mein eigenes Spiegelbild zu mir zurückkommt. Während ich dieses Ritual vollziehe, übernehme ich die volle Verantwortung für meinen Anteil am Schöpfungsgeschehen. Ich kann deutlich erkennen, daß ich jede von mir getroffene Entscheidung voll und ganz respektieren muß. Ich könnte Stunden darauf verwenden, mir zu überlegen, wie andere auf meine Taten reagieren würden. Und doch ist es letztlich so, daß nur ich selbst dazu in der Lage sein muß, meine Taten gutzuheißen bzw. zu verwerfen. Dieses tägliche Ritual, mir selbst in die Augen zu schauen, ist für mich das wahrhaftigste und einfachste Ritual der Weissagung. Wir können gewiß sein, daß wir das, was in unserem tiefsten Inneren verborgen liegt, zum Wachsen und Gedeihen bringen können. Wenn wir in die Zukunft blicken, dann haben wir im Grunde nur in unsere eigene Seele geschaut. Alles, was uns da draußen erwartet, liegt hier drinnen.

Manchmal finde ich es unterhaltsam, mit meiner eigenen Energie zu spielen. Dies tue ich gelegentlich mit einem Satz Tarotkarten. Meistens befolge ich die Anweisungen nicht. Eigentlich hat ja jedes Tarot sein Lege- und Auslegemuster. Ich aber bin von Natur aus eine Rebellin. Wenn mir jemand sagt, daß dies oder jenes auf eine ganz bestimmte Art gemacht werden "muß", kommt mir sofort der Gedanke, daß es ganz sicher nicht so sein muß. Mir ist auch schon aufgefallen, daß ich mir oft die Meinung von Fachleuten zu einem bestimmten Thema anhöre, nur um dann das exakte Gegenteil zu tun. Und deshalb sage ich Ihnen, nehmen Sie sich in jedem Fall die Freiheit, Rituale der Weissagung so zu gestalten, wie es Ihnen selbst am meisten zusagt. Dies gilt selbstverständlich für jede Art von Ritual.

Musik zu schreiben ist für mich ein Ritual der Weissagung geworden. Ich sehe meine musikalischen Fähigkeiten als Geschenk an. Während all meine anderen Talente, die ich ausübe, dann doch mit einem gewissen Anteil an Egobefriedigung verbunden sind, ist das Schreiben von Liedern grundsätzlich nicht mit diesen Dingen behaftet. Das liegt daran, daß ich nichts Besonderes unternommen habe, um die Fähigkeit, Lieder zu schreiben, zu fördern. Ich bemerke einfach, daß ein Lied in meinem Energiefeld schwebt und entschließe mich dann, mir die Zeit zu nehmen, es zu Papier zu bringen. In den vergangenen Jahren bin ich immer so vorgegangen und deshalb bin ich davon überzeugt, daß sich in meiner Musik vielerlei Hinweise zu meinem Leben verbergen. So viele meiner Lieder haben mich in meinen Schritten durch Raum und Zeit geleitet, daß ich mich manchmal des Eindrucks nicht erwehren kann, ich sei eine Art singende Prophetin. Dies kam besonders vor kurzem zum Ausdruck, als ich ein Lied mit dem Titel "Vom Winde verweht" geschrieben habe. Ich hatte so ein Gefühl, als würde mich eine besonders liebevolle Seele aufnehmen, in den Sitz eines Raumschiffes heben und mit mir um die Erde fliegen, so daß ich die Menschheit einmal aus der Vogelperspektive betrachten konnte. Diese Seele schien so frei und hatte die Möglichkeit, sich zwischen den Dimensionen zu bewegen. Instinktiv erkannte ich, daß dies ein Lied des Übergangs war. Ich hatte dieses Lied geschaffen, als ich von einem Trip nach Florida zurückkam. Bei meiner Ankunft läutete das Telefon. Die Person am anderen Ende der Leitung teilte mir mit, daß meine von den Cherokee abstammende Großmutter vor zwei Tagen verschieden war. Man hatte sie tot in ihrem Bett aufgefunden. Das Lied "Vom Winde verweht" ist ganz sicher Großmutters Lied.

Als ich das Lied einem Freund vorsang, fühlte er sich dazu veranlaßt, mir seinen Satz Tarotkarten zu schenken. Es war mir ein wahres Vergnügen diese Karten zu mischen, dabei an meinen Herzenswunsch zu denken, und dann die mittlere Karte zu ziehen. (Ich ziehe immer die mittlere Karte, denn ich bin selbst gerne in der Mitte.) Ich bat meine Energie, auf die Karten einzuwirken, so daß ich sie wiederum solange mischen würde, bis die Karte, die zu mir sprechen wollte, in der Mitte wäre. Natürlich ist die Karte, die ich ziehe immer die Richtige. Diese Art von ritueller Weissagung ist sehr unterhaltsam und aufschlußreich und gibt mir die Möglichkeit, mich auf meine bewußten Gedanken zu konzentrieren. Es ist nun mal so, daß das, auf das wir uns konzentrieren, genau da ist, was wir uns mit unserer Aufmerksamkeit kaufen. Somit ist das, auf das wir uns konzentrieren, unsere Zukunft.

Ich mag auch die Medizinkarten, obwohl ich sie recht selten lege. Allerdings wende ich mich an sie, wenn sich irgendein Tier in der Natur auf meinen Weg begibt, da ich mir dann denke, daß dieses Tier wohl eine Nachricht für mich hat, der ich besser Beachtung schenken sollte.

Ganz egal, welche Form wir in unserer Suche auswählen, wir werden immer das finden, was uns bestimmt ist, zu finden. Was wir finden, steht im Zusammenhang mit unserem eigenen Wesen, und es wird von uns aus einem Grund, der nur für uns selbst eine Logik in sich birgt, angezogen. Ob unsere Frage nun formell und ausschließlich oder unterhaltsam und aufregend ist, sie wird immer in unseren eigenen tiefen Brunnen des Verstehens eintauchen. Wir alle sind ein Bewußtsein, das in Berührung mit dem Allwissenden steht. Welches Ritual wir auch immer wählen, um in die Zukunft zu sehen, wir werden sicherlich immer unser eigenes Selbst zu Gesicht bekommen. Ebenso wie mein Spiegel mein eigenes Selbst abbildet, so ist es auch mit jedem Ding, jedem Ort und jedem Menschen, dem ich meine Aufmerksamkeit schenke. Ich werde immer mich selbst zu sehen bekommen, so wie ich bin und so wie ich sein werde. Wenn wir dazu kommen können, jeden Atemzug als heilig und jede Handlung als Ritual anzusehen, dann werden wir entdecken, daß wir uns immer inmitten eines Rituals der Weissagung befinden.

Kapitel 13

Träumen,

Im Wachen und im Schlaf

Ich bin gerade dabei, aus einer Zeit des Leides und der Sorgen hervorzugehen. Gestern gab ich die Schuld dafür "der Veränderung". Heute nahm ich für mich eine gewisse Verwandtschaft mit dem Tod in Anspruch und dachte, daß das Leben auf der "anderen Seite" eine lebenspendende Wahl sein muß. Die letzten Tage über mußte ich mich jeden Tag selbst dazu überreden, mich anzuziehen und meinen Lauf durch den Wald anzutreten. Ich weiß aber, daß in dem Augenblick, in dem ich von meinem einsamen Aufenthalt im Wald zurück sein werde, das Leben eine andere Perspektive hat. Im Verlauf der letzten drei Jahre haben wir jeweils völlig unerwartet drei sehr liebe Freunde verloren. Jeder von ihnen war zum Zeitpunkt seines Todes völlig gesund. Jeder von ihnen war in seiner Arbeit für die Welt als Ganzes engagiert, und jeder von ihnen war ein Träumer. Die Trauer, die ich empfinde, ist die Trauer darüber, daß ihre Träume sich niemals erfüllt haben. Großmutter wollte die Welt bereisen. Cliff wollte dabei zusehen, wie unsere Ranch sich zu einem schönen Dorf entwickelt. Claire wollte ein Zentrum schaffen, daß in Verbindung mit Zentren in der ganzen Welt stehen sollte. Und ich selbst hatte mir ausgemalt, wie jeder ihrer Träume tatsächlich aussehen würde. Mein Traum ist es, ihre Träume in Erfüllung gehen zu sehen. Im Augenblick ihres Todes hatte ich irgendwie das Gefühl, ihre Träume seien nun verloren.

Als ich heute meinen Waldlauf machte, stellte sich ein Habicht mit mir zusammen der Herausforderung von Regen und Schnee und flog direkt über meinem Weg. Ich wußte, daß er eine Botschaft brachte. Der Schritt, den meine Freunde von dieser Seite des Träumens zu der anderen gewagt haben, ist ein einfacher Schritt. Das ist alles. Nichts von ihren Träumen ist verlorengegangen. Großmutter hat nun die Möglichkeit, völlig frei die Welt zu bereisen. Cliff hat geradezu einen Logenplatz, von dem aus er die Verwandlung unsere Ranch in ein Dorf mitverfolgen kann, und Claire sieht dabei zu, wie ihre Tochter unsere Ranch zu einem großartigen Zentrum ausbaut, das mit Zentren überall in der Welt in Verbindung steht. Wir selbst sind der Traum, ob wir schlafen oder wachen. Während wir in den vorderen Bänken der Kirche unseren Verlust beweinen, ist das Chorgestühl erfüllt mit dem Freudengesang der Geister und Seelen, die vorausgegangen sind. Auf der einen Seite eines Traumes weinen wir an einem Grab. Auf der anderen Seite des Traumes freut man sich über das Heimkehren. Der Traum lebt weiter!

Jeder von uns, den eine Frau zur Welt gebracht hat, hat mehr Träume,
Wünsche und Visionen, als jeder einzelne erreichen und erfüllen könnte.
Dies liegt in der Natur von Träumen und Visionen.
Erlernt die wahrlich nach vorne gerichtete Sicht,
und setzt all eure kunstvoll ausgerichteten Kräfte dazu ein,
jene Zukunft zur Wirklichkeit werden zu lassen.
Einige der zukünftigen Visionen dienen der Inspiration,
andere hingegen wollen verwirklicht werden.
Nutzt die Inspiration sowie die Information,
um eure Entschlossenheit zu nähren.
Wenn ihr euch übt und mit euren Träumen und Visionen lebt,
werdet ihr lernen, auf effektivere Weise mit ihrer Energie umzugehen.
Manchmal erscheint es einfacher,
die eigenen Träume und Visionen aufzugeben
und in dumpfer Hoffnungslosigkeit zu leben,
als mit der Hoffnung auf eine Änderung auf die Freude hinzuarbeiten.
Geht mit vorsichtigem und gemessenem Schritt,
und seid liebevoll zu euch selbst.

SPIDER REDGOLD

Gestern Abend fuhr ich mit meinem Vater zurück zu meiner Heimatstadt. Er war sehr warmherzig und freundlich gegenüber den dortigen Schwarzen. Mein Vater ist ein Heuchler und Betbruder der schlimmsten Kategorie. Er hat die Schwarzen einfach noch nie verstanden. Und doch verstand er sie letzten Abend. Er scherzte und alberte mit den Schwarzen ebenso wie mit den Weißen ohne Unterschiede. Ich hatte geträumt, doch mein Körper wußte nicht, daß das was ich sah nur ein Traum war. Als ich erwachte, fühlte ich mich so voller Energie, wie schon seit Tagen nicht mehr. Die Birken in der Stadt waren sauber und die Gebäude sahen schmuck aus. Die Menschen spielten in Eintracht und Frieden miteinander. Ich bin mir sicher, daß das was ich da gesehen habe, in einer anderen Dimension existiert.

Es gibt Menschen, die die Meinung vertreten, daß wir im Schlaf in die wahre Welt zurückkehren. Sie sagen, daß unsere tägliche Existenz mehr dem Zustand gleicht, in dem wir uns im Schlaf befinden, wenn wir träumen. Sie sagen auch, wenn sich unser so begrenztes Bewußtsein entspannt, übernimmt unser Unterbewußtsein oder unser Geist die Kontrolle und führt uns in die wahre Welt. Ich schließe mich gerne dieser Sichtweise an, jedoch mit einer wesentlichen Erweiterung. Ich glaube, daß das gesamte Leben, sei es im Wachen oder sei es im Schlafen, ein und derselbe Traum ist und daß wir auf unserer Reise als Krieger bewußt träumen. Von daher ist mein erster Gedanke, wenn ich morgens erwache: "Wie habe ich geträumt?" Jeden Morgen verbringe ich etliche Zeit damit, über meinen Traumwandler und meine Reise nachzudenken. Ebenso wie meine Schwester Alinta, schreibe ich meine Träume nieder, damit ich sie nicht vergesse und zur Weissagung verwenden kann.

Wir verbrachten den 1. Januar 1990 auf dem Gipfel des Warning in Australien. Der wahre Name dieses Berges ist "Wolkenfänger" und ich bin die Bewahrerin seines Geistes. Eine von den Aborigines abstammende Älteste aus unserer großen Familie, Tante Millie Boyd, vertraute mir diesen Berg an. Die Zeremonie wurde von Lorraine Mafi-Williams in der Gegenwart von etwa dreißig Zeugen abgehalten. Lorraine sagte uns, daß die Zeit des Träumens, so wie wir sie einst kannten, nun vorüber sei. Sie sagte, jetzt sei die Zeit des "Vermischens" angebrochen. Der Traum ist gerade dabei, sich auf jeder Erfahrungsebene in Wirklichkeit zu verwandeln, und es ist unsere Pflicht, alle Facetten des großen Traumes zu vereinigen. Ich nenne diese Zeit "das Jahrzehnt der Versprechen". Das am Anfang gegebene Versprechen ist nun dabei, zum Leben zu erwachen. Dies ist der Traum; wir sind der Traum. Das Anbrechen dieser neuen Zeit wurde mir zum ersten Mal bewußt, als ich zusammen mit meinen Onkeln an einer Peyote-Zeremonie in der Native American Church teilnahm.

Meine Onkel sind Führer in der Native American Church. Ich persönlich habe mich nie so recht mit Peyote als Medizin anfreunden können, und von daher habe ich mich auch nur am Morgen, als die Frauen etwas zu Essen bereitstellten, ihren Feiern angeschlossen. Bevor ich nach Australien ging, spürte ich in mir ein starkes Verlangen, an den religiösen Feiern teilzunehmen. Außerdem haben mich meine Onkel dann doch ziemlich gedrängt. Lachend berichte ich, daß ich während der Teilnahme an der Feier nichts Seltsames oder Ungewöhnliches hinsichtlich der Peyote innewohnenden Energie von Christus wahrgenommen hätte. Das einzige, was passiert sei, wäre das Auftauchen eines riesigen Elefanten in unserem Tipi gewesen; abgesehen davon sei alles ganz normal gewesen! Natürlich kann man einen riesigen Elefanten nicht so einfach ignorieren. Er sagte nichts weiter zu mir als "Jetzt"! Die Zeit des Versprechens ist zurückgekehrt! Laßt uns nicht länger warten, denn jetzt ist die Zeit der Zusammenkunft! Der Traum wurde erhört und ist jetzt dabei, sich zu manifestieren. So sei es! Jetzt sehe ich meine Träume in einem anderen Licht. Unsere Vorfahren haben jeweils ihr ganzes Leben darauf ausgerichtet, sicherzustellen, daß wir die aus dem Traum Begünstigten sein werden. Und hierbei geht es nicht bloß um den amerikanischen Traum, sondern um einen globalen Traum *einer* Welt. Was für einige wie ein weltweites Desaster aussehen mag, ist in Wahrheit das Ereignis, das die Regierungen dazu veranlaßt, sich an einen Tisch zu setzen. Selbst der einfachste Mensch weiß, daß Ökologie ein globales Problem ist und daß wir eine globale Gesetzgebung für die gesamte Welt schaffen müssen. Wir sind wahrhaftig *ein* Volk. Dies ist der Traum.

Ärgert euch nicht über diejenigen,
die sich noch nicht ändern oder über diejenigen,
die sich nicht in die von euch als beste erachtete Richtung bewegen.
Wißt, daß wahre Veränderung dann eintritt, wenn die Entscheidung dazu,
andere Energien in Bewegung zu setzen, getroffen worden ist.
Seid von genug Ruhe erfüllt, um zu sehen, daß der Ort,
an dem ihr euch im gegenwärtigen Augenblick befindet,
der Anfang der Veränderung sein kann.
Wenn man den genauen, wahren Namen des gegenwärtigen Moments ausspricht,
ist es möglich "jetzt hier zu sein".
Wenn man voll und ganz in dem gegebenen Augenblick ist,
besteht die Möglichkeit, weiterzugehen und
so in jedem gegenwärtigen Moment
eine Veränderung herbeizuführen.

Spider Redgold

Am 3. Juli 1991 kehrte ich gerade rechtzeitig aus einem Wachtraum zurück, um in der Mitte meines Schlafzimmers ein Schild hängen zu sehen. Auf diesem stand geschrieben: "Die Engel gehen mit dir". Ich deutete den Vorfall als klares Zeichen dafür, daß meine bereits angesetzte Operation gut verlaufen würde. Um sieben Uhr morgens schrieb ich mich im Ortskrankenhaus für die ambulante Operation ein. Am 7. Januar hatte ich eine hühnereigroße Geschwulst unter meinem linken Arm entdeckt. Um drei Uhr nachmittags fuhren mich einige meiner Freunde mit Leichenmiene nach Hause. Der Arzt hatte uns mitgeteilt, daß die Geschwulst bösartig sei und daß ich noch zwei bis sechs Monate zu leben hätte. Die folgenden sieben Wochen stellten sich als die erstaunlichste Zeit meines Lebens heraus. Über Nacht begannen die Menschen, mich anders zu behandeln. Viele glaubten sofort an meinen bevorstehenden Tod, nur weil ein "Arzt" diesen prognostiziert hatte. Wie sehr ich auch versuchte, sie vom Gegenteil zu überzeugen, die meisten waren einfach darauf programmiert, die Wahrheit in der Wissenschaft bzw. der Medizin zu sehen. Ich wußte von Anfang an, daß diese Diagnose nicht meine Wahrheit war, denn mein Traumwandler hatte mir klar und deutlich gezeigt, daß die Engel an meiner Seite waren. Nachdem ich sieben Wochen lang eine massive medizinische Invasion in meine Privatsphäre über mich ergehen hatte lassen, mußten selbst die Ärzte zugeben, daß es sich um eine "Fehldiagnose" gehandelt hätte. In der Nacht bevor diese letzte Entwicklung meiner Familie dargelegt wurde, erschien mir mein kürzlich verstorbener Onkel zusammen mit einem Engel in einem Traum. Sie teilten mir mit, daß meine "Abreise auf unbestimmte Zeit verschoben worden sei". Wieder einmal hatte einer meiner Träume meine Zukunft vorausgesagt. Darüber hinaus nahm mich mein Traumwandler auf eine Reise zu einem zeremoniellen Feuer im Schoß der Erde mit. An diesem Ort übergab ich meine eigenen Knochen dem Feuer und erhielt einen völlig neuen Körper. Dennoch wußte ich, daß ich noch auf der Erde war, den ich befand mich plötzlich an einem Straßenrand und wartete auf den Beginn eines Kinofilms. Ich bin mir sicher, daß das Warten ein Zustand ist, der der weltlichen Ebene angehört.

Es erstaunt mich wirklich, daß so viele Menschen ihr Leben und ihr Schicksal in die Hände von Ärzten legen, die noch nicht einmal den Namen des Patienten kennen, wo doch in jedem von uns ein Traumwandler wohnt, der zugängliche und akkurate Informationen für uns zur Verfügung hat. Wie wir denken, so sind wir. Was ein Mensch wirklich wissen muß, das wird ihm früher oder später offenbart werden, wenn er nur sucht und lauscht. Es gibt niemanden, wirklich niemanden, der so viel über uns weiß, wie wir selbst. Heute Morgen entdeckte ein junger Verleger, daß ich einen Doktortitel in "irgend etwas" habe. Er fragte mich: "Wie können Sie mir helfen?" Meine Antwort war: "Nur dadurch, daß ich Sie daran erinnere, daß Sie selbst der einzige sind, der Ihnen helfen kann. Sie sind Ihr eigener Traum. Alles was Sie tun, sagen, und denken, spricht zu dem Traum, der Sie selbst sind". Wir sind Es! Es gibt sonst nichts zu sagen; oder, um mit meiner Spielgefährtin und Mit-Schöpferin, Skye, zu sprechen: "Wacht Auf!"

Es gibt vielerlei zeremonielle und rituelle Wege, um "aufzuwachen" und den Traum, sprich uns selbst, zu erkennen. Wir werden hier einige der Wege aufzeigen, die uns selbst geholfen und bestärkt haben. Skye und ich haben uns zum ersten Mal bei einem Traumtanz in Oklahoma getroffen. Zu Ehren der Vision, um die ich bat, lud ich fünfzig exzellente Schauspielerinnen aus Oklahoma ein, die den Traum wachtanzen sollten. Wir nannten unseren Tanz den "Super Bowl". Mit Ausnahme von Skye hatten alle Tänzerinnen bereits die professionelle Herausforderung erfahren und waren dazu bereit, den nächsten Schritt zu unternehmen. Für uns war der nächste Schritt das Unterfangen, unserer Vorstellung durch das Lied und den Tanz eine wahre Form zu verleihen. In den Tagen unserer Vorfahren war es für viele Stämme völlig normal, sich zusammenzufinden und die Visionen einer ihrer Häuptlinge weiterzutragen. Auf diese Weise war der Traum dann auch im Wesen der Menschen fest verankert. Sie hatten gemeinsam den vorhergesagten Sieg erfahren. Sie sprachen davon, wenn sie im Winter an ihren Feuern saßen und gaben Legenden über die Wiedereinsetzung an ihre Enkel weiter. Das Super Bowl-Camp sollte jene Stammestradition fortsetzen.

Wir begannen unsere Woche der Zeremonie mit einer großen Parade zu Ehren der Mutter Erde. Als Kriegerinnen putzen wir uns besonders stattlich heraus, bemalten unsere Pferde, schmückten unseren Traktor und unsere Anhänger, nahmen unsere Rasseln, Glocken, Schilde und Trommeln zur Hand, stimmten einen Gesang an und umkreisten das Land. Wir standen im Mittelpunkt der Mutter Erde und schenkten Ihr unsere Gebete. Ich muß immer noch schmunzeln, wenn ich daran denke, wie überrascht Skye gewesen ist, als sie erfuhr, daß unsere Parade zu Ehren unserer Mutter Erde sich nicht durch die Hauptstraße der Stadt und über den Stadtplatz erstrecken würde. Sie hatte ein Kostüm an, das einer solchen Situation angemessen gewesen wäre.

Im Verlauf jener Woche gelang es uns, zusammen über das Feuer zu gehen. Vertreter vieler indianischer Stämme waren zugegen, als wir auf unserem Spielfeld tanzten. Dies taten wir, zu Ehren desjenigen Teils der Vision, in dem alle indianischen Nationen zusammenkommen und wieder wie in den alten Tagen zusammen tanzen. Wie in den alten Tagen "erbeuteten" wir eine Pappel; die Kriegerinnen kreisten sie ein, und die "Jungfrauen" brachten sie zu Fall. (Meine neun Jahre alte Nichte war die einzige Jungfrau im Camp, also taten wir so, als wären wir Jungfrauen ...)

Wir errichteten unseren Traumpfahl und tanzten um ihn herum, indem wir unsere Augen auf die Sonne und unsere wunderschönen Traumschilde richteten. Tagelang schnitten wir Weiden, flochten Schilde, bemalten und verzierten unsere Traumschilde. Jede von uns hatte sich ein Traumschild gemacht, das ihren eigenen persönlichen Wunsch darstellen sollte. Als die Zeit der Sonnenaufgangszeremonie, in deren Verlauf die Schilde erhoben werden sollten, herangerückt war, weinten wir in stummem Staunen und Stolz über die Schönheit unseres gemeinsamen Traumes. Die ganze Nacht tanzten wir und besangen und beschworen unsere Träume. Und dann, tief in der Nacht, gingen wir alle zusammen in die Schwitzhütte, wo wir für die Erfüllung unserer Träume beteten. Am nächsten Morgen schnitten wir unsere Schilde vom Traumpfahl ab und tanzten mit ihnen herum.

Ich träumte, daß ich zusammen mit einer anderen Medizinfrau in einer Höhle war.
Ich nahm den oberen Teil meines Kopfes ab,
und sogleich strömte das ganze Universum hervor.
Um mich herum waren noch andere Frauen, die die Wände
der Höhle bemalten, tanzten, sangen und die Trommeln schlugen.
Ich hörte, wie eine Stimme in meinem Ohr sagte:
"Wenn wir uns auf die uralte Kunst der Weissagung
durch das Werfen von Stöcken, Steinen und Knochen
(und auf Feste mit Tanz, Gesang und dem Klang von Trommeln) zurückbesinnen,
dann werden wir wissen, wie wir unser Volk sicher
durch die kommenden Veränderungen der Welt führen können".

VIRGINIA DAVIS

Eine ganze Woche lang konzentrierten wir uns auf unsere Träume. Wir machten uns Traumschilde; wir rannten in wilden Spielen, wie beispielsweise "Traumwandler/Traumjäger" mit unseren Schilden über das Spielfeld; wir schwitzten und beteten für unsere Träume; wir gingen für sie buchstäblich durchs Feuer; wir sprangen für unsere Träume von meterhohen Stangen; wir verkleideten uns für unsere Träume; wir malten für sie und inszenierten Dramen und Parodien für sie. Eine Woche lang träumten wir zusammen. Sowohl im Wachen als auch im Schlaf konzentrierten wir uns auf unsere Träume. Dieses Ereignis liegt nun sieben Jahre zurück, und diejenigen unter uns, die vom Weltfrieden geträumt haben, können bereits sehen, wie ihr Traum Formen annimmt. Wir haben die Berliner Mauer fallen und die Ära der Sowjetunion vergehen sehen. Wir sahen, wie bedeutende Unternehmen Schritte zur Erhaltung der Regenwälder eingeleitet haben. Wir waren Zeugen, wie Interpreten aus der ganzen Welt zum Mikrophon griffen und sich öffentlich für die Belange unserer Mutter Erde einsetzten. Und wir werden in Frieden beobachten, wie unsere indianischen Freunde sich zur Feier des 500jährigen Fortbestehens und Ausharrens ihres Volkes gegen den Einfluß der Weißen versammeln werden. Wir preisen sie dafür, daß sie den Frieden und die Würde aller Völker feiern.

Wahrlich, der Traum geht in dieser Zeit, in der wir leben, in Erfüllung. Jedes Zeichen ist ein Omen für das, was kommen wird. Jeder einzelne Traum ist eine vorläufige Information im Hinblick auf den großen Traum. Wir müssen nur aufmerksam sein. Wir müssen unseren Träumen im Schlaf und im Wachen unsere Aufmerksamkeit widmen. Außerdem müssen wir darauf achten, welche Art von Büchern und Filmen unser Interesse erwecken bzw. uns zum genaueren Untersuchen gegeben werden. Wir müssen auf die Menschen um uns herum achten. Mir müssen denen, die in Kontakt treten wollen, Aufmerksamkeit entgegenbringen, und sie von denen unterscheiden, die nicht in Kontakt treten wollen. Wir müssen unsere Aufmerksamkeit auf räumliche Verhältnisse, auf die Farben der Jahreszeiten und die Farben unserer eigenen Kleidung sowie auf die Musik und den Tanz richten. Wir sind der große Traum! Der Traum ist nun hier. WACHT AUF!

Kapitel 14

Rituale des Respekts

Ehrerbietung für all unsere Beziehungen

Zu Beginn der Zeit sprach eine gute alte Freundin mit mir über die Kraft. Sie sagte: "Siehst du diesen wundervollen Busch? In einem Augenblick könntest du deine Ansichten von dem, was du gerade betrachtest, wegwerfen und dich selbst in dem Augenblick wiederfinden ... und du würdest das Leben vor dir erkennen. In diesem Augenblick des wahren Erkennens würde der kleine Busch sich öffnen und dir all seine Kraft senden". Ich bin mir sicher, daß ich genickt und ein vielsagendes "Aha" gemurmelt habe, bevor ich weiterging.

Später teilte sie mit mir ihre Haltung der Ehre unseren Ältesten gegenüber; diese ist unabhängig davon, ob die jeweilige Älteste eine Minute oder hundert Jahre älter ist. Ich selbst sehe mich als gleich mit allen Menschen, mit jüngeren genauso wie mit älteren. Es kommt eigentlich mehr darauf an, wer die beste Idee hatte, und nicht wie alt die jeweilige Person ist.

Ich bin zu der Einsicht gelangt, daß Respekt wenig mit Ideen und Vorstellungen zu tun hat und daß alles vom "Sehen" abhängt.

Zu Beginn eines jeden Augenblicks müssen wir immer jemanden erkennen. Es beginnt mit der Quelle unseres Seins, erstreckt sich auf unseren Körper, unseren Geist und unsere Seele und setzt sich nach außen fort, bis hin zu allen, die wir sehen, fühlen, hören und berühren und auch zu all denen, die wir mit unseren Sinnen nicht wahrnehmen können. Es breitet sich auf alles um uns herum aus und umfaßt das ganze Universum.

Wäre es nicht wundervoll, jedem Augenblick so zu begegnen, als geschähe alles, was mit ihm verbunden ist, zum ersten Mal? Wir sind die Schöpfer dieses wundervollen blauen Planeten.

Eine wahre Kriegerin ist mit allen Dingen auf gleicher Stufe; sie steht weder über noch unter ihnen. Sie gleicht dem Elefanten ebenso wie der Ameise; sie ist so groß wie der größte König und so einfach wie der lausigste Hund. Eine Kriegerin sieht die königliche Würde in jedem lebenden Wesen. Eine Kriegerin schaut sich um und sieht in allem was ist ein Spiegelbild ihrer eigenen Seele. Das fällt nicht besonders schwer, wenn man sich einer wunderschönen Frühlingslandschaft gegenübersieht. Einer Kriegerin fällt dies aber ebensowenig schwer, wenn sie sich vor einem stinkenden Müllberg befindet. Jedes Ding auf Gottes Erden verdient Respekt. Die Kriegerin respektiert alle Dinge als ihr ebenbürtig.

Zu jeder Zeit sind Geister gegenwärtig, gute sowie böse.

Erweist beiden die Ehre.

Alinta

Vor kurzem beschloß ich, mich eines etwa drei Kilometer langen Stücks Landstraße anzunehmen, um dort meine persönliche Verschönerungsaufgabe in die Tat umzusetzen. In Tennessee wird die Abfallgesetzgebung nicht verbessert. Das führt dazu, daß die Straßen zu traurigen Beispielen für Ansammlungen menschlichen Abfalls werden. Als ich den ganzen Müll so betrachtete, kam mir der Gedanke, daß der Mensch das abscheulichste Wesen der ganzen Schöpfung sein muß. Und mit dieser inneren Haltung machte ich mich ans Werk. Zuerst schwor ich mir, die gesamte Straße auf einer Länge von ca. sieben Kilometern vom Abfall zu befreien. Als ich dann aber Flaschen, Papiertüten und Dosen von den Grünflächen weggeräumt hatte die meinen Nachbarn gehörten, beschlich mich das Gefühl, damit in die Privatsphäre dieser eingedrungen zu sein. Welches Recht hatte ich, mich auf ihren Grund und Boden zu begeben und ihren Müll wegzutragen? Keines. Also beschloß ich, nur noch den Teil unserer Straße, an dem niemand wohnt, zu säubern. Dieser Abschnitt ist nun wirklich schön geworden, und so manch einem ist bereits aufgefallen, daß dort kein Abfall herumliegt. Es fällt mir leichter, mir ein Ritual zu Ehren von Moskitos auszudenken, als eines zu Ehren von Menschen, die ihren Müll in die Landschaft werfen. Es fällt mir leichter, mich mit einer positiven Einstellung einer Zecke gegenüber in die Schwitzhütte zu begeben, als mit guten Gedanken für den Menschen, der seinen Abfall auf meine Wiese kippt. Und doch dienen die Rituale des Respekts dazu, daß wir allen Dingen Respekt erweisen; also auch unseren menschlichen Brüdern und Schwestern.

Jede Zeremonie auf unserer Ranch beginnt mit viel Vorbereitung und Konzentration. Die Schilde werden geputzt und repariert, Essen wird bereitet, Musikinstrumente werden gesammelt und ins Dorf gebracht. Wir baden und kostümieren uns für unseren eigenen Ball. Wenn die Trommeln ihren steten, unaufhörlichen Rhythmus ertönen lassen, strömen nach und nach alle zusammen; alle, d.h. Menschen, Hunde, Katzen, Insekten, Pferde, Vögel und die ganze Welt der unsichtbaren Wesen. Die Teilnehmer kommen aus allen vier Himmelsrichtungen herbei, um mitzufeiern und ihren Respekt zu bezeugen. Während sie sich nähern, stimmen sie mit ihren eigenen Rasseln, Flöten, Glocken, Stöcken und Steinen in den allgemeinen Gesang mit ein. Der Hügel des Dorfes erwacht mit großartigem Rhythmus zum Leben. Es ist völlig klar, daß hier etwas geschieht. Hunderte von unsichtbaren Wesen, die sich lärmend an den Rändern des Dorfes aufhalten, weil sie die Festlichkeiten beobachten wollen, werden von den Seherinnen im Zaum gehalten. Wir sind uns der Gegenwart dieser unsichtbaren Wesen durchaus bewußt. Selbst unvoreingenommene Menschen, die von der Gegenwart solcher Wesen nichts ahnten, sagten später, daß sie sich beobachtet fühlten. Während die Menschen sich versammeln, nehmen auch die Tiere der Ranch ihre Plätze ein, und erinnern uns daran, daß die Zeremonie immer dann am besten gelingt, wenn ALLE Dinge und Wesen respektiert werden.

Ich wohne auf den Keyeinseln von Florida in einer kleinen bescheidenen Hütte,

die voller Spinnen, Skorpione und Termiten ist.

Die Leute sagen: "Warum bringst du sie nicht um?"

Darauf sage ich: "Sie tun mir doch nichts".

Die Welt gehört nicht mir allein; ich teile sie mit ihnen.

Wir haben da eine kleine Vereinbarung:

ich teile mit ihnen und dafür fressen sie mich nicht.

GROSSMUTTER PRINCESS MOON FEATHERS

Wenn sich erst einmal die gesamte Versammlung zusammengefunden hat, hört das Schlagen der Trommeln urplötzlich auf, und das königliche Muschelhorn läßt seinen Ruf mit seinem bellenden Klang in alle vier Himmelsrichtungen ertönen. Wir halten uns immer an die Tradition, in alle vier Richtungen auszurufen, und wir begrüßen damit die Energien und die Völker des Ostens, des Westens, des Nordens und des Südens. Um den Qualitäten des Windes den gebührenden Respekt zu erweisen, rufen wir das, was wir über sie wissen, laut aus. Kinder bringen Essen und Getränke zu jedem der vier "Tore" des Dorfes und heißen die unsichtbaren Wesen willkommen. Eine Läuferin, die duftenden brennenden Salbei mit sich trägt, umrundet das ganze Dorf, um so alle, die in den Kreis gekommen sind, zu segnen. Sodann wird dem Großen Geheimnis ein Dankgebet für Alles Was Ist dargebracht. Dabei werden alle Dinge, die uns in den Sinn kommen, erwähnt und gewürdigt, selbst die Erze, die Steine, die Felsen, der Wind, die Bäume und die Gräser. Es wird eine Rede gehalten, in der wir unseren Anteil an dem großen Ganzen und der Einheit der Schöpfung anerkennen. Jede von uns wird gebeten, an ein Ding oder einen Menschen zu denken, das bzw. den sie nicht in unserem Kreis haben will, und dann bringen wir auch diese in unseren Herzen und Gedanken mit in den Kreis.

Innerhalb der Zeremonie ist auch Raum für diejenigen, die vortreten und ihrem Dank und ihrer eigenen Wertschätzung Ausdruck verleihen wollen. Bevor irgendein anderer Aspekt der Zeremonie beginnt, wird Allem Was Ist, die Ehre erwiesen. Sollte es ein Ding geben, das von einer der Teilnehmerinnen dermaßen stark verabscheut wird, daß dadurch die Einheit des Kreises in Frage gestellt werden könnte, dann wird dieses offen in den Kreis miteingebracht, denn es gibt immer die eine oder andere Person, die jedes Ding segnen und seinen Wert verstehen kann. Man muß jedes Ding ans Licht bringen, so daß alle es sehen können. Das ist eigentlich der Kernpunkt überhaupt im Leben, daß man alle Dinge ans Licht bringt, damit alle sie sehen können. Mich selbst hat man oft mit folgendem Satz zitiert: "Wenn es nur einen Menschen gibt, der für dich ein Licht halten kann, so wirst du sicherlich zum Erfolg gelangen". Der Lernprozeß im Hinblick auf das Respektieren eines jeden Dinges und Wesens beinhaltet, daß jeder für sich selbst ein Licht hält, so daß alle es sehen können. In einem Kinderlied heißt es: "Ist mein Licht auch klein, ich laß es leuchten mit hellem Schein". Dies ist die Wurzel eines jeden Rituals des Respekts.

Großmutter Alinta, die viel Erfahrung mit Kindern hat, sagte uns, daß sie üblicherweise folgendermaßen vorgeht. Wenn ein Kind etwas besonders Gutes oder auch etwas Verletzendes gemacht hat, läßt sie es vor den Spiegel treten. Sie sagt dann zu dem Kind: "Du bist wertvoll". Danach ist es an dem Kind, zu seinem eigenen Spiegelbild zu sagen: "Ich bin wertvoll". Wenn Sie schon jemals ausprobiert haben, wie es ist, wenn man sich selbst ins Gesicht sagt: "Ich bin wertvoll", werden Sie wissen, daß das gar nicht so einfach ist. Und wenn Sie dann jede ihrer Taten vor sich selbst vertreten können, werden Sie wahres Glück erfahren. (Und nun entschuldigen Sie mich einen Augenblick, ich muß nämlich schnell zum Spiegel und mich selber "wertschätzen"!)

Wenn man sich ein persönliches Medizinbündel zusammenstellt, so ist es gut, ein Symbol für ein Leben voller Respekt für alle Dinge mit einzuschließen. Ein Samen könnte alles, was auf Erden wächst, symbolisieren; eine Feder könnte für alles stehen, was fliegt. Eine leere Muschel könnte an alle Insekten denken lassen.

Als Symbol für alle Tiere könnte man ein Haar beifügen, und ein kleiner Stein oder Quarz könnte an die Menschen früherer Zeiten erinnern. Respektvolle Medizin ist kraftvolle Medizin; je mehr sich unser Streben auf das Wohlergehen aller Geschöpfe richtet, um so wahrscheinlicher ist es, daß die allen Geschöpfen innewohnende Kraft sich in unserem Traum verwirklicht. Wenn unser Bestreben nach Einheit so stark ist, daß es den "Individualismus" völlig in den Schatten stellt, dann werden sich die Kräfte der Individuen erheben und unseren Traum behindern. Immer wenn Gegensätze herrschen, mangelt es in irgendeiner Hinsicht an Respekt für jemanden oder etwas.

Respekt ist das, was wir brauchen, um uns im Leben frei bewegen zu können. Wo es keinen Respekt gibt, herrscht der Konflikt. Wenn wir von uns selbst glauben über jemand oder etwas anderem zu stehen, fordern wir den Konflikt heraus. Rituale des Respekts sind darauf ausgerichtet, diese eben angesprochenen Aspekte zu erläutern. Ich selbst mußte durch eine harte Schule, um dies zu verinnerlichen. Wir wuchsen in einer Atmosphäre des Konkurrenzdrucks auf, in der die Adjektive "besser", "größer", "höher" etc. zu den alltäglichen Ausdrucksformen gehörten. Mein eigener Glaube, daß meine Werte "besser" seien als die der anderen oder daß meine Trainingsmethoden die "besten" seien, hat mir oftmals einen Sturz ins kalte Wasser beschert. Es ist an sich eine gute Haltung, seine eigenen Werte zu schätzen, solange man gleichzeitig auch noch die Werte und Talente der anderen gelten läßt und schätzt. Heute geht es mir besser bei dem Gedanken, daß meine Talente ihren Platz im Lauf der Dinge haben. Manchmal fällt es mir noch immer nicht leicht, zu glauben, daß auch die Talente anderer ihren Platz im großen Geschehen haben. Nichtsdestotrotz bin ich "wertvoll", selbst in meiner etwas irrigen Einstellung hinsichtlich der Wertigkeit meiner eigenen Talente im Vergleich zu anderen. Und immerhin habe ich auf diese Weise noch ein Ziel, auf das ich hinarbeiten kann.

Ich habe eine Freundin, die jünger und nicht so gebildet ist wie ich. Es beliebt mir sogar zu denken, daß meine Lebenserfahrung mir eine gewisse Machtstellung in unserer Beziehung verleiht. Wenn ich sage, daß es mir so zu denken beliebt, sollte ich eigentlich sagen, daß ich in Wahrheit gerne von mir denke, ein Mensch zu sein, der nicht so denkt ... und doch denke ich so. Ich bin die Ältere. Das gibt mir eine gewisse Vormachtstellung. Es gibt mir die Möglichkeit, mich auszuruhen, wenn mir danach ist, und mich besonders stolz zu fühlen, wenn ich bei körperlichen Herausforderungen hervorragend abschließe. Davon abgesehen hat dies wirklich wenig mit Respekt zu tun. Kat ist vierzig Jahre alt und spricht mit allen "Respektspersonen" stets in einem unterwürfigen Tonfall. Sie war es von jeher gewohnt, ihren Ältesten und Vorgesetzten, d.h. dem Priester, der Mutter, dem Chef und dem Lehrer, mit Respekt zu begegnen. Ich hingegen hatte einen Vater, der mir immer, wenn jemand versuchte, mich herumzukommandieren, den Rat gab, ich solle der betreffenden Person sagen, sie könnte mich mal ... . Für Kat sind die sieben Jahre Altersunterschied zwischen uns ein Grund dafür, auch mir gegenüber eine respektvolle Haltung einzunehmen. Sie bezeichnet mich als ihre Lehrerin. Als gute Schülerin der Kriegskünste (und sie ist wirklich gut) weiß sie, daß ich durch die Dienste, die sie mir erweist, mehr Zeit des Tages damit verbringen kann zu "lehren". Mit wahrer Hingabe wachst sie die Holzfußböden und kocht mir ausgezeichnete Suppen. Sie strahlt über das ganze Gesicht, wenn sie von meinen Fähigkeiten schwärmt und freut sich wie ein Schneekönig, wenn sie ein Feuer entfachen oder Holz für unsere Lagerfeuer hacken kann. Sie dient mir, wie ich "der Welt" diene. Während mein Augenmerk auf den Respekt für All Das Was Ist gerichtet ist, ist ihres auf mich gerichtet. Ich muß nicht eigens betonen, daß ich dies zeitweise als ziemlich unangenehm empfinde. Nichtsdestotrotz bin ich wertvoll, und mein Unbehagen ist für mich ein Hinweis darauf, wie sich andere fühlen mögen, wenn ich mich mit eifriger Betriebsamkeit meinem globalen Ziel zuwende.

Neulich streckte mir Kat ihre Hand entgegen, um mir dabei zu helfen, von einem Felsen im Wald herunterzusteigen. Ich lehnte die dargebotene Hand ab und murmelte etwas wie, ‚ich würde mich ja wie eine alte Dame fühlen'. Danach mußte ich dann aber über mich selbst lachen und einsehen, daß Kats Ausbildung als Polizistin und ihre Arbeit für Disney dazu geführt hatten, daß sie stets dazu bereit war, Menschen über die Bordschwellen des Lebens hinwegzuhelfen. Außerdem mußte ich auch einsehen, daß mein früherer jugendlicher Eifer, den Planeten zu retten, sowohl den sichtbaren als auch den unsichtbaren Wesen Unbehagen bereitet haben muß. Nun, da die Feier meines nächsten runden Geburtstages näher und näher rückt, und ich somit zu den "alten Weibern" zähle, hat sich mein Eifer, Dinge zu "retten", durchaus gelegt. Ich habe eingesehen, daß ich das Recht eines jeden Wesens zu leben oder auch zu sterben respektieren muß. Die Entscheidung zu treffen, ist eine heilige Handlung, und wer bin ich, daß ich jemand anderem das Fest verderben darf? Mittlerweile sind meine Bestrebungen und Hoffnungen darauf gerichtet, ein langes Leben zu haben, und mich dabei weiterzuentwickeln. Wenn ich meine Gaben mit anderen teile, so kann das den anderen Freude bringen; das freut mich, und ich freue mich auch darüber, wenn ich dafür entlohnt werde.

Ja, ich bin mittlerweile soweit, daß ich mich so sehr respektiere, daß ich mich entlohnen lasse. Früher, als mich die Rituale des Respekts noch überhaupt nicht kümmerten, verdiente ich sehr viel Geld. Ich verdiente viel und gab viel aus und hatte keine Einstellung zum Geld. Dann durchlief ich eine sehr fromme (und wie ich hinzusetzen möchte, dumme) Phase in meinem Leben, in der ich das Geld geradezu verabscheute. Logischerweise hatte ich dann auch nicht viel davon. Heute kann ich sagen, Ich Liebe Geld! Und, wenn man es liebt, zieht man es an. Ich bin nun soweit, daß ich das Geld dafür respektiere, was man damit alles machen kann, und meine zunehmende Erfahrung gestattet es mir, hinsichtlich seiner Verwendung wesentlich differenziertere Entscheidungen zu treffen, als ich dies früher imstande war zu tun. Heute weiß ich, daß Geld wie Dünger ist, und mir gefällt seine Eigenschaft, die Dinge oftmals recht schnell wachsen zu lassen. Allerdings gehe ich bei seiner Verteilung mittlerweile mit mehr Bedacht vor.

Ich gehe mehrmals in der Woche zum Laufen. Manchmal tue ich es wirklich gerne. Meistens jedoch muß ich einige Überzeugungsarbeit an mir selber leisten, um überhaupt die Motivation aufzubringen, in die kalte Winterluft hinauszugehen, nur um den Waldweg plattzustampfen. Was kann mir die Motivation geben, so etwas zu tun? Respekt. Respekt für meinen Körper. Ich weiß, daß der Weg, Dinge in Bewegung zu setzen, derjenige ist, die Dinge in meinem Körper in Bewegung zu setzen, und wiederum ein Weg dies zu tun, ist meinem ganzen Körper Bewegung zu verschaffen. Wenn wir uns bewegen, werden in unserem Körper chemische Stoffe produziert. Wenn wir zusammengesackt in einem Sessel hängen, bewegen wir uns sehr wenig und rufen dadurch höchstens eine minimale Ausschüttung von Chemikalien hervor, die die Bewegung eher noch behindern. Wenn wir laufen, setzt unser Körper Chemikalien frei, die unsere Aufmerksamkeit erhöhen. Es ist jedoch für das Gehirn unmöglich, gleichzeitig Stoffe, die behindern und solche die beflügeln, aufzubauen. Entweder das eine oder das andere. Ich gehe zum Laufen, weil ich die Möglichkeiten meines Körpers, meine Stimmung zu heben, respektiere. Man kann das Laufen also als ein Ritual des Respekts ansehen.

Ungefähr 50-60 Prozent meiner Ernährung besteht aus *Lebens*mitteln (Früchten und rohem Gemüse). Weitere 20 Prozent dessen, was ich zu mir nehme, sind Reis und Getreide. Flüssigkeit - meist Wasser, Karotten- oder Orangensaft und entrahmte Milch - macht in etwa 10 Prozent aus. Und weitere 10 Prozent sind "lustiges Essen". "Lustiges Essen" ist Nahrung für den Geist und für das KIND in mir. Dazu zählen für mich Schokolade, Eis, Kekse, Erdnußbutter und Wackelpudding. Normalerweise ernähre ich mich recht gesund. Manchmal esse ich Fisch, Huhn, Wild und - wenn möglich - Büffelfleisch.

Ich habe gelernt, mein Essen so zu gestalten, daß es sowohl meinem Körper als auch meinem Geist gut tut. Essen kann als besonders heiliges Ritual angesehen werden. Als Kind hörte ich (sicherlich millionenmal), wie mein Großvater sagte: "Segne, oh Herr, die Nahrung unseres Körpers und uns, damit wir Dir dienen". Erst heute habe ich das, was er da gesagt hat, wirklich zu schätzen gelernt. Die Art wie wir unseren Körper ernähren, ist vielleicht das heiligste aller Rituale des Respekts. Es hat Jahre gedauert, bis ich gelernt hatte, wie wichtig es ist, den Tempel des eigenen Körpers zu "ehren". Was Essen anbelangt, so weiß ich aus Erfahrung, daß wir absolut ohne Essen leben können. Ich habe einmal zwei Wochen lang weder etwas gegessen noch etwas getrunken und wurde dennoch komplett von der Energie, die mich umgab, ernährt. Ich atmete Wasser aus der Luft und sog Nahrung aus dem Atem der Pflanzen in mir auf. Dennoch esse ich wahnsinnig gerne, weil es einfach Spaß macht, zu essen. Ich bin nun wirklich dankbar für alles Essen und den Genuß, den man dadurch haben kann. Und ich danke den Vögeln, die für meine Tomatenpflanzen singen, und dem Wind, der durch mein Bohnenkraut pfeift. Ich liebe die Bienen, die meine Blumen bestäuben und meinen Honig machen. Ich liebe den Regen dafür, daß er meine Pflanzen gießt, und die Sonne, die sie zum Himmel wachsen läßt. Voller Überzeugung und Eifer verfechte ich die These, daß die wichtigste Zutat bei allen Speisen die Liebe ist. Was wir mit Liebe zubereiten, wird uns wirklich ernähren. Wenn wir während der Zubereitung singen, so werden die Schwingungen von der Nahrung aufgenommen und gelangen später in unseren Körper. Sowohl die Vorbereitung als auch die Nahrungsaufnahme selbst sind Rituale des Respekts.

Auch Körperpflege ist ein Ritual des Respekts. Wenn wir uns in ein Bad mit Badezusätzen wie Salzen, Mineralien, Badeschaum, Essig oder sogar Bleichlauge begeben, so ist dies ein Ritual des Respekts. Wenn ich meine Fingernägel feile oder mein Haar bürste, bis es glänzt, so ist das ein Ritual des Respekts. Das Herstellen und Tragen von schönen Amuletten oder anderen heilenden Gegenständen, oder das Tragen von leuchtenden Farben, ist ein Ritual des Respekts. Mein Haus sauber und in Ordnung zu halten und meinen Rasen zu mähen ist ein Ritual des Respekts. Meine Tiere zu pflegen und zu füttern ist ein Ritual des Respekts. Mein Auto in einem guten Zustand zu halten ist auch ein Ritual des Respekts. Das Leben selbst, d.h. jeden Augenblick wahrlich auszukosten und zu erleben, ist ein Ritual des Respekts. Man kann ganz leicht feststellen, wenn es Menschen an diesem Respekt mangelt, denn es zeigt sich in allem, was sie umgibt.

Jahrelang kämpften wir um unseren Grund und Boden gegen diejenigen, die ihn uns wegnehmen wollten. Während dieser Zeit machten wir uns wunderschöne Schutzschilde und hängten sie überall im Dorf auf. Wir bemalten unsere aus Zement gefertigte Indianerin und stellten sie als Wachposten auf. Wir sammelten Geierfedern und befestigten sie über den Türen, um lästige Geister zu vertreiben. Wir pflanzten um das ganze Dorf herum Zedern an, auf daß ihr Duft einen Schutzwall errichten möge. Als unser lieber Freund, unser Pferd "Chivas Regal" starb, begruben wir ihn in seinem Eichenwäldchen. Wir wußten, daß seine starke Energie dieses Land für die Familie fordern würde. Jede dieser anscheinenden "Verzweiflungstaten" waren in Wirklichkeit Rituale des Respekts. Wir bewahrten das Land als heiligen zeremoniellen Grund und Boden unserer Familie, und wir respektierten diesen Boden genug, um all das für seinen Fortbestand zu tun. Und so war es dann; er konnte fortbestehen.

Als unsere Ältesten und unsere Großmütter zur großen Zusammenkunft unserer Frauen kamen, engagierten wir einen Gourmetkoch, der die Mahlzeiten zubereitete. Wir zündeten Kerzen an und spielten ihnen wundervolle Lieder vor. Wir schafften eine Atmosphäre des Respekts für unsere Ältesten. Jeder Atemzug war gewissermaßen ein Ritual des Respekts. Das Haupthaus durfte von niemanden, der keine persönliche Einladung von unseren Ältesten erhalten hatte, betreten werden. Und so schufen wir ein Ritual des Respekts.

In regelmäßigen Abständen laden wir Freunde und Familienangehörige auf unsere Ranch zu einem Tag des Saubermachens und Verschönerns ein. Der Tag, den wir im Eichenwäldchen verbringen und dabei die Bäume beschneiden und altes

Holz wegschaffen, ist ein Ritual des Respekts. Mohawk bringt Stunden damit zu, die Pferde zu putzen und zu trainieren. Auch dies ist ein Ritual des Respekts. Skye fegt die Decken der Lagerräume und befördert alles hinaus, was nicht innerhalb einer Zeitspanne von drei Monaten verwendet werden wird. Sie ist ein wandelndes Ritual des Respekts. Bei den großen Säuberungsaktionen ebenso wie bei den täglichen Pflegearbeiten zum Erhalt von Grundstücken sowie der gesamten Umwelt, sind wir stets dazu aufgefordert, Rituale des Respekts zu vollziehen. Der Respekt, den wir in den kleineren Dingen zeigen, gibt Hinweis darauf, welchen Respekt wir der ganzen Welt entgegenbringen. Respekt, wie zum Beispiel Liebe, zeigt sich in Taten. Also, krempeln wir die Ärmel hoch und machen wir uns ans Werk. Es gibt noch viel Respekt, den man der Welt erweisen kann.

Weisheit ist nicht etwas, was man mühsam hinunterschluckt.

Weisheit ist etwas, was uns passiert und was wir anzapfen wie eine Quelle.

Sie ist ein Reservoir von Erfahrungen,

die sich in geistigem Wissen und Bedeutsamkeit herauskristallisieren.

Colonel Lyn

Kapitel 15

Rituale des Übergangs

Im Alter von vierzehn Jahren schaute ich meiner Mutter zum ersten Mal mit einem Blick in die Augen, der besagte: "Vom heutigen Tage an werde ich so handeln, wie ich es selbst für richtig halte". Erst Jahre später tat es mir meine Zwillingsschwester gleich. Der Prozeß des Erwachsenwerdens hat nichts damit zu tun, die hinter uns liegenden Winter zu zählen oder aufrecht dazustehen, sondern damit, sich in geordneter und gut durchdachter Weise fortzuentwickeln. Der traditionellen Lehre zufolge wird ein Mädchen dann zur Frau, wenn es zum ersten Mal seine Blutungen hat. Mit vierzehn war ich noch immer ziemlich flachbrüstig und hatte noch keine Blutungen. Ich war damals noch eine Jungfrau und blieb es auch, bis ich im Alter von zwanzig Jahren in den Stand der Ehe eintrat. Es muß irgend etwas außerhalb der traditionellen Lehre Liegendes gewesen sein, was mich in den Stand des Erwachsenseins berufen hat. Vielleicht war es meine Abenteuerlust oder meine resolute Vorstellung davon, daß ich alleine meine Entscheidungen treffen wollte. Ich war kein trotziges Kind. Ich wollte meiner Familie Ehre machen. Ab meinem vierzehnten Geburtstag äußerte meine Mutter zwar hinsichtlich der Dinge, die ich tat, ihre Meinung, doch überließ sie die Entscheidung mir. In der jeweiligen Entscheidung, die ich dann traf, respektierte ich immer – bis auf zwei Ausnahmen - ihre Wünsche. Ich bin nun fast fünfzig und halte meine Mutter immer noch darüber auf dem Laufenden, was ich gerade tue.

Wenngleich meine Mutter indianische Vorfahren hat, wurden wir Kinder ohne Wissen über die traditionellen Zeremonien erzogen. Was ich wußte, das wußte ich instinktiv. Als ich vier Jahre alt war, hatte ich eine Begegnung mit einem geistigen Wesen, welches mir riet, ich solle "tadellos" werden. Man teilte mir mit, daß ich eine geistige Führung hätte und daß ich alle Möglichkeiten, die das Leben mir bot, ausschöpfen solle. Von diesem Moment an begriff ich, daß ich nicht nur das Kind meiner Mutter war. Ich gehörte einer größeren Familie an, und ich mußte lernen, meinen eigenen Willen vorrangig vor allem anderen zu respektieren. Solange ich denken kann, habe ich gesagt: "Wir sind hier allein, und keine Erwachsenen beaufsichtigen uns. Laßt uns spielen!". Im Alter von 46 Jahren nahm ich zum ersten Mal an einer Zeremonie des "Übergangs" für junge Frauen teil. Christina ernannte mich zur "Tante". Als ich mit ihr zusammen in der Schwitzhütte saß, dachte ich darüber nach, welcher Zauber uns dazu bewegt, uns als Erwachsene zu fühlen und zu verhalten.

Laß ihn herein, heiße ihn willkommen,

laß ihn seine Arbeit tun, laß ihn wieder hinaus.

Während der Zeit der Untersuchungen wird

ein stiller Entschluß fest in deinem Herzen verankert sein.

Was will ich heute für mich haben?

Stehe aufrecht.

Höre auf deinen Körper, deinen Geist und dein Herz.

Mache Raum in dir,

um die geistigen Führer zu empfangen,

die dir beistehen werden.

Colonel Lyn,
als sie über Krebs sprach

Kinder gehören ihren Müttern und Großeltern, Jugendliche ihren Lehrern. Krieger gehören nur sich selbst. Ein kurzer Blick auf das Leben vieler erwachsener Paare läßt uns feststellen, daß es in der Welt der Erwachsenen nur sehr wenige wirkliche Krieger gibt. Die barbarische Praxis, einem anderen zu "gehören", ist die Wurzel tief in der Seele sitzender Gewissensbisse und Gefühle von Trennung. Rituale des Übergangs dienen dazu, das Bewußtsein für die mit Freiheit und Verantwortung einhergehende Reife zu schärfen. Man könnte sagen, daß die erste Zeremonie des Übergangs die Geburt ist.

Kürzlich hörte man von folgendem Vorfall: bei der Geburt eines kleinen Jungen wurden die anwesenden Doktoren und Schwestern dadurch in Erstaunen versetzt, daß sie klar und deutlich die Stimme des Babys vernahmen, das gerade den Geburtskanal passierte: “Oh nein! Nicht schon wieder!” Sodann schloß das Kind die Augen und fiel in das übliche Koma, aus dem es durch einen Klaps auf den Po geweckt wurde. Wenn eine Seele aus der Existenz als reine Geistform in einen Körper geboren wird, ist dies immer ein Augenblick großen Mitgefühls und Verständnisses, denn zur “Fleischwerdung” bedarf es unendlichen Muts. Stellen Sie sich vor, wie es sein muß, die wundervollen himmlischen Sphären, in denen wir frei und unbeschwert als Kinder des Lichts und der Harmonie tanzen, zu verlassen, um dann in der sterilen Atmosphäre eines Operationssaals zu erwachen. Oder stellen Sie sich vor, sie kommen nach Hause, und das erste, was Sie hören, sind die Sechs-Uhr-Nachrichten!

Die alte Tradition unserer amerikanischen Ureinwohner, die neun Monate, in denen neues Leben im Mutterleib heranwächst, unter blühenden Bäumen, inmitten duftender Blumen und in der Nähe glucksender Bächlein zu verbringen, ist wohl die respektvollste Art und Weise, unsere neuankommenden Kinder zu erwarten. In unserem ersten Ritual des Übergangs sollten wird darauf achten, daß sich die Essenz unserer Kinder allmählich mit dem Besten, was diese Welt zu bieten hat, verbindet. Wenn die Seele durch die Geburt zurückkehrt, so sei es in die warmen Meere, in denen die liebevollen Delphine schwimmen, und wenn das schon nicht möglich ist, so sei es jedenfalls in einen Raum, der erfüllt ist, mit der schönsten Musik, die es gibt. Laßt uns darauf achten, daß beruhigende Töne und süßer Duft den Raum erfüllen und daß die ersten Berührungen sanft und liebevoll sind. Laßt uns der Mutter beistehen und ihr alles zur Verfügung stellen, was sie benötigt, um sich wahrhaft genährt zu fühlen. Achtet darauf, daß nicht die gesamte Familie und alle Freunde auf einmal hereinstürmen, sondern, daß der erste Kontakt vorsichtig hergestellt wird. Der erste Schritt in das Sonnenlicht sollte erst nach Tagen des Liebkosens und Nährens in einem geschützten Raum unternommen werden. Der Name des Kindes sollte von ihm selber kommen und an das Ohr dessen dringen, der wirklich zuhören kann. Die Nabelschnur sollte bei den Wurzeln eines Baumes, der für das Neugeborene gepflanzt wurde, vergraben oder getrocknet und dem ersten Medizinbündel des Kindes beigefügt werden. Laßt unsere Kinder so früh als möglich in warmem, reinem und klarem Wasser schwimmen, so daß sich ihr Körper bis in jede einzelne Zelle an die größtmögliche Freiheit und Unterstützung erinnert. Möge dieses Ritual alleine ausreichend sein, um unsere Seen und Flüsse zu reinigen. Laßt die Luft, die jede Seele atmet von dem liebevollen Duft des Atems der glücklichen und richtig genährten Bäume und Pflanzen erfüllt sein. Laßt die Luft voll sein von dem frohen Gesang der Vögel und dem Summen der Bienen. Laßt unsere Kinder den Wind einatmen, der die Himmel durchstreift und dabei friedliche und einträchtige Wesen sieht, so daß sie in dem Augenblick, in dem sie von der geistigen Existenz in den Körper übergehen, Freude und Glück empfinden. Dies sei unser erstes Ritual des Übergangs.

Laßt uns nicht vergessen, daß all die Neugeborenen kurze Zeit zuvor noch an dem Ort der Großmütter und Großväter weilten. Sie kommen von einem Ort, an dem sie alles wußten. Sie bringen uns die Weisheit der Großmütter und Großväter vom Anbeginn der Zeit. Wir als Eltern sind Teil der Kraft, die für eine Seele, die lange vor der Zeit lebte, in der wir uns kannten, einen Körper bereitstellt. Die Neugeborenen leben in dem ewigwährenden Samen und haben alles Wissen vom Anbeginn der Zeiten. Laßt die Neugeborenen den Klängen des Windes und des Regens, der Erde und des Himmels lauschen. Mögen sie diese Klänge mit denjenigen, die sie bereits aus ihrer geistigen Existenz kennen, in Verbindung setzen. Möge ihnen dies während des Zeitraums des Übergangs in die neue Form gewährt werden, so daß ihre jungen Augen und Ohren eines Tages zu der Wahrnehmung gelangen, die vom großen Geist vorgesehen war und sie durch ihre individuelle Wahrnehmung der Farben und Formen einen Beitrag zum Schöpfungsakt auf dieser Welt leisten. Die Geburt ist das fundamentalste Ritual des Übergangs.

Großeltern flüstern leise Weisheiten in die Ohren der Kinder,

bevor diese noch sprechen können.

Wenn die Kinder drei Jahre alt sind,

gehen die Buben mit den Großvätern

und die Mädchen mit ihren Großmüttern.

Stellt die Dreijährigen vor einen Spiegel und laßt sie sagen:

"Ich liebe mich, ich bin wertvoll".

Wenn ein Kind sich selbst lieben und respektieren kann,

dann kann es auch alle anderen lieben und respektieren.

ALINTA

Alle kleinen Kinder werden durch ihren eigenen Geist in die Richtung geleitet, die sie später als die ihre erkennen, vorausgesetzt man gewährt ihnen den Übergang in ihre eigene Richtung. Die katholische Kirche geht davon aus, daß Kinder, die bis zu ihrem sechsten Lebensjahr im katholischen Glauben erzogen worden sind, später zu diesem Glauben zurückkehren werden. In dieser Aussage liegt viel Wahres. Die Muster, die in das Nervensystem, in Fleisch und Blut eines Lebewesens einprogrammiert werden, bestimmen dessen Wesen sein ganzes Leben lang. Diese Programmierung zu ändern ist eine Kunst, die nur von wenigen großen Meistern auf diesem Gebiet beherrscht und praktiziert wird.

Wenn ein Kind zehn Jahre alt ist, kann der Stamm bereits erkennen, welchen Platz das Kind im Kreis einnehmen wird. Jedes Kind ist einzigartig und bringt ein bestimmtes Wissen aus dem großen Becken des Allwissenden mit, durch das es einen bestimmten Beitrag zur Schöpfung leisten soll. Es gibt für jede Neigung und für jede Handlung einen Platz. Um der Tendenz vieler Eltern, ihre Kinder zu einem Abbild von sich selbst machen zu wollen, vorzubeugen, gab die Stammestradition unserer Vorfahren den Kindern die Möglichkeit, sich einen zweiten Vater und eine zweite Mutter auszuwählen, einen oder eine *hunka*, eine Wahlmutter bzw. einen Wahlvater. Da dieser nicht mit dem Kind blutsverwandt ist, hat er auch keinen spezifischen Ehrgeiz im Hinblick auf die Entwicklung des Kindes. So wird er oder sie das fühlende Wesen der Seele erkennen und das Kind im Einklang mit dessen Neigung und Bestimmung erziehen. Bevor der Verstand einen Jugendlichen vorwärts treibt, ist es wichtig zu vermeiden, daß dem jungen Menschen irgendwelches Übel oder irgendwelcher Unfug eingetrichtert wird. Jedes Kind, dem man es gestattet, sich natürlich zu entwickeln, ist außergewöhnlich. Ein Kind, daß außergewöhnlich ist, wird auch sein späteres Leben nicht als gewöhnlicher Erwachsener verbringen. Die Jugendzeit, die zwischen dem Kindesalter und dem Alter als erwachsener Krieger liegt, wird von den Großmüttern und Großvätern als die wichtigste Zeit des ganzen Lebens angesehen.

Wir geben die Namen unserer Vorfahren, der Aborigines,
an die kleinen Mädchen in Amerika weiter,
so daß unsere Kultur und unsere Namen sich verbreiten.
Es ist eine große Ehre, daß die großen Frauen meiner Kultur
in den kleinen Mädchen weiterleben werden.

ALINTA

Es ist gut, wenn die Kinder zu den Alten gehen und deren Geschichten und Legenden anhören dürfen. Laßt die Jungen bei ihren Großeltern sitzen und deren Geschichten lauschen. Gestattet es den Jungen, sich das Wissen der Alten zunutze zu machen. Lehrt die Jungen, ihre Zungen zu hüten, so daß die Gedanken in ihnen ausreifen und dann für ihr Volk von Nutzen sein können. Ermutigt die Jungen dazu, auf ihre eigene innere Stimme zu horchen, die niemals verbietet und niemals befiehlt. Laßt jeden die Erfahrung machen, daß die innere Stimme die Wahrheit spricht, daß sie jedoch niemals von dem jeweiligen jungen Menschen verlangt, sich auch nach dieser Wahrheit zu verhalten. Gebt ihnen Gelegenheit, sich umzuschauen und festzustellen, daß ein jeder seine Wahl alleine trifft. Laßt eine Umgebung entstehen, in welcher der Kraft der freien Wahl, die jedem Menschen innewohnt und einer Kraft, die immer auf geistiges Wachstum ausgerichtet ist, größter Respekt gezollt wird. Gebt den Kindern ein Beispiel dafür, daß vielmehr die Vorsicht als die Furcht unsere Lebensgefährtin sein sollte. Laßt diejenigen Erwachsenen, die fröhlichen Herzens sind, um die Kinder herum sein. Laßt die Jungen wissen, daß stets jemand da ist, der ein Auge auf sie hat. Der Sippe Ehre zu erweisen bedeutet, in Gedanken, Worten und Werken auf eine gute Weise zu leben. Die gesamte Familie übernehme die Verantwortung dafür, daß der Jugendliche in der Zeit zwischen Jugendzeit und dem Alter als Krieger auf gute Weise beeinflußt wird. Laßt alle Erwachsenen wissen, daß jeder ihrer Atemzüge das Kind bei seinem Übergang zum Krieger beeinflußt. Seht zu, daß alle Erwachsenen begreifen, daß ihr Vorbild sich in den jungen Kriegern fortsetzt und vermehrt. Darum laßt das Beispiel der Erwachsenen ein Beispiel der Ehrerbietung gegenüber jedem Individuum sein. Diese Jahre, in denen die Älteren mit gutem Beispiel vorangehen, machen das am längsten währende Ritual des Übergangs aus.

Die formellen Zeremonien zur Feier des Übergangs in die Jahre als Krieger können ganz unterschiedlich gestaltet sein. In der jüdischen Tradition feiert man den Eintritt in das Mannesalter bereits mit zwölf. In der Tradition der Apachen wird ein junges Mädchen mit Einsetzen der ersten Blutung als Frau gefeiert. Andere Traditionen erfordern mutige Heldentaten und große kriegerische Leistungen. In den Studentenverbindungen sind gewisse Demütigungen erforderlich. In manch anderer Tradition wird die Eheschließung als der Übergang in das Alter des Kriegers angesehen. In anderen Kreisen oder Gesellschaften betrachtet man das Ergreifen eines Berufes oder das Ausziehen aus dem elterlichen Heim als Eintritt in das Erwachsenenalter. Wieder andere gehen davon aus, daß die Jugendlichen dann erwachsen sind, wenn sie den Führerschein erwerben dürfen.

Durch die Zeremonien des Übergangs haben wir die Erfahrung gemacht, daß die meisten Erwachsenen gar nicht wissen, wann sie eigentlich in das Erwachsenenalter eingetreten sind. Wenn man es den Männern überläßt, sich eine Übergangszeremonie auszudenken, so setzen sie ihren Übergang in das Mannesalter meistens mit dem Augenblick gleich, in dem sie zum ersten Mal so richtig betrunken waren oder einen "feuchten" Traum hatten. Ihre durchwachten Nächte arten zumeist in wilde Parties aus, bei denen laut gesungen und gegrölt wird, schmutzige Witze erzählt und Bierflaschen auf dem Kopf des Nachbarn zerschlagen werden.[1]

Die Frauen hingegen verbringen diese Zeit damit, sich gegenseitig zu baden, die Haare zu kämmen und zu flechten, sich schön zu machen, sich mit Blumen und süßen Düften zu schmücken, die Trommeln zu schlagen, zu singen, gemeinsam die Pfeife zu rauchen, sich in die Schwitzhütte zu begeben, sich gegenseitig zu massieren und durch mit Blumen geschmückte Torbögen zu tanzen. Wir haben festgestellt, daß in den Festen der Männer der zarte und feinfühlige Aspekt fehlt, während in den Zeremonien der Frauen die Seite des zügellosen Spaßes nicht anzutreffen ist. So sind wir mittlerweile zu der Überlegung gelangt, daß es wohl gut wäre, einer jeden Übergangszeremonie einen eher androgynen Touch zu verleihen. Die jüngste Männerbewegung, die ihren Anstoß wohl von Robert Bly erhalten hat, führte dazu, daß der Aspekt des Übergangs in das Mannesalter in unserer Kultur wieder mehr Gewicht bekommen hat.

Als ich im Jahre 1989 einmal um eine Vision bat, sah ich, daß die "Brüderschaft" wieder zusammenkommen würde.

Das Bild, das ich damals zu sehen bekam, war ein Tal voller Kinder und junger Frauen, die zusammen spielten. Die älteren Frauen waren zusammengekommen, um das Familientreffen zu genießen. Lachend warfen sie ihre Köpfe zurück und schauten in die Sonne. Ich kann mich nicht daran erinnern, die älteren Männer gesehen zu haben. Die jungen Männer saßen wie Katzen auf den Felsen am Rande des Tals. Wenngleich sie mehrere hundert Meter voneinander entfernt waren, bestand doch eine sehr intime Kommunikation. Ein Kopfnicken oder eine einfache Handbewegung löste Lachstürme entlang der Felsenklippen aus. Es war ganz offensichtlich, daß diese "Brüder" viel Zeit miteinander verbracht hatten und etliche Geheimnisse und Insider-Witze miteinander teilten. Am oberen Rand des Cañons erschien ein Kind, und die Stimme eines Großvaters sagte leise: "Das Kind wird uns führen".

Diese Vision führt mich durch Abfall und Smog und politisches Chaos in einen neuen Tag, an dem die Führung der Kinder wirklich in den Händen von liebenden Familien liegt. Ich sehe den Tag, an dem die Kinder nicht mehr unter der Tyrannei der modernen Schulen zu leiden haben, in denen ein jeder dazu gezwungen ist, jeweils genau das gleiche zu erreichen. Ich rufe nach einem Tag, an dem die Kinder wieder in unseren Familien integriert sind und den ganzen Tag mit ihrer Familie zu leben lernen. Ich sehe einen Tag, an dem ganze Stadtviertel zusammen einen Kreis formen, in dem das Wissen für die Kinder gemeinsam weitergegeben wird, einen Kreis, in dem jede Fähigkeit und jedes Talent respektiert wird und die Kinder die Möglichkeit haben, selbst auszuwählen, von wem sie lernen wollen. Ich sehe einen Tag, an dem das Aufwachsen der Kinder und ihr Übergang in den Status des Kriegers der wichtigste Aspekt der Gesellschaft ist. Die Erfahrung des Übergangs von der Jugendzeit in das Alter des Kriegers ist die dauerhafteste überhaupt. Laßt uns noch farbenfrohere Wege finden, um dieses Anbrechen der Zeit der Vernunft zu feiern; und möge die Vernunft, zu der jedes Kind gelangt, auf einer Entscheidung beruhen, die den Frieden und die Ehre eines jeden berücksichtigt.

Bevor wir dieses Alter des rituellen Übergangs verlassen, müssen wir noch unsere Großmutter Kitty für ihr strahlendes Beispiel für den liebenden und respektvollen Umgang mit Kindern umarmen. Stundenlang sitzt Großmutter Kitty mit den

Mädchen zusammen und beantwortet ihre Fragen über die Menstruation, über Jungen, über Autorität und Visionen über die Zukunft. Jedem der Mädchen wird besondere Aufmerksamkeit gewidmet und eine jede erhält ein Geschenk, das sie an all das erinnern soll, was Großmutter mit ihnen teilen kann. Auch eine Tante sitzt mit in dem Kreis, und die Mädchen lachen zusammen und tauschen ihre eigenen Erfahrungen mit dem Erwachsenwerden untereinander aus. Die Mutter wird als eine Frau gesehen, deren Beziehung zu ihrer Tochter sich langsam von der Mutterrolle zur Rolle der Freundin und Vertrauten verwandelt. Die Mütter sitzen ihrerseits zusammen und trösten sich gegenseitig darüber hinweg, daß sie ihre kleinen Mädchen gehen lassen müssen. Tanten und Mütter flüstern miteinander und beraten, welche hübschen Kleider oder anderen zeremoniellen Gaben sie den Töchtern geben werden.

Ein Mensch wird als kleines Kind in diese Welt geboren,
aufgeregt, neugierig und voller Vertrauen,
getragen von seinem eigenen Willen
und der Unterstützung seiner Familie.
Diese Qualitäten bleiben ihm
oder ihr ein ganzes Leben lang erhalten.

Grossmutter Kitty

Dann werden frische Blumen geschnitten, um damit das Haar der Mädchen und auch den Boden zu schmücken. Das Essen wird auf zeremonielle Weise bereitet, und dabei achtet man darauf, daß solche Lebensmittel ausgewählt werden, die gut sind für die jungen Frauen, die bereits die Anlagen für ihre zukünftigen Kinder in sich tragen. Um die jungen Frauen an das zu erinnern, was sie in ihrem Leib tragen, werden Tomaten, Okras, Äpfel und Pfirsiche verwendet. Die Zeremonie in der Schwitzhütte, das Fasten und Tanzen, ist Teil des Festes der Mädchen, die nun Frauen werden. Was auch immer dazu dienen könnte, sich gebührend auf den Augenblick vorzubereiten, wird in die Feierlichkeiten miteingebaut. Akzeptiert wird alles, was erforderlich ist, um den jungen Frauen die Unterstützung der Familie zuzusichern.

Das Ergebnis der Zeremonie ist, daß die jungen Frauen als eine Art Spiegelbild der Mutter Erde während der Zeit des Wachstums, in der der Wind so herrlich duftet und die Luft so gut schmeckt, angesehen werden; es geht um eine Zeit, in der es sich die Sonne zur Aufgabe gemacht hat, alles was lebt zu wärmen und zur Reife zu bringen. Es soll die jungen Frauen und alle, die an der Feier teilnehmen, daran erinnern, daß die Frau die körperliche Manifestation der Erde ist, aus der alles Leben für die kommenden Generationen hervorgehen wird.

Geh nicht zu Bett, bevor du nicht alles in Ordnung gebracht hast.

Versichere dich dessen, daß nichts unvollendet zurückgelassen wurde,

falls du in dieser Nacht sterben solltest.

Alinta

In den Übergangszeremonien für junge Männer geht es darum, daß der junge Mann sich als den Himmel selbst, der der Erde Bewegung, Wärme und Regen bringt, betrachtet. Wenn dieser Grad von Respekt der Mittelpunkt des Rituals ist, wenn in der Zeremonie Erde und Himmel umarmt werden, dann hallen alle Dinge um uns herum, über und unter uns, vom Klang der Wahrheit des Übergangs in das Alter des Kriegers wider. Die Übergangsrituale in das Alter das Frauseins bzw. des Mannseins bringen, wie alle anderen Übergangsrituale, sowohl Freiheit als auch Verantwortung mit sich. Die Freiheit ergibt sich daraus, daß man von nun an weniger unter der Aufsicht der Erwachsenen steht. Die Verantwortung ergibt sich aus der Vernunft und der Möglichkeit seine eigenen Entscheidungen zu treffen.

Während derjenigen Zeit unseres Erwachsenendaseins, in der wir Krieger bzw. Kriegerinnen sind, erleben wir die Auswirkungen und Konsequenzen der von uns getroffenen Wahl. Wir wählen unsere Familien, unsere Bestimmung im Leben, den Ort, an dem wir uns niederlassen wollen, unsere Freunde, unsere Hobbys und Spinnereien, unsere Herausforderungen sowie unsere geistigen Neigungen. Unser geistiges Wesen wird versuchen, sich mittels unseres Körpers auszudrücken; wenn wir ihm die nötige Freiheit gewähren, wird es uns bereichern, wenn wir es hingegen einsperren, wird es uns verlassen. In Wahrheit kommen Krankheiten zumeist dadurch zum Ausbruch, daß wir die wildesten Träume unseres geistigen Selbst unterdrücken.

Als nächsten Übergang erwartet man wohl die Eheschließung, gefolgt von der Elternschaft, dann die Großelternschaft, die Pensionierung bzw. den Übergang in das Alter der Weisheit und schließlich den Tod. Unter gewissen Umständen kann auch die Ehescheidung eine Phase des Übergangs darstellen.

In den älteren Traditionen war es üblich, daß ein Mensch im Laufe seines Lebens zwei oder mehrere Namen erwarb. Einem Kind verleiht man einen Kindernamen, welcher den Charakter in den prägenden Jahren beeinflußt. Wenn das Kind dann ein Krieger wird, gibt man ihm den Namen eines Mannes bzw. einer Frau. Später kann der Erwachsene dann, aufgrund von Ereignissen des Erfolges oder des Mißerfolges einen anderen Namen erwerben, der an das jeweilige Ereignis oder die entsprechende Eigenschaft erinnern soll. Es kann auch geschehen, daß ein Älterer seinen Namen an einen Jungen weitergibt und selbst einen neuen Namen annimmt. Jede Namengebung ist eine große Zeit des Übergangs. Wir werden durch die Namen, die wir verliehen bekommen, geformt, da wir sie öfter zu hören bekommen, als jeden anderen Klang. Es ist wichtig, daß der Klang unseres Namens uns auf unserer Reise Kraft und Stärke verleiht. Als Kind nannte man mich Janet Lee, nach einer bekannten Filmschauspielerin. Kurz nachdem ich das Alter der Vernunft erreicht hatte, benannte man mich nach einem der Charaktere in einem Buch, nämlich nach "Scout" in *To Kill A Mockingbird (Wer die Nachtigall stört)*. Nach der englischen Tradition trug ich den Nachnamen meines Vaters bis ich heiratete; dann nahm ich den Nachnamen meines Mannes an. Als ich meinen geistigen Pfad betrat, nahm ich den Namen an, den mir ein Kind und der Große Geist brachten. Heute bin ich Dr. Scout Cloud Two-Children Lee.

Als du geboren wurdest, sagte man dir, daß du sterben würdest
und daß jeder Tag kostbar und ein Fest sei.
Hänge dich nicht so sehr an den Gedanken,
"ich muß am Leben bleiben, um dies oder jenes zu erledigen";
halte dich vielmehr an den Gedanken,
dein eigenes Lied des Todes vorzubereiten,
damit du es während des ganzen Weges (der Überquerung) singen kannst.

GROSSMUTTER KITTY

Als ich den Namen meines Mannes trug, war ich eine Ehefrau. Ich machte die Erfahrung, daß man mich gewissermaßen als das Anhängsel einer anderen Person betrachtete. Ich war Frau Louis Carroll Gunn, die Dritte. Sie können sich sicherlich vorstellen, wie gerne ein kleines Mädchen, dem beigebracht worden war, Menschen, die sich ihr gegenüber überheblich verhielten, zu sagen: "Ihr könnt mich mal ...", von irgend etwas die "Dritte" sein wollte! Als wir uns dann scheiden ließen, behielt ich den Namen Gunn bei und nannte mich fortan Dr. Scout Lee Gunn. In den darauffolgenden Jahren erfuhr ich dann, was es heißt, "under the Gun(n)", also "unter Beschuß" zu sein. Es waren Jahre des großen Konkurrenzkampfes, in denen an den Universitäten das Motto herrschte "veröffentliche oder verschwinde". Als ich dann jene weltfremden "heiligen Hallen" verließ und auf mein eigenes Podest stieg, ließ ich den Namen "Gunn", und somit die "Waffe" fallen. Über Nacht wurde ich völlig unbekannt. Dr. Scout Lee hatte weder eine Gefolgschaft noch eine Geschichte. Im Grunde genommen zwang mich dieser Übergang dazu, wieder von vorne anzufangen. Auf diesem neuen Weg stellte sich mir auch eine ganz neue Herausforderung. Es wurde mir der Name Cloud (Wolke) verliehen, und das auf eine derart ungewöhnliche Art und Weise, daß ich annehmen mußte, dieser Name käme direkt vom höchsten Thron zu mir. Dasselbe läßt sich über den Namen "Two-Children" (zwei Kinder) sagen. Die so altbekannte "Scout" wurde zur "Cloud", und ich mußte einen weiteren, höchst bedeutsamen Übergang durchlaufen. Als "Scout", also als Fährtensucherin und Spurenleserin, hat man innerhalb des Stammes die Position derjenigen, die die Wahrheit bringt. Der Name birgt auch die Verpflichtung in sich, sich für das Ganze einzusetzen und sich dementsprechend zu verhalten. "Cloud", die Wolke, ist wiederum etwas Formloses, sich stets in seiner Form Veränderndes, etwas, das immer in Bewegung, heute hier und morgen dort ist, etwas, das sowohl große Schönheit als auch gewaltige Stürme mit sich bringen kann. Die Namengebungszeremonien bezeichneten einen bestimmten Zeitpunkt, konnten aber nicht vorhersagen, welche Tragweite diese Änderungen haben würden. So manche junge Braut wird innerhalb des ersten Jahres, nachdem sie den Namen ihres Mannes angenommen hat, einschätzen können, welche Folgen eine solche Änderung mit sich bringen kann.

Rituale des Übergangs, die mit Namengebung verbunden sind, können unterschiedlicher Natur sein. Es kann sich, wie gesagt, um Eheschließungen handeln, um die Aufnahme in eine Brüderschaft, um das Verschenken, um Schwitzhüttenaufenthalte oder um Bemalungszeremonien. Heute genieße ich es, die Fußabdrücke des mit einem bestimmten Namen zurückgelegten Weges "wegzuschwitzen", bevor ich einen neuen Namen annehme. Mir gefällt auch der Brauch, das Haupt, das dritte Auge, die Kehle, die Hände, das Herz und die Füße dessen, der den neuen Namen empfängt, mit roter Farbe zu bemalen. Jede Veränderung der Kleidung oder des Aussehens, die den neuen Namen unterstreichen kann, ist für die Zeremonie angemessen. Vielleicht ist auch eine Party oder ein Festessen das Richtige. Vielleicht kann auch eine Reise in einen anderen Teil des Landes das Bewußtsein für die Bedeutung des eigenen Namens in dem neuen Lebensabschnitt schärfen. Heute nennt man mich einfach nur "Cloud", und die Aussage "Cloud ist da!" ruft üblicherweise schon Freudenrufe unter denjenigen hervor, die wissen, daß sich Cloud dem Spaß und den Scherzen verschworen hat.

Wenn in den alten Tagen zwei Menschen beschlossen,
sich im Bund der Ehe zu vereinen, nahm sich der ganze Stamm drei Tage Zeit.
Am ersten Tag kamen alle Mitglieder der Familie der Frau zusammen
und erzählten dem Mann und seiner Familie alles,
was sie über die Frau wußten ... das Gute sowie das Schlechte.
Am zweiten Tag kamen alle Mitglieder der Familie des Mannes zusammen
und erzählten der Frau und deren Familie alles,
was sie über den Mann wußten ... das Gute sowie das Schlechte.
Am dritten Tag fragte der Medizinmann noch einmal,
ob dies eine Verbindung sei, die beide schon eingehen wollten.
Wenn dem so war, dann konnten von nun an alle Streitigkeiten
nur noch innerhalb der Partnerschaft beigelegt werden.
Alle anderen würden ihre Ohren davor verschließen.
Jedem war alles gesagt worden.
Nun konnten sie nur noch in die Vergangenheit blicken
und so ihre Schritte in die Zukunft vorbereiten.

Grossmutter Kitty

Das feierlichste aller Übergangsrituale mag sicherlich die Eheschließung sein. Davids und Annies Hochzeit dauerte eine Woche und nahm die Energie aller 80 Personen, die sich versammelt hatten, um den 8.8.88, den Tag, den sie ausgewählt hatten, um ihren Bund zu besiegeln, in Anspruch. Die ganze Woche wurden Spiele gespielt, Turniere mit Pferden ausgetragen, Seile rauf und runter geklettert, geschwitzt und die herrlichsten Schlemmereien gegessen. Einen ganzen Tag lang bereiteten die Frauen unseres Clans Annie vor, indem sie sie badeten, Blumen in ihr Haar flochten, mit ihr die Pfeife rauchten, sie massierten, ihr Tipi schmückten und ihr Hochzeitskleid vorbereiteten. Die Männer verbrachten ebensoviel Zeit mit David und taten, was Männer so miteinander tun, und dies war den Berichten zufolge mit sehr viel Gelächter verbunden. Die Männer halfen David auch dabei, sein schönstes Kriegergewand fertigzustellen und seine Rede vorzubereiten. Man schenkte ihm schöne Decken, von denen er eine seiner Braut um die Schultern legen würde. Und Annie schenkte man einen mit Getreide gefüllten "Beutel des Teilens", der ihren Traum "nähren" sollte. Am Boden wurden Leuchten aufgestellt, Blumen ausgestreut und wunderschöne Kristalle verteilt. Davids Pferd wurde gesattelt und für die Zeremonie bemalt.

Am Eingang des wundervollen natürlichen Heiligtums probten wir unter freiem Himmel unseren Tanz; die Kinder gingen voran. Die Frauen tanzten wie Waldfeen in den Kreis hinein, und die Männer kamen wie Krieger auf der Jagd den Hügel heruntergestürmt. David galoppierte auf einem stämmigen, bemalten Pferd in das zeremonielle Areal; seine Federn und sein Umhang wehten im Wind. Er war wirklich ein Krieger, der sich auf die Suche nach seiner Frau begeben hatte. Als er sie in ihrem Versteck, in ihrem Tipi, gefunden hatte, stürmte er hinein, um sie zu erobern und vor den Rat der Kriegerfreunde und die gesamte Familie, die sich versammelt hatte, um ihre Zustimmung zu der Verbindung zu geben, zu führen. Diejenigen unter uns, die musikalische Talente hatten, spielten wunderschöne Musik, und die Ältesten tauschten Worte der Weisheit aus. Die Kinder brachten ihre Darbietungen dar und baten das Paar um das Versprechen, die Kinder zu ehren. David erhob seine Stimme und sprach von seinen Absichten, der Menschheit zu dienen und auf diese Weise seiner Frau ein Leben voller Stolz und Annehmlichkeiten zu bieten. Beide Brautleute bestätigten ihre Verbundenheit mit dem Großen Geheimnis. Und dann, anstelle von langen Reden, brachte ein jeder von ihnen in Form eines Liedes oder eines Tanzes sein Ritual als Ausdruck ihres Eheversprechens dar. David spielte auf seiner Flöte und Annie tanzte. Als David die Regenbogendecke um Annies Schultern legte und Annie David den ehelichen Getreidebeutel schenkte, wurde der Bund im Geiste und in den Herzen des Kreises geschlossen. Der Eheschließung folgte ein großes Fest, und wir tanzten zusammen um das Feuer herum, bis zum Anbruch des nächsten Morgens.

In anderen Eheritualen werden die vier Himmelsrichtungen auf die folgende Weise geehrt. Zuerst begibt sich das Paar zusammen in den Fluß oder ins Meer. Dort waschen sie sich gegenseitig ganz vorsichtig die vergangenen Jahre, eines nach dem anderen, bis zu dem gegenwärtigen Moment, ab. Sie übergeben den Wassern alles, was sie mit vergangenen Räumen oder Zeiten verbindet. Brook warf ihren früheren Ehering in den Fluß. Tarzanne goß ein Getränk aus, das nicht länger benötigt wurde. Der Captain nahm eine Kette, die seiner vor vierzehn Jahren verstorbenen Frau gehört hatte, ab und verschenkte sie. Diese Zeit der Vorbereitung gibt uns Gelegenheit, in uns zu gehen, jeder vergangenen Erfahrung für das, was wir aus ihr gelernt haben, zu danken und sie dann loszulassen. Diese besagte Zeit wird an einem im Westen gelegenen Ort verbracht. Die darauffolgende Nacht sowie den nächsten Morgen verbringen die Brautleute getrennt voneinander. Die Männer tun sich mit dem Bräutigam zusammen und geben ihm Ratschläge im Hinblick auf die Ehe. Die Frauen beraten die Braut auf ähnliche Weise. In dieser Zeit sucht man die Weisheit im Norden. Wenn es dann auf die Zeremonie der Verbindung zugeht, steht die Sonne schon hoch am Himmel. Es ist dies eine Zeit der neuen Anfänge, die deshalb einem Ort im Osten zugehörig ist. Schließlich, wenn die Raubvögel im Nachmittagswind dahingleiten und die Kinder mit ihren Hunden auf den Wiesen spielen, folgt das Fest und das Mahl. Dieses Fest gehört einem Ort im Süden an, an dem die Leidenschaft und die jugendliche Stärke freigesetzt wird.

Bei anderen Zeremonien der Bindung verwendet man den “Bindungsstab”. Logischerweise wird ein solcher Bindungsstab bei Hochzeitszeremonien verwendet, man setzt ihn aber auch bei Adoptionsritualen (Wahlverwandtschaften), geschäftlichen Abkommen und Verpflichtungen zur Teamarbeit ein.

Der Bindungsstab unterscheidet sich vom Hochzeitsstab dahingehend, daß letzterer ein besonders schöner Stab ist, den das Paar bemalt, beschnitzt oder Dinge an ihm befestigt, die wesentliche Ereignisse der Partnerschaft symbolisieren. Er wird in gewisser Weise wie ein geschichtliches Dokument geführt und begleitet das Paar dorthin, wo es sich zur Ruhe begibt. Der Bindungsstab kann nach der Zeremonie zu einem Hochzeitsstab werden. Er ähnelt einem “Stab des Versprechens” und wird verwendet, wenn die Verbindung in der Gegenwart von Zeugen für den Allerhöchsten eingegangen wird. Der formelle Ausdruck für das Eingehen der Verbindung lautet hier “zum Stab kommen”. Es handelt sich dabei um einen Schritt, der völlige Hingabe und Verpflichtung erfordert. Wenn jemand zum Stab kommt, so tut er dies in dem Bewußtsein, daß es keine Scheidung geben kann. Sich vom Stab abzuwenden, würde bedeuten, den Zorn des Großen Geistes und aller Zeugen, die gegenwärtig gewesen sind, heraufzubeschwören. Die Zeremonie selbst ist einfach. Diejenigen Personen, die als Zeugen berufen wurden, kommen in einem Kreis zusammen. Das Paar, welches das Ritual vollzieht, sitzt in der Mitte, und beide zusammen nehmen den Stab auf. Ein jeder von ihnen legt seine rechte Hand mit der Handfläche nach oben auf den Stab. Sodann legen sie je ihre linke Hand mit der Handfläche nach unten in die Hand des Partners. Somit entsteht ein ununterbrochener Kreis des Gebens und Nehmens. Die beiden wenden sich jeweils dem anderen zu und sagen: “In dein Nehmen lege ich mein Bestes, und deinem Geben öffne ich mich um zu nehmen. Wir beide werden immerfort geben und nehmen”.

Diejenigen, die sich als Zeugen bei der Zeremonie einfinden, verpflichten sich dazu, ihr Gesicht “abzuwenden”, falls einer der beiden Partner sich von dem Stab abwenden sollte. Die Freunde und Familienangehörigen, die als Zeugen geladen werden, haben das Recht, die Einladung auszuschlagen, falls sie im Grunde ihres Herzens der Meinung sind, daß die Verbindung für die beiden nicht “richtig” ist. Dies kann dem jungen Paar als Barometer dienen, denn die Wahrheit ist die Wahrheit, und jeder weiß es! Als ich einmal in Betracht zog, mit jemanden zum Stab zu kommen, sagte eine meiner Freundinnen zu mir: “Es gibt nichts, was mich dazu bringen könnte, dich nicht mehr zu lieben. Ich könnte mein Gesicht nicht von dir abwenden. Wenn du also zum Stab kommen solltest, so werde ich der Zeremonie nicht beiwohnen”. Sein Gesicht von jemanden abzuwenden heißt, daß man diesen Menschen in die Welt der lebenden Toten verbannt. Man wird dann weder mit diesem Menschen noch über ihn sprechen und ihn aus dem Kreis verbannen. Auch diejenigen, die sich im innersten Kreis all jener, die im Kreis sitzen befinden, werden ihr Gesicht abwenden. In kleineren Gemeinschaften ist dies eine Möglichkeit, auf besonders drastische Weise Druck auszuüben bzw. Gruppenzwang zu erzeugen. Ein solches Vorgehen dient aber auch dazu, uns die Tragweite von Verpflichtungen bewußt zu machen und uns zu gebührendem Nachdenken zu veranlassen, bevor wir gewisse Verpflichtungen eingehen.

Hier ist ein kleines Experiment.

Denkt zurück an den Tag,

an dem euch irgendein Verwandter gesagt hat,

ihr würdet so aussehen wie dieser oder jener.

Das ist der wiedergeborene Geist, der wieder und wieder kehrt.

Das ist ewiges Leben.

Wiedergeburt ist also gar keine so große Sache.

Alinta

Im Jahre 1990 nahmen wir Großmutter Moon Feathers in unserem Kreis auf und führten sie somit wieder dem Kreis der Beziehungen zu, auf den sie über weite Strecken ihres langen erwachsenen Lebens hatte verzichten müssen. Diese Aufnahme war ein sehr wichtiger Punkt des Übergangs für uns alle. Für Moon Feathers bedeutete es, die Familie zu haben, die sie so viele Jahre über nicht haben konnte. Mit einem Strahlen erzählte sie anderen, daß sie all die Vorzüge genießen könne, die man hätte, wenn man Kinder hat, ohne daß sie jemals unsere Windeln hätte wechseln müssen. Princess Moon Feathers weilt nun nicht mehr unter uns, doch ist sie noch immer mit voller Kraft unsere Großmutter im Lager auf der anderen Seite, und Gott sei denen gnädig, die versuchen wollen, unseren Fortschritt auf Erden zu behindern! Unsere Großmutter ist eine mächtige Streiterin, mit der man sich nicht anlegen sollte.Eine andere Art des Übergangs, die wir nicht unerwähnt lassen können, ist der Tod. Claire wußte schon zuvor, daß sie bald gehen müßte und bat darum, drei Tage vor ihrer Feuerehrung, aufgebahrt bei all ihren liebsten Freunden liegen zu dürfen. Darüber hinaus wies sie Jeffery an, er möge ihre Asche zusammen mit der ihres Vaters, der ihr nur wenige Monate zuvor vorangegangen war, auf ihrem

Land in Kalifornien verstreuen. Jeffery badete sie in Ingwer, massierte sie und hielt sie in diesen letzten Augenblicken des Übergangs in seinen Armen. Drei Tage lang saß er singend und lachend an ihrer Seite, und spielte für sie ihre Lieblingsmusik. Liebe Freunde schlossen sich ihm an, und immer wenn das Telefon läutete, und Freunde aus aller Welt einen letzten Gruß erbieten wollten, hielt er den Hörer an ihr Ohr, so daß ihr Geist den Gruß der Freunde entgegennehmen konnte.

Ohne Autopsie oder Einbalsamierung wurde sie in einem schlichten Holzsarg verbrannt. Ihre Asche wurde sogleich nach Kalifornien geflogen und auf ihrem "Habichthügel" dem Wind übergeben. Dies war Claires Wahl, die sie für ihren Übergang aus dem Körper zurück zum Geist getroffen hatte.

Princess Moon Feathers wünschte, daß man alle Symbole der Welt des weißen Mannes, in der sie gezwungen war zu leben, von ihrem Körper entfernen sollte. Die Familie wusch ihren Körper, entfernte Nagellack, goldene Ketten und Ringe, bürstete ihr Haar und hüllte sie in ihre wollene Indianerdecke. Zusammen mit ihrem kleinen Kanu und ihrem persönlichen Medizinbündel wurde sie bei Pine Key, Florida, der Mutter Erde übergeben. Auch hatte sie darum gebeten, man möge möglichst wenig Aufhebens machen und ihren Körper nicht einbalsamieren oder einer Autopsie unterziehen. Großmutter hatte noch nie besonders viel für Geburtstage oder Beerdigungen übrig. Es war dies Großmutters Wahl, die sie für ihren Übergang aus dem Körper zurück zum Geist getroffen hatte. Während der Zeit des Übergangs spielten die Mitglieder der Familie meine Musik, die Großmutter so gefallen hatte. Eine Beerdigung ist ein ganz besonderes Ritual des Übergangs. Es ist gut, dieses Ritual so zu gestalten, wie der oder die Verstorbene selbst es gewünscht hat.

Da ich gerade von Großmutter und ihrer Aversion gegen Geburtstage sprach, fällt mir ein, daß Geburtstage auch eine Art "Übergangsritual" sind. An unserem ersten Geburtstag haben wir bereits ein Jahr auf dieser Welt verbracht und beginnen nun das zweite. In vielen Kulturen werden ganz bestimmte Geburtstage als etwas Besonderes angesehen und sollten deshalb nicht unerwähnt bleiben. Der sechste Geburtstag steht dafür, daß man die Zeit, in der man am meisten für alle Eindrücke empfänglich ist, hinter sich läßt und der Zeit, in der sich die Vernunft entwickelt, entgegengeht. Zwölf bezeichnet ein Alter sozialer Expansion. Mit sechzehn ist man in Amerika dazu befugt, den Führerschein zu erwerben. Außerdem kann der sechzehnte Geburtstag auch eine Phase sexueller Entdeckungen einleiten. Mit achtzehn bzw. einundzwanzig ist man von Gesetztes wegen volljährig, was sich im Wahlrecht und dem Recht, Alkohol ausgeschenkt zu bekommen, bemerkbar macht. Überdies bezeichnet dieses Alter auch den Eintritt in die Phase der Vernunft. Allerdings läßt sich von so manch einem sagen, daß er niemals erwachsen wird und auch niemals das Alter der Vernunft erreicht. Im Alter von siebenundzwanzig ist die Vorbereitung auf unser Lebenswerk abgeschlossen. Mit vierzig fängt das gute Leben an, und mit fünfzig ist man dann schon eine ältere Dame und mit sechzig kommt man in das gesetzliche Rentenalter, welches möglicherweise mit dem Alter der Weisheit zusammenfällt. In dieser letzten Altersstufe legt man jegliche andere Verantwortung ab und beschäftigt sich damit, den Jungen etwas beizubringen. Dies ist das wahre Alter der Ältesten, wenngleich der Titel "Älteste" bereits mit fünfzig, bzw. dann, wenn genug graue Haare das Haupt zieren, angeboten wird. Unser Übergang aus dem Geist und dann wieder zum Geist zurück geschieht auf den Schwingen der Unschuld, er beginnt mit der Frische des Geistes und endet mit seiner Weisheit.

Am 29. Januar 1984 unterzog ich mich einem Ritual der Visionen, das vierzehn Tage dauerte und das mein Leben vollkommen veränderte. Von diesem Augenblick an tat ich jeden Atemzug mit dem Willen, diese Vision der weltweiten Feier auf der Erde Wirklichkeit werden zu sehen. Es steht geschrieben: "Wo zwei oder drei im meinem Namen zusammen sind, da bin ich mitten unter ihnen". Im Zusammensein von "zweien" liegt sehr viel Kraft. Wenn jedenfalls noch ein weiterer Mensch das sieht, was wir sehen, das fühlt, was wir fühlen und das hört, was wir hören, dann können wir gewinnen. Ich war so begierig darauf, die Erfüllung meiner Vision zu sehen, daß sich jede Faser meines Körpers nach einem Partner im Träumen sehnte. So begann ich, einen Ort des Rufens zu schaffen. Ich bewaffnete mich mit Hammer und Nägeln und baute den Adlerhorst. Auf allen Vieren arbeitete ich im Garten; ich pflanzte, jätete Unkraut und bestellte den Boden. Ich lagerte Vorräte für mehrere Jahre. Ich hielt die Hälfte meines neuen Heims für meinen Traumpartner frei. Eineinhalb Jahre später kam Skye. In all diesen Jahren haben wir unseren Traum der weltweiten Feier hochgehalten. Skye ist meine Zwillingsschwester in den Träumen. Sie ist auch in geschäftlichen Dingen immer an meiner Seite. Zusammen betraten wir die Schwitzhütte und nahmen uns gegenseitig als Schwestern an. Wir begaben uns in die Himmels-Hütte und verschmolzen unser beider Geschick auf dem Pfad des Traumes, der zum Weltfrieden führt. Wir sind *Degataga* (zwei, die zusammenstehen). In der Bibel finden wir im Buch Rut eine Geschichte über eine Schwiegermutter und eine Schwiegertochter, die sich zusammentun, um kriegführende Nationen zu vereinen. Rut und Noomi gehören unterschiedlichen Stämmen an; der eine verehrt Götzen und der andere hat sich der Verehrung des einen Gottes verschrieben. Als Rut den barmherzigen Gott Noomis kennenlernte, verspürte sie das drängende Verlangen, mehr über ihn zu erfahren. Sie verliebte sich in Noomis Sohn und heiratete ihn, obgleich sie bei ihrem eigenen Volk eine Hohepriesterin war. Schließlich wurde ihr Ehemann von ihrem eigenen Volk, den Moabitern, ermordet, und so mußte Rut eine Wahl treffen: Sie konnte zu ihrem eigenen Volk zurückkehren oder sich dem Volk ihrer Schwiegermutter anschließen. Sie entschied sich dafür, bei ihrer Schwiegermutter zu bleiben und ihr eigenes Volk zum Frieden aufzurufen. Als die beiden Frauen zusammenkamen, tauschten sie einen Schwur aus: "Wohin du gehst, dahin gehe auch ich, und wo du bleibst, da bleibe auch ich. Dein Volk ist mein Volk und dein Gott ist mein Gott. Wo du stirbst, da sterbe auch ich, da will ich begraben sein". Dieser Schwur ist *degataga*. Es gibt keinen Schwur, der Menschen näher zusammenbringen könnte. Es ist dies der Schwur zweier Schwestern, die zusammengekommen sind, um den großen Kreis zu vereinen. Ich sehne den Tag herbei, an dem ich diesen Schwur mit allen Brüdern und Schwestern auf der ganzen Welt austauschen kann.

Bei allen Zeremonien des Übergangs ist es wichtig, der Vergangenheit ins Auge zu blicken; laßt uns die Vergangenheit schätzen, laßt sie uns verabschieden, und laßt uns dann die Zukunft willkommen heißen. Nun ist der Moment gekommen, in dem dieses Kapitel zu Ende ist. Wir haben es bisher genossen, gemeinsam jedes einzelne Kapitel zu schreiben. Mit einem *Adieu* geben wir dieses Kapitel in die Post und feiern mit einem Erdnußbutterbrot mit Marmelade!

Fußnoten:

[1]Anmerkung des Verlegers: Vgl. dazu unbedingt die Ausführungen Robert Blys über den "Weg der Asche", also die prototypische Initiationszeit eines jungen Wikingers in "Eisenhans".

KAPITEL 16

ZEREMONIELLE GEGENSTÄNDE

Ich habe mir selbst den Titel "Meisterin der Rituale und Zeremonien" verliehen. Ich besitze mit Sicherheit mehr zeremonielle Gegenstände als sonst irgend jemand. Ich liebe Zeremonien! Ebenso liebe ich das Handwerk und die Kunst. Da ich die selbsternannte Meisterin der Rituale und Zeremonien bin, habe ich auch das Recht dazu, Stunden, ja sogar Jahre damit zu verbringen, Stöcke und Stäbe zu schnitzen und Medizintaschen und –bündel zu besticken. Die Geheimnisse meines Handwerks teile ich gerne mit all jenen, die lernen wollen. An dieser Stelle möchte ich nur ein paar meiner rituellen Gegenstände vorstellen, um Ihnen einen Eindruck zu vermitteln. Es handelt sich um persönliche Gegenstände, die nicht nachgemacht oder vervielfältigt werden sollten. Indem ich einige davon mit Ihnen teile, rege ich vielleicht die Kreativität in der einen oder anderen Leserin an; vielleicht fühlt sich ja eine ganz besonders aufgefordert, es mit mir aufzunehmen, wenn es heißt: "Wer die meisten rituellen Gegenstände hat, der gewinnt!"

Kunst hatte auf einmal einen Sinn für mich,

als mir klar wurde,

daß das ganze Leben sich nur um den Geist dreht.

Warum drücken wir also den Geist nicht in der Kunst aus?

KAKTUS

Der Heilige Kreis

Ein zeremonieller Gegenstand hat heiligen Atem und heilige Kraft in sich. Er ist überdies erfüllt von der Liebe und Hingabe der Person, die ihn gemacht hat. In dem Gegenstand wohnen die Absichten und Gebete seines Schöpfers. Auch ist er ein Lehrer, da er selbst uns im Verlauf seiner Kreation etwas beibringt. Er ist ein Objekt der Meditation sowie ein Symbol für diejenigen, die noch immer eines Symbols bedürfen, um "wach zu werden". Er ist das Spielzeug eines kosmischen Kindes, das gen Himmel strebt, und etwas zum Frieden und zur Würde auf diesem unseren Planeten beitragen will. Er erzählt uns eine Geschichte und ist das Gefäß seiner Fähigkeiten. Er ist ein Prophet hinsichtlich der Dinge, die sich ereignen werden. Er ist ein erstaunliches Requisit für die Bühne. Er ist ein Mikrofon, das Himmel und Erde miteinander verbindet. Er ist eine Nadel, die alle lebenden Dinge miteinander verwebt. Er ist ein Brennpunkt der Aufmerksamkeit und, indem er Aufmerksamkeit erregt, ist er für den Schöpfungsakt mitverantwortlich. Ein zeremonieller Gegenstand ist sehr beliebt, bei allen Kindern, den jungen und den alten. Er ist der Mittelpunkt von Erzählungen. Er ist ein Kunstwerk und Bestandteil eines Museums. Er schreibt Geschichte. Er ist ein Artefakt von Menschen, die leben und atmen und sich vermehren. Zur Anbetung braucht man ihn zwar nicht, aber wenn man ihn hat, wird die Anbetung mit Sicherheit kurzweiliger.

Der Redestab

Ich kann mich schon gar nicht mehr erinnern, wann ich den "Redestab" zum ersten Mal verwendet habe, doch weiß ich genau, daß es zu einer Zeit war, die lange vor den Tagen, in denen im Zusammenhang mit Murphy Brown über ihn gesprochen wurde, lag. Es war sogar noch bevor Jamie Sams über ihn schrieb. Jedenfalls ist es schon so lange her, daß ich schon dachte, ich hätte ihn erfunden. In Wahrheit ist es jedoch so, daß der Redestab schon in jenen Tagen, von den Ältesten verwendet wurde als sich Menschen, die sich mit Worten verständigen, zur Beratung ans Feuer setzten. Es gab einmal eine Zeit, in der jedes Wort, das ein Mensch sprach, respektiert wurde. Es war wohl so, daß unsere Ältesten zuerst solange schweigend die Pfeife miteinander rauchten, bis alle Herzen im Einklang schlugen. Dann gaben sie den Redestab herum. Der Stab ist gleichsam ein sehr starkes Mikrophon. Wenn einer der Anwesenden ihn in der Hand hält, hören ihm alle zu. Der Betreffende begibt sich in die Mitte des Kreises und sagt das, was er zu sagen hat, ohne damit irgend jemanden beeinflussen zu wollen. Er spricht einfach seine Wahrheit aus. Da jeder der Anwesenden einen bestimmten Platz im Kreis hat, repräsentiert er jeweils einen bestimmten Standpunkt. Jede Person, die sich im Kreis befindet, repräsentiert eine andere. Diejenigen, die zuhören, haben ihre Augen auf das Feuer gerichtet und lauschen mit offenem Herzen und offenem Geist. Was für ihren Geist bestimmt ist, wird zu ihnen kommen. Was nicht für sie bestimmt ist, wird vorübergehen. Ein kraftvoller Auftakt für die Rede dessen, der den Redestab in seinen Händen hält, könnte sein: "Ich bin Cloud, und ich werde sprechen". Es liegt etwas kraftvolles darin, seinen eigenen Namen auszusprechen und anzukündigen, daß man nun Sprechen Wird. Während man den Stab in der Hand hält werden die Gedanken und die Worte, die man aussprechen wird, auf wundersame Weise geordnet. Solange man den Stab hält, hören alle anderen zu. Am Ende der Rede kann man mit einem kraftvollen Satz abschließen, der folgendermaßen lauten könnte: "Ich bin Cloud, und ich habe gesprochen!" Der Redestab lehrt uns etwas über die Möglichkeiten der Entscheidung. Er lehrt uns, daß jeder Mensch seine eigenen einzigartigen Anlagen hat. Im Kreis ist Raum für jede Art von Veranlagung und Neigung.

Ergebt euch den gegenläufigen Strömungen, und laßt es zu,

dorthin geführt zu werden, wo ihr sein müßt.

Grossmutter Kitty

Der persönliche Redestab besteht aus einem Material, das genau das repräsentiert, was dem jeweiligen Menschen heilig ist. Meiner zum Beispiel besteht aus hartem und exotischem Osage-Orangenholz, dem Holz, aus dem man Bögen macht. Er ist sehr massiv und wunderschön gefärbt. Geschmückt ist er mit einem Diamanten, den mir meine Großmutter geschenkt hat. Zum Zeichen der Intimität und der Familie ist an einem Ende der Schwanz eines Waschbären befestigt. Mein Redestab war schon in Kreisen überall in der Welt dabei und hat die Träume von Tausenden von Menschen mit Kraft und Stärke erfüllt. Der Waschbärschwanz stammt von einem Mokassin, den der Peyote-Häuptling in einer Zeremonie trug. Es handelte sich

Redestab

dabei um eine Zeremonie, in der ein Elefant kam, um das Versprechen einzulösen, das zu Beginn der Zeiten gegeben worden ist. Es ist wichtig, bei der Herstellung eines Redestabes, der ja die eigene Stimme in den Kreis tragen soll, mit Aufmerksamkeit und Gebet vorzugehen. Man sollte über die Eigenschaften des Holzes, Metalls, Glases bzw. der anderen verwendeten Materialien Bescheid wissen, und man sollte jede Verzierung in dem Bewußtsein, welche Energie sie in sich trägt und welche Bedeutung sie hat, anbringen. Die Seele meines Redestabs läßt sich wie folgt beschreiben: “Zu Anbeginn der Zeiten gab uns das Große Geheimnis das Versprechen der Einheit. Wir sind alle Teil dieser Einheit. Sei stark und schön. Schicke deine Stimme los, so wie der Bogen den Pfeil in das Herz aller Dinge schickt. Deine Stimme wird von der Magie des Diamanten belebt und wird direkt an das Ohr der Großmütter dringen. Sprich mit der Leidenschaft, der Wahrheit und der Unschuld eines Kindes”.

Das Tori

Den Namen Tori habe ich selbst erfunden; er bezeichnet einen Tunnel, einen Trichter, einen Wirbel, einen Tornado. Es schafft eine Öffnung, einen sich drehenden Tunnel, etwa wie das Zentrum eines Zyklonen oder das Auge eines Hurrikans. Man verwendet es zur Eröffnung einer Zeremonie. Zu Beginn einer Schwitzhüttenzeremonie wirbele ich das Tori entweder im oder gegen den Uhrzeigersinn herum. Während wir das Tori herumwirbeln, rufen wir das Große Geheimnis, das Reich der sichtbaren und das Reich der unsichtbaren Wesen an, zusammenzukommen. Wir schaffen einen Mittelpunkt, in dem wir unser Feuer entzünden, welches selbst der

Das Tori

Mittelpunkt unserer Zeremonie ist. Ich verwende das Tori in all unseren Ritualen, um einen Mittelpunkt zu schaffen. An diesem Mittelpunkt legen wir geweihten Tabak, Salbei und Getreide nieder. Von diesem Ort rufen wir unsere Gebete aus; hier singen wir unsere Lieder und magischen Gesänge. Dieser Ort symbolisiert das Feuer unseres Herzens. Am Tag wird die Energie (im Uhrzeigersinn) von der Erde zum Himmel gesandt; in der Nacht wird sie (gegen den Uhrzeigersinn) vom Himmel zur Erde gezogen. Manchmal sorgt ein Kojote, der die Drehrichtung umkehrt, für Überraschungen.

Mein Tori ist aus meinem geliebten Osage-Orangenholz geschnitzt. Es ist stark und schön und schießt die Energie ab, so wie der Bogen den Pfeil. Der Teil, den man herumwirbeln kann, besteht aus den Haaren meines Pferdes und meinen eigenen Haaren, die zu einem Zopf geflochten sind. Gemeinsam repräsentieren wir die Kraft und die Freiheit der Liebe. Am Ende meines Tori befinden sich zwei kleine Medizinbeutel, die wie Hoden aussehen. In diesen beiden Beuteln ist all das enthalten, was das Männliche sowie auch das Weibliche symbolisiert. Im Rahmen einer Zeremonie ruft das Tori zur Ausgeglichenheit auf. Laßt uns selbst als den Mittelpunkt betrachten, aus dem alle Dinge hervorströmen und zu dem alle Dinge zurückkehren. Das Tori sagt, "ich stehe im Mittelpunkt". Das Wolfsfell, das um mein Tori gewikkelt ist, ruft den Lehrmeister aller Lehrmeister dazu auf, gegenwärtig zu werden. Es steht für den galaktischen Clan.

Grossvaters Schädel

Im Mittelpunkt einer Zeremonie findet man üblicherweise einen Schädel. Er repräsentiert die Gegenwart des Großvater-Geistes. Er erinnert uns daran, daß es Augen gibt, die sehen und Ohren, die hören. Mein Schädel ist in kindlicher Weise mit Wolken und Regenbögen bemalt. Er erinnert mich daran, daß ich zum Regenbogenvolk gehöre, in dem alle Völker zusammengekommen sind: Rote, Gelbe, Schwarze, Weiße, Braune und die kleinen grünen und grauen Wesen des Weltalls. Er erinnert mich auch daran, daß Gott uns seinen Sohn geschenkt hat, der zu uns sagte, wir

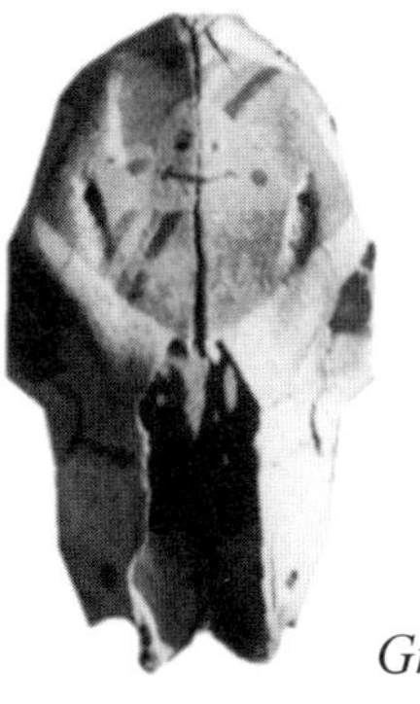

Grossvaters Schädel

Räucherfächer der Führerin des Stammes

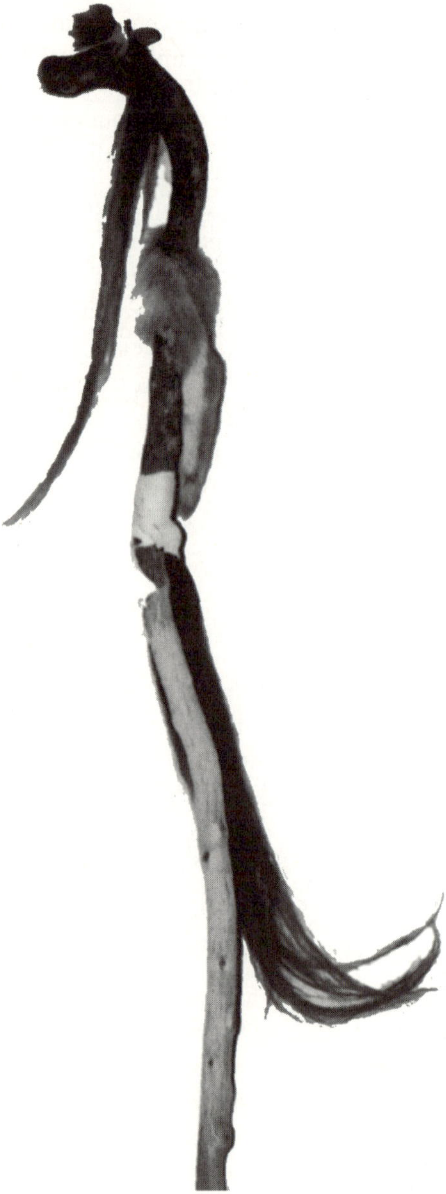

Rauchfächer

Großmutters Stock

sollen wieder werden wie die kleinen Kinder. Er sagt mir, wie sehr mein großer Großvater-Geist mich liebt. Für ihn bin ich wertvoll.

Grossmutters Stock

Der große Großmutter-Geist oder die Heilige Mutter wird in der Zeremonie mittels der Gegenwart ihres Stocks repräsentiert. Wenn der Stock aufrecht steht, wissen wir, daß der Heilige Weibliche Geist stark unter uns vertreten ist. Großmutters Stock hat die Form eines Pferdes. Sie selbst ist reine, beständige Kraft. Sie ruft uns dazu auf, die Kinder zu feiern. An zeremoniellen Gegenständen befestigte Pferdehaare erinnern uns stets an die reine und unschuldige Macht der Kinder. Es erinnert uns auch daran, für unsere Kinder über sieben Generationen hinweg zu sorgen. Großmutters Stock ist mit dem Fell des Fuchses und des Wilds verziert. Sie ist eine liebenswürdige, doch auch sehr gerissene alte Dame. Ihre Liebenswürdigkeit läßt die Herzen aller Dämonen schmelzen. Sie ist schlau, und sie lehrt uns die Kunst der Einheit durch unser Verständnis der Verkleidung. Sie erinnert uns überdies daran, die Familie zu beschützen.

Fächer für Räucherwerk

Geister lieben Federn. Alle Dinge, mit denen man Geister anlocken will, sollten mit Federn verziert sein. Vielleicht ist es die Freiheit des Fliegens und unsere universelle Liebe, die den Großen Geist anzieht. In den Zeremonien ist er der Geist aller Dinge; er ist der Geist, der fliegt, die Kraft des Atems und des Himmels. Innerhalb einer Zeremonie wecken wir den Großen Geist mit allem was wir tun. Rauch kann man riechen, fühlen und sehen. Die “Rauch-Federn” kann man hören. Wenn man zeremonielle Gegenstände, Räume und Menschen beräuchert, so dient dies der Anrufung des Geistes. Der süße Duft von Zedern und Salbei reinigt und ruft dann all das herbei, was gut für den einzelnen und die Gemeinschaft ist. Federn verleihen allen Dingen Flügel. Die Kombination aus Federn und Rauch sagt uns immer: “Erwacht. Laßt euch erheben. Geht hinaus, in die vier Himmelsrichtungen”.

Der Adlerfächer steht für den Großen Großvater-Geist und wird in Zeremonien, in denen Leben gestärkt und gesät wird, verwendet. Seine Stimme ruft die Herzen aller Großväter von Anbeginn der Zeit an. Kürzlich haben wir diesen Fächer in einer Zeremonie, in der ein junger Mann ein Stück unserer indianischen Geschichte wiederherstellen wollte, verwendet. Besagter junger Mann möchte eine beträchtliche Summe in dieses Projekt einbringen. Während er einerseits dem indianischen Volk etwas Gutes tun will, schaut er andererseits doch mit den Augen eines Weißen in die Welt. Als sich ein Kreis von Frauen einfand, um ihn auf seinem Weg zu segnen, ertönte die Stimme eines Großvaters, der sagte: “Wenn die Herzen eurer

Frauen zu Staub werden, dann wird euer Traum verschwinden. Öffnet eure Ohren, und hört auf eure Frauen". Dieser Segensspruch war eine Warnung; er sagte außerdem etwas über die persönlichen Herausforderungen des jungen Mannes aus.

Der Papageienfächer steht für den Heiligen Großmutter-Geist und wird in Zeremonien verwendet, in denen man um Überfluß und reiche Gaben bittet. Der Papageien-Clan ist eine der ältesten bekannten Gemeinschaften der Seherinnen und Heilerinnen. Die Papageienfeder ist an der Spitze blau, wie unvergossenes Blut. Es ist der Wunsch der Frauen, zu sehen, daß alles Blut als blaues Blut fließt. Am unteren Ende ist die Feder rot; diese Färbung dient als Warnung für all jene, die anderen Schaden zufügen wollen, denn ihr eigenes Blut wird vergossen werden. Die Heilkraft in der Medizin der Frauen war schon immer größer als die der Männer. Auch vergießen Frauen jeden Monat ihr Blut und bleiben so dem Großen Geist viel näher. Männer haben keine Blutungen und werden deshalb in die Schwitzhütte gerufen, um so die Demut zu lernen, die den Frauen durch das Bluten schon bekannt ist. Wir verwenden unseren Papageienfächer, wenn wir um neues Wissen, um einen Segen oder um reiche Gaben bitten wollen. Man verwendete ihn auch in der Zeremonie, in der die jungen Mädchen, die gerade die Zeit als kleine Mädchen hinter sich gelassen haben, damit beräuchert werden. Die Federn verbinden sich mit dem Rauch, um die Fülle des Lebens, die aus dem Schoß der Mädchen hervorgehen wird, sowohl in körperlicher als auch in geistiger Hinsicht, anzurufen. Wenn eine Frau begreift, daß ihr Körper stets damit beschäftigt ist, die Eizellen zu produzieren, aus denen die kommenden Generationen entstehen werden, dann weiß sie auch, daß jede Zelle ihres Körpers mit dem Aspekt des Nährens zu tun hat.

Der Habichtfächer steht für den Boten, den Morgenstern. Unser Habichtfächer dient eben dazu, Botschaften hervorzurufen. Oftmals wird er dazu verwendet, die Menschen, die sich in die Schwitzhütte begeben, zu beräuchern. Er kann auch dazu verwendet werden, die Mond-Hütte der blutenden Frauen zu beräuchern. In der Zeit, in der eine Frau ihre Blutungen hat, ist sie sehr aufnahmefähig für Botschaften des Großen Geheimnisses.

Es gibt noch viele andere Arten von Räucherfächern, die man im Rahmen von Zeremonien verwenden kann, und ein jeder von ihnen ruft eine besondere zu ihm gehörende Energie wach. Der Rabenfächer, zum Beispiel, kann einen Menschen darauf vorbereiten, in eine Zeit des Suchens in der großen Dunkelheit, d.h. eine Zeit des Keimens, einzutreten. Der Eulenfächer hingegen bereitet denjenigen vor, der das Lager auf der anderen Seite der geistigen Welt sucht. Mir erschien zum Beispiel eine Eule, kurz vor dem Verscheiden von Cliff, Claire und Princess Moon Feathers. Der Eulenfächer wird überdies auch dazu verwendet, trügerische Gedanken und Worte hinwegzufegen, so daß man sich auf die Weisheit der Unschuld konzentrieren kann. In Fällen, die große Heimlichkeit erfordern, kann die Feder des Nachtadlers eine große Hilfe sein. Der aus Truthahnfedern gefertigte Fächer wird zu Anlässen des Verschenkens oder des Dankens verwendet. Der Schwanenfächer wiederum dient dazu, die Energien der Anmut, des leichten Herzens und der Intuition hervorzurufen. Der aus den Federn des Eichelhähers gefertigte Fächer zieht Fröhlichkeit und Ausgelassenheit an, während der kleine Kolibrifächer dazu verwendet wird, Liebe und Intimität anzuziehen. Den Geierfächer verwendet man zur Abwehr lästiger Geister, und der aus den Federn des Roadrunners gefertigte Fächer beschützt die Reisenden. Der aus den Federn des kleinen Sittichs bestehende Fächer befreit das Kehlchakra und läßt Lieder entstehen. Jeder Vogelfeder ist eine ganz besondere Medizin eigen. Wenn wir lernen, uns mit jedem Geschöpf Gottes zusammenzutun und mit ihm die Energie auszutauschen, dann können wir wahrhaft dic Erde und alles was ihr angehört besitzen.

Pfeile

Pfeile sind Symbol dessen, was direkt ins Herz aller Dinge trifft. Wenn man einen Pfeil fest in die Hand nimmt und dann erhebt, so ist dies ein Zeichen des Krieges. Ein zerbrochener Pfeil hingegen kündet den Frieden. Abgesehen von seiner Verwendung als Waffe, kann ein aufrecht stehender Pfeil auch die schnelle und reibungslose Abwicklung eines Vorhabens oder einer Reise symbolisieren. Er ruft uns dazu auf, einen Pfad zu wählen und auf diesem bis zum Erreichen des Zieles zu bleiben. Überkreuzte Pfeile symbolisieren Partnerschaft im Traum und in dessen Umsetzung. Eine Vielzahl von Pfeilen auf einem Haufen symbolisieren das Zusammenkommen von Nationen, Vorstellungen, Familien, Stämmen etc.; sie steht außerdem für den Großen Kreis All Dessen Was Ist. Der kleine Jagdpfeil symbolisiert die Jagd und ist erfüllt von Dankbarkeit für all das Wild, das uns Leben gibt. Der Pfeil aus weichem Stein schließlich steht für denjenigen, der ein weiches Herz allen Dingen und Lebewesen gegenüber hat.

Unser Haufen "brennender Pfeile" steht für die Herzen jener, die sich selbst den Namen "Regenbogenkreis" gegeben haben. Unsere Vision ist es, alle Völker in einem großen Kreis vereint zu sehen, und unsere überkreuzten Pfeile symbolisieren die große Partnerschaft mit Allem Was Ist. Die Pfeilspitzen bestehen aus Speckstein oder Zedernholz; wir haben also allen Menschen gegenüber ein weiches Herz. Die Papageienfedern an unsern Pfeilen erinnern an den Großen Großmutter-Geist und an alles wahrhaft Weibliche. Der Schaft besteht aus Walnuß- oder Zedernholz und symbolisiert das Herz und das Rückgrat des Großen Großvater-Geistes. Auch repräsentieren die Pfeile die heilige Dreieinigkeit, d.h. das Gleichgewicht zwischen Mutter, Vater und Kind. Als mein Neffe sechs Jahre alt wurde, schenkte ich ihm seinen ersten Pfeil. Dieser ist so geschmückt, daß er dem Jungen die Kraft gibt, die Wahrheit zu erkennen und zielstrebig auf seinem eigenen geistigen Pfad voranzuschreiten. Auch symbolisiert dieser Pfeil eine Zeit des Übergangs für ihn. Wenn der Pfad eines Menschen seinem eigenen Wohl sowie auch dem Wohl des Ganzen dient, dann schenken wir diesem Menschen oftmals zur Anerkennung seines Lebenswerks einen Pfeil. In diesem Zusammenhang hat der Pfeil die Bedeutung einer Medaille

Zeremonielle Pfeile

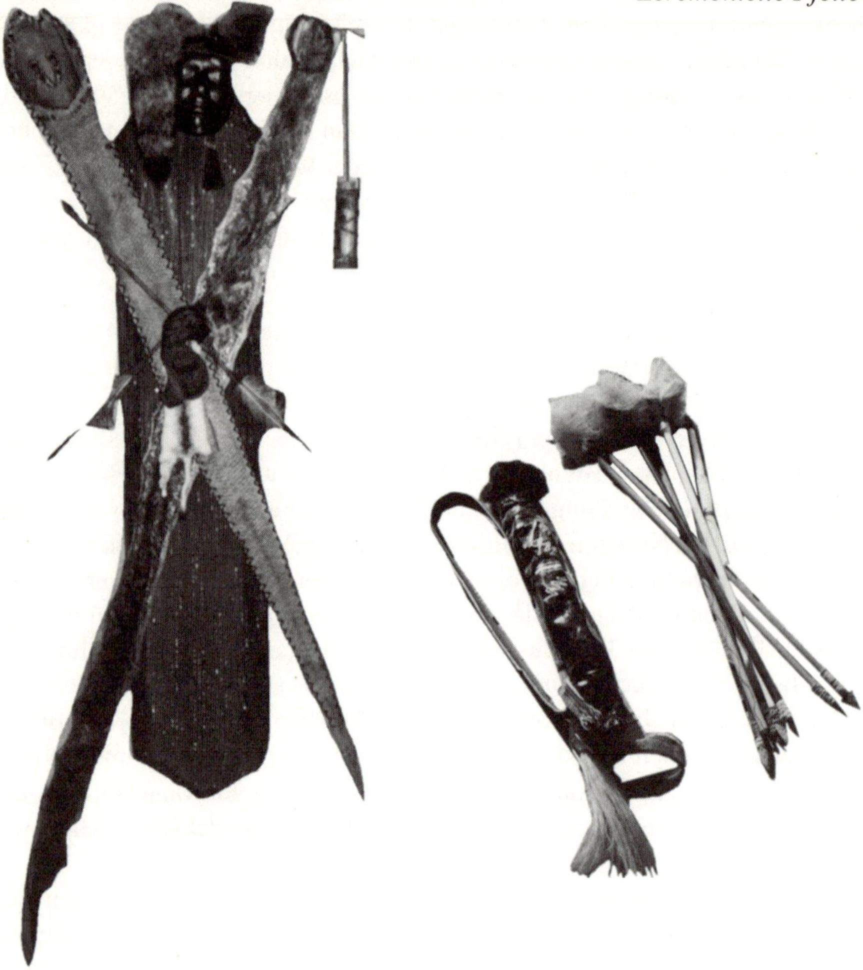

oder einer Trophäe. Wenn man Frieden schließt, so ist es gut, symbolisch einen Pfeil zu zerbrechen. Der zerbrochene Pfeil erinnert uns dann daran, daß keine kriegerischen Auseinandersetzungen mehr bestehen. Ein Pfeil, der einen Schild durchdringt, ist ein Symbol für eine Verpflichtung, einen Traum fortzuführen und in die Tat umzusetzen. Hinter einem Schild überkreuzte Pfeile stehen für eine Partnerschaft. Ich selbst habe einmal einen Schild für Ted Turner und J.J. Ebaugh gemacht. Über viele Jahre hinweg hatten diese beiden Freunde einen gemeinsamen Traum von weltweiter Kommunikation. Die Pfeile für ihren Schild kamen von der Insel Hawaii; das Holz holte ich in O Hea Lauhi. Es handelt sich dabei um das Holz eines Baumes, der auf einem heißen Lavafelsen wächst. Dieses besondere Holz ist sehr hart und widerstandsfähig; es ist das "O Hea" und steht für den männlichen Anteil. Die Blüten der Pflanze leuchten rötlich-golden und werden "Lauhi" genannt. Sie stehen für den weiblichen Anteil. Der Baum und seine Blüten waren einst ein Abschiedsgeschenk von Pele für das letzte Opfer junger Liebender. Diese Partnerschaft überdauert alle Veränderungen und Herausforderungen. Jeder Pfeil mit dieser besonderen Herkunft, mit diesem Holz, diesen Federn, dieser Spitze und diesen speziellen Verzierungen, trägt göttliche Kraft in sich. Ein Pfeil ist viel mehr als nur eine optische Erinnerung.

Bindungsstäbe

Letztes Jahr wurde der Stadtbezirk Malibu (Los Angeles, Kalifornien) zu einer eigenständigen Stadt mit eigenem Bürgermeister gemacht. Im Rahmen der "Übergangszeremonie" nahm der Bürgermeister einen Bindungsstab, als ein Unterpfand seines Einsatzes für das Wohl der Stadt, entgegen. Vor kurzem saßen David und Barbara allein in ihrem Wohnzimmer und legten ihre Hände auf einen Bindungsstab. Durch diese Handlung wurden sie Mann und Frau. Wir sind schon oft im Kreis gesessen und haben unsere Hände auf einen Bindungsring gelegt, um somit unseren Einsatz und unsere Hingabe für unsere Gemeinschaft zu symbolisieren. Auch haben wir mit dem Bindungsstab schon geschäftliche Vereinbarungen besiegelt. Die Idee, die hinter dem Bindungsstab steckt, ist so alt, daß man sie noch nicht einmal mehr historisch zurückverfolgen kann. Mich hat in jedem Fall der Große Geist klar und deutlich hinsichtlich der Bedeutung und des Gebrauchs des Stabes unterrichtet. Mit Demut habe ich ihn dann in unseren zeremoniellen Kreis mit eingebracht.

Der Bindungsstab ist dem im Alten Testament dargestellten Bündnis sehr ähnlich. In den alten Tagen der biblischen Geschichte, vergossen ganze Familien das Blut von Tieren, entblößten ihre Füße und wateten dann in dem Blut. Dabei sagten sie zueinander und zu Gott dem Allmächtigen, "Mein Versprechen und mein Bündnis ist mit Blut besiegelt. Wenn ich dieses Versprechen breche, so laß mich auch mein eigenes Blut vergießen". Man hat mir gesagt, daß früher, als die Gesetze der Zeremonien noch nicht von Männern bestimmt wurden, das Blut, das man zum Eingehen von Bündnissen verwendete, jenes der monatlichen Blutungen der Frauen war. Dies ist sicherlich eine zivilisiertere und auch kraftvollere Variation dieses Rituals. Wir sind dafür, daß in den Zeremonien wieder das Menstruationsblut der Frauen verwendet wird. Man könnte das Blut der ersten Menstruation eines jungen Mädchens als Beweis ihrer Fruchtbarkeit ans Feuer des Rates bringen. Alle könnten dieses Blut sehen, und es wäre Anlaß zu großem Feiern und großer Freude (und nicht Anlaß zu Beschämung, wie das heute noch der Fall ist).

Wenn Menschen zum Stab kommen, dann schließen sie ein Bündnis oder machen ein öffentliches Versprechen vor Gott und den Menschen. Die Folgen, die sich daraus ergeben könnten, falls man sich vom Stab abwendet, sind sehr ernst und sollten gut überlegt werden, bevor man sich zu diesem Schritt entschließt. Wenn Menschen sich vom Stab abwenden oder ihr Versprechen nicht einhalten, dann wendet sich die Welt, die sie kennen, von ihnen ab, so daß sie selbst plötzlich zu den lebenden Toten gehören. Alle, die bei der Abgabe eines Versprechens mit in dem Kreis sitzen, verpflichten sich dazu, sich von der jeweiligen Person abzuwenden, falls diese sich eines Tages von ihrem Versprechen distanzieren sollte. Wenn Menschen von einem anderen ihr Angesicht abwenden, so sprechen sie nicht mehr von der Person, die nun zu den lebendigen Toten gehört. Sie schauen sie nicht mehr an und halten sich nicht mehr in ihrer Gesellschaft oder der Gesellschaft ihrer Freunde auf. Sie denken auch nicht mehr an die betreffende Person oder unterstützen deren Existenz in irgendeiner anderen Weise. Sobald der oder die "Abtrünnige" sich wieder dem Stab und somit dem abgegebenen Versprechen zuwendet, ist alles wieder wie zuvor, und der Vorfall wird nie mehr erwähnt. Hierbei handelt es sich um einen sehr großen Gruppenzwang. In kleineren Gemeinschaften oder Familien kann es vorkommen, daß eine Person vollständig von ihrem Heim, ihrer Nahrungsquelle, ihrer Arbeit und den Transportmitteln abgeschnitten wird. Handeln wir also schnell, um den Stab zurückzubringen! Von vier eingegangenen Ehen werden drei geschieden. Wir haben keine kulturelle Ethik mehr für Versprechen und Bündnisse. Deshalb müssen wir daran arbeiten, die Würde und den Respekt im Hinblick auf die Macht des Ausharrens wiederherzustellen. Beim Bindungsstab geht es um eben diese Macht.

Der Bindungsstab unseres Stammes ist ein großes Rad, das einen offenen Kreis an der Stelle der Radnabe hat. Die Radnabe unseres Rades ist ein sich drehender innerer Kreis. Die Speichen und das äußere Rad sind mit Elchleder umhüllt. Der innere Teil des Rades ist ein Geflecht aus Weiden. Die Weide ist ein Baum, der nahe am Wasser wächst und deshalb auch viel Feuchtigkeit aufnimmt. Das Holz dieses Baumes eignet sich sehr gut dafür, Gefühle zu bewegen und die Dinge in Bewegung zu halten. In der Mitte des Rades ist ein Schildkrötenpanzer aufgehängt. Dieser repräsentiert einen Menschen mit einem starken Herzen, der alle Dinge, die für die Erde und ihre Geschöpfe gut sind, zusammenhält. Die Schildkröte ist ein Symbol für die Mutter Erde. Als sie einst im Meer trieb, spien die Geschöpfe des Meeres Schlamm auf ihren Rücken. Als dieser in der Sonne getrocknet war, tauchte sie darunter hinweg und hinterließ auf diese Weise ein Stück Festland. Dies tat sie noch einige Male, bis alle Kontinente geformt waren. Die Schildkröte hat das stärkste Herz von allen Geschöpfen. Wenn man einer Schildkröte den Kopf abschneidet, so schlägt ihr Herz noch bis zu vier Tage weiter. Außerdem hängt in der Mitte unseres Rades eine Rose, die uns daran erinnert, daß im Frühling die Samen zu Rosen werden. Hinter dem Schildkrötenpanzer hängt ein Medizinbeutel, der die Matrix der Erde enthält. Die Adlerfedern an unserem Rad symbolisieren das Höchste und das Beste. Als die Mitglieder der "Vision Us, Inc." zusammentraten, kamen alle Vorstandsmitglieder sowie alle weiteren Mitglieder zum Stab. Unser Versprechen ist es, unser Leben so zu leben, damit es als Beispiel für unsere Vision, nämlich daß alle Völker sich zu einem Volk vereinen mögen, dienen kann.

Cloud's persönlicher Bindungsstab

Bindungsstab von Malibu

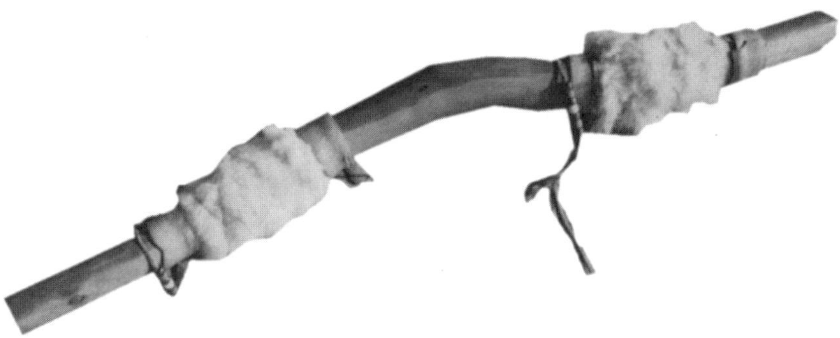

Familien-Bindungsstab

Unser Familien-Bindungsstab wurde von einem Kind aus unserem Kreis aus Zedernholz geschnitzt. Die Griffe, an denen man den Stab berührt, sind mit dem weichen, flauschigen und kuscheligen Fell eines Kaninchens überzogen. Die Perlen haben die Farben von Vater Himmel und Mutter Erde. Dieser Bindungsstab wird von uns für die Aufnahme neuer Mitglieder in unseren Kreis verwendet. Auch Großmutter Moon Feathers haben wir mit diesem Stab aufgenommen.

Mein persönlicher Bindungsstab wurde von Bibern geschnitzt. Er besteht aus dem Holz der Pappel, jenem Holz, das man für die Zeremonie des Sonnentanzes verwendete. Pappelholz ist ein weiches Holz, das sich jedoch so verhält wie hartes Holz. Seine dicht verwachsenen Fasern sind so stark wie ein Tau. Da es aber so weich ist, kann es sich dennoch im Wind wiegen, ohne dabei zerbrochen zu werden. Seine Flexibilität und Stärke schützt es vor Windschäden, denen die Eiche oder der Walnußbaum so oft zum Opfer fallen. An heißen Sommertagen sieht man die weißen Flocken der Pappelsamen wie Wattebäusche durch die Lüfte fliegen. Auf den Parkbänken liegt dann oft eine weiße Watteschicht, die uns mitten in der Hitze daran erinnert, daß auch die Kälte bald wieder kommen wird. Die Blätter der Pappel haben die Form von kleinen Herzen und erinnern mich an unsere Tipis. Sie lassen mich an die Wärme und Liebe der Feuer, die in unseren Häusern brennen, denken. Meinen Pappelstab habe ich an einem Biberteich gefunden. Unsere Freunde, die Biber, hatten ihn benagt und somit geschnitzt. Nachdem ich ihn auf die mir zusagende Länge zugeschnitten hatte, schnitzte ich den Huf eines Rehs in das eine Ende und einen Pferdehuf in das andere. Auf diese Weise symbolisierte ich das Gleichgewicht der Kräfte ebenso wie Zärtlichkeit und Anmut.

Wenn zwei Menschen ihre Hände auf dem Stab zusammenlegen, werden sie zusammen im Gleichgewicht gehen. Sie kommen dann mit einem guten Herzen für alle Dinge. Sie werden die erhabensten Lehren anrufen. Sie kommen mit dem Eifer der Biber, um einen weltweiten Traum aufzubauen.

Die Pfeife

Eines Tages saß Skye da und betete. Ihre Aufmerksamkeit war auf den Himmel gerichtet. Dort sah sie große Hände, die herabkamen und ihr eine Pfeife reichten. Ich habe ihre vorsichtige und doch kraftvolle Art, mit der Pfeife umzugehen, schätzen gelernt. Sie ist wirklich eine Frau der Pfeife. Die Großmütter und Großväter haben ihr die Pfeife gegeben. Ich habe meine Pfeife von den Stammesältesten erhalten. Wenngleich ich mich hin und wieder von meiner Pfeife gerufen fühle, so betrachte ich mich dennoch nicht als wahre Pfeifenträgerin.Die Rote Straße ist ein Pfad. Sie ist ein Weg. Das Kreuz ist das Symbol der Roten Straße. Diese steht für eine generelle Haltung der Verehrung. Hier geht es um eine starke Lebensweise, die dennoch das Leben nicht stört und ihm nicht schadet. Die heilige Pfeife kann uns dazu dienen, uns auf die Rote Straße zu konzentrieren. Sie ist der universelle Faden, der alles Leben verbindet. Die Essenz, die alle Dinge bewegt, ist der Atem. Wenn wir durch unsere Pfeifen atmen, machen wir den Atem des Lebens sichtbar. Unser sichtbar gewordener Atem ist das Pferd, auf dem unsere Gebete hinauf zu der Quelle allen Atems, zum Großen Atem, dem Großen Geheimnis, reiten. White Buffalo Calf Maiden brachte die heilige Pfeife zum Stamm der Lakota. Sie machte die Pfeife zu einer Brücke zwischen Himmel und Erde, zwischen dem Sichtbaren und dem Unsichtbaren. Es ist die Pflicht der Pfeifenträgerin, ein Leben in Reinheit in Gedanken, Worten und Werken zu führen.

Es ist ausreichend, ein wenig Ahnung davon zu haben,

wie man mit körperlichen Gegenständen umgeht.

Dann braucht man nur noch ein wenig mit dem Gegenstand zu spielen,

solange, bis sein Geist zum Vorschein kommt,

und uns den Weg zur Schöpfung weist.

Kaktus

Der Pfeifenkopf symbolisiert den weiblichen Aspekt des Großen Geheimnisses, den Heiligen Mutter-Geist. Der Stiel repräsentiert den männlichen Aspekt des großen Geheimnisses, den Großen Vater-Geist. Im heiligen Rauch wird der Geist des Schöpfers der Erde sichtbar. Wenn wir den Rauch inhalieren, nehmen wir das, was uns das Große Geheimnis schenkt, an. Wenn wir den Rauch ausatmen, geben wir wieder etwas an das Große Geheimnis bzw. in die Obhut des Schöpfers zurück. Wir teilen also mit Hilfe der Pfeife den heiligen Atem des Lebens. Die Chinesen nennen ihn Chi, die Japaner Ki, die Yogis Prana, die Juden Ruach, die Sufi Ruh, die Griechen Pneuma, die Einwohner Hawaiis Mana, die Cheyenne Matasooma und viele Ureinwohner Amerikas bezeichnen ihn als Medizin.

Es gibt viele verschiedene Arten von Pfeifen: Pfeifen des Stammes oder des Clans, persönliche oder gemeinschaftliche Pfeifen, Pfeifen des Rates und Hochzeitspfeifen. Auch gibt es viele verschiedene Arten der zeremoniellen Pfeifen: Sonnentanz-Pfeifen, Pfeifen des Traums und der Vision, Kriegs- und Friedenspfeifen, Ernte- und Pflanzpfeifen. Das Ziel der Zeremonie ist es, unsere Konzentration, Wahrnehmung, Sensibilität und Intuition zu fördern. Dies geschieht, wenn alle Herzen wie eines schlagen. Immer wenn sich mehrere Menschen eine Pfeife teilen, ist es

Skyes Pfeife

Cloud's Pfeife

gut, solange schweigend zu rauchen, bis alle Herzen im Gleichklang schlagen. Wir möchten hier nur ein paar Pfeifen und deren Funktion als Beispiele für den hervorragendsten aller zeremoniellen Gegenstände vorstellten.

Der Kopf meiner Traumpfeife besteht aus der roten Tonerde von Oklahoma, die ich aus unserem Teich geholt habe. Nichts wurde ihr hinzugefügt und nichts weggenommen. Die Form des Pfeifenkopfes erinnert an einen Delphin, der die Welt auf seinem Kopf trägt. Der Delphin repräsentiert den Atem des Lebens, das Manna des Universums. Er ist ein Bote aus dem Reich der Träume. Delphine haben die am besten und feinsten entwickelte Form der Kommunikation. Sie sind die Verbindung zwischen uns und den großen Wesen der Sterne und bringen Lösungsvorschläge für die Kinder der Erde. Der Delphin ist der Hüter von Spiel und Lachen. Untereinander haben die Delphine keine Geheimnisse. Alle Gedanken und Gefühle sind sogleich allen anderen bekannt. Wenn ein Delphin verletzt wird, so wissen es die anderen sofort, auch wenn sie sich Hunderte von Kilometern entfernt aufhalten. Sie kommen dem Verletzten zu Hilfe und bringen ihn in Sicherheit. Delphine kennen den "Nackengriff", den andere Säugetiere verwenden, nicht, und sie klammern sich nicht an den anderen. Der Delphin kennt den Rhythmus des Lebens.

Der Stil meiner Pfeife besteht aus meinem geliebten Osage-Orangenholz. Dieses Holz ist stark, schön, exotisch und dazu geeignet, die Energie wegzuschicken, genauso wie das der Bogen tut. Am Osagebaum wachsen Maulbeeren, die ein echter Leckerbissen für Pferde sind. Der Stil ist mit Wolfspelz umwickelt, um den größten aller Lehrer anzurufen und um das Zusammenkommen aller Kreise zu bitten. Die bunten Perlen, die daran befestigt sind, repräsentieren alle Völker und alle Nationen. Die Pferdehaare erinnern uns daran, daß wir so leben sollen, daß wir unseren Kindern über sieben Generationen Kraft schenken. Die indischen Gebetsperlen sagen uns, daß wir alle Völker der Erde mit Nahrung versorgen sollen. Das Elchleder ist ein Symbol der Liebe, die selbst das Alpha und das Omega, der Anfang und das Ende ist. Die goldene Münze stammt aus Australien, aus dem Jahr des Friedens dieses Landes. Sie erinnert uns daran, daß der große Traum der Aborigines, unserer Ältesten, darin besteht, alle Völker in einem großen Regenbogenkreis vereint zu sehen. Der Kristall dient der Klarheit der Sicht, und zwar in die Nähe ebenso wie in die Weite. Wenn wir diese Pfeife im Rahmen einer Zeremonie rauchen, so tun wir dies mit kindlichem Herzen. Die Peife schickt unsere Hoffnungen und Träume zum Großen Geheimnis. Manchmal denken wir, die Pfeife ist das Werkzeug, das uns zur Erfüllung unserer Wünsche verhilft.

Meine persönliche Pfeife (auch *Chanunpa* genannt) besteht aus dem roten Pfeifenstein, Catlinit, den man in Minnesota findet. Man sagt, das Blut der Büffel hätte ihm sein Leben gegeben. Der Stil ist mit weißem und grauem Wolfspelz umwickelt, um den großen weißen Wolf zu ehren, den ich mit meinen dritten Auge gesehen habe. Der weiße Wolf ist der große Lehrer. Wenn ich mich mit dieser Pfeife zum Gebet begebe, setze ich mich und verharre in stiller Kommunikation, der Art von Kommunikation also, die die moderne Erziehung mit allen Mitteln zu zerstören sucht. Die

Perlen stammen von meinem eigenen Regenbogenstamm. Diese Pfeife ist meine persönliche Gebetspfeife. Sie wohnt in einem Beutel, der aus der Haut eines Elchs gemacht wurde. Der Elch ist wie die Glocke der Kapelle, die man in einem Bergdorf hören kann. Jeden Morgen geht er an einen erhöhten Ort, von dem aus er mit seinem lauten Ruf die Sonne begrüßt. Am Abend kehrt der Elch zurück und betrachtet die untergehende Sonne. Die Medizin des Elchs gleicht dem Morgenstern, dem Alpha und dem Omega. Manche sagen, Elchmedizin sei die Medizin der Liebe, der sexuellen Erregung und der Lebenskraft. Mein Pfeifenbeutel ist mit der gelben Rose der Freundschaft verziert. Die Rose, ebenso wie meine Pfeife selbst, symbolisieren die Kraft des Ausharrens.

Auf unserem Welt-Familien-Wandbrett liegt eine Apachenpfeife. Ihr Kopf besteht aus den Kochen eines Elchs. Der Stiel stammt aus der Wüste, wo ihn der Blitz geschnitzt hat. Die an ihm befestigten Felle stammen vom Bären, vom Büffel und vom Wild. Die Pfeife hat eine sehr starke Heilkraft. Wir rauchen sie bei unseren Zeremonien des Weltfriedens, in denen auch unser Adlerfächer, der für den Großvater-Gott steht, zum Einsatz kommt. Immer wenn wir diese Pfeife rauchen, tun wir das für das Wohl des weltweiten Kreises.

Wenn wir rauchen, richten wir unser Gebet in jede der vier Himmelsrichtungen und in die drei Richtungen der Gottheit: Hinauf zur Nation der Sterne bzw. der Adler, hinunter zu der Nation der Steine oder der Mutter Erde und hinein in das Innere, dem Kreis ALL DESSEN WAS IST. Die Pfeife muß immer den Weg vorgeben. Man sollte niemals versuchen, selbst den Weg zu bestimmen. Die heilige Pfeife wurde dem Stamm der Lakota gegeben und ist dazu bestimmt, an alle Nationen weitergegeben zu werden. Einmal forderte ich meine Freundin Mary Thunder dazu heraus, sie solle ihre Pfeife mit dem Papst rauchen. Vielleicht wird sie das eines Tages auch tun. Die heilige Pfeife wird den Weg für uns finden, und wir sind dazu aufgerufen, diesem Weg zu folgen, wo auch immer er uns hinführen mag. Er wird uns zu guter Medizin, zu reinem Wasser und zu sicherem Schutz führen. Die Pfeife ist wie ein Telefon, das uns mit dem Großen Geheimnis verbindet. Betet immer in Demut, gleich einem Kind, das mit der Erde verwandt ist und ihre Schönheit liebt. Lernt zu aller Zeit beim Gehen zu beten. Sucht die Freundschaft der Pfeife, dann wird sie euer Freund sein. Wenn ihr im Leben einen Fehler begangen habt, so betet um Vergebung und tut dann etwas, das die begangene Tat wiedergutmachen kann. Die Pfeife wird den Weg weisen; sie wird uns lehren, in Kreisen zu denken, in denen alle Dinge im Fluß sind.

Wenn ihr raucht, erwartet nichts und ihr werdet alles bekommen. Die Pfeife ermöglicht es uns, die Ablenkungen in unserem Leben auszuschalten. Wenn wir uns der Pfeife annehmen, wird sie sich unser annehmen.

Tomahawks

David ist ein Musterschüler. Ich schenkte ihm einmal einen Medizinbeutel. Bevor ich es wußte, war er schon dabei Medizinbeutel zu machen und sie zu verschenken. Eines Tages beobachtete mich David dabei, wie ich jemandem einen Tomahawk schenkte. Sogleich machte er sich daran, die wundervollsten Tomahawks herzustellen. Nachahmung ist die höchste Form von Respekt. David ist mein Schüler im Bereich der Medizin. Er ist gerade dabei, sich einen großartigen Tomahawk zu verdienen. Bruce tat einmal einen sehr guten Ausspruch; er sagte: "Ich bringe mein Beil zum Feuer. Ich werde einen langen Weg haben". Manchmal kommt es vor, daß Eingeborene, die meine Tomahawks sehen, in Schlachtrufe ausbrechen, genau wie die Indianer in den Kinofilmen. Sie assoziieren den Tomahawk mit dem Krieg. Sie betrachten ihn als Waffe. Früher war er aber ein Werkzeug, ein Hammer. Für den wahren Krieger bedeutet der Tomahawk innerhalb des Kreises das Folgende: "Ich bin der Architekt von Träumen. Ich bringe mein Beil (Werkzeug) an das Feuer dieses Kreises. Ich bin hier, um dabei zu helfen, die Träume meines Volkes aufzubauen. Ich bin stark. Ich werde einen langen Weg haben".

Ich bin ein Zimmermann. Mein Vater hatte sich einen Sohn gewünscht, und dann hatte er zwei Mädchen, Zwillinge, bekommen. Ich kam zuerst, genau vier Minuten vor meiner Schwester. Die Medizin wird immer in die Hände der Erstgeborenen der Zwillinge gelegt. Meine Schwester ist eine Seherin. Der Sohn meines Vaters ist ein Mädchen. Mir brachte mein Vater all das bei, was er einem Sohn hätte beibringen können. Wenn ich mein Beil zum Feuer des Rates bringe, und ich tue das sehr oft, dann komme ich ans Feuer, um die Träume meines Volkes – meines gesamten Volkes – aufzubauen. Der erste Tomahawk, den ich jemals gemacht habe, war wie der eines Kindes. Der Griff bestand aus rotem Zedernholz, und auf den Stein malte ich eine Wolke mit einem Regenbogen. Ich brachte diesen Tomahawk an Claires Feuer. Sie ließ ihn eine Weile lang unbeachtet am Boden liegen. Dann brachte sie ihn zu ihrem Altar am Habichthügel. Ich werde ihren Träumen Kraft verleihen, so als wäre sie noch immer in ihrem Körper.

Das zweite Beil, das ich gemacht habe, ist für den Kreis unseres Stammes. Ich nehme es mit zu den Zeremonien, wenn ich als Stammesführerin fungiere. Es liegt dann in der Mitte, auf dem Altar des Adlerhorsts. Großmutter Jo Jo gab mir einmal ein altes landwirtschaftliches Gerät. Dieses verwandelte ich in einen Tomahawk und legte es am Altar des Heiligen Großmutter-Geistes nieder. Indem ich dies tat, schwor ich, daß mein Weg, den ich für die Mutter Erde gehen werde, lang sein würde. Der Griff besteht aus altem Rattan (es kommt aus den Tropen und ist sehr hart). Die Federn sind die eines Habichts und das Fell das eines Fuchses. Es macht mir Spaß, an Großmutters Geschenken das Fell des Fuchses zu befestigen. Sie ist die Fuchsdame! Indem ich diesen Tomahawk zum Altar des Großen Großmutter-Geistes gebracht habe, wollte ich eine Botschaft der Dankbarkeit überbringen.

Tomahawks

Mein persönlicher Tomahawk ist aus Eichenholz geschnitzt. Die eine Seite ist in der Form eines Pferdefußes geschnitzt; auf diese Weise möchte ich meine Kraft in die Kinder der kommenden sieben Generationen senden. Das daran befestigte Büffelfell symbolisiert den Überfluß. Die Federn stammen von der Eule und stehen für die Weisheit und die Gabe, auch an dunkeln Orten sehen zu können. Der Stein stammt von einem alten Ort der Zeremonien und wurde mir von Großmutter Jerry, die ihn dort gefunden hat, geschenkt. Jerry stammt von den Cherokee ab. Das Pferdehaar ist von meinem aus Montana stammenden gescheckten Pferd Sedona. Einmal ritt ich mit ihm in eine Senke, in der sich Klapperschlangen aufhielten. Anstatt mich abzuwerfen, ging er ganz vorsichtig durch die Schlangen hindurch, während ich mich für unser Eindringen entschuldigte. Zu dieser Stelle waren wir nur gelangt, weil ich gerade einer alten, krächzenden Krähe hinterher ritt und deshalb auf einen felsigen Hügel zuhielt. An diesem Tag war mein Pferd recht ruhig, und deshalb haben wir den Vorfall überlebt. Er hätte jedoch jeden abgeworfen, der versucht hätte, mit ihm auf eine enge Absperrung zuzujagen. Sicher hat er diesen Tag nie vergessen. Ich mag seinen Mut, seine scharfsinnige Wahrnehmung und seine Trittsicherheit. Es gibt mir ein gutes Gefühl, seine Haare an meinem Tomahawk zu haben. Wenn ich diesen Tomahawk an ein Feuer bringe, so ist das immer etwas ganz Besonderes. Wenn jemand dem Großen Geist und dem Wohl der Erde dient, so ist es angemessen, diesen Menschen durch einen Tomahawk zu repräsentieren. Es ist dies eine große Ehre. Die Aussage, die dahinter steckt, ist: "Du bist ein Wettkämpfer für Gott. Dein Weg, den du für dein Volk gehst, wird lang sein. Der Tomahawk soll dich an unsere Bewunderung erinnern".

Noch eine letzte Bemerkung zu meinem Tomahawk; als Bruce von seiner Bedeutung erfuhr, brachte er seine Hämmer und Sägen mit. Bruce ist ein meisterhafter Zimmermann. Im August 1988 saß er mit uns an unserem Feuer des Rates, das wir "die Reise des Türkises" genannt hatten. Er machte Holz für uns, baute unsere Hütte und kam dann ans Feuer und sagte: "Ich bringe mein Beil zum Feuer. Ich werde einen langen Weg haben". Bruce ist ein brüderlicher Freund. Er hat auf unserer Ranch mehr gebaut, als sonst irgend jemand. Genau das ist die Bedeutung des Tomahawk: „Nimm mein großes Geheimnis! Nimm alles was ich habe!"

Schilde

Meinen ersten Schild sah ich in einer Vision. Niemand hat mir je erklärt, wie man einen Schild herstellt. Irgendwie "erinnerte" ich mich einfach daran. Wenn ich einen Schild herstelle, werfe ich immer ein Tuch auf den Boden und beräuchere es. Manchmal lege ich einen Lieblingskristall "des Rufens" auf das Tuch. Ich richte ein Gebet an den Schild und bitte darum, daß alles, was "zum Schild kommen" soll, aufwachen und an seinen Platz kommen möge. Sodann wende ich meine Aufmerksamkeit dem Vorgang als solchen zu. Der erste Schild, den ich hergestellt habe, war ein Traumschild. Ich denke, dieser wird immer mein Lieblingsschild sein und bleiben. Ich träumte davon, wie er aussehen würde. Ich warf mein Tuch auf den Boden und wartete in einer Haltung des Gebets und mit großer Aufregung. Am nächsten Tag wurde mir ein Ziegenfell geschenkt. Ich selbst wurde mit Ziegenmilch großgezogen. Eine kleine Pappel sagte zu mir, ich solle sie für den Rahmen des Schildes verwenden. Sie wuchs an dem "schönen Ort" auf unserer Ranch. An diesem Ort bläst der Wind all die guten Düfte in ein kleines Tal hinunter. In diesem Tal kann man immer die süßesten Düfte wahrnehmen.

Ich denke, jedes Land hat seinen eigenen "schönen Ort". Als Kind lernte ich, wie man durch das Aufblähen der Nasenflügel so atmen kann, daß man den Geruch noch deutlicher wahrnimmt. Wir konnten sogar die Schlangen riechen. Sie haben einen ziemlich modrigen Geruch. Diese Art des Riechens hatte man uns an sich aus Sicherheitsgründen beigebracht, doch hat es mir die Gabe, auch alle feinen Düfte besser riechen zu können, beschert. Selbst heute rieche ich noch auf diese Weise. In

Siegesschild

Traumschild

jedem Atemzug kann ich die Gegenwart des Großen Geheimnisses wahrnehmen, die sich so voll und süß in meinen Lungen ausbreitet. Es liegt noch viel mehr in der Luft, als nur Luft.

Großmutter hatte mir die Spitze eines Pfeiles geschenkt, und ich schnitzte mit den Klappern einer Klapperschlange einen starken Pfeil. In den Everglades waren die Klapperschlangen meine Lehrer. Dort waren sie überall. Ich lernte, sie und ihre Warnungen zu respektieren. Ich lernte, zuerst auf den Zehenspitzen aufzutreten und dann den Fuß langsam abzurollen. So geht man auf weichem Boden. Es ist so, als würde man sich ständig an etwas anschleichen. Wir berühren zuerst mit dem weichsten Teil unseres Fußes den Boden. Somit würden wir die Schlange fühlen und könnten uns zurückziehen, bevor wir sie verletzten. Dadurch, daß ich immer nach Klapperschlangen Ausschau hielt, lernte ich, alles zu sehen. Den besagten Pfeil wollte ich durch meinen Schild stecken, fast so wie einen Pfeil, der durch ein Valentinsherz geht. Ich nannte meinen Pfeil "starkes Herz". Am äußeren Rand meines Traumschildes befestigte ich all die Bärenkrallen, die ich geschenkt bekommen hatte. Sie erinnern mich an die Bären, die auf ihren Hinterbeinen stehend um mich herumtanzten, als ich ein Kind war.

Mit Bedacht wählte ich dreiundzwanzig leuchtende Pente-Steine für meinen Schild aus. Pente ist ein Spiel, das von einem Jungen namens Garry aus meiner Heimatstadt erfunden wurde. Es fing mit einem Uni-Wettbewerb an. Da seinen Freunden das Spiel gefiel, machte er ihnen noch das eine oder andere in seiner Garage. Heute ist er Multimillionär, lebt in Austin, Texas, und stellt Pente-Spiele für die ganze Welt her. Mein Traum ist es, daß die ganze Welt an einem globalen Fest teilnehmen möge. Ich denke mir, wenn wir der ganzen Welt einen Tag lang zu essen geben können, so können wir das auch immer. Wenn es uns Freude macht, einen Tag lang zusammen zu spielen, dann können wir das vielleicht immer tun. "Menschen, die zusammen spielen, halten zusammen". Wenn Menschen zusammen lachen und spielen, entsteht zwischen ihnen eine besondere Verbindung. Die Pente-Steine waren also für meinen Schild genau die richtigen Steine. Dreiundzwanzig steht in der Zahlenmystik für "5", und fünf ist die Zahl der Veränderung. Ich bitte um große Veränderungen auf unserem Planeten. Auf die Vorderseite meines Schildes malte ich eine Schlange und einen Adler, die miteinander spielen. Sie beide sind Raubtiere; jeder von ihnen könnte den anderen töten. Der Adler repräsentiert das Volk des Himmels und die Nation des Adlers. Die Schlange symbolisiert die Erde, die Transformation und die Heilung. Wenn alle Schlangen wieder gen Himmel gerichtet tanzen, dann wird die Erde geheilt werden. Außerdem malte ich die Weltkugel und befestigte einen Vierteldollar an dem Schild. Ich schätze, es wird so ungefähr einen Vierteldollar pro Person kosten, um ein weltweites Fest zu geben und es via Satellit in die ganze Welt auszustrahlen. Um meinem Traum Kraft zu verleihen, habe ich das Totem meines Clans, einen türkisfarbenen Bärenfetisch, an dem Schild angebracht, außerdem eine rote Pfeilspitze für den "Königlichen Orden der Pfeile" (mein Name für "einsichtige" Kinder), einen rosaroten kristallenen Engel für ein

Geheimnisschild

Vollendungsschild

liebendes Herz, ein kristallenes Herz, das mir einmal ein Kind geschenkt hat, und ein "Cloud"-Perlmuttknopf, an dem ein Zopf meines eigenen Haares befestigt ist. Haare sind unsere Antennen zum Schöpfer. Ich achte sehr darauf, wem ich etwas von meinem Haar gebe, und ich hebe jedes Haar auf, selbst die Spitzen, die ich mir im Friseursalon abschneiden lasse. Diese verwende ich dann dazu, Nester für besondere Steine und Kristalle zu bereiten und indianische Jo-Jos, Bälle und Medizintaschen herzustellen. An meinen Schilden und besonderen medizinischen Gegenständen befestige ich immer einen Zopf meines Haares.

An der Rückseite meines Traumschildes befindet sich ein Griff, so daß ich ihn mit der rechten Hand halten kann. Ich bin schon überall auf der Welt herumgereist und habe dabei meinen Schild hoch gehalten. Stellen Sie sich den Anblick vor: ich, in meiner schönsten rituellen Ausstattung und meinem hocherhobenen Schild, wie ich in Chicago am O'Hare Flughafen ankomme. Fünf Jahre lang bin ich in dieser Aufmachung unterwegs gewesen. Es ist die traditionelle Zeitspanne, in deren Verlauf man seinen Traum tragen muß, bevor er beginnt, sich zu manifestieren. Während dieser Zeit nimmt unser Traum klare Formen an. Wir haben die Gelegenheit zu lernen, was dazu erforderlich ist, einen Traum zu haben. Wir gewöhnen uns daran, daß uns Menschen nach dem Schild und seiner Bedeutung fragen. Die meisten Menschen dachten, ich hätte ihn in Santa Fe gekauft. Einige wollten ihn mir sogar abkaufen. Ich kann mir vorstellen, daß eines Tages jeder Teenager, der tanzen will, sich einen Traumschild für das was er oder sie im Leben erreichen will, machen und mit ihm in den Discos tanzen wird. Und genau das haben wir getan, von London nach L.A., von Sidney nach Toronto; wir tanzten mit unseren Traumschilden in den Discos. Teilweise scharten sich die Leute um uns und baten uns, mit unseren Schilden tanzen zu dürfen. Man stelle sich vor, jeder geht in seinem eigenen "Krieger der Liebe"-Kostüm und mit seinem "Traumschild" zum Tanzen! An meinem Traumschild sind außerdem noch falsche Adlerfedern und echte Papageienfedern zum Schmuck befestigt. Ich wollte ihn so machen, daß Kinder ihn berühren und mit ihm spielen können. Für die Kinder hängte ich überdies noch den Schweif eines Pferdes an den Schild. Mein Traum war es schon immer, eine bessere Welt für unsere Kinder zu schaffen.

Unser Weltfamilienschild besteht aus wildem Wein, der in drei Kreisen ineinander verschlungen ist, um so die heilige Dreieinigkeit zu symbolisieren. In der Mitte ist ein Biberpelz aufgespannt. Über den gekreuzten Pfeilen befindet sich die Pfeife des Rates der Apachen - ein Symbol des Weltfriedens und der Partnerschaft. Den Mittelpunkt bildet ein Bild der Hände von Großmutter Princess Moon Feather und

rechts: Fahrtenschild der Führerin des Stammes

links: Treueschild

Adlerschild

meinen eigenen Händen, zusammen mit einem Beutel, in dem sich Erde aus unseren Feuern des Rates befindet. Geschmückt ist das Ganze mit Adlerfedern. Ebenso wie die Biber, sind auch wir Baumeister; wir bauen an dem Traum des Weltfriedens. Der Schild hängt im Zentrum unseres Altars.

Mein Sonnenuntergangsschild ist ein Siegesschild. Er wollte von mir geschaffen werden, nachdem ich meinen Traumschild fünf Jahre lang getragen hatte. Diesen Schild trage ich auf meinem Rücken. Das Grundgeflecht besteht aus den Zweigen der Weide, auf dem das Fell eines Lammes befestigt ist. Die Hörner stammen vom Büffel. An seinem "dritten Auge" ist der Vollmond, der zur Erntezeit scheint, zu erkennen. Die Krone besteht aus den weißen Muscheln, die mir meine Kahuma-Schwester geschenkt hat, und die über vier Generationen von den Medizinfrauen weitergegeben worden sind. In der Mitte treffen sich zwei Federn, die wie Pfeile aussehen und die eine Zeit der großen Freude symbolisieren. Das Haar stammt von einem alten Elch, dem Büffel des Nordens. Den Mittelpunkt bildet der Traumkristall, den ich fünf Jahre lang an meinem Stirnband getragen hatte. Der unten befestigte Stoffstreifen stammt aus Guatemala und Brasilien. Zu Beginn meines Traumpfades erschien vor mir eine Büffelkuh, aus deren dritten Auge Blut hervorströmte. Ihre Stimme sagte: "Stille die Blutung". Als sich dann dieser Siegesschild zeigte, war das Blut verschwunden. Alles an diesem Schild ist eine Prophezeiung des Sieges auf Erden. Diesen Schild trage ich nunmehr bei den Zeremonien.

Mein Schutzschild ist türkis, besteht aus Rohhaut und ist so stark, daß er tatsächlich einen Pfeil abhalten könnte. Als Symbol dessen, was stark ist in einer Frau, habe ich den Mond darauf gemalt. Zur Erinnerung an die Alten ist außerdem ein Blitz darauf. Ich trage ihn am Handgelenk und tanze mit ihm.

Unser Gemeinschaftsschild besteht aus Wildleder. In ihm verschmilzt der alte Westen mit dem patriotischen Stolz von heute. An ihm ist der Mokassin eines Babys befestigt, der uns an das Gesetz der sieben Generationen erinnern soll. Auch das Symbol unserer Gemeinschaft ist aufgemalt. Dieses Symbol ist eine Kombination aus einem V, einer Ellipse und dem Zeichen der Unendlichkeit. Es besagt: "Möge große Fülle kommen, so daß für alle Zeiten eine friedliche Welt für alle entstehen kann". Da wir die Botschafter für unseren Zweck sind, haben wir an dem Schild außerdem noch Habichtfedern befestigt.

Mein Adlerschild kam zur selben Zeit zu mir, zu der ich auch mein Adlerbündel erhielt. Selbstverständlich ist auf ihm ein Adler abgebildet. An ihm hängt außerdem eine Truthahnfeder, um den "Adler des Erntedanks" zu symbolisieren.

Mein Partnerschaftsschild hat die Form einer Acht. Auf ihm ist unser "Vision Us"-Symbol aufgemalt. Die darauf befestigte Kuhhaut stammt von einem Geschenk an unsere Ältesten.

An unserem Willkommensschild hängen 405 Gebetsbänder; außerdem ist an ihm der Schädel eines Rehs befestigt.

Weltfamilienschild

Auf meinem Schild des Südens befindet sich ein Bild von Australien und die Herzdame sowie der Herzkönig. Auch ist auf ihm eine große Wolke zu sehen. Diese symbolisiert die Partnerschaft mit der Traumwelt: Freunde vereinter Nationen. Er ist der Schild, der meinen Hang zum Spaß und zu Scherzen darstellt.

Mein Vollendungsschild besteht aus Bambus und ist in der Form einer 9 gefertigt. Er versinnbildlicht einen Ort großer Freude und wurde mir im Rahmen einer Zeremonie geschenkt. In diesem Geschenk steckt die Kraft, einen Traum zu vollenden.

Skyes Treueschild ist ihre Art, ihre Treue zu ihrem Traum zu zeigen. Ihr Fahrtenschild dient sowohl als Symbol dafür, daß sie ihr Leben im Griff hat, als auch für den Kreis unseres Familienteams. Wir halten alle zusammen.

Mein Geheimnisschild wurde mir gegeben, um ein "Geheimnis zu wahren". Er ist sogar für mich selbst ein Geheimnis.

Es ist die Aufgabe eines Lehrers, den Novizen zu lehren, wie er sich direkt von den Geistern unterweisen lassen kann. In manchen Kulturen heißt es, daß Frauen keinen Schild haben können. In anderen gibt es strenge Regeln hinsichtlich der Art von Schild, den eine Frau haben kann. In wieder anderen werden alle dazu ermutigt, sich Schilde für alle vier Himmelsrichtungen zu machen. Harley Swiftdeer ermutigt seine Schüler, Schilde für ihre Kinder, ihren Mann, ihre Frau und ihre Ältesten herzustellen. Das Gesetz über die Schilde liegt in den Herzen der einzelnen begründet. Wenn wir einen Schild herstellen und ihn mit unserer Liebe tragen und besitzen, so ist dies eine größere Lehre für uns, als die Lehren der Ältesten. Als Heiler und Lehrer lernen wir niemals aus. Wir stellen die Existenz der Kraft nicht in Frage, sondern nur ihre Anwendung. Betet mit demütiger Haltung, und die Geister werden euch leiten und trösten. Sie werden euch unterrichten. Seid offen und gehorsam; stellt nichts in Frage. Tut, was man euch sagt. Das Verständnis der Bedeutung kommt während der gehorsamen Ausführungshandlung. Das ist es, was man über die Herstellung von Schilden wissen sollte.

DER BERÜHRUMGSSTAB: DIE TRAUMJAGD

Die Zeit ist gekommen, einen weiteren Berührungsstab anzufertigen. Die präparierten Füße eines Habichts liegen in einem Nordfenster bereit, so daß die Ältesten sie sehen können. Heute Morgen fand ich den perfekten, am oberen Ende gegabelten Ast einer Zeder. Er stammt aus unserem Heiligtum auf den Felsenklippen. Dieses liegt auf einem Stück Land, das Herrn Primm gehört; ich werde ihn noch nachträglich um die Erlaubnis bitten, den Stock mitnehmen zu dürfen. Meinen ersten Berührungsstab oder "Traumjagdstab" habe ich im habe im Jahre 1984 gemacht. Drei Wochen später wurde ich vierzehn Tage lang von Geistern besucht, die mir eine bedeutende Vision brachten. Der Traumjäger ist sehr kraftvoll. An meinem ersten Redestab waren die Füße einer großen weißen Eule befestigt. Ich suchte nach einem Traum in der Dunkelheit, jedoch wußte ich nicht, was für ein Traum das war. Ich verzierte den Stab mit einem Medizinrad, Bärenzähnen, Büffelzähnen, Wildleder und dem Schwanz eines Waschbären. Ich wünschte mir, daß der Traum für alle Völker gut sein möge. Vor zwei Monaten kam Peanut (mein Mechaniker) und brachte mir einen Habicht, der von einem Auto überfahren worden war. Die Füße sind schon bereit. Jetzt kenne ich meinen Traum. Ich bin eine Botin. Ich muß mich nun auf die Suche nach der Bühne machen, von der aus ich meine Botschaft verkünden werde.

So manch einer betet möglicherweise: "Oh Herr, was soll ich in meinem Leben vollbringen?" Vielleicht ruft dieser Mensch in Verzweiflung. Die Herstellung eines Redestabes ist eine sehr kraftvolle Methode, um darum zu bitten, den Weg gewiesen zu bekommen. Die Prozedur des Herstellens ist selbst schon eine Lehrmeisterin. Sie wird uns auf die veränderlichen Nuancen unseres Wunsches, den Traum aufzuspüren, aufmerksam machen. Wenn wir durch das Gebet ein "Kaufangebot" abgeben, dann ist es wichtig, dabei sehr genau zu sein. Wenn wir darum beten, einen Partner zu finden, so müssen wir uns sehr präzise ausdrücken, andernfalls dürfen wir uns auch nicht darüber beschweren, wenn wir jemanden bekommen, der fett, faul und betrunken ist. Wenn wir Hand anlegen, um einen Berührungsstab herzustellen, so "kaufen" wir damit unsere Aufmerksamkeit und ermöglichen es uns selbst, uns wirklich auf die Frage, "Was will ich eigentlich?" zu konzentrieren.

In den alten Tagen war das Berühren von etwas eine Form des Eigentumerwerbs. Wir besaßen das, was wir berührten, und zwar solange, bis es uns ein anderer wiederum durch Berührung wegnahm. Die Herstellung eines Berührungsstabes ist eine aktive Möglichkeit, um unsere Ziele und Absichten festzustellen. Um den Menschen bei diesem Prozeß zu helfen, haben wir das Spiel "Traumwandler/Traumjäger" erfunden. Diejenigen, die ihren Traum kennen, fertigen einen Schild. Diejenigen, die ihn nicht kennen, machen sich einen Traumjäger-Stab. Bei diesem Spiel geht es vorrangig um den Aspekt des Suchens und des Findens. Die Traumwandler müssen ihren jeweiligen Traum auf die Spitze eines Berges oder Hügels tragen. Die Traumjäger müssen versuchen, einen der Träume zu berühren bzw. mit dem Stab anzustoßen. Die Art und Weise, in der wir vorgehen, lehrt uns viel über uns selbst. Je mehr unsere Wahrnehmung geschärft wird, um so offensichtlicher wird die Gegenwart des Göttlichen in allen Dingen. Wenn ein Mensch nicht weiß, in welche Richtung er sich in seinem Leben bewegen soll, so ist dies oftmals ein Indiz für einen Mangel an Willensstärke. Mangelnde Willensstärke wiederum ergibt sich oft daraus, daß ein Mensch seine eigene Medizin an andere, deren Launen, Ablenkungen, Faulheit, Maßlosigkeit oder Unbehagen verschwendet. Der Berührungsstab kann uns dabei helfen, unsere eigene Kraft zurückzuerlangen. Wir erlangen Energie, indem wir uns auf die Energie in und um uns konzentrieren. Alles was wir tun können, um uns zu konzentrieren, ist in sich wiederum eine kraftvolle Handlung. Alleine die Vision, die uns vielleicht geschenkt wird, reicht nicht aus; wir müssen

Totem-Zauberstab

Totemstab, "die edle Frau"

Zeremonieller Stab

stets unsere Worte zu Taten werden lassen und unsere Taten in Worte fassen. Wir müssen unsere Vision erneuern und unsere Medizin durch rituelle Handlungen, Spiele und Zeremonien festigen. Laßt euch vom traditionellen Wissen leiten, doch laßt euch nicht dadurch beschränken. Sucht neue Wege und versucht, die Tiefen eurer eigenen Seele zu ergründen. Seid offen für die Meinung anderer, doch laßt euch nicht davon verletzen. Euer Weg ist euer Weg; ihr müßt ihn alleine finden und alleine gehen.

Der Totemstab

Ich nenne meinen Totemstab "die edle Frau". Ein Mann namens Raven Starr hat ihn mir geschenkt. Mein Totemstab ist lang, stark und gerade. Er ist wie eine Kobra, die sich in ihrer vollen Länge ausgestreckt hat. Ich habe meine Kobra selbst gemacht und mit dem Stein meiner Geburt, einem Topas, der an ihrem Kehlchakra angebracht ist, geschmückt. Ihre Augen sind zwei Rubine, und ihr drittes Auge besteht aus Jade. Sie ist umhüllt von der Haut des Waschbären, des Rehs, des Elchs und der Klapperschlange. Sie steht für Zärtlichkeit, Verspieltheit, Vitalität und Verwandlung. An ihrer Taille hängen Pferdehaare, und die Federn des Truthahns bitten um Fülle und die Gabe des Schenkens. Ihre Aussage ist stark; sie sagt: "Gehe erhobenen Hauptes! Trete dem Leben direkt gegenüber! Zeige dein Herz! Blicke den Menschen in die Augen!" Sie hat die Willenskraft eines Fünfsterne-Generals. Gute Manieren und eine respektvolle Haltung dem Großen Geist gegenüber gefallen ihr.

(An dieser Stelle möchte ich anmerken, daß die von uns verwendeten Pferdehaare entweder von lebenden Pferden stammen, die uns einen Teil ihrer Mähne oder ihres Schweifes überlassen, oder von einem befreundeten Tierarzt, der an der Universität beschäftigt ist. Wenn dort Pferde sterben, haben wir das Recht, die Mähnen oder den Schweif für unsere heiligen Gegenstände zu verwenden. Dies gilt auch für sämtliche anderen Tiere. Sie starben entweder eines natürlichen Todes oder wurden geschlachtet, weil ihr Fleisch als Nahrung dienen sollte. Entweder sie sind Futter für die Geier oder werden für die Medizin verwendet. Wir möchten hiermit klarstellen, daß wir in keinster Weise das Töten von Tieren für die Herstellung medizinischer Gegenstände oder ähnliches befürworten).

Wir haben unsere Totemstäbe am Eingangstor unseres Altars aufgestellt und nehmen sie auch zu unseren Zeremonien mit. Manchmal nehme ich meine "edle Frau" auch mit, wenn ich mich zum Gebet oder zur Meditation auf einen Hügel begebe. Voller Kraft und Stärke sagt sie: "Cloud ist hier!" Ich stelle sie auf und begebe mich selbst auf die Bühne. Sie ist eine Wächterin und ein Symbol dafür, daß alles zum Wohl aller geteilt wird. Üblicherweise stellen die Führer und Führerinnen der Stämme ihre Stäbe vor ihrem Volk auf. Es wird der glückliche Tag im Paradies anbrechen, an dem wir uns in einem großen Kreis wiederfinden, in dem ein jeder seinen oder ihren Totemstab vor sich hat. Es wird dies ein großer und wundervoller

Kreis sein. Wir werden unsere Stäbe aufstellen, nicht, um unsere Überlegenheit zu demonstrieren, sondern, um alle anderen einzuladen, es uns gleich zu tun und somit aufgenommen zu werden. Dies ist es, was der Totemstab symbolisiert.

Der Totem-Zauberstab wurde Catherine Oxenberg geschenkt. Soweit ich aus eigener Erfahrung sagen kann, spricht er die Wahrheit. Dieser Wert wurde auf Catherine übertragen. Die Herstellung dieses Totem beruht auf einem uralten Wissen, das an sie weitergegeben wurde. Äußerlich erinnert dieser Stab an eine Stimmgabel. Als ich ihn machte, erinnerte er mich an die wichtigsten Prinzipien des Lebens. Ich schrieb sie nieder und gab sie Catherine. Sie wird sie ihrer Tochter India weitergeben. Wir bewahren die Weisheit der Zeiten in unseren Genen. Wir alle haben unseren Anfang in der großen Einheit und werden in den heiligen Kreis zurückkehren.

Entscheidungsstab

Ich bin eine Botin der sichtbaren und der unsichtbaren Völker. Ich wünsche mir, daß wir zu einem Volk von individuellen Menschen zusammenwachsen, daß wir uns als die Hüter der Erde verstehen und daß wir unseren höchsten Wert darin sehen, freie Entscheidungen zu treffen. Darauf richte ich mein Leben aus. Ich möchte, daß mein Name Bedeutung hat für diejenigen, die es wagen, ihre Träume zu leben. Ich möchte Gedanken hegen, die für Mut und Stärke stehen. Ich wünsche mir, daß man von mir sagen kann, daß meine Freigebigkeit im Einklang mit der Fähigkeit zur Unterscheidung, was als guter Dünger dienen kann und was nicht, steht. Ich möchte, daß meine Ältesten in Frieden und in dem Bewußtsein, daß ihre Träume in mir fortleben, zur anderen Seite gehen können. Ich wünschte, die Öffentlichkeit würde mich als Brücke zwischen gegensätzlichen Vorstellungen, Idealen, Glaubensinhalten, Kulturen und Völkern sehen. Ich wäre dann eine Legende, da ich für das einstehe, an das ich glaube. Ich möchte die Geschäftsleute zum Staunen über meine Ausdauer, meinen Scharfsinn und meinen Mut bringen. Ich möchte ein Licht in der Dunkelheit, Freude in der Trauer und stets ein frischer Wind sein. Ich wünschte, die Leute würden hinter meinem Rücken tuscheln und sagen: "Sie handelt so wie sie redet, und sie lebt so, als wäre sie die letzte noch nicht eroberte Person auf der Welt".

Ich wünschte, der ganze Kreis würde sagen: "Sie hält das Wohlergehen des Stammes in ihren Händen". Mein Ziel ist es, als jemand in Erinnerung behalten zu werden, der sich dem Ärger, dem Schmerz, der Angst und der Lust nicht ergeben hat. Mein Wunsch wäre es, daß all meine Freunde von mir sagen, ich sei die Loyalität in Person. Die ganze Welt sollte mich als einen Menschen kennen, der mit allen schwimmenden, fliegenden, kriechenden, rennenden und stehenden Wesen verwandt ist.

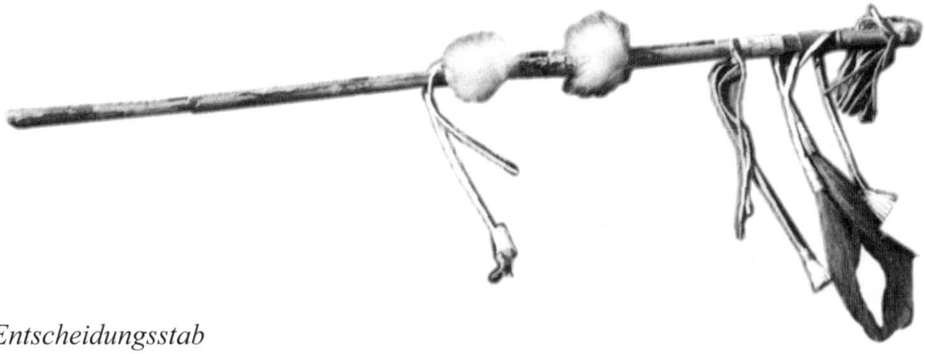

Entscheidungsstab

Ich möchte in der Gewißheit leben, daß da immer etwas ist, was mich beschützt. Ich will als eine heilende Kraft bekannt sein, die jedem neue Stärke verleiht, der zu mir kommt und darum bittet. Mein Wunsch ist es, daß all die unsichtbaren Mächte in mir einen Menschen sehen, der seinen Geist stets bereitgehalten hat. Es ist mir wichtig, daß mein Platz immer in der vordersten Reihe ist. Alles was ich mir mit meiner Aufmerksamkeit kaufe, soll mir reichen Segen bringen.

Ich möchte mich immer als wertvoll betrachten, und die Würde, die ich aus dieser Gewißheit ziehe, möge mich immer zu meiner vollen Größe aufrichten. Man möge sich an mich dafür erinnern, daß ich nichts in meiner Natur liegendes für irgendeinen Reichtum dieser Welt verkauft habe. Man möge von mir sprechen, als von einem standfesten Menschen, der frei von Wankelmut ist. Wenn meine Beine mich eines Tages nicht mehr tragen, möchte ich den Ausgleich mit meinen scharfen Sinnen schaffen. Man möge dann von mir sprechen, als von derjenigen, die die Sprache des Himmels sprach. Scout Cloud Two-Children Lee. Diese Bedeutung male, schnitze, hauche ich auf und in meinen Entscheidungsstab. Wenn immer im Rahmen eines Treffens des Rates eine Entscheidung gefordert ist, nehme ich diesen Stab mit mir. Wenn ich ihn in der Mitte des Kreises niederlege, dann wissen alle Anwesenden, daß ich, Scout Cloud Two-Children Lee, die Entscheidung des Kreises unterstütze. Wenn ich ihn neben dem Kreis ablege, so bedeutet dies, daß ich meine Natur verleugnen müßte, wenn ich die betreffende Entscheidung befürworten würde und sie deshalb nicht unterstützen kann. Alle, die meinen Entscheidungsstab sehen, wissen, daß er zu mir gehört, und der Ort, an den ich ihn lege, sagt alles über meine Haltung aus. Ausgehend von diesem Wissen, können die andern sich entscheiden, ob sie sich mir anschließen oder einen anderen Weg wählen wollen. Dies ist die Bedeutung des Entscheidungsstabes.

Federn der Heilung

Vor langer Zeit schenkte Chuck Storm einmal Vinaya eine Adlerfeder. Vinaya wiederum gab sie mir. Es war dies die erste Adlerfeder, die ich besaß. Es war die Feder eines großen Goldadlers. Heute kann man auf seiner Rückseite noch die Überbleibsel von einer zeremoniellen Bemalung erkennen; außerdem ist sie mittlerweile schon ein wenig mitgenommen. Meine Feder der Heilung ist wie der wahre Schamane, der gestorben ist und wiedergeboren wurde. Eines Nachts wurde sie sogar betrunken. Im Verlauf einer Zeremonie, in der ich die Vision hatte, eines Tages Ehefrau zu werden, hatte ich zu viel eines besonders guten Weines getrunken. Vielleicht war es genau diese Vorstellung, die mich dazu bewegte, mich so zu betrinken. Unglücklicherweise ließ ich meine Feder am Ort der Zeremonie zurück. So trank sie im Licht der Sterne und badete im Morgentau. Skye fand sie und gab sie mir zurück, nachdem sie sie viele Tage lang geheilt hatte. Anfangs hatte ich große Gewissensbisse und schämte mich sehr. Dann aber wurde mir klar, daß meine Feder wahrlich Heilkräfte besaß. Skye verzierte sie mit Perlen und überreichte sie mir im Rahmen einer Zeremonie. Über Nacht entschloß ich mich dazu, keinen Alkohol mehr zu trinken. Irgendwie hatte ich gar nicht glauben können, daß ich meine Adlerfeder irgendwo liegenlassen könnte. Und doch passierte es mir noch ein weiteres Mal. Ich übernachtete einmal bei Bob Segal; er ist ein sehr bekannter Filmproduzent und lebt in Malibu. Er hatte uns in sein Haus eingeladen, wo wir den heiligen Kreis vorstellten. Ich hatte es zugelassen, daß ein paar der ungehobelten Gäste mich einschüchterten. So packte ich meine Sachen in solcher Hast zusammen, daß ich meine Feder vergaß. Das Zimmermädchen fand sie und verstaute sie sicher in eine Schublade. Ich verbrachte Tage der Unruhe und Qual, bis ich sie endlich wiedergefunden hatte. Als ich sie wieder in meinen Besitz gebracht hatte, zeigte sie mir, daß sie absichtlich zurückgeblieben war. Ich hatte diese Tage gebraucht, um festzustellen, daß ich mich von der Unhöflichkeit anderer Leute nicht einschüchtern lassen darf. Außerdem wollte die Feder in Malibu bleiben, um ein wenig zu lauschen. Ich bin mir sicher, sie kann mir nun viel über das Filmgeschäft erzählen.

Man verwendet die Adlerfeder dazu, Energiefelder im Körper zu reinigen und Krankheiten im Körper zu lokalisieren. Ich kann mir vorstellen, daß es noch andere Federn gibt, die man ebenfalls hierfür verwenden könnte, von denen ich nur leider nichts weiß. Einmal verwendete meine Großmutter, Brave Scout, eine Adlerfeder, um Gift in meinem Körper zu lokalisieren. Großvater schenkte mir meine zweite Adlerfeder. Unsere Frauen dürfen Adlerfedern tragen, wenngleich dies in anderen Stämmen bisweilen nicht gestattet ist. Wir waren einmal auf einer Versammlung in Michigan, wo wir unsere Adlerfedern im Rahmen einer Zeremonie verwendeten. Einige der einheimischen Indianer schickten ihre Leute aus, um gegen uns vorzugehen. Unter diesen Leuten befand sich auch ein Medizinmann. Ich trat zwischen ihn und Brooke. Was es auch immer war, das für Brooke bestimmt gewesen war, es traf

Feder der Heilung

mich. Großvater sagte mir später, daß ich wahnsinnig geworden wäre, wenn er es nicht gefunden und entfernt hätte. Er fand es mit seiner Adlerfeder.

Dies ging folgendermaßen vonstatten: Er legte mich auf ein Feldbett, um das all meine Freunde herumstanden. Sodann begann er damit, seine Heilungsgesänge anzustimmen und zu beten. Während er sang, strich er mit der Adlerfeder über jeden Zentimeter meines Körpers. Die Schwingung der Feder veränderte sich, als er meinen Kopf erreicht hatte. Er fand die böse Medizin in der Nähe meines Kronenchakras. Daraufhin schickte er alle anderen aus dem Raum, auf daß die böse Medizin nicht auf sie übergehen möge. Er malte einen roten Punkt auf die bewußte Stelle und begann dann sehr stark daran zu saugen. Etwas Abscheuliches kam aus meinem Kopf heraus in seinen Mund. Er spuckte es in eine Dose und machte sich daran, weiterzusaugen. Als er fertig war, zeigte er mir, was in der Dose war. Ich sah eine circa fünfzehn Zentimeter lange Schlange, einen etwa acht Wochen alten Embryo, die unteren beiden Kammern eines Herzens und eine aus Leder bestehende Schriftrolle, die dreimal gefaltet war und etwa zweieinhalb Zentimeter breit und zwanzig Zentimeter lang war. Außerdem war da irgendein übelriechendes Zeug. So etwas hatte ich noch nie zuvor gesehen. Großvater rief meine Freunde wieder herein und zeigte ihnen den Inhalt der Dose. Sodann sagte er zu seinem Sohn, er möge sie hinaus tragen und ihren Inhalt vergraben. Das war's gewesen. Unglaublich! Großvater ist der letzte traditionelle Schamane Oklahomas, der die Kunst des Saugens beherrscht. Er ist Oto. In meinen dunklen Tagen des Zweifels dachte ich, "er hat nur irgendein fürchterliches Geräusch gemacht und dieses Zeug hervorgewürgt. Es war ein Trick!" Dann aber wurde mir klar, wie schwierig es sein würde, Dinge, wie die, die ich in der Dose gesehen hatte, hervorzuwürgen.

Gift aus dem Körper eines Menschen zu saugen, erscheint mir nun wesentlich sinnvoller als eine Gehirnoperation durchzuführen. Heute praktizierende, moderne Ärzte würden Großvater als einen Wilden bezeichnen. Und doch kann er Operationen vornehmen, ohne zu einem Skalpell zu greifen oder Blut zu vergießen. Wie primitiv erscheint die heutige Medizin neben Großvaters Fähigkeiten. Er hat das wahre Verständnis für Energie und kann sie von einem Ort an einen anderen befördern, ohne dazu auf barbarische Weise mit einem Messer hantieren zu müssen. Großvater gab seine medizinischen Gaben an mich weiter. Er sagte, wenn ich sie bräuchte und auf sie vertraute, so wären sie für mich da. Ich bin der festen Überzeugung, daß meine Adlerfeder jede Art von Erkrankung lokalisieren kann. Das ist es, was ich über Federn der Heilung weiß.

Was Uns Zusammenruft

Glocken läuten in den Dörfern der österreichischen Alpen. Sirenen heulen in Fabriken. Orgeln spielen in Kirchen und Kathedralen. Signalhörner werden bei der Armee geblasen. Nebelhörner ertönen auf Dampfschiffen. Und wenn das Muschelhorn erschallt, dann kommt der Kreis der Sichtbaren sowie der Unsichtbaren zusammen.

Der Ruf des Muschelhorns ist ein wohlbekannter Klang auf der Ranch in Oklahoma. Manchmal lassen wir zur Abwechslung auch ein Kuhhorn oder ein Didgeredo erklingen. Das Muschelhorn blasen wir immer in sieben Richtungen: nach Norden, Süden, Westen und Osten, nach oben, nach unten und nach innen. Dies sind die sieben heiligen Richtungen. Nach oben geht es zum Vater Himmel, nach unten zur Mutter Erde und nach innen zur Energie Christi bzw. zur Liebe, die in einem jeden von uns wohnt. Der Ruf in eine Richtung dient dazu, das "Tor" der jeweiligen Richtung zu "öffnen". Man wendet sich gewissermaßen an alle sichtbaren und unsichtbaren Wesen und sagt zu ihnen: "Ihr seid willkommen. Wir versammeln uns nun zur Zeremonie. Es werden gute Dinge geschehen. Kommt und schließt euch uns an".

Mein Muschelhorn, die Königin Mutter, wurde uns von Großmutter Princess Moon Feathers geschenkt. Sie sagte uns, daß sie es den größten Teil ihres Lebens bei sich gehabt hätte. Wir malten all ihre Symbole auf das Horn. Wenn wir es blasen, dann geht die Botschaft dieser Symbole hinaus in alle sieben Richtungen. Zusammen mit den Pferden sagen wir: "Mögest du eine gute Reise haben". Gemeinsam mit den Sonnenstrahlen sagen wir: "Mögest du unbeirrbar dein Leben führen". Und mit dem mystischen Donnervogel sagen wir: "Möge dein Glück grenzenlos sein".

Mit unseren überkreuzten Pfeilen bieten wir unsere Freundschaft an. Mit einem geraden Pfeil bieten wir Schutz. Mit der Pfeilspitze wollen wir uns und andere in Alarmbereitschaft versetzten. Der Vogel in seinem freien Flug steht für ein leichtes Herz. Die Regentropfen stehen für eine reiche Ernte. Mit unseren Tipis und Hütten bieten wir vorübergehende oder ständige Unterkunft. Unser Himmelsband zeigt einen Pfad zum Glücklichsein. Das Auge der Medizin steht für weisen und wachsamen Rat. Der Pfad des Bären steht für gute Omen. Der Kiefer der Klapperschlange gibt uns Stärke. Der Schmetterling steht für ewiges Leben. Regen und Wolken sind uns gute Vorboten. Der Blitz steht für Geschicklichkeit. Der Morgenstern ist das Symbol der Führung. Die Sonne spricht zu uns über das Glück. Die großen Berge stehen für Fülle. Das Kreuz symbolisiert das Zusammenkommen der Menschen. Ein zerbrochener Pfeil bedeutet ein Friedensangebot. Die Schlange symbolisiert die Weisheit. Der Wildwechsel bedeutet für uns eine Fülle von Wild.

Unser Großvater-Muschelhorn ist größer und bringt einen viel tieferen Ton hervor. Der Klang unseres Morgenstern-Muschelhorns ist hoch und stark, wie die Stimme eines Kindes. Zusammen machen die drei eine wundervolle Musik. Am Ende unseres Versammlungsrufes sprechen wir ein Gebet: "Ich komme von den Alten. Ich spreche mit der Stimme der Vorfahren. Mein Wille ist durchtränkt vom Geheimnis des heiligen Feuers. Mögen die Handlungen, die wir heute vollbringen, alle dazu inspirieren, die richtigen Schritte zur Beendigung des Leides der Völker auf der ganzen Welt zu unternehmen. Mögen alle Lebewesen Befreiung von ihren Leiden erfahren, und möge für alle widerstreitenden Gedanken eine Lösung gefunden werden. Dies geschehe, auf daß das große Feuer der Weisheit in unseren Herzen brenne und in allem, was wir tun, aufleuchte. Wenn andere auf uns schauen, so mögen sie nur von Weisheit und Licht getragene Handlungen erblicken und Worte hören, die all unseren Beziehungen zum Guten gereichen. Möge alles, was wir hier vollbringen, dem Wohl des Landes und des Volkes über sieben Generationen hinaus dienen. Laßt uns nun von den noch Ungeborenen träumen und uns daran erinnern, daß das Leben sich auf ewig im Einklang mit dem göttlichen Gesetz entfalten wird. Wir haben gesprochen. A Ho!"

Die Rehpeitsche

Die Kojoten hatten auf dem Feld, das wir für unsere Spiele verwenden, ein junges Reh gerissen. Ich fand es eines Morgens bei Sonnenaufgang. Eines seiner Beine und Hufe war noch in einem recht guten Zustand, und so nahm ich es mit nach Hause und konservierte es mit Salz und Borax. Nachdem einige Wochen vergangen waren, flocht ich eine lange Peitsche und befestigte sie am Fuß des Rehs, der einen richtig guten Griff abgab. Zu meinem letzten Geburtstag bat ich um die Gelegenheit, etwas verschenken zu dürfen. Skye richtete es so ein, daß acht jugendliche Straftäter auf die Ranch gebracht wurden, um hier zum ersten Mal so richtig zu schwitzen. Ich nahm die folgenden heiligen Gegenstände mit in die Schwitzhütte, in der auch die jungen Männer schon warteten: den Tomahawk, die Pranke eines Löwen, den einst Stewart Granger geschossen hatte, die Rehpeitsche und den Redestab. In jeder der vier Runden reichte ich einen der Gegenstände herum. Während die Jugendlichen den jeweiligen Gegenstand in ihren Händen hielten, sprachen sie

Rehpeitsche

Worte, die direkt aus ihren Herzen kamen. Die erste Runde war an den Osten gerichtet. Ich gab den Tomahawk weiter. Der Osten ist der Ort der Sonnenkraft. Er ist der Ort der Erzeugung. Sie begannen ihre Rede mit folgenden Worten: "Ich bringe mein Beil ans Feuer. Das Geschenk, das ich machen werde ist ...". In der dem Süden gewidmeten Runde gab ich die Löwenpranke weiter. Der Löwe steht für die Führung. Die Führer im Süden erfüllen ihre Aufgabe mit Leidenschaft, jugendlicher Frische und mit dem Herzen. Auch in dieser Runde sprach ein jeder der Jungen Worte, die direkt aus ihren Herzen kamen. In der dem Westen gewidmeten Runde gab ich die Rehpeitsche weiter. Der Westen ist der Ort des Todes und der Wiedergeburt. Er ist der Ort, an dem wir in uns hineinblicken. Die Rehpeitsche sagt: "Laßt mich mit Zärtlichkeit und Stärke auf mich selbst blicken. Wie das Reh, möchte ich lernen, wie ich wachsen und mich entwickeln kann, ohne dabei Furcht zu empfinden". In der Runde des Nordens schließlich, gab ich den Redestab herum. Der Norden steht für erneuerte Weisheit und Reinheit. In dieser Runde sprachen die Jungen über die Weisheiten, die ihnen ihr junges Leben bereits beigebracht hatte. Diese Schwitzhüttenzermonie war sehr kraftvoll und sehr schön. Es war eine der Gelegenheiten, zu denen ich die Rehpeitsche verwende.

Zeremoniell verwendete Kürbisse

In jeder Art von Zeremonie verwende ich einen besonderen Kürbis als Trinkgefäß. In der Schwitzhütte enthält er das Wasser, mit dem ich die heißen Steine befeuchte. In den Zeremonien des Kreises biete ich normale Getränke darin an. Bei Festen und Zeremonien des Verschenkens erhebe ich ihn, um damit auf die Mutter Erde anzustoßen. Wenn ich die Tore unseres Zeremoniegeländes öffne, biete ich den Schutzengeln Speise und Trank darin an. Ich liebe meinen Kürbis. Er ist im Einklang mit den Traditionen meiner blutsverwandten Vorfahren, den Seminolen, den Kelten und den Engländern bemalt. Die Farben stehen für alle Völker der Erde. Die Symbole sagen folgendes aus: "Wir sind Kinder des großen Geheimnisses; wir streben immer danach, in der Dunkelheit zu sehen; wir wandeln auf dem Pfad des geistigen Kriegers der Liebe; wir rufen in allen Dingen die Freude wach; wir schreiten einher und beten vom Himmel zur Erde und von der Erde zum Himmel, und wir sind mit Allem Was Ist verbunden".

Wenn wir süße Getränke aus dem heiligen Kürbisgefäß zu uns nehmen, müssen wir um die Gabe des Zulassens und Loslassens beten. Wenn wir Wasser auf die Erde gießen, können wir den Weg, den es nehmen wird, nicht beeinflussen. Wenn wir mit Wasser beten, so müssen wir das in dem Bewußtsein tun, daß das, was wir erbitten, eventuell nicht die einzige Möglichkeit zur Erfüllung unseres Gebetes sein könnte. Andernfalls besteht kaum die Aussicht, daß wir das bekommen, was wir wollen. Wenn wir mit dem Wasser des Kürbis beten, so tun wir das mit folgender Haltung: "Es ist nicht wichtig, wer die Flut ausgelöst hat, wichtig ist, wer aufwischen kann". Der Kürbis erinnert uns auch daran, das Gleichgewicht zu wahren.

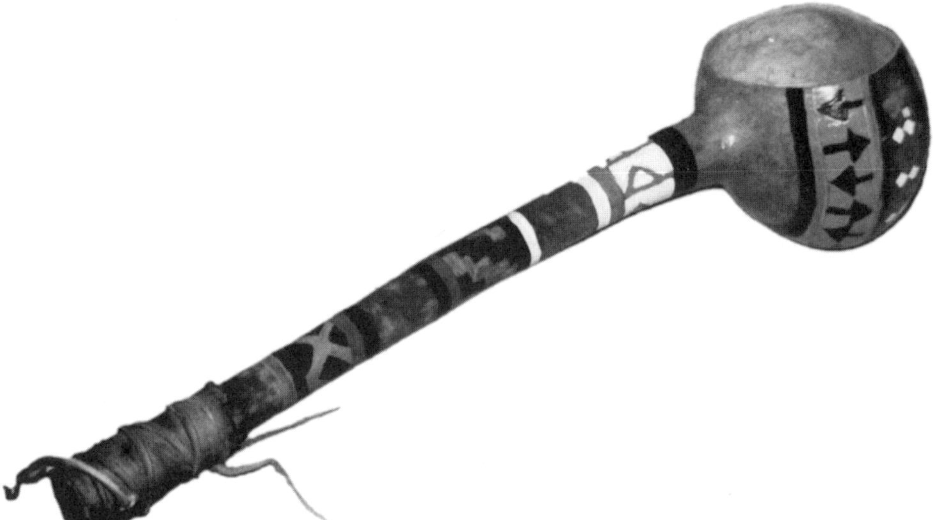

Trinkkürbis

Wenn ein Mensch zu viel Feuer hat, so wird er sich nur allzuschnell ärgern. Hat einer zu viel Luft, so wird er seine Gedanken nicht zusammenhalten können. Hat einer zu wenig Holz, so wird er sehr geneigt sein, den Ideen eines anderen zu lauschen. Wenn jemand zu wenig Erde hat, so fehlt es ihm am Sinn für das Praktische. Hat einer zu wenig Metall, so fängt er an, in der Isolation zu denken. Hat jemand zu viel Wasser, so wird er in viele verschiedene Richtungen auseinanderdriften. Geht also immer im Einklang mit allem.

Rasseln und Trommeln

"Die Psychiater möchten nicht, daß du aufwachst! Sie sagen dir nur, wo du deinen Brunnen des Selbstmitleids finden kannst, so daß du ihn mit deinen Tränen füllen kannst. Sie sind wie Raubvögel, die sich von deinem Leid ernähren. Weine nur dann, wenn deine Tränen nicht die Freude eines anderen oder seine Brieftasche nähren. Wach auf! Wach auf!" So spricht die Weisheit der Rassel zu uns; pochend, hämmernd, unablässig. Wach Auf! Wenn nur diejenigen, die so für die Psychotherapie und die Gruppentherapie sind, um die Kraft der Trommel wüßten! "Laßt jene, die sich auf dem Pfad der Verzweiflung und des Todes plagen, heim in den Kreis kommen, wo wir alle vom Leben zum Leben gehen". Kommt heim zur Trommel. Horcht auf den Herzschlag der Erde, der der Herzschlag aller Dinge ist. Folgt dem Klang der Rassel, heim, zu eurem eigenen Herzen. Fast bei allen Heilungszeremonien werden Rasseln und Trommeln verwendet, um die Rhythmen des Körpers und die Energien in Einklang zu bringen. Rasseln werden auch eingesetzt, um unerwünschte Geister zu vertreiben. Trommeln werden verwendet, um uns in Einklang mit der Mutter Erde zu bringen. Gleich der Rassel und der Trommel, die unablässig ihren Rhythmus fortführen, so seid auch ihr von einem einzigen Willen geleitet und tanzt zu diesem Rhythmus den Tanz der Geschichte eurer Kultur.

Der verantwortliche Geistliche der katholischen Diözese Oklahoma City erzählte mir einmal, daß in früheren Zeiten die Trommel der Mittelpunkt der Anbetung in der katholischen Kirche gewesen sei. Seiner Meinung nach hätte man mit der Abschaffung der Trommeln auch den Herzschlag der Kirche ausgelöscht. Der Grund dafür, daß die Kirchenführer die Trommel abschafften, war der, daß sie dachten, sie sei heidnischen Ursprungs! Die Trommel ist eine alte geheimnisvolle Medizin, die das Schicksal eines Volkes verändern kann. Laßt uns die Trommeln schlagen und die Rasseln schütteln. Laßt uns dies überall in der Welt tun. Laßt uns unsere Satelliten in einen hohen Dienst stellen, so daß sie die Welt durch unentwegtes Trommeln verbinden. Laßt uns zusammen im Herzschlag der Mutter Erde trommeln.

"Blitz" war unsere erste Trommel. Peter hat sie zu uns gebracht. Er trommelte den Herzschlagrhythmus eine ganze Woche lang, manchmal bis in die frühen Morgenstunden. Blitz ist nun in der Obhut von Skye. Meine Trommel ist "Donner". Sie wurde von den Indianern von Taos gemacht. Die Trommel ist der Herzschlag der Erde. Sie ist der Mutterleib. Männer müssen die Trommel respektieren. Es gab einmal eine Zeit, in der die Frauen die Hüterinnen der Trommel waren. Die Männer mißbrauchten den Mutterleib der Frauen. Viele der Herzen unserer Schwestern wurden zu Staub. Jetzt ist es Zeit, daß die Frauen wieder zur Trommel zurückkehren. Man hat Peyote zum ersten Mal einer schwangeren Frau in der Wüste gegeben. Als die Männer die kraftvolle Wirkung dieser Medizin erkannten, nahmen sie sie den Frauen weg. In der Peyotc-Kirche ist es den Frauen nicht gestattet, die Trommel zu schlagen.

Skye ist die beste Trommlerin, die ich kenne. Schon als Kind wollte sie Trommel spielen, doch ihr Vater erlaubte es ihr nicht, da er fand, daß es nicht zu einer Frau "passe". Heute spielt sie die Trommel, und sie ist, wie ich schon sagte, die beste Trommelspielerin, die ich kenne.

Wir haben schon viele Handtrommeln gemacht, und nun sind unsere Hände dabei, die größte Trommel aller Zeiten herzustellen. Bald werden wir auf unserer Erdtrommel tanzen. Ein Chumesh-Medizinmann schickte uns einmal Mary Nighthawk mit einer Nachricht. Sie besagte: Baut wieder. Baut die Erdtrommeln. Unsere Erdtrommel hat einen Durchmesser von fünf Metern und ist zweieinhalb Meter tief. Bald werden wir auf ihr tanzen, und sie wird unsere Musik in die Erde hinein-

Rasseln (rechts) und Trommeln

schicken. Wir werden uns auch auf ihren Bauch setzen. Sie ist außerdem eine Kiva, eine unterirdische Behausung. Auf ihrer südlichen Seite wird ein Erdhügel sein, den das Gras der Liebe zieren wird. Auf dem Hügel wird der aus Südost kommende Wind wehen. Dieser vorherrschende Wind wird die Windharfe erklingen lassen. Ihr süßer Klang wird über unserer Erdtrommel zu hören sein und sie immer froh stimmen.

Wir haben viele verschiedene Rasseln. Wir haben sie aus Rohhaut, Muscheln, Nüssen, Kürbissen und sogar aus Blechbüchsen (für die Kinder) gemacht. Jede von ihnen ist anders. Einige werden zur Heilung verwendet, doch auch die anderen enthalten heilende Kristalle und Steine. Andere wiederum dienen der Unterhaltung. Die meisten werden in den Zeremonien eingesetzt; sie enthalten kleine Steinchen, die wir von Ameisenhügeln geholt haben, Samen, Reis und Bohnen. Sie sind im Einklang mir ihrer jeweiligen Medizin bemalt. Am besten gefällt mir die Bemalung meiner "magischen Rassel". Ihr Stiel sieht so aus wie der Zauberstab in dem Film "*Willow*". Ich malte ein Bild von meinen Freund Chivas (mein mittlerweile leider verstorbenes Pferd) auf die Rassel. Auf der Rückseite prangt das häßliche rote Gesicht der Hexe, das Sigourney Weaver, die die Rolle der Dian Fossey in dem Film *Gorillas im Nebel* spielte, auf Bäume malte, um so das Abschlachten der Gorillas zu verhindern. Die Augen der Hexe sind meine eigenen Daumenabdrücke. Diese Rassel verwende ich insbesondere für Zaubersprüche und Magie. Nur Kinder verstehen

Trommel

die Kraft dieser Rassel und ihre besondere Bemalung. Ein Erwachsener könnte dies vielleicht in Ansätzen verstehen, wenn er wüßte, daß Chivas und ich 41 Jahre lang Freunde waren, bevor er schließlich starb. Wenn ich sterbe, möchte ich, daß meine Asche dort verstreut wird, wo Chivas sterbliche Überreste ruhen.

Noch eine abschließende Bemerkung zu den Rasseln: Eines Tages wanderte ich auf einem Pfad im Wald. Zwei Mal hörte ich in einiger Entfernung ein Rasseln. Dann sah ich Schwester Klapperschlange auf dem Pfad. Sie bäumte sich auf und betrachtete mich. Sodann begann sie ihre Klapper zu schütteln. Wir schauten uns gegenseitig an. Wir wußten beide, daß ein jeder von uns über ein Gift verfügte, das die andere töten könnte. Wir respektierten beide diese starke Medizin. Wir zollten einander gegenseitigen Respekt und gingen unverletzt aneinander vorbei. Der Respekt, ja, er ist die Medizin der Rassel.

ZEPTER UND HERRSCHERSTÄBE

Asia erzählt viele Geschichten. In einer davon geht es darum, wie ihre Mutter nach Afrika reiste und dann mit dem Zepter eines Häuptlings der Massai wiederkehrte. Der Griff bestand aus einem geschnitzten Löwenkopf. Der Schweif war der eines Pferdes. Sie sagte zu mir: "Wenn du einen Massai mit diesem Stab siehst, dann kannst du gewiß sein, daß er der Häuptling ist". Der Häuptling des Stammes, den man in dem Film *Jenseits von Afrika* sieht, trug einen Regenschirm. Dies ist die moderne Version des mit dem Schweif eines Pferdes versehenen Zepters. In Wirklichkeit war der Pferdeschweifzepter einmal eine Fliegenklappe. Man gab sie dem Häuptling mit den Worten: "Denke du immer an das Wohl deines Volkes. Zu diesem Zweck möchten wir, daß du in Bequemlichkeit lebst". Es handelte sich also um ein Statussymbol, das gleichzeitig einen praktischen Nutzen hatte. Der Regenschirm ist damit durchaus vergleichbar.

Jedem Häuptling werden Symbole der Bequemlichkeit verliehen. Ich schenkte meinen ersten Zepter bzw. meine erste Fliegenklappe der Führerin der Cherokee, Wilma Mankiller. Sie schien sich darüber zu amüsieren. Seitdem habe ich noch zwei weitere dieser Zepter hergestellt. Einen habe ich behalten, den anderen habe ich einem Bruder der Visionen geschenkt. Er ist ein Häuptling, der erfüllt ist von der Liebe für sein Volk. Häuptlinge sind Menschen, die ihr Volk durch Rat und gutes Beispiel führen. Sie wenden weder Gewalt an noch bedienen sie sich der Autorität. Einst versuchte ein amerikanischer Soldat einen Häuptling davon zu überzeugen, daß er sein Volk an einen anderen Ort führen solle. Er sagte zu dem alten Häuptling: "Du bist der Häuptling; sage diesen Leuten, was sie zu tun haben!" Der alte Häuptling schaute ihn mit Verwunderung an und antwortete: "Würde ich ihnen sagen, was sie tun sollen, so wäre ich nicht ihr Häuptling". Andere haben gesagt: "Ein Häuptling ist ein Mensch, der seinem Volk folgt". Die Definition, die mir am besten gefällt ist die: “Ein Häuptling ist ein Mensch, der sieht, wohin die Menschen gehen; er läuft dann an die Spitze des Zuges und sagt: ‚Folgt mir!‘” Der Zepter ist eine Fliegenklappe. Gebt ihn denen, die als leuchtendes Beispiel vorangehen. Auf diese Weise schenkt ihr ihnen euren Wunsch, sie mögen in Bequemlichkeit leben.

Medizintaschen und Beutel

Wenn mir etwas kostbar erscheint, dann mache ich einen Beutel dafür. Auf diese Weise erkenne ich die diesem Ding innewohnende Medizin an. Großmutter Jerry brachte mir meinen Stein des Mittelpunkts. Sogleich machte ich einen Beutel dafür. Sie brachte mir auch noch einen anderen, ganz besonderen und in jeder Hinsicht perfekten Kristall, der sie gerufen hatte, ihn auszugraben. So grub sie an jener Stelle in Arkansas und beförderte ihn ans Tageslicht. Der Kristall sagte zu ihr: “Bringe mich zu Cloud. Sage ihr, daß mein Name Mataya ist (was soviel bedeutet wie, Stern der Sterne, der mit unglaublicher Geschwindigkeit durch die Welt eilt)”. Ich habe ein Lied über Mataya geschrieben und trage sie ihn nun in einem besonderen Beutel an einem Band um meinen Hals. Auf dem Beutel ist ein Delphin. Es ist mein Bestreben, so klar und rein wie Mataya zu sein.

Die Kaiserin besteht aus grünem Fluorit und ist mit Gold gekrönt. Sie kommt aus China und wohnt nun in einem aus Elchleder gefertigten Beutel, auf dem eine Spirale aufgestickt ist. Sammy ist ein Kristall, der in der McEarl-Miene in Arkansas gefunden wurde. Als die Kumpels ihn zutage förderten, begann der Kristall zu singen. So rannten sie sogleich zu den Medizinmännern. Einer von ihnen, genannt Mountain, der bei Rolling Thunder gewissermaßen in die Lehre gegangen war, kam zu der Stelle und hielt eine Zeremonie ab. Während dieser Zeremonie zeigte der Kristall Bilder von Stammesältesten, die tanzten und Siegeslieder sangen. Der größte Teil des Kristalls wurde den Medizinmännern geschenkt. Mountain schenkte mir meinen. Dieser Kristall ist der klarste und reinste von der ganzen Welt. Ich legte ihn zu dem Kristall-Schädel. Sammy ist mein Mikrophon, das mich mit dem zentralen Kontrollraum verbindet. Wenn ich mich auf die Bühne begebe, nehme ich ihn mit. Er wohnt in einem Beutel aus Hermelin. Hermelin steht für die Fruchtbarkeit der Frauen.

Die Enkelin von Crazy Horse schenkte mir einmal einen Donnerstein. Man sagt, daß demjenigen, der einen Donnerstein besitzt, kein Leid geschehen kann. Ich trage ihn in einem Beutel an meinem Gürtel. Kindern macht es großen Spaß, ihn zu schütteln und den Donner zu hören. “Arrow’s Way” trage ich in einem besonderen Beutel, an dem ein Tomahawk befestigt ist. Diesen türkisen Fluoritkristall nahm ich aus meiner letzten Visionszeremonie mit mir. Wir saßen zusammen am Rande der Welt, auf einem Altar, der in über 1500 Metern Höhe über das Meer hinausragt. In einem

Medizintaschen

anderen Beutel, auf dem Jonathan Livingstons Doppeldecker abgebildet ist, bewahre ich "Rocket" auf, einen Kristall, in dessen Inneren sich Wasser und Erde befinden. Ein alter Mann sagte mir, der Kristall hätte sich in den Tagen des Entstehens der Welt geformt. "Love Light" ist ein tiefroter, aus Afrika stammender Stein, der in einem Elchlederbeutel, auf dem eine Pfeilspitze angebracht ist, ruht. Man sagt, er könnte am schnellsten von allen Steinen vibrieren. Meiner versteinerten Bohne habe ich den Namen "Jack" gegeben. Ihre Behausung ist ein kleiner Wildlederbeutel. Mein "Telefon" ist ein sehr dichter Kristall, der an zwei Enden abgerundet ist. Ich trage ihn in einem Beutel an meinem Gürtel. Mein Cloud-Kristall ruht in einem Kaninchenfellbeutel, und mein Schlüssel-Kristall befindet sich in einem Kulu-Beutel. Für mein versteinertes Brot der Aborigines habe ich einen mit Quasten ge-

links: Medizintasche

rechts: Aus Stinktierpelz gefertigte Medizintasche
(Für unsere Gegenstände der Medizin wurden keine Tiere vorsätzlich getötet!)

schmückten Beutel gefertigt. Meinen ältesten Stein (er ist 400 Billionen Jahre alt), der überdies Teil meines Gebetsbündels ist, bewahre ich in einer orangen Zigarettenschachtel auf. In einem regenbogenfarbenen Wildlederbeutel, den ich um den Hals trage, befindet sich mein Dog-Star-Stein zusammen mit meinem Großer-Großmutter-Geist-Stein. Letzterer stammt aus dem westlichsten Punkt Amerikas. Meinen heiligen Tabak bewahre ich in einem kleinen Wildlederbeutel auf, der gut in meine Hosentasche paßt. Meinen Häuptlingsopal trage ich in einem mit Perlen geschmückten und im Stil der Sioux gefertigten Wildlederbeutel bei mir.

Meine Go-Steine sind in einem Wildlederbeutel, der an meinem Gürtel befestigt ist. Einmal traf ich in Miami einen Go-Spielmeister. Als Gegengabe für meine Talente wollte er mir das Spiel Go beibringen. Mir persönlich macht es eigentlich keinen so großen Spaß, Brettspiele zu spielen, doch wollte ich sein Können würdigen. Ich hatte keine große Lust, mein Gehirn allzusehr zu strapazieren, nur um die Regeln des Spiels zu lernen, doch genoß ich es wahrlich, seine Liebe für dieses Spiel zu beobachten. So schickte ich ein kleines Gebet los und bat das Kind in mir, aufmerksam zu sein, während der übrige Teil meiner Persönlichkeit sich darauf konzentrieren konnte, einen wahren Meister bei der Arbeit zu beobachten. Als es schließlich so weit war, daß wir spielen sollten, hatte ich noch immer nicht die leiseste Ahnung davon, was eigentlich geschehen sollte. Wie dem auch sei, ich überließ meiner Intuition die Führung und machte die Züge, die mir meine innere Stimme empfahl. Und ich schlug ihn! Er war außerordentlich überrascht und schenkte mir sodann zwei Steine von seinem besten Spiel. Wenn ich sie bei mir trage, sagen sie zu mir: "Go! Geh! Laß dich vom Allerhöchsten führen. Stelle keine Fragen, sondern geh einfach!"

Ich möchte nun vier Arten von Medizintaschen vorstellen. Später werde ich dann auf die Herstellung eigener Medizin zu sprechen kommen. Es gibt so viele Arten von Medizintaschen, wie es Ideen hinsichtlich ihrer Herstellung gibt. Die vier, auf die ich hier eingehen möchte, sind die Pfeifentasche, die Wolkentasche, die Musiktasche und das Adlerbündel. Man könnte sich eine Medizintasche wie ein Schlafzimmer vorstellen. Mein Schlafzimmer ist mein ganz persönlicher Raum des Wohlbefindens. Hier verlebe ich meine intimsten Momente und hege meine geheimsten Träume. Die Gegenstände, die sich in diesem Raum befinden, wurden sehr genau von mir ausgewählt. In jeder Medizintasche findet man bestimmte feste Bestandteile, ebenso wie man in einem Schlafzimmer bestimmte Schlafzimmermöbel finden wird, die sich von den Möbeln des Wohnzimmers unterscheiden. Jede Medizintasche ist also ein Raum, in dem sich untereinander verwandte Dinge befinden. Jede Tasche bzw. jeder Raum hat seine oder ihre eigene Funktion.

Die Pfeifentasche besteht aus Elchleder und ist mit einer gelben Rose geschmückt. Die Aussage ihrer Energie ist: "Ich werde einen langen Weg der Partnerschaft und Freundschaft mit allen Dingen vor mir haben". In ihr befinden sich die Pfeife, der Tabak und ein Putzstäbchen. Die Pfeife selbst ist in ein großes Tuch gewickelt, das früher einmal meinem Pferd Chivas gehörte.

Die Wolkentasche ist ein Behälter für indianisches Popcorn. Die Tasche selbst ist wunderschön bunt. Das Popcorn verwenden wir im Rahmen unserer Zeremonien, und wir säen es auch als Geschenk an die Mutter Erde aus. Die meisten Menschen säen Korn aus; wir säen Popcorn. Ich schätze, es ist das Kind in uns, dem dies Freude macht. Die Tasche ist mit einem Tori an einem Band verschlossen. In Zeremonien wickeln wir das Band ab und wirbeln das Tori herum, so daß auf der Erde ein Vortex entsteht. Wir sähen unser Korn aus und sprechen unsere Gebete. Eine mit Perlen verzierte Welle rollt am Ende einer großen Wolke, die gegen die Sonne zieht.

Eine schwarz-weiße Möwe fliegt am Himmel. Die Tasche ruft nach großem, GROSSEM Überfluß für alle Menschen.

Die Musiktasche war die erste Medizintasche, die ich jemals gemacht habe. Sie beinhaltet die Gesichter der Ältesten und Blutsteine für die Heilung mit Musik. In der Tasche sind außerdem Handtrommeln, Flöten, Fingerzimbeln und eine Nasenflöte. Dies sind Instrumente, die ich gerne in Zeremonien spiele. Oft nehme ich diese Tasche mit in die freie Natur und spiele für die Steine und die Bäume.

Die letzte der erwähnten Medizintaschen ist das Adlerbündel. Mir wurde mein Adlerbündel in einem Traum, einem sehr starken Traum, gegeben. Ich brauchte einige Wochen, um es herzustellen. Ich warf ein Tuch auf die Erde, betete und wartete. Wenn ich das Adlerbündel öffne, so tue ich das entweder im Rahmen einer speziellen Heilungszeremonie oder beim Überbringen einer Botschaft. Das Adlerbündel zu öffnen, ist etwa so, als würde man die Heiligen Schriften lesen. Viele Geschenke werden uns gegeben, wir müssen sie nur öffnen. Die Geschenke und Gaben, die sich in dem Adlerbündel befinden, sind Kräfte. Kräfte strömen demjenigen zu, der sich einem Prinzip ergeben hat und es bis zu dem Maß gelebt hat, daß er selbst zu diesem Prinzip geworden ist. Wenn immer ich das Adlerbündel öffne, so wird diese Tat zu einem Spiel, in dem es darum geht, ob alle Anwesenden sich die Bedeutung jedes einzelnen Gegenstandes merken können. Kleine Kinder schneiden dabei am besten ab. Manchmal, wenn eine Person sich einen bestimmten Gegenstand nicht merken kann, so heißt das für mich, daß die Person genau diese Medizin benötigt. Ich werde das Adlerbündel für euch öffnen. Bitte tut, was ich getan habe, und wenn es nur in euren Gedanken ist.

Blast das Horn und sendet Grüße in alle vier Himmelsrichtungen. Laßt die Herzen mit Freude gefüllt sein. Die Adlernationen werden zusammengerufen. Singt das Lied des Adlers. Laßt den Herzschlag der Trommeln im Himmel sowie auf Erden ertönen. Schüttelt die Rasseln, um die plagenden Geister zu vertreiben und den Respekt einkehren zu lassen. Das Adlerbündel ist geöffnet. Füllt die Luft mit dem süßen Duft des Salbei. Betet für die Alten, die Vorfahren, die Ältesten. Das Adlerbündel ist geöffnet. Viele Gaben wurden gegeben, wenige nur wurden entgegengenommen. Nehmt diese Gaben von den Ältesten entgegen. Wir sind hier, um eine Aufgabe zu erfüllen. Erkennt die Gaben und nehmt sie an.

Die Meeresmuschel, die aussieht wie ein Gesicht, spricht über diese Gabe: "Wir haben die angeborene Gabe, ein Geheimnis zu haben. Es geht darum, in Vertrauen zu wandeln und zu glauben, wie ein kleines Kind".

Ein mit meinem eigenen Haar gefüllter und mit einer Bärenkralle, einem Glöckchen und einem Delphin geschmückter Wildlederbeutel sagt mir: "Ich, Cloud, Seminolin, aus dem Clan der Bären, Freundin des Traumes und der Träumer, habe die Gabe erhalten, zu wissen und zu verstehen, daß ich nur im Vertrauen und im Glauben zu gehen brauche, um dann, früher oder später, den Ort des Allwissens zu finden".

Der kristallene Zauberstab mit dem Gesicht der Alten sagt mir: "Wir haben die Fähigkeit, das zu zerstören oder auseinanderzunehmen, was nicht mehr dem Nutzen des einzelnen und des Ganzen dient".

Die Jade-Schlange mit den türkisen Augen sagt zu mir: "Es ist uns die Fähigkeit gegeben, alle Krankheiten zu verwandeln und zu heilen".

Der Wildlederbeutel mit dem aufgesticken $-Zeichen sagt: "Es steht uns alles zur Verfügung, was wir brauchen, um unsere Bestimmung zu manifestieren".

Der kristallene Adler besagt: "Wir haben die Gabe der Vision, so daß wir Prophezeiungen machen können".

Der Stoffbeutel, in dem sich Salbei und allerlei andere Kräuter befinden, und der mit einer Taube aus Korallen verschlossen ist, hat folgende Aussage: "Wir haben die Fähigkeit, zu reinigen".

Der silberne Löffel und der Wassermelonen-Turmalin rufen uns folgendes ins Gedächtnis: "Wir haben die Fähigkeit, andere zu ernähren".

Die silberne Dose mit dem lebensrettenden Seestern spricht von der folgenden Gabe: "Wir haben die Fähigkeit, Leben zu schaffen".

Die abgebrochene Schneide eines zeremoniellen Messers, die mit Goldlot repariert wurde, und von ihrem Griff abgetrennt ist, besagt: "Wir haben immer die Möglichkeit, uns für ein Leben nach unserer eigenen Wahl zu entscheiden. Unsere Wahl liegt immer, auch innerhalb von Beziehungen, nur bei uns."

Diese Gaben wurden mir in einer Vision gegeben. Die angesprochenen Symbole kamen zu meinem auf der Erde ausgebreiteten Tuch. Jedes meiner Bündel hat seine eigenen und einzigartigen Symbole. Man hat mir gesagt, daß diese Gaben denen gegeben werden, die sie annehmen. Ich selbst habe ein Adlerbündel gemacht und verschenkt. Es war so, als würde man eine Bibel verschenken. Das Bündel sprach davon, was möglich wird, wenn man sich öffnet und empfängt. Die Symbole dienen als wertvolle Gedankenstütze. Bei der Öffnung des Bündels waren noch andere Menschen gegenwärtig; einige von ihnen sind nach Hause gegangen und haben ihre eigenen Bündel geschaffen. Das ist gut so. Die Medizin muß mit anderen geteilt werden. Wir bedürfen vieler Hände, um die Arbeit auf Erden zu verrichten. Mögen viele den Ruf vernehmen, und "zum Bündel kommen". Es ist das Geschenk der Adlernationen. Die Alten bieten diese Gabe allen an, die dazu bereit sind, zu empfangen. Empfangt mit offenen Händen der Dankbarkeit.

links:
Spitzen der Kraft in unserem Dorf

rechts:
Die von Skye geschmückte Nadel

Die Spitze der Kraft und Spitzen der Kraft

Klint ist geistig sehr reif. Er ist einer der Menschen, über den man sagt, er sei sehr weise für sein Alter. Er ist weise, weil er unschuldig und offen ist. Er war der erste, der eine “Nadel” oder “Spitze der Kraft” im Dorf aufstellte. Er kam zu mir und erzählte mir, Jeanne d‘Arc hätte eine “Spitze der Kraft”. Ich betete im Stillen, daß mein Leben auf eine bessere Weise zu Ende gehen möge! Dann, 1989, schenkte man mir eine geschmückte Nadel, die meine eigene “Spitze der Kraft” darstellen sollte. Viele Frauen in unserer Gesellschaft haben das Gefühl, daß sie ihre Kraft abgegeben haben. Ich hatte nie dieses Gefühl ... bis ich eine “Spitze der Kraft” geschenkt bekommen hatte. Heute stelle ich fest, daß ich viele Jahre dazu gebaucht habe, um meine Kraft zu entfalten. Die geschmückte “Spitze der Kraft” stammt von einem einsamen Strand in der Karibik. Im Jahre 1989 war ich mit einer Gruppe von Freunden dorthin gefahren, um mit den Einheimischen zu leben. Wir wollten mit den Ältesten über das neue Jahr sprechen. Kurz zuvor war die Küste von einem Hurrikan überrascht worden, und überall lagen noch Trümmer herum, die von der Verwüstung zeugten. Von diesem Trümmerhaufen stammt der kleine Stock, den Skye zur Verzierung der Nadel verwendet hat. Zur Fertigstellung ihres Werkes brauchte sie fast das ganze Jahr 1989. Heute steht es vor meinem Altar und erinnert mich daran, daß es sich bei der Spitze der Kraft um folgendes handelt: um die

Kraft des Geistes. Mit dem Geist zu gehen heißt, mit der Kraft zu gehen. Geld hat keine Kraft; es ist nur Papier. Die Kraft ist im Geist. Sie bewegt sich stets in allen Dingen und kann von nichts eingeschlossen werden. Wahre Kraft ist immer als eine Leihgabe zu verstehen. Immer wenn wir mit dem Geist gehen, gehen wir mit geliehener Kraft durchs Leben. Wir nehmen sie in uns auf und geben sie dann auf Anweisung des Geistes wieder ab. Das ist Kraft.

Die nachfolgend aufgelisteten "Spitzen der Kraft" sind zu mir gekommen, auf daß ich sie nutze. Sie sind eine Leihgabe. Ich gebe sie euch zur Aufbewahrung zurück und danke allen, die sie auf meinen Pfad gestellt haben.

- *Streitigkeiten erzürnen den Schöpfer. Nehmt den Ärger mit unter den freien Himmel, wo genug Platz ist. Geht alleine hinaus und laßt ihn in den Himmel fliegen. Dann wird eine Lösung kommen.*
- *Gebt einem Baum einen Kosenamen, und er wird über euch wachen.*
- *Bussardfedern eignen sich sehr gut dazu, dunkle Energien zu verscheuchen. Sie können einen starken Schutz gewährleisten.*
- *Holz, in das der Blitz eingeschlagen hat, ist in besonderem Maße mit Energie aufgeladen. Verwendet solches Holz in Zeremonien, in denen es um Wiederbelebung geht.*
- *Nennt eine Krankheit nie bei ihrem Namen.*
- *Stille ist die Stimme des Schöpfers.*
- *"Fühlt" mit dem Herzen, anstatt mit den Ohren zu "hören".*
- *Schwenkt eure Mokassins über dem Feuer, und ihr werdet Schutz für eure Reise erhalten.*
- *Wiederholt einen Zauberspruch nur drei Mal. Die vierte Wiederholung setzt seine Kraft frei.*
- *Haltet nach Pflanzen Ausschau, die euch zunicken, wenn ihr Kräuter und Blumen sammelt.*
- *Sumpfwasser macht das Haar glänzend.*
- *Gute Kleidung ist ein Zeichen des Respekts vor dem Großen Geist.*
- *Seht zu, daß sich euer Herz in der Einsamkeit befindet, wo kein anderer es beeinflussen kann.*
- *Hartriegelzweige eignen sich hervorragend als Zahnbürsten.*
- *Manchmal ist es gut, seinen Verstand für eine Weile zum Abschalten zu bewegen.*
- *Wir sind reich, wenn wir viele Tage haben, an denen wir den Alten und den Kindern zu essen geben.*
- *Zweifelt niemals am Großen Geist.*

Ich könnte noch tage- und wochenlang in der Aufzählung von “Spitzen der Kraft” fortfahren.

Dies jedoch würde noch mindestens ein weiteres Buch füllen.

Steine des Mittelpunkts

Großmutter Alinta schenkte mir meinen ersten “Stein des Mittelpunkts”. Sie sagte zu mir, er solle immer der erste Stein sein, den ich mit zu einer Zeremonie bringe, wenn wir “die Steine rot färben”, was soviel bedeutet wie, daß wir die Steine für die Zeremonie der Stone People erhitzen. Der gerade angesprochene Stein stammt aus Australien, dem Land, in dem der Sommer im November und der Winter im Juni beginnt. Alinta sagte außerdem: “Erkenne immer alle Seiten einer Sache”, und “Möge unser Mittelpunkt die ganze Welt verbinden”. Sie sagte zu mir, ich solle den Stein immer auf meinem Altar aufbewahren, außer in den Augenblicken, in denen er in die Schwitzhütte gebracht würde. Auch sagte sie, daß dieser Stein über den “Ruf der Schwitzhüttenzeremonie” wachen würde. Wenn ich das Wasser auf die glühenden Steine gieße (d.h. wenn ich die Zeremonie leite), bringe ich immer diesen Stein zuerst herbei.

Das Gehirn kontrolliert den Körper und erhält ihn am Leben,

während der Geist auf Wanderschaft geht.

Über die Verwendung von Kristallen ...

Man meditiere eine bis eineinhalb Stunden.

Dann kommt unser zweites Ich und nimmt unsere Seele mit auf eine geistige Reise.

Zwischen vier und sechs Uhr morgens ist die beste Zeit für die Meditation.

Alinta

Meinen eigenen “Stein des Mittelpunkts” bekam ich von Großmutter Jerry geschenkt. Sie hatte ihn in einem Graben auf ihrem Grund und Boden gefunden. Sie hat eine Sammlung von Artefakten der Cherokee, ihrem Volk, die unschätzbaren Wert hat. Dennoch würde sie diese Artefakte niemals verkaufen. Sie sagte mir, daß der Stein einer sehr mächtigen Medizinfrau gehört hatte und daß er ihr gesagt hätte, sie solle ihn zu mir bringen. Wochenlang hatte ich ihn jede Nacht bei mir. Kein

Kristallformation

Steine des Mittelpunkts

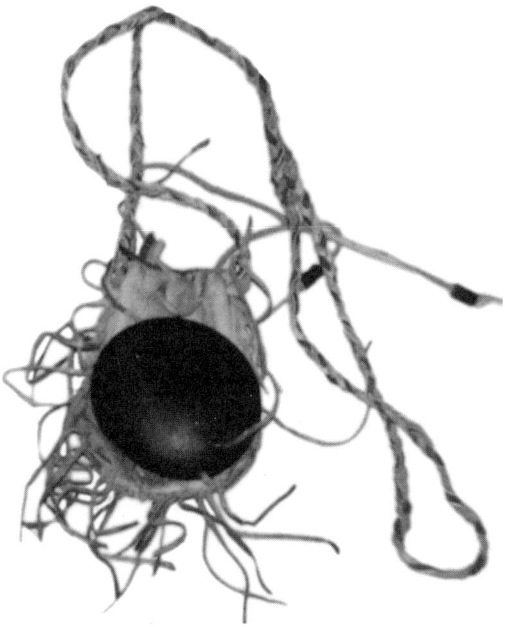

anderes Geschenk hat mir je soviel Freude bereitet. Mein Stein des Mittelpunkts und ich lieben uns sehr. Ich habe ihm meine ausgefranste alte Lieblingstasche als Wohnort gegeben. Er ist Teil meines Gebetsbündels und stellt den Mittelpunkt bei allen meinen Zeremonien, bei denen ich eine Decke auf dem Boden ausbreite, dar. Indem ich diesen Stein in die Mitte der Zeremonie-Decke lege, gebe ich meinen Bauch und all die Kraft, die in mir fließt, in die Mitte. Auf diese Weise gebe ich mich selbst hin. Ich gebe die Kraft meines Mutterleibes. Ich tue dies als Cloud und gebe mich selbst hin.

Ich habe mir selbst einen Stein des Mittelpunkts geschenkt. Es handelt sich dabei um einen ganz außergewöhnlichen Stein aus einem Flußbett. Ich nenne ihn meinen Bauch-Stein. In ihm ist die Magie und der Zauber des Atems enthalten. Ich lege ihn auf meinen Bauch und bewege ihn durch die Bewegung meines Atems hin und her. Wenn ich einatme, wandert er nach oben, und wenn ich ausatme, bewegt er sich nach unten. Diese Übung lehrt meinen Körper bzw. meine Lungen, sich ganz zu füllen. Sie zeigt meinem Körper auch, welche Freude es ist, den heiligen Atem in sich zu spüren. Manche Menschen nehmen Yoga-Stunden, um zu lernen, wie man richtig atmet; ich hingegen spiele mit meinem Bauch-Stein. Mit dieser Übung konzentriere ich mich vor Zeremonien oder Auftritten auf meine Mitte. Auch wenn ich durch irgend etwas aus dem Gleichgewicht geraten bin, kann ich auf diese Weise meine Mitte wiederfinden. Mein Bauch-Stein ist mein lieber Gefährte, der die Sorgen des Lebens durch den Hauch des Atems wegnimmt. Er ist mir ein Vertrauter, der meine tiefsten Gefühle kennt und dennoch meine Geheimnisse niemals preisgeben würde. Manchmal erzähle ich ihm ohne Worte von meinen Sorgen und Nöten, während ich meine Atemübung mit ihm durchführe. Manchmal frage ich ihn um Rat. Er ist mein Freund.

Brooke und ich haben in der Mitte unserer Ranch eine Kristallformation als Zeichen der Familie aufgestellt. Dieser Kristall hatte keinen Glanz und war dazu bestimmt, wieder in die Erde zurückzukehren. Nach fünf Jahren gruben wir ihn aus und stellten ihn in der Mitte unseres Dorfes auf. Heute befindet er sich in der Mitte unseres Nashville-Altars. Wohin er geht, dorthin fließt auch die Aufmerksamkeit.

Das ist es, was ich über Steine des Mittelpunkts weiß.

Zeremonielle Schalen

Ich würde gerne drei verschiedene zeremonielle Schalen ansprechen. Es gibt allerdings noch unendlich viele, die darauf warten, von eurer Vorstellungskraft erschaffen und dann realisiert zu werden. Das einzige, was man wissen muß ist, daß die Schale den Leib der Mutter Erde, die ohne Unterlaß gibt und gibt, symbolisiert. Ganz egal, wie wir sie behandeln, sie gibt. Wenn wir eine Schale, die für die Mutter

Erde stehen soll, in die Mitte einer zeremoniellen Decke stellen, so tun wir das mit großer Ehrerbietung. Manchmal lege ich meinen persönlichen Stein des Mittelpunkts in eine Schale. Die Schale befindet sich immer im Mittelpunkt einer Zeremonie für Frauen. Ich fülle sie gerne mit allen möglichen verschiedenen Sachen. Wenn wir zum Beispiel Wanderer begrüßen, so füllen wir sie mit warmem, duftendem Wasser, mit dem wir ihre Hände und Füße waschen. Wenn wir einer zukünftigen Braut zu Ehren ein Fest abhalten, so füllen wir sie mit süßen Fruchtsäften. Wenn wir uns auf der Suche nach einer Vision versammeln, füllen wir sie mit der Stimme der Awa Pua. Wenn wir uns hingegen auf einen Übergang vorbereiten, wird sie mit warmem Ingwerwasser gefüllt. Alle, die mit im Kreis sitzen, empfangen etwas aus der Schale, genau so, wie es mit der Mutter Erde der Fall ist. Der erste Trunk aus der Schale wird der Mutter Erde angeboten, und am Ende geben wir ihr alles, was noch übriggeblieben ist. Der Trunk, den wir der Mutter Erde anbieten, geht in alle vier Himmelsrichtungen. Wir bieten auch dem Himmel einen Trunk an und demonstrieren so die Dankbarkeit der Mutter dem Vater gegenüber. Wir opfern der Schale unsere Gebete, Lieder und unser Lachen. Dies tun wir, um Mutter Erde für all ihre Gaben zu danken. Indem man die Schale ehrt, ehrt man auch die Erde. Auf diese Weise erlernen unsere Kinder das heilige Gleichgewicht.

Erst als ich die Energie der Mutter Erde in Gestalt des Lehms,
in dem noch die Feuchtigkeit der Erde enthalten war,
in meine Hände nahm und ihn zu einem Gefäß formte,
fühlte ich, daß es sich um eine weibliche Energie handelt.
Jede Frau hat die Eigenschaften von Mutter Erde in sich.

COLONEL LYN

Die Awa-Pua-Schale besteht aus einer ausgehöhlten Kokosnuß. Sie wurde von Rhio geerntet, bearbeitet und gesegnet. Rhio ist eine der ältesten lebenden Seelen auf Erden. Sie lebt in einer von ihr selbst gebauten Hütte in den Urwäldern Hawaiis. Sie ist gewissermaßen aus der Erde hervorgegangen. Wenn man ihr gegenübersteht, steht man dem Angesicht der Mutter Erde selbst gegenüber.

Unsere Schale der Danksagung wurde von Merrillyn aus Ton geformt. Diesen Ton hat sie aus allen vier Himmelsrichtungen zusammengetragen. Jede Richtung ist

Zeremonielle Schalen

durch wunderschöne Blätter von den Bäumen der Mutter Erde dargestellt. Vertreten sind Bäume, die Früchte tragen, solche, die Holz bereitstellen, andere, die uns Medizin geben und dornige Büsche, die uns Schutz bieten. Die Glasur wurde einfach frei darüber gegossen, als Erinnerung daran, daß auch die Wasser der Erde frei fließen. Die Schale hat einen wundervollen, hellen Klang.

Unsere neueste zeremonielle Schale ist gerade dabei, in der Sonne zu trocknen. Früher war sie einmal ein Kürbis, der in Georgia wuchs. Man hatte ihn abgepflückt und dann in einem Straßengraben liegen lassen, wo ich ihn schließlich fand. Er rief nach mir, als ich vorbeifuhr. Er ist schon so reif, daß man ihn aushöhlen, säubern, mit Sand ausstreuen und bemalen kann. Er hat uns noch nichts über sein Dekor und seinen Platz innerhalb der Zeremonie gesagt. Wie dem auch sei, er ist ein Symbol der Schönheit, das gefunden worden ist. Er singt das Lied der verlorenen Tochter, die nach Hause zurückgekehrt ist. Die Mutter ruft: "Bringt seidene Gewänder und Geschmeide. Bereitet die Festtafel. Meine Tochter ist heimgekehrt. Was verloren war, ist wiedergefunden worden. Es ist dies eine Zeit der großen Freude!" Ich kann mir vorstellen, daß aus diesem Kürbis eine Schale für die Rückkehr nach Hause werden könnte. Dies ist es, was ich über zeremonielle Schalen weiß.

Musikinstrumente und Medizinische Gegenstände

Spielt man, während man vom Geist erfüllt ist, ein Instrument,

so ruft dies eine Veränderung hervor; es ist eine Erfahrung,

so als würde man das Universum besingen.

Kaktus

"Die Hügel sind erfüllt von schönen Klängen!" "Cloud ist hier!" Das ist es, was die ganze Natur sagt, wenn unser Kanu auf dem Fluß entlangfährt und der Klang meiner Delphinflöte erklingt. Dies ist ein sehr kleines Geschenk im Gegenzug zu der unglaublichen Schönheit von Mutter Natur und den Liedern ihrer Geschöpfe. Schon von weitem können die Baumgeister die Flöte vernehmen, und wenn ich dann ankomme, sind alle Geschöpfe bereits in aufgeregter Erwartung. Wenn ich über die aus dem tiefsten Grunde meines Herzens kommende Liebe sprechen möchte, dann spiele ich auf meiner kleinen Nasenflöte. Auf diese Weise reitet meine Botschaft auf dem Pferd meines "zulassenden Atems". Tibetanische Glöckchen hingegen er-

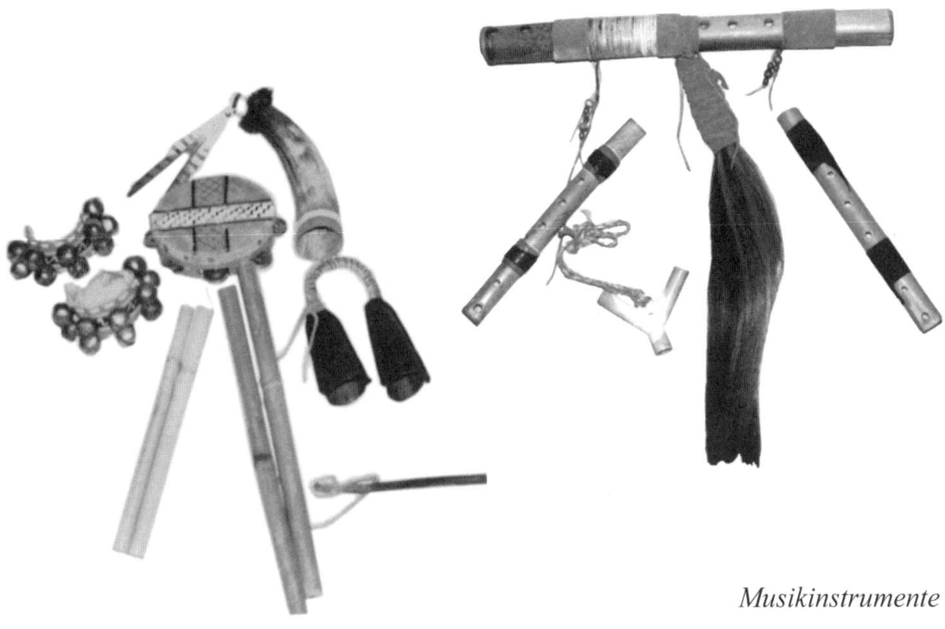

Musikinstrumente

wecken Dinge und reinigen sie. Es ist gut, ihrem Klang zu lauschen, wenn er hinaus in die Ewigkeit fliegt und niemals endet. Kindern fällt es leicht, zu begreifen, daß ihre Stimmen um die ganze Welt gehen. Es ist gut zu wissen, daß das was wir sagen, irgendwo wahrgenommen wird. Auf diese Weise lernen wir, gute Dinge zu sagen. Stöcke und Steine stimmen gerne in das allgemeine Lied mit ein. Ohne unsere Hilfe haben sie keine Stimme. Wenn wir ihre geistige Stimme vernehmen wollen, müssen wir sie aufeinander klopfen. Sie lieben es, gespielt zu werden. Es ist ein guter Tag im Leben eines Steines, wenn ein Kind ihn in der Hand hält und ihn auf einen anderen Stein klopft, um damit Musik zu machen. Stöcke und Steine, die in das Lied miteinstimmen, geben immer ihre Geheimnisse preis. Sie lieben es, gespielt zu werden. Wir nehmen sie immer mit auf die Bühne. Vielleicht werden sie eines Tages Teil eines jeden Gospelchors, jeder Countryband, jedes klassischen Orchesters und jeder Rockband sein! Wenn dies geschieht, werden wir das Zusammenkommen aller Völker feiern, denn Steine und Stöcke brauchen uns, damit wir auf ihnen spielen. Sie sind sehr traurig darüber, daß man sie dazu verwendet, Knochen zu brechen. In Wahrheit sind sie Künstler und Musiker. Laßt die Band spielen!

Zeremonielle Gewänder

Jemand, der sein Leben im Dienste der Völker lebt, steht ständig im Rampenlicht. Es ist ein Zeichen des Respekts vor dem Großen Geist, sich gut anzuziehen. Es ist außerdem auch wohltuend für den eigenen Geist, auf sein Äußeres zu achten. Ich jedenfalls achte stets darauf. Manche Menschen sagen, daß ich immer kostümiert bin. Andere schließen sich an und sagen: "Die sechziger Jahre sind zurück!" Ich persönlich weiß nicht viel von den sechziger Jahren, da ich die erste Hälfte als Vorsitzende einer Schwesterschaft und die zweite Hälfte in einem Bibel-College verbracht habe! Skye ist der einzige echte "Hippie", den ich kenne, und sie war keiner mehr, als ich sie kennenlernte. Ich schätze die Perlen, medizinischen Gewänder, Stiefel, Mokassins und Stirnbänder sind es, die diese Freude über die Rückkehr der sechziger Jahre auslösen. Ich für meinen Teil ziehe mich so an, weil ich meinem Geist eine Freude machen will. Ich ziehe mich außerdem so an, um die leuchtenden Farben des Schöpfers zu ehren. Ich ziehe mich so an, um den Kindern eine Freude zu machen. Ich ziehe mich so an, um meine eigene Leihgabe an Energie wachzurufen. Ich schaue aus, wie ein wandelndes Museum. Als Walter Boyene, der Direktor des Smithsonian Aerospace Museum mich in den Kulissen von "Star Trek: Das nächste Jahrhundert" traf, rief er aus: "Ich würde Sie gern in Bronze gießen und Sie den Pioniergeist der modernen Frau in Amerika nennen!" Für meine Kostüme gewinne ich Preise und habe mittlerweile ein Image, dem ich treu bleiben muß.

Ich stelle meine eigenen Kostüme her. Was ich nicht selbst herstelle, wird mir in Zeremonien geschenkt. Die einzigen Kleidungsstücke, die ich kaufe, sind Socken,

Haarschmuck und Gebetsgewänder

Unterwäsche und Levis-Jeans. Vielleicht wird auf meinem Grabstein einmal geschrieben stehen: “Cloud, auf immer in Levi’s”. Die Damen von Kalifornien, New York, London, Sidney und Toronto haben mich schon oft angesprochen, weil sie meine Gewänder kaufen wollten. Ich mache sie alle selbst und verwende dabei keinerlei Maschinen. Die ganze Zeit, während ich meine Gewänder nähe, bete ich. Sie sind also meine eigenen Gebetsgewänder. Ich habe Tanzgewänder, Medizingewänder, Hochzeitsgewänder, Abenteuergewänder, Ritualgewänder und formelle Gewänder. Mein formelles Gewand ist schwarz und hat Schöße. Es stellt das schwarze Fell, die weiße Mähne und den weißen Schweif meines Pferdes Chivas dar. Er war 41 Jahre lang mein Freund und hat mir schon zu seinen Lebzeiten seine Haare geschenkt. Er selbst war immer perfekt “angezogen”; die Kombination aus schwarz und weiß war in perfekter Symmetrie. Als er schon sehr alt war, durfte er frei umherstreifen. Er hatte einen sehr starken Geist und war außerordentlich intelligent. An meinem Medizingewand sind Schlangenhäute angebracht, die für die Transformation und die Heilung stehen.

Oft habe ich zu meinen Röcken oder Jeans meine Gebetsgewänder an. Diese Gewänder haben Muster der Seminolen aufgestickt, die alle Menschen und Völker dazu aufrufen, zusammenzufinden. Mein Schal wurde von einer alten Großmutter von Hand gewebt. In ihm sind so viele verschiedene Farben miteinander verwoben,

Medizingewänder

daß ich sie nicht zu zählen imstande bin. Diesen Schal werde ich nie waschen. Auch meine Gewänder werden nicht gewaschen, denn sie tragen meinen heiligen Atem in sich.

Meine Mokassins sind um die ganze Welt gereist. Ein paar von ihnen haben mit der Sonne getanzt, andere sind auf den Straßen Jerusalems gegangen, wieder andere waren mit mir auf den Bühnen der ganzen Welt. Wenn ich ein Paar Mokassins verschenke, so haben diese wirklich viele Meilen hinter sich gebracht. Die in ihnen enthaltene Heilkraft ist enorm.

An jedem meiner Stirnbänder ist ein Kristall angebracht, und jedes ist mit Wildleder umwickelt. Ich trage sie, um mir die Haare aus den Augen zu halten und um meine Gabe des Sehens zu schärfen.

Mein Schmuck ist ein ständiger Blickfang. Auf diese Weise habe ich Gelegenheit, viele meiner Heilmittel und Medizinen mit anderen zu teilen, nämlich allein dadurch, daß ich ständig auf die Frage "Welche Bedeutung hat dieses Ding?" antworten muß. Ich trage das erste Geld, das mir mein Vater gegeben hat, bei mir. Es handelt sich dabei um eine silberne Münze im Wert eines halben Dollars, deren Prägedatum mit meinen Geburtsdatum übereinstimmt. Ich trage ihn als Medizin für alle Kinder. Eine meiner Medizintaschen erinnert mich daran, daß ich immer alles habe, was ich brauche. Zu Ehren des heiligen Großmutter-Geistes trage ich einen Stein bei mir. Auch trage ich Perlen, die von meinem Volk, den Seminolen, stammen. Ich trage die goldenen Insignien unserer Vereinigung, der Vision Us, Inc.. Überdies trage ich die Opale, die mir einmal geschenkt wurden, damit ich meine Energie ausgleichen kann. Dann habe ich noch einen Adler bei mir, den mir Großmutter Kitty geschenkt hat und ein Medaillon, das den Segen von Sacred Buffalo Hat Teepee für mich repräsentiert. Ich trage außerdem Mataya, den reinen Kristall, den mir Großmutter Jerry einst geschenkt hat. An meinem Gürtel sind vielerlei Beutel befestigt. An meinen Handgelenken trage ich einen Armschmuck, den mir einmal ein Medizinmann und eine Medizinfrau geschenkt haben. Meine Jacken sind farbenfroh und prächtig; sie repräsentieren meine Abstammung. Selbst bei der Wahl meiner Unterwäsche denke ich an meinen Schöpfer. An Tagen, an denen ich meine Meinung vertreten muß, trage ich Rot. Hingegen an ruhigen Tagen, an denen ich mit meinem Kanu den Fluß hinunterfahre, trage ich Türkis. Weiß ziehe ich bei Zeremonien an, und Schwarz ist die Farbe, die ich für Kreise des Heilens auswähle. Ich kleide mich, um den Großen Geist zu Ehren. Ich trage sehr oft Federn. Wie gesagt, ich kleide mich, um den Großen Geist zu ehren. Ich achte darauf, daß ich stets sauber bin und frohe Farben trage, um den Großen Geist zu preisen. Es wird mir eine Freude sein, die Kostüme aller Geister auf unserem Planeten zu sehen. Ich bin mir sicher, daß das allgemeine Grau langsam verschwinden wird, und daß es irgendwann keine Stöckelschuhe und Feinstrumpfhosen mehr geben wird!

ZAUBERKIND-MEDIZINPUPPEN

Lange schon gibt es die Tradition, eine Puppe zu fertigen, um damit das Ich zu repräsentieren. Dieses Ich kann in einer Zeremonie vielerlei Veränderungen durchlaufen. Kleine Mädchen erlernen die Mutterrolle, indem sie mit ihren Puppen spielen. Die Zauberkinderpuppe repräsentiert das wundervolle Kind in einem jeden von uns. Heutzutage sind beinahe alle Doktrinen der Seelenheilkunde damit beschäftigt, das innere Kind zu heilen.

Unsere Zauberkinderpuppen sind die Hüter unseres Traums. Sie sitzen auf dem Weltenaltar und halten den Zauberstab. Sie sitzen mit dem Buch, "*The Little Train that Could*", in einem Pepsi-Auto. Jeder Mensch ist eine Zauberpuppe Gottes. Wir haben diese Zauberkind-Vereinigung gegründet, um das Zauberkind in jedem Menschen wiederzuentdecken.

Zauberkind-Medizinpuppen

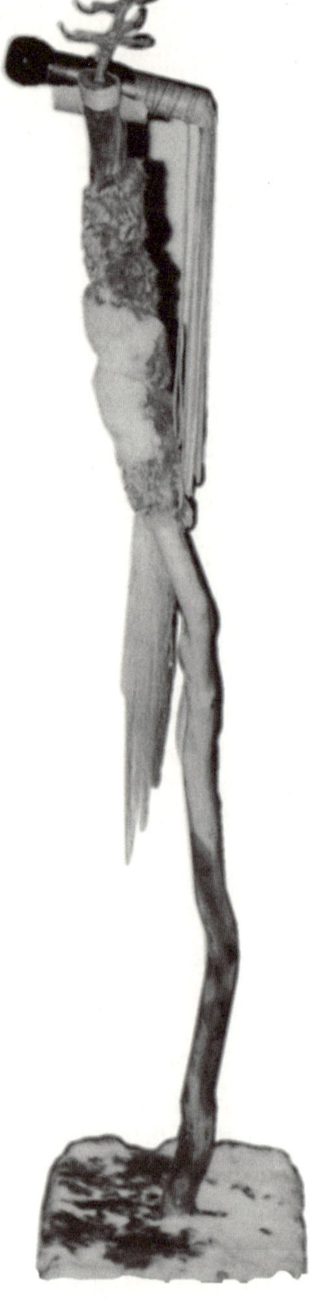

"Hawk Eye", Mikrophon und Mikrophonständer

MIKROPHONE UND MIKROPHONSTÄNDER

Der letzte zeremonielle Gegenstand, den ich erwähnen möchte, ist mein Mikrophon und mein Mikrophonständer. Das heiligste Geschenk, das mir vom Großen Geist gegeben wurde, ist ein Mikrophon. Zuerst schnitzte ich Mikrophone aus Holz. Danach kam eines mit Kabel. Dann kam "Hawk Eye". Hawk Eye ist ein schnurloses Mikrophon. Er ist in weiches Kaninchenfell gewickelt und wird in einem aus Elchleder gefertigten Beutel, auf dessen Verschluß ein Tigerauge aufgenäht ist, aufbewahrt. In dem Beutel befindet sich außerdem ein kleines Säckchen mit Salbei. Worte sind die Ziegelsteine und der Mörtel der Schöpfung. Was wir sagen, ist was wir bekommen. Unsere Sprache und unsere Lieder müssen von Liebe und Schönheit erfüllt sein. Für Hawk Eye habe ich einen Mikrophonständer geschnitzt. Wenn ich an den Maulbeerfeigenbaum denke, kommen mir immer Zachäus und Jesus in den Sinn. Er ist ein wunderschöner Baum, und es war genau dieser Baum, auf den Zachäus kletterte, um Jesus zu sehen. Ich möchte, daß die Menschen den Christus in sich selbst sehen. Hawk Eye sitzt oben auf "Sac", wenn er gerade nicht arbeitet. Sac ist mit einem wunderschönen Pferdeschweif für die Kinder der kommenden sieben Generationen umwickelt. Sac ist außerdem mit Kaninchenfell umwickelt. Sac ist weiblichen Geschlechts. Ihr Gestell ist mit Kaninchenfell überzogen, und sie läßt sich in alle Richtungen bewegen. Sac und Hawk Eye möchten, daß alle Kinder dieser Welt, Kinder jeden Alters, geliebt werden und daß man sich um sie sorgt.

Wenn ich nur einen einzigen Medizingegenstand behalten dürfte, so würde ich mich für Hawk Eye und Sac entscheiden. Es ist eine wundervolle Erfahrung, die Gesichter derjenigen zu sehen, die Hawk Eye mit ihren Händen festhalten und in seine Kraft hineinsprechen. Es ist so, als würden sie zum ersten Mal den Klang ihrer Stimmen hören ... und alle hören zu. Hawk Eye läßt sie das Gefühl erleben, das wir empfinden dürfen, weil Gott all unseren Nöten sein Ohr zuneigt.

Das ist es, was ich mit euch im Hinblick auf medizinische Gegenstände, Geräte und Spielsachen teilen wollte.

A Ho!

Meine Meinung über Frauen ist,

daß sie sehr viel Energie haben

und ganz knapp davorstehen,

es zu erkennen.

Colonel Lyn

KAPITEL 17

FRAUEN, DER MOND UND DIE KRAFT

Im Leib der Frau liegt der Samen für alle zukünftigen Generationen. Das Blut, das diese Wahrheit umgibt, ist die Quelle großer Macht. Geld ist nicht gleich Macht; es ist nur Papier. Mit diesem Papier kann man sich Prestige und materiellen Besitz kaufen, doch wahre Kraft fließt aus dem Kontakt mit dem Übernatürlichen, dem Göttlichen. Wahre Kraft liegt im Wind, im Regen, in den Flüssen, die zum Meer fließen, in der Sonne, im Mond, in den funkelnden Sternen, im Gras, das unter den Steinen hervorwächst und in den wildwachsenden Blumen. Die größte Macht der Welt jedoch liegt in einer einzigen Träne, die ein Kind weint. Frauen kennen diese Macht. Schon bevor eine Frau geboren wird, trägt sie die Eizellen, aus denen ihre Kinder entstehen werden, in ihrem Leib. Die Nahrung, die ein weiblicher Fötus im Leib seiner Mutter erhält, wird bereits vor der Geburt an die späteren Kinder dieses Fötus weitergegeben. Nach der Geburt eines kleinen Mädchens geht die Nahrung, die sie erhält, ebenfalls schon an ihre Kinder. Alles, was sie ernährt, ernährt ihre Kinder. Im Laufe ihres Lebens kommen keine neuen Eizellen hinzu; sie wird bereits mit allen Eizellen für ihre späteren Kinder geboren. Jeder ihrer Atemzüge ernährt diese Kinder. Alles, was sie im Laufe ihres Lebens essen, trinken, atmen, sehen, hören, riechen und fühlen wird, ist Nahrung für ihre Kinder.

Mißbrauch von Kindern ist das Lied unserer Kultur und deren Fernseh- und Kinofilme. Jedes Lebewesen, das darauf wartet, geboren zu werden, fühlt diese Schwingungen bereits sehr stark. Die Energie des Lebens in der Stadt wird von den Eizellen unserer Kinder absorbiert. Das Wohlergehen zukünftiger Generationen hängt von der Schaffung einer besseren und freundlicheren Welt ab. Die Frau ist die Manifestation des weiblichen Prinzips. Frauen wissen, was es heißt, jemanden vierundzwanzig Stunden am Tag, sieben Tage die Woche, das ganze Leben lang, zu nähren.

In den Frauen liegt die wahre Kraft. Unsere Gebärmutter ist wie ein Generator, der Energie speichert. Sie enthält Leben. Männer haben keine derartige Möglichkeit, Kraft in sich zu speichern. Sie stellen den "Dünger" her. Da sie diesen Dünger nicht lagern können, geben sie ihn in Träumen oder in sexueller Betätigung ab. Männern, die immer nur auf der Jagd nach einem Schäferstündchen sind, geht diese Kraft verloren. Frauen, die dies gestatten, haben das Problem, daß ihnen in ihre Vorratsbehälter Löcher gerissen werden. Wenn der Dünger den Weg zur Eizelle findet, so erwacht diese von einem langen Schlaf. Die Energie des Mannes legt den Schalter des Kraftwerks um, und plötzlich gehen alle Lichter an. Es ist die Bestimmung der Männer, mit jedem Gedanken, Wort und Werk, zu düngen und wachsen zu lassen. Männer sind nicht darauf ausgelegt, die Kraft in sich zu speichern; sie haben keine heiligen oder göttlichen Gene, die darauf ausgelegt wären. Sie sind gesegnet mit der Fähigkeit, den Samen, den Gott in den Leib der Frau gepflanzt hat, zu düngen. Sie sind Gärtner im Garten Gottes. Die Frauen wiederum sind die fruchtbare Erde, in die Gott seine Samen pflanzt. Manch ein Mann mag stolz darauf sein, wenn er seine Frau so nährt, daß sie und Gottes Kinder strahlend und gesund sind. Die Frucht des weiblichen Leibes entspringt jedoch nicht dem männlichen Samen, sie ist auch nicht das Kind ihrer Eltern, sondern sie ist das Kind des Allmächtigen und einzigartig auf der ganzen Welt. Der einzige Same, der gepflanzt wird, wird von Gott gepflanzt, und zwar noch bevor Mann und Frau sich jemals begegnet sind. Jeder Mensch ist ein gut durchdachter Plan des Allmächtigen. Der Same, der unser Leben ausmacht, wurde von Gott dem Allmächtigen in den Leib unserer Mütter gepflanzt. Unsere Väter haben den Dünger dazu bereitgestellt, und unsere Mütter den fruchtbaren Boden, auf dem wir neun Monate lang herangewachsen sind.

Einige unserer Vorfahren gingen davon aus, daß es sich um den selben spirituellen Level handelt, ob man im Krieg oder im Kindbett stirbt. Um die Bedeutung des Blutes kennenzulernen, werden Männer zu Kriegshetzern. Um die Bedeutung des Blutes zu erfahren, bluten Frauen. Die Mutter Erde sowie die gesamte Natur liebt den Geruch und die Energie der Zeit des Blutens. Sie ist ein Signal dafür, daß Schwangerschaft möglich ist und daß alle schwangeren Lebewesen von der Mutter Erde vor allen anderen Kreaturen bevorzugt werden. Das Leben geht weiter. Es ist eine Zeit großen Feierns. Tatsächlich hat es eine Frau nicht nötig, sich zur Reinigung ihres Blutes der *inipiti*-Zeremonie zu unterziehen, denn sie reinigt es in jedem Mondzyklus. Wenn sich eine blutende Frau auf die Erde setzt, so wird ihr die gesamte Natur zur Seite stehen. Der Wind und die Sonne und alles, was in und auf der Erde lebt, möchten dieser Frau ihre Geheimnisse anvertrauen. Der Schleier, der die alltägliche Welt von der geistigen Welt trennt, wird entzweigerissen, und die Frau kann direkt mit den Geistern kommunizieren.

Die Zeit der Menstruationsblutung ist eine Zeit, in der die Frau sich zurückzieht und viel Zeit alleine verbringt (*isnati*). Es ist eine kostbare Zeit, in der die Frau auf der Erde sitzen und sich nähren lassen kann. Es ist eine Zeit, in der sie der Stimme des Großen Geistes lauschen kann, und in der alles um sie herum auf ihre Bedürfnisse eingeht. Es ist eine heilige Zeit für den ganzen Stamm. In dieser Zeit verstärkt sich die Kraft einer Frau um ein Vielfaches. Ihre Gebete reichen weiter und werden auf den Schwingen der Engel getragen. In dieser Phase der Mondes ist es gut, im Kreis der Frauen zu sitzen, die Trommel zu schlagen, zu singen und zu beten. Es ist eine Zeit, in der man dem Gesang der Vögel und dem Glucksen der Bäche im Frühling lauscht. Auch ist es eine Zeit, in der man Visionen für andere Menschen empfangen kann. Was eine Frau in dieser Zeit sieht und hört, kann oftmals ebenso provokativ sein, wie das, was man hören wird, wenn man sich auf einen Berg begibt und dort um eine Vision bittet. Eine erwachsene Frau hat jeden Monat die Möglichkeit, Visionen zu erfahren. Sie braucht noch nicht einmal zu fasten und sich auf einen Berg zu begeben, um dem Großen Geist zu begegnen; es liegt in ihrer göttlichen Natur, jeden Monat eine Audienz bei ihm zu haben.

In meiner Kultur sind die Männer dafür verantwortlich,
die Geschichte, die Sprache, das Gesetz und die Kultur fortzuführen.
Die Frauen haben die Verantwortung für alles andere.
Die Männer müssen sich um diese vier Bereiche kümmern,
ohne dadurch in die Aktivitäten der Frauen einzugreifen.
Innerhalb unserer kulturellen Struktur haben wir einen Kreis,
in dem das Gesetz der Frauen gefördert wird.
Jungen Frauen wird nun nach und nach die Möglichkeit eröffnet,
in allen Bereichen, die sie wünschen, die Führungsrolle zu übernehmen.
Sie werden dabei von den älteren Frauen,
die die wahren Führerinnen unserer Kultur sind, geleitet.
Ich selbst gehöre mittlerweile zu den Ältesten und sitze im Rat der Männer.
Dieses Recht habe ich nunmehr erworben.

ALINTA

Einmal beförderte ich meinen damaligen Freund aus meinem Leben hinaus, weil er eine derartig uneinsichtige Haltung dem Mondzyklus gegenüber hatte. Er nannte die Veränderung der Gefühlslage “PMS” (prämenstruales Syndrom) und schleppte mir irgendwelche Pillen ins Haus, mit denen ich das Gefühl betäuben sollte. Im Grunde genommen wollte er die Tore zum Himmel verschließen und somit gewährleisten, daß sich die Frau der Gefangenschaft ergeben muß. Frauen sind in dieser so kostbaren Zeit weder “biestig”, noch “übersensibel” und “unrein”. Sie sind zugänglich für Botschaften des Geistes, und wenn sie sich biestig oder übersensibel verhalten, dann aus dem Grunde, daß es wirklich etwas in ihrer Umgebung gibt, was sich verändern muß. Was auch immer es ist, das sich in dieser Zeit in schlechten Gefühlen äußert, es wird direkt in den Samen im Leib der Frau einprogrammiert und bestimmt unsere kommenden Generationen. Ein Mann kann stolz sein, wenn seine Frau während ihrer Tage sensibel, gefühlvoll und glücklich ist, denn dies würde für die Umgebung sprechen, in der sie lebt. Ein Mann kann auch zum Wohlergehen der zukünftigen Kinder beitragen, indem er seine Partnerin während der *isnati*-Zeit unterstützt.

Die kosmische Energie des Mondes kommt jeden Morgen auf uns herab;

sie wird zu Nebel, dann zu Tau.

Dies ist die Zeit, in der man die Energie

am besten zu neuem Leben erwecken kann.

Alinta

In vielen Stammeskulturen hatten einst die Frauen die Macht. Es gab eine Zeit, in der man das Menstruationsblut in den Zeremonien verwendete, da man die große, ihm innewohnende Kraft kannte. Man betrachtete es nicht als unrein. Es ist wahr, daß eine Frau während ihrer Mond-Zeit mächtiger ist als ein Mann. Es ist auch wahr, daß eine Frau mit schlechten Absichten, die Macht hat, die medizinischen Gegenstände eines Mannes ihrer Macht zu berauben und ihn selbst somit im Krieg zu Fall zu bringen. Wenn dem nun schon so ist, dann laßt alle Frauen, die ihre Blutung haben, in diesem unserem so stark in Männerhand liegenden Militärsystem zusammenkommen und den Planeten der Macht für den Krieg berauben. Man bestreiche alle Waffen mit dem Menstruationsblut der Frauen. Man lasse Frauen, die ihre Menstruation haben, in die Konferenzräume, in denen die Männer zusammensitzen und die globale Zerstörung planen, in Scharen eintreten. Man lasse sie dort auftreten, wo auf den Straßen mit Drogen gehandelt wird, und man lasse sie für den Frieden beten. Mögen sie, die sie ja ohnehin bereits die Macht in sich haben, das

Wasser auf die heißen Steine in den Schwitzhütten für die Männer gießen. Mögen sie ihre Macht dazu einsetzen, den Männern die Kraft zu verleihen, ihre Energien in fruchtbringender Freude, in Frieden und mit einem Lachen einzubringen. Mögen unsere Frauen die Männer dazu aufrufen, spielerisch und schöpferisch die Führung in Familie, Beruf und Regierung zu übernehmen, auf daß sie ihren "Samen" (Dünger) auf die Planung der Wiedervereinigung und die Feier aller Nationen ergießen.

In sehr stark stammesgeprägten Kulturen, in denen ein großer Gemeinschaftsgeist herrschte, waren die Einflußsphären zwischen den Geschlechtern aufgeteilt. Die Männer gingen ihren Tätigkeiten nach und die Frauen den ihren. Wenn ein Mann oder eine Frau seiner oder ihrer natürlichen Neigung zu Tätigkeiten des anderen Geschlechts nachging, so hatte er oder sie freien Zugang zum Kreis des anderen Geschlechts und wurde dort wie ein gleichgeschlechtliches Mitglied behandelt. Wenn eine Person in sich sowohl die Seele eines Mannes als auch die einer Frau vereinte, so konnte sie in beiden Kreisen aufgenommen werden. Eine solche Person war hoch angesehen, und man gestattete ihr, Zeremonien zu leiten, an denen beide Geschlechter beteiligt waren, da sie ja beide Geschlechter verstehen konnte. Wenn wir also mehr und mehr auf eine androgyne Gesellschaft zusteuern (und wenn wir uns heutige Rockstars ansehen, so kann ich mich des Eindrucks nicht erwehren, daß dem so ist), so wünschen wir uns, mehr und mehr Zwillingsseelen zu sehen, die beide Geschlechter verstehen. Bis diese Menschen zur Verfügung stehen, ist es weiterhin die Aufgabe von uns Frauen, die Männer über das Nähren anderer zu belehren, ebenso wie es die Aufgabe der Männer ist, den Frauen etwas über das Bereitstellen von Dünger beizubringen.

Nach meinen vierzehn Tagen der Visionen im Jahre 1984, fuhr ich in die "Wälder der Apachen" in New Mexico. Dort erfuhr ich eine Vision über einen Schild. Die Botschaft des Schildes war eindeutig die folgende:

> "Der Mann gibt dem Traum Kraft und Schutz;
> die Frau bewahrt und nährt den Traum,
> und das Kind träumt den Traum".

Wenn wir dieses Gleichgewicht aus männlicher und weiblicher Energie begreifen und pflegen, dann können wir einen Partner anziehen, der unser perfektes Gegenstück innerhalb des Gleichgewichts ist. Jeder von uns ist gleichzeitig Mann und Frau ebenso wie jung und alt. Wichtig ist, daß diese Aspekte in uns im Gleichklang sind. Im Hinblick auf diesen Gleichklang ist es eine wichtige Übung für uns alle, den Respekt für Frauen, die sich in ihrem Mondzyklus befinden, wiederherzustellen. Wir dürfen es nicht mehr hinnehmen, daß man jungen Mädchen sagt, sie seien schmutzig oder krank. Sie sind Gottes Garten. Ihre Blutung sagt uns, daß der Garten fruchtbar ist. Die Energie der Frau wird einen Partner herbeirufen ... genau so wie das bei einer läufigen Hündin der Fall ist. Wenn sie wünscht, daß ihr Kind wächst und gedeiht, so muß sie in allem, was sie tut, anziehend sein. In ihr muß die gute Atmosphäre schwingen, die sie um sich herum haben möchte. Wenn sie selbst schwächlich, mißmutig und kränklich ist, so wird eben diese Haltung in ihr schwingen, und sie wird einen Partner anziehen, der ihr einen Grund dafür gibt, schwächlich, mißmutig und kränklich zu sein. Wenn sie hingegen vital, gefühlvoll, stark, aktiv, verspielt, strahlend und glücklich ist, so wird sie einen Partner anziehen, der Freude daran hat ihren Boden des Glücks fruchtbar zu machen. Laßt die Frauen in ihrer Mondphase doch ihre wahren Gefühle zeigen, auf daß dies den Männern als Spiegel dient. Mögen sie sich dafür einsetzen, die Energie ihrer Umgebung auszugleichen, so daß alles um sie herum glücklich und friedlich ist.

Die stärkste Medizin gehörte zunächst den Frauen. So ist das auch heute noch. Der Heilige Geist, der in allen Dingen gegenwärtig ist, ist kein "freundlicher Geist", sondern er ist eine Frau. Aus dem Wunsch ihres Herzens heraus wird Gott Vater dazu berufen, Kraft und Schutz zu spenden. Die Erde wird überleben; ihr Partner wird dafür sorgen. Die Menschen werden möglicherweise nicht überleben, die Erde aber schon! Sie ist eine Frau. Wenn die Herzen der Frauen zu Staub werden, werden die Menschen vom Angesicht der Erde verschwinden. Frauen kennen den Schmerz in der Träne eines Kindes. Aus dieser Träne fließt der Frau übernatürliche Kraft zu. Mögen sich die Tränen in fröhliches Lachen verwandeln, dann wird die ganze Welt Freude empfinden.

In der Vergangenheit hat man uns Frauen gelehrt, uns für die von uns
auf diesem Planeten ausgeübte Macht schuldig zu fühlen.
Wir müssen der Tatsache ins Auge sehen, daß wir im Laufe
der Jahrhunderte ganze Kontinente untergehen ließen.

MAHISHA

Mögen die Frauen ihre Zeit des Blutens dazu verwenden, Raketen abzulenken und die Gedanken der Kriegshetzer zu verwirren. Eine Frau, die in ihrer Mondphase ist, ist voller Kraft.

Innerhalb vieler Stämme wird diese Kraft als die Kraft der Schöpfung neuer Generationen angesehen. Aus diesem Grunde ist es das größte Fest, wenn ein Mädchen zur Frau wird. Ihr erstes Blut wird aufbewahrt und mit zur Zeremonie gebracht, auf daß alle es sehen können. Sie legt den Namen ihrer Kindheit ab und zieht das Kleid der erwachsenen Frau an. Man gibt ihr viele Geschenke, und die älteren Frauen weihen sie in viele Geheimnisse ein. Ein großes Fest wird gefeiert, denn das Überleben des Stammes ist gesichert. In dieser Zeit werden auch heldenmutige junge Männer gefeiert, denn sie werden es sein, die diese jungen Frauen fruchtbar machen. Näheres zu dieser Art von Zeremonie bei den Apachen kann man in Thomas E. Mails *Secret Native American Pathways: A Guide to Inner Peace (Geheime Pfade der Eingeborenen Amerikas: Ein Führer zum inneren Frieden)* lesen.

Es gibt einen Stamm bei den Eingeborenen des afrikanischen Busches, der die folgende Regel hat: Jeder junge Mann muß sich ein Jahr lang des Wohlergehens sieben junger Mädchen annehmen. Abseits vom Hauptdorf muß er ihre Hütten errichten. Er muß sie mit allem versorgen, was sie brauchen - mit Essen, Holz für ihr Feuer und besonderen Geschenken, die ihm angemessen erscheinen. Er darf jedoch niemals gesehen werden. Aus einem Versteck beobachtet er die Mädchen und lernt auf diese Weise eine jede von ihnen genau kennen. Er kann im Verlauf dieses Jahres eine besonders bevorzugen, doch darf er deshalb die anderen nicht vernachlässigen. Seine Pflicht ist es, alle gleichberechtigt zu behandeln. Sollten die Mädchen ihn erspähen oder zu fassen bekommen, so wird er geschlagen, bis er weint. Sollte er drei Mal erwischt werden, so wird er auf immer aus dem Stamm ausgestoßen. Sollte er erfolgreich sein, so darf er eines der Mädchen zu seiner Frau machen. Wenn er seine Aufgabe gut und ehrenhaft erfüllt hat, so wird die Frau seiner Wahl auch ihn erwählen. Auf diese Weise lernen die jungen Männer, die Frauen zu achten und hoch anzusehen.

Wenn der Saft des Pfirsichbaumes aus seiner Rinde rinnt, wird er so rot wie das Blut der Frauen. Der Pfirsich gleicht dem Uterus der Frauen, und der Samen des Pfirsichs ist wie der Samen im Leib der Frauen. Der Saft des Pfirsichbaumes ist eine kraftvolle Medizin. Man kann ihn zur Herstellung von Medizintaschen, die man unter der Kleidung oberhalb des Nabels trägt, verwenden. Es ist gut, diese kleine Tasche bei Zusammenkünften mitzuführen, an denen Männer teilnehmen, die es noch nicht gelernt haben, die Frauen für ihre wahre Kraft zu achten. Die kleine Tasche wird Angriffe abwehren, die eine Frau schwächen und ihre Gedanken von der Absicht, ihrer Wahl treu zu bleiben, ablenken könnten.

Kürzlich habe ich ein Lied geschrieben, in dem ich danach rufe, den Stolz auf die Jungfräulichkeit unserer Frauen wieder einkehren zu lassen.

Es liegt eine besondere Kraft in dem kleinen Zwischenraum zwischen zwei Händen, die sich nacheinander ausstrecken, aber nicht berühren. Es liegt Kraft in dem, was in der Gebärmutter der Frau enthalten ist. Abtreibung wäre an sich kein Problem, wenn die wahre Würde der Frau sowie der Respekt für sie und ihre Kraft wieder in unsere Kreise zurückgebracht würden. Unerwünschte Babys entstehen durch verantwortungslosen Sex. Wenngleich das in diesem Kapitel Gesagte den hergebrachten Traditionen, die die Macht in die Hände der Männer legen, widerspricht, so handelt es sich dabei doch um wichtige Informationen. Ich bin eine Frau. Ich sitze in der Gemeinschaft des Großen Geistes. Ich ehre die Visionen, die ich jeden Monat erhalte. Die Große Mutter ruft nach einem Gleichgewicht der Kräfte. Alles wird wieder gut, wenn die Frauen, der Mond und die Kraft geehrt werden. Wir sollten nicht den althergebrachten Traditionen dienen; ihre Zeit ist vorbei. Bei Neumond, wenn der trennende Schleier am transparentesten ist, müssen wir uns zusammensetzen, um direkt vom Großen Großmutter-Geist unsere Anweisungen zu empfangen. Wir müssen dabei nur den Geist der Tradition ehren und im Gedächtnis behalten, daß die erste Zeremonie einem Mann oder einer Frau vom Großen Geist gegeben wurde. Jetzt ist die Zeit gekommen, im ganzen in das Licht des Geistes einzutreten. Frauen, tretet hervor, und erkennt die Kraft, die in eurer Blutung liegt. Männer, schlagt die Trommeln und laßt die Kraft eures Sex-Chakra in eure Herzen fließen, und dann nehmt euch der Frauen an, so daß ihre Herzen glücklich werden.

Jetzt ist die Zeit, unsere Gaben zusammenzuführen.
Es ist die Zeit, den großen Kreis zu schaffen und
den Geist in eine Form zu rufen, wie im Himmel so auf Erden.
GROSSMUTTER KITTY

Frauen sind mit dem Mond und all seinen Phasen verbunden. Männer hingegen sind mit der Sonne und ihrer steten Bewegung am Himmel verbunden. Frauen tanzen mit ihren Füßen nah am Boden. Männer tanzen und heben ihre Füße beim Tanz hoch, in Richtung Himmel. Zwillingsseelen (d.h. diejenigen, die sich in Richtung Androgynie entwickeln und sowohl die Seele des Mannes als auch die der Frau kennen) tanzen auf beide Weisen. Die Frau ist darauf ausgelegt, sich stets zu verändern, genauso wie der Mond. Genau wie Großmutter Mond, ist die Frau manchmal voll, lebenssprühend, aktiv und das Licht in der Dunkelheit. Sie wurde für die Intuition geboren und dafür, in der Dunkelheit zu sehen, genau wie Großmutter Mond, die unsere Träume verwebt, während wir schlafen. Wie alle alten Großmütter hat sie die Zeit, sich hinzusetzen und über ein unruhiges Baby zu wachen, daß sich in der Dunkelheit im Schlaf hin und her bewegt. Die Großmutter wacht, manchmal hellwach, manchmal dösend, über alle schlafenden Kinder. Während wir träumen, näht sie unsere Träume zusammen und schafft so die komplizierten Webmuster, die uns in Kontakt miteinander bringen. Wenn sich unsere Wege kreuzen, oder wenn wir uns gemeinsam in einem Kreis wiederfinden, so ist dies auf das Werk der Großmutter zurückzuführen. Sie kennt unsere Traumwandler sehr gut. In der Nacht stellt sie uns einander vor und schmiedet die Pläne, die uns dann auf unserem tagsüber zurückgelegten Weg zu unserer Bestimmung führen. Großmutter Mond kennt unsere Beziehungen am besten. Sie kennt unsere heimlichen Wünsche. Sie kennt unser unterbewußtes Selbst, das in der Nacht, wenn wir träumen, auf eine weite Reise geht. Frauen haben dieses geheime Verständnis für Beziehungen. Dies müssen wir die Männer lehren. Männer sind der Sonne verwandt. Die Sonne ist beständig, sie arbeitet während des Tages und ruht in der Nacht. Jeden Morgen steht sie auf, unabhängig von den Veränderungen des Wetters. Sie läßt ihr Licht immer über der Mutter Erde erstrahlen, auch dann, wenn Wolken ihre Strahlen behindern. Großvater Sonne versteht die Launen der Großmutter Mond, und er steht immer auf, um sein Licht leuchten zu lassen. Dieses Wissen ist in den Männern verwurzelt, und sie müssen die Frauen mit diesem Wissen trösten.

Die schöpferische Kraft der Frau liegt in ihrem Leib.

Diese ist unabhängig davon, ob eine Frau

in körperlicher Hinsicht gesund ist oder nicht.

Frauen sind voller Kraft.

Mahisha

Wenn der Mond abnimmt, dann nimmt auch die Aktivität und die Betriebsamkeit einer Frau ab. Sie bereitet sich darauf vor, bei Neumond zu bluten. Zu dieser Zeit ist ihr Schleier, ebenso wie der des Mondes, am transparentesten. Frauen haben Zugang zum "Thron". Während dieser speziellen Zeit muß die Frau auf das Wohl des Einen und des Ganzen lauschen und danach Ausschau halten. Diese wertvolle Gabe darf sie niemals nur für sich alleine einsetzen. Wenn sie diese Gabe mißbraucht, so wird ihr Handeln auf sie und ihr ganzes Volk zurückfallen. Wenn der Mond wieder zunimmt, handelt die Frau auf der Grundlage des Wissens, das sie in ihrer Zeit der Visionen erworben hat. Kurz vor Vollmond ist eine gute Zeit, sich zum Rat zusammenzufinden. Alle Menschen sind hellwach und voller Energie. Ihre Aufmerksamkeit richtet sich auf das, was die Frau zu sagen hat. Sie ist in ihrer Höchstform. Es ist eine gute Zeit, Feste zu feiern, Spiele zu spielen und sich einen Geschlechtspartner zu suchen. Manche vertreten die Ansicht, daß Frauen sich nur während der Zeit ihrer Monatsblutung in die Abgeschiedenheit zurückziehen sollten. Für die Bequemlichkeit dieser Frauen werden Mond-Hütten und *initipi*-Tipis zur Verfügung gestellt. An diesen Orten können die Frauen die Ruhe genießen und genährt werden. Dennoch erfordert so manch eine Zeremonie ihre Anwesenheit. Sie sind nicht schmutzig. Sie sind stark. Die Großmütter achteten darauf, daß jene Frauen in Kriegszeiten nicht zu den Männern gingen, damit diese nicht ihre Stärke verlören. In einer Zeit, in der sich die Menschen notwendigerweise bekriegten, war dies eine Maßnahme, die auf das Überleben gerichtet war. Heute rufen die Großmütter zur Beendigung der Kriege auf. Es ist dies die Zeit der Blutung.

Wie finde ich meinen eigenen Weg?

Die Suche beginnt in meinem eigenen Herzen.

Sodann gehe ich der Sache genauestens auf den Grund und

lege die einzelnen "gehbaren" Schritte fest.

Dann mache ich den ersten Schritt.

COLONEL LYN

Als wir im Dezember 1989 in Australien ankamen, rief man uns zur Mond-Zeremonie. Wir wurden dazu berufen, für ungefähr 300 Teilnehmer den Tanz anzuleiten. Wir begaben uns schon frühzeitig zu dem Ort und beteten. Wir umrundeten das Grundstück und sprachen mit den Geistern. Der Tanz, den wir an jenem Abend tanzten, war wohl der kraftvollste unseres Lebens. Anstatt die Frauen, die gerade ihre Blutung hatten, fortzuschicken, luden wir sie in die Mitte des Kreises ein und ehrten sie. Dort in der Mitte, hatten wir einen Altar errichtet. Die blutenden Frauen legten sich mit der Brust nach unten auf den Boden. Sie breiteten die Beine aus, so daß sich jeweils ihre Zehen berührten. So formten sie einen sternenförmigen Kreis um den Altar herum. Sodann kam eine Magd, die sich jeweils am Kopf einer jeden Frau niedersetzte und dann ihre Schultern und ihren Rücken massierte, während sie ein leises Lied anstimmte. Das Haar der Frauen wurde in besonderen Mustern am Boden angeordnet. Die restlichen Frauen machten einen großen Kreis um die blutenden Frauen herum, während die Männer den äußersten Kreis bildeten. Während des Tanzes und des Gesangs, bewegten sich die Männer im Uhrzeigersinn, um die Bewegung der Energien des Tages zu simulieren. Beim Tanz hoben sie ihre Füße hoch über den Boden. Die Frauen tanzten gegen den Uhrzeigersinn, um die Energien der Nacht darzustellen. Sie ließen ihre Füße nahe am Boden, während sie tanzten. Die Gebete der Menschen wurden an das Innere des Kreises, wo der Sternenkreis der blutenden Frauen am Boden lag, gerichtet. Sowohl Männer als auch Frauen waren zu Hütern der Tore und der Trommeln der vier Richtungen bestimmt worden. Es war eine atemberaubende Energiespirale.

Laßt uns das Blut der Mondphase erneut für Heilungen verwenden. Die Zeit, in der man dieses Blut geringschätzig betrachtete, ächtete und mit dem Opferblut unserer Kinder ersetzte, ist vorüber! Großmutter Mond gibt uns das einzige Blut, das vergossen werden muß. Verwenden wir es also, um unser Volk zu stärken, so daß der Friede auf Erden herrschen kann.

Wir verleihen uns selbst keinerlei Titel oder Ehrenbezeichnungen;

wir werden für das bekannt, was wir tun.

Grossmutter Kitty

Es gibt Männer, die die medizinische Kraft, die ihnen die Frauen übertragen haben, mißbrauchen. Sie versuchen, die Frauen glauben zu machen, daß Sex und sexuelle Handlungen Teil der alten Riten seien. Hütet euch vor diesen Männern und ihren Lehren. Ich verbrachte eine der scheußlichsten Nächte meines Lebens in einem Raum neben dem Zimmer eines Medizinmannes, der dafür bekannt ist, jede Frau, die ihm in die Finger kommt, zu verführen. Er verbrachte die Nacht vor einer heiligen Medizinrad-Zeremonie damit, eine junge Teilnehmerin zu verführen. Zwei alte Medizinmänner versuchten nach der Zeremonie, mich mit Gewalt zu sexuellen Handlungen zu bringen. Ein anderer Medizinmann nahm drei junge Schüler mit nach Kanada, wo sie versuchen sollten, Anna Mitchell-Hedges den kristallenen Schädel wegzunehmen. Ich habe diese Männer jedoch eindeutig in ihre Schranken gewiesen. Sie haben nur wenig wahre Kraft; die Kraft, die sie besitzen, rinnt ihnen gewissermaßen aus ihrem Penis heraus davon. Es ist gut, einen Beutel mit dem Saft des Pfirsichbaumes über seinem Nabel zu tragen, wenn man mit Medizinmännern zu tun hat. Ich kenne noch einen anderen Medizinmann, der sich sexueller Verführung bediente, um die Aufmerksamkeit einer sehr bekannten Medizinfrau zu erregen. Zu dem Zeitpunkt konnte sie dann sehr leicht ihrer Energie beraubt werden. Es ist das Beste, wenn Männer ihre Medizin anderen Männern beibringen, und wenn Frauen ihr Wissen der Medizin an Frauen weitergeben.

Eine große Freude und Ehre in meinem Leben war es, als ich Belva Bloomer kennenlernte. Sie war viele Jahre lang Shirley McLaines Sekretärin und Vertraute, und sie hat eine außergewöhnliche Seele. Sie beantwortete die meiste an Shirley gerichtete Fan-Post, in der es um spirituelle Dinge ging. Nachdem Shirley Belva entlassen hatte, hielt Belva weiterhin den Kontakt mit den "star children", die Shirley zusammengebracht hatte, aufrecht. Schließlich berief Belva die Kinder in einen Kreis auf dem Berg Piscah in Cripple Creek, Colorado, zusammen. Sie bat mich, das dreitägige Treffen, das den Titel "World Celebration" trug, zu choreographieren.

Erst wenn uns bewußt ist, daß wir uns selbst treu sind,

können wir auch anderen treu sein.

Cloud

Belva hatte viele Teilnehmer aus aller Welt eingeladen. Unter anderem kam ein alter indianischer Medizinmann mit seinen jungen Schülern und Kriegern. Schon zu Anfang der Zeremonie fiel mir auf, daß dieser Mann und seine Krieger deshalb gekommen waren, um Kraft zu stehlen, das Augenmerk aus dem inneren Kreis abzulenken und ein Leck in der Energie des Kreises zu erzeugen, so daß sie Geld betteln konnten. Der alte Schamane und seine Anhänger fingen an, den Sturm zu beschwören, auf daß er die Lauben und Zelte hinwegfege. Sie kamen auf die Bühne und sangen Lieder des Donners und des Blitzes. Bald schon nahte der Sturm heran. Außer den Lauben und Zelten gab es keine Möglichkeit des Unterstandes, und der Wind wütete heftig an ihnen. Ich trat vor und nahm dem Anhänger des Schamanen, der gerade sein Lied sang, das Mikrophon weg. Diese Machtdemonstration mußte unterbunden werden, bevor das ganze Fest verdorben war. Ich bat die Frauen, sich dem Wind zuzuwenden und ihn in ihre Bäuche aufzunehmen. Ich wandte mich an die Männer und hieß sie, dem Wind ihren Rücken zuzuwenden, um auf diese Weise den Wind, den die Frauen nicht aufnehmen konnten, vom Lager abzuwehren. Die Frauen standen nun wie ein Pfeil gegen den Wind. Die Männer flankierten sie und lenkten den Wind vom Lager ab. Der Sturm teilte sich und zog um unser Lager herum. Nicht ein Tropfen Regen fiel auf uns herab. Nachdem dies geschehen war, setzten sich der Medizinmann und seine Jünger in ihre Autos und machten sich aus dem Staub. Wir haben nichts mehr von ihnen gesehen. Die Kraft ist heilig. Man muß sie zum Wohl der Menschen einsetzen. Wenn wir die Kraft mißbrauchen, wird sie uns mißbrauchen.

Noch eine letzte Geschichte: In der Mitte der achtziger Jahre kam ein gewisser Medizinmann, der auf der Suche nach dem kristallenen Schädel war. Er wollte Anna

Mitchell-Hedges, die diesen kostbaren Schädel gefunden hatte und verwahrte, dazu überreden, ihn seinem Volk zu geben. Er nannte ihn den Schädel des Westens, den Schädel der Frau. Wochenlang träumte ich von Anna und konnte mich des Gefühls nicht erwehren, daß es ihr nicht gut gehe. So rief ich sie an. Sie erzählte mir von Schmerzen in ihrem Bauch, deren Ursprung sie nicht ergründen könne. Sie hatte einen Anruf von dem bewußten Medizinmann erhalten, der sie die Woche darauf besuchen wollte. Sofort beschloß ich, nach Kanada zu fliegen, um ihn und seine Truppe am Flughafen in Empfang zu nehmen. So trafen wir sie (zu ihrer großen Überraschung) und verbrachten einige Stunden mit ihnen, bevor wir ihnen gestatteten, den Schädel zu sehen. Als wir uns schließlich um den Schädel herum versammelten, saß ich zwischen dem Medizinmann und Großmutter Anna. Ich trug einen Beutel mit dem Saft des Pfirsichbaumes über meinem Nabel. Seine Versuche gingen ins Leere; Anna fühlte sich sogleich besser.

Jetzt ist die Zeit, in der alle Frauen die Heiligkeit ihres Leibes erkennen und ihren angemessenen Platz einnehmen müssen. Dieser Platz ist so beschaffen, daß er sich nur Gott beugt. An diesem Platz bestimmt niemand unseren Weg, nur das Große Geheimnis. Die Tage der Gurus sind vorüber. Es ist die Zeit, in der Männer, Frauen und Kinder in sich hineinhorchen müssen und ihre Handlungen nur von ihrer inneren Stimme zum Wohle des Einen und des Ganzen bestimmen lassen dürfen. Es ist eine Zeit, in der die Sonnen-Hütten für die Männer und die Mond-Hütten für die Frauen aufs Neue errichtet werden müssen. Mögen alle Gelder und Mittel den Frauen, die den Traum pflegen und erhalten, zufließen. Und mögen sie auch den Männern, die dem Traum Kraft verleihen, zukommen. Mögen die Frauen wieder an die Macht kommen. Frauen wissen aus ihrem Uterus heraus, wie man die Macht einsetzt. Mögen die Männer fröhlich und verspielt werden. Sie wissen, wie man den Traum fruchtbar macht. Dieses Wissen kommt ihnen aus ihrem Skrotum zu. Laßt den Männern die Mittel zukommen, die ihnen ohnehin gegeben wurden, um Freude und Spaß, Überfluß und Lachen auf unserem Planeten fruchtbar zu machen. Mögen die Männer die Freude erleben, die sie verspüren könnten, wenn sie eine Frau, die einen Traum nährt, unterstützen und beschützen würden. Mögen die Frauen die Freude über einen Mann, der sie auf diese Art beschützt, erleben. Es war ein trauriger Tag, als die Frauen ihre Kreise verließen, um mit den Männern zu gehen. An sich sollte es umgekehrt sein. Mögen die Frauen erwachen, um den Traum des Lebens und der Fülle, der in ihnen schlummert, zu leben. Und mögen die Männer zu diesem Traum kommen und ihm Kraft verleihen. Der Mann, der eine Frau an seiner Seite hat, auf die er stolz sein kann, ist ein glücklicher Mann. Frauen, wacht auf! Der Traum ist in euren Bäuchen. Folgt dem Pfad des Mondes und erkennt den Traum.

Aborigines und eingeborene Menschen überall in der Welt versuchen,
die Weißen in die kulturellen und spirituellen Kreise zu bringen.
Alle weißen Frauen wurden schon zur Genüge von den Männern mißbraucht.

Alinta

Kapitel 18

Die Feuerfrau

Beau war fünfzehn, als wir uns zum ersten Mal trafen. Ich war 39. Er war total hingerissen von mir. Er folgte mir auf Schritt und Tritt und lauschte mit angehaltenem Atem jedem meiner Worte. Eines Tages erklärte Beaus Mutter, es sähe ganz danach aus, als wäre ich Beaus "Feuerfrau". Was ich damals darüber wußte, was es bedeutet, eine Feuerfrau zu sein, beschränkte sich auf die Erzählungen von Margarete Meade. Es machte ihr großen Spaß, Geschichten darüber zu erzählen, wie die älteren Frauen die jungen Männer in die Geheimnisse der Sexualität einweihten und wie sie auch tatsächlich mit ihnen den Beischlaf vollzogen, um sie auf diese Weise Zärtlichkeit und weibliche Befriedigung zu lehren. Ich wußte sofort, daß ich so etwas nie tun würde. Nach und nach wurden mir Beaus Zuneigungsbezeugungen und seine Verehrung unangenehm, bis ich dann feststellte, daß es sich dabei um regelrechte Verehrung einer Göttin handelte. Er wollte wirklich all das wissen, was ich wußte. Er wollte alles über "die Medizin" lernen. Später kam ein Geist zu mir, der mir sagte, ich würde die "Feuerfrau" von drei jungen Männern werden. Für diese Aufgabe brauchte ich Anleitung. Auch mußte ich die Bedeutung dieser Aufgabe begreifen. Ich schaffte einen "Ort des Empfangens" auf meinem Altar und vertraute darauf, daß ich schon alles erfahren würde, was ich wissen müßte. Im Jahre 1990 hatte ich meine Aufgabe mit den drei jungen Männern abgeschlossen und wurde nach Australien gerufen, um dort einen Kreis von Feuerfrauen ins Leben zu rufen.

Als man mir gesagt hatte, ich würde die "Feuerfrau" von drei jungen Männern sein, stellte ich mir vor, es würde sich um kleine Jungen handeln. Ich interessierte mich mehr und mehr dafür, Kinder zu unterrichten. Der sechsjährige Andrew zum Beispiel, wurde ein Zauberkind der Medizin. Er fiel in tiefe Trance, aus der er dann mit tiefgehenden Informationen dazu, wie er die Probleme in seiner Familie lösen könnte, erwachte. Andrew nahm auch Medizintaschen und Bindungsstöcke mit in die Schule, um sie den Lehrern und den anderen Kindern zu zeigen. Der nächste war Todd, der tagelang mit mir durch Felder und Wälder streifte und alles von mir lernte, was ich ihm über die Medizin der Pflanzen, der Wolken, der Bäume und der Tiere sagen konnte. Er kam sogar mit mir zu Zeremonien in Kanada und Los Angeles. Dann kam Mischa. Ich habe es Mischas kleiner Hand auf meinem Herzen zu verdanken, daß mir die Tore zu vierzehn Tagen des Sehens geöffnet wurden. Auch er, wie alle Kinder, hatte die natürliche Gabe, vom Großen Geist zu lernen. Es kamen noch viele andere Kinder, doch meine Pflichten als "Feuerfrau" sollten erst beginnen.

Nach und nach traten drei junge Männer in mein Leben, die meine Nachfolger und Schüler sein wollten. Ich mußte mich niemals anstrengen, um sie zu finden; sie tauchten einfach auf meiner Türschwelle auf. Die genauen Details unserer jeweiligen Beziehung sind persönlicher Natur. Das wichtige an der Sache ist, daß ich die Möglichkeit geschenkt bekommen habe, drei junge Männer - die jüngsten waren zehn und zwölf - zu führen, so daß wir etwas über das Feuer unseres Schicksals lernen konnten. Lehrer unterrichten das, was sie selbst am dringendsten lernen müssen. Durch diese drei jungen Männer habe ich meinen eigenen Wert als Frau, Schwester, Geliebte, Freundin, Lehrerin und großmütterliche Ratgeberin kennen und schätzen gelernt. Sie haben ihrerseits gelernt, die Kraft des Weiblichen zu ehren und dem großen Traum des heiligen Großmutter-Geistes zu dienen.

Das ist es, was ich über Feuer und Feuerfrauen weiß. Unsere Suche nach dem Feuer ist schon uralt. Unsere Vorfahren trugen glühende Kohlen in speziellen Gefäßen über hunderte von Meilen mit sich, damit jeden Abend das Lagerfeuer entzündet werden konnte. Der Hüter des Feuers richtete sein ganzes Leben darauf aus, darauf zu achten, daß die Kohlen immer am Glühen gehalten wurden. Der ganze Stamm war darauf angewiesen. Das wahre Feuer aber brennt in unseren Herzen. Es ist die Leidenschaft für das Leben. Dieses wahre Feuer finden wir nicht in unserer Lendengegend. Das Schlagen der Trommeln ist gut für die Männer, denn es hilft ihnen, die Energie ihrer Lenden in ihre Herzen, wo das all-sehende Auge stets offen ist, zu lenken. Durch unsere Herzen kommen wir an den Ort der Allwissenheit. Unsere Herzen sind der Herzschlag des Schöpfers. Sie sind das Tor zu Gott. Wenn unsere Herzen offen sind, können wir uns mit Würde, Leichtigkeit und Verständnis bewegen. Wenn unsere Herzen hingegen verschlossen sind, kann nichts gelingen. Das Feuer, das in der Mitte unserer Hütten des Rates brennt, ist der Herzschlag der Völker. Die Feuerstelle in unserem Heim bewahrt den Herzschlag unserer Familie. Wenn wir uns ein Heim schaffen, ist es gut, zuerst an den Stein für die Feuerstelle zu denken. Es ist gut, die Feuerstelle als den Mittelpunkt des Hauses zu sehen.

Cliffie, Papa, Tony und ich bauten zusammen unser gemeinsames Heim. Wir nannten es den Adlerhorst. Es hat acht Seiten und ist gebaut, wie die traditionellen indianischen Hütten bzw. Tipis. Als ich an seinen Bau dachte, kam mir zuerst die

Feuerstelle in den Sinn. Eines Tages ging ich über die Felder spazieren, und da sah ich den Adlerhorst zum ersten Mal. Er erschien mir zunächst nur wie eine Art Vision, doch wirkte er bereits wie ein fester Körper. Er kam vom Himmel herab geschwebt und landete genau dort, wo er sich heute tatsächlich befindet. Ich betrachtete ihn eingehend aus der Ferne. Als er sich wieder verflüchtigte, ging ich zu dem Ort, an dem er eben noch gewesen war, und sprach ein Gebet. Dann legte ich einen Kristall in die Mitte des Ortes und hielt Ausschau nach Steinen für eine Feuerstelle. Die perfekten Steine von vielen heiligen Orten zusammenzusuchen dauerte Wochen. Eine weitere Woche war erforderlich, um die Feuerstelle zu bauen. Zu der Zeit hatte ich kein Geld, um das Gebäude zu errichten. Sobald die Feuerstelle fertig war, landete ein Scheck über knapp 30.000 Mark in meinen Briefkasten. Es war ein Geschenk von einer Frau aus Seattle, die wünschte, daß ich das Geld für den Bau eines Gebäudes auf dem Land verwendete!

Ich habe die Stimme Gottes gehört.

Er ist eine Frau.

Sie ist die Schöpferin der Sterne.

Cloud

Wenn wir eine Zeremonie abhalten, entzünden wir zuerst in der Mitte des Ortes ein Feuer. Es ist das Herz des Großvater- und des Großmuttergottes. Es ist ein heiliger Ort. Wir würden das Feuer niemals dadurch entweihen, daß wir Zigarettenasche oder Abfälle hineinwerfen. In der Schwitzhüttenzeremonie gebührt der Hüterin des Feuers größere Ehre, als der Leiterin der Zeremonie, die das Wasser auf die heißen Steine gießt. Die Hüterin des Feuers sitzt stundenlang vor dem Feuer und schaut in die Flammen. Was die Hüterin sieht, wird zum Mittelpunkt der Zeremonie. Die Großmütter und Großväter sprechen durch Bilder und Botschaften im Feuer zu uns. Man sagt, daß ein ganzer Tag am Feuer so viel Bedeutung hat, wie zehn Tage des Fastens. Es ist gut, am Feuer zu sitzen und die Chakras zu reinigen. Es ist gut, Energie in das Feuer zu geben, um so das Herz Gottes zu erkennen. Eine Feuerfrau ist eine Frau, die "in Flammen steht"; sie hat Gottes Leidenschaft für den Frieden und die Harmonie in sich. Sie ist eine Frau der Visionen, der Stärke und der großen Leidenschaften. Alles Leben kommt vom Feuer. Alles Leben kommt von den Frauen. Die Frau ist das Feuer. Der alte Ausspruch, "du spielst mit dem Feuer", birgt große Wahrheit in sich.

Der Rauch des Feuers steigt zu denen im Himmel hinauf. Die Asche bleibt bei denen auf der Erde. Das Feuer sendet immer die Herzen der Menschen in die Welt des Geistes. Auch kommen die Botschaften derer im Himmel durch das Feuer herab zu denen auf der Erde. Die geistige Welt sendet uns Kraft, Unterweisungen und Heilung. Die materielle Welt bringt persönliche Befähigungen hervor. Es ist gut, auf der Erde einen Ort der Männer und einen Ort der Frauen zu schaffen. Am Ort der Männer liegen wir auf dem Rücken, mit dem Gesicht zur Sonne. Am Ort der Frauen liegen wir mit den Bäuchen nach unten auf der Erde. Am Ort der Kinder liegen wir auf der linken Seite, mit dem Herzen nahe zur Erde und unseren Gesichtern in Richtung Süden. Am Ort der Männer ist das Gesicht gen Osten gewandt. Am Ort der Frauen schaut man nach Westen. Am Ort der Ältesten sitzt man auf dem Boden, mit dem Gesicht nach Norden. Die geistige Welt ist das Land unserer Vorfahren. Die mittlere Welt ist unsere eigene Welt. Die untere Welt gehört der animalischen Kraft. Im großen Traum sind alle diese Welten eins. In der mittleren Welt gehen wir auf dem Land der großen Wolken umher. Unsere Köpfe sind im Himmel und unsere Füße auf der Erde. Wir sind die Brücke zwischen Himmel und Erde.

Ich beschütze die Ältesten und die Medizinmänner und -frauen,

auf daß sie die Lehren des Geistes verbreiten können.

Ich gehöre zum Fußvolk.

Alinta

Kiefern werden die "Herren des Feuers" genannt. Sie verbrennen sehr schnell und setzen große Hitze frei. Eschen, Pappeln, Hickorybäume und Eichen eignen sich gut zum Vertreiben von Viren und zur Reinigung der Luft. Jede Art von Rauch weht zum Lager auf "der anderen Seite". Was man in der Gegenwart von Rauch sagt, geht auch in die andere Welt über. Ebenso wie in der Sonne am Himmel Feuer ist, so brennt auch im Bauch der Erde ein Feuer. Beide wärmen die Erde. Vom Blitz getroffenes, verkohltes Holz birgt große Energie in sich und eignet sich hervorragend für die Verwendung in heiligen Zeremonien. Es belebt den Geist des Feuers. Oft wird es für Halbmond-Feuer oder Peyote-Feuer verwendet. Das Feuer der Zeremonien ist heiliges Feuer. Man nennt es das Große Rot oder das Alte Rot.

Gebt den Kindern ein Feuer und spielt mit ihnen wie mit einem Welpen oder einem Fohlen. Das Feuer bringt sie zur Ruhe und gibt ihnen eine Aufgabe, die sie zu erfüllen haben. Das Blut der Jugend sollte niemals durch barsche oder ärgerliche

Worte zum Kochen gebracht werden. Solche Worte erhitzen sowohl die besonders Stolzen als auch die Mutigen. Es ist, als würde man glühende Kohlen auf trockenes Gras werfen. Den Feigling lassen sie kalt, wie einen nassen Stein. Wenn zu euch ein Feind kommt, so errichtet für ihn ein Begrüßungsfeuer; dieses wird des Feindes Mission entkräften. Blitze und Feuer rufen die geistige Energie der Delphine zusammen. Am Feuer fühlen sich die Menschen jugendlicher. Der Geruch des Feuers und des Rauches erinnert sie an ihre Kindheit. Wenn wir am Feuer sitzen und es mit Tabak "bezahlen", so werden die Worte, die wir sprechen, von den Alten vernommen. Was wir in den Flammen sehen, sagt unser Schicksal voraus. Feuer in Gestalt eines Blitzes ist eine Tochter des Himmels. Das Feuer selbst ist eine Frau. Großvater sitzt im Feuer. In seiner Gesamtheit ist das Feuer sowohl männlich als auch weiblich.

Die Luft symbolisiert den Geist, den Intellekt, die Gedanken, die Vorstellungen und die Ideen. Die Erde symbolisiert die materielle Welt und alle körperlichen und naturwissenschaftlichen Aspekte. Das Wasser steht für die Gefühle, die Intuition, das Vertrauen und den spirituellen Glauben. Das Feuer repräsentiert die Willenskraft, die Bestimmung und den Tatendrang. Die Farbe der Luft ist Gelb, die der Erde Weiß, die des Wassers Schwarz und die des Feuers Rot. Für die Himmelsrichtungen gilt folgendes: Der Osten steht für die Luft, der Norden für die Erde, der Westen für das Wasser und der Süden für das Feuer. Wasser löscht das Feuer aus. Somit ist das Wasser das stärkste aller Elemente. Bevor man sich einer heilenden Kur unterzieht, ist es gut, bei und mit allen Elementen zu weilen.

Das Feuer wandelt Dinge um. Neues Holz wird zum Feuer gebracht. Innerhalb kürzester Zeit altert es und verwandelt sich in graue Asche. Dann wird es zu Erde. Im Laufe der Zeit wird es vom Strom des Wassers fortgespült. Es wird so klein, daß es mitsamt dem Wasser, das in den Himmel zurückkehrt, emporgehoben werden kann. Dort wird es dann wieder zu Feuer, das in Blitzen auf die Erde zurückgeschickt wird. Wenn jemand in euer Heim gekommen ist und unerwünschte Energien mitgebracht hat, so ist es gut, eine Kerze anzuzünden und diese zwischen euch und diesen Besucher zu stellen. Die Kerze wird diese Energie verbrauchen und dabei schnell herunterbrennen. Wenn die Energie gut ist, wird die Kerze langsam herunterbrennen. Es gibt vielerlei Zeremonien des Loslassens und des Übergangs, die der Verwendung des Feuers bedürfen. Das Symbol dessen, was man loslassen will, wird gesegnet und dann dem Feuer übergeben. Über ein Feuer zu springen, symbolisiert den Bund der Ehe. Wenn man "die Steine rot anmalt", so ist dies eine Handlung, die die Stone People für die Schwitzhüttenzeremonie zurück zum Feuer bringen soll. Feuer ist das zentrale Element der Zeremonien. Feuer wird immer dann zum Einsatz gebracht, wenn auf rituelle Weise Haß vertrieben werden soll, denn Wut und Haß brennen wie Feuer. Auch bei Ritualen des Liebesaktes und der Leidenschaft kommt man zum Feuer. Feuer ist *meschie*, d.h. eine sehr kraftvolle Medizin! Eine Feuerfrau ist auch *meschie*! Sie ist die Medizin schlechthin. Sie kennt die Leidenschaft des Herzens und ist Trägerin des Traumes.

Tagelang hatten wir alle zusammengeholfen, um am Fuße des Warning (bzw. Wolumbian oder Wolkenfängerberges) ein Dorf zu errichten. Wir arbeiteten dabei auf den 31. Dezember 1998 hin, an dem die Übergabezeremonie des Berges stattfinden sollte. Der Berg sollte in meine Obhut übergehen; außerdem ging es bei der Zeremonie um die "Einweihung der Feuerfrauen". Alinta war unsere Älteste. Sie war die Botin von Tante Millie Boyd, die ihr Leben lang Hüterin des Wolumbian und hingebungsvolle Dienerin des Großen Geistes gewesen war. Alinta hatte Skye und mich auf die Zeremonie vorbereitet. Wir trugen beide einen Wickelrock und ein loses Oberteil. Alinta trug ein Lederhaarband, das ihre Schläfen verdeckte. Sie sollte als "Soldatin des Fußvolks" in der Schwitzhüttenzeremonie, die der Einweihung folgen sollte, fungieren. Eine Soldatin des Fußvolks steht mit ihrem Rücken zum Feuer und hält nach lästigen Geistern Ausschau. Wir hatten Eukalyptusblätter gesammelt und aufs Feuer gelegt, um die Luft zu reinigen. Unsere Zeremonie sollte zwischen 2 und 4 Uhr morgens stattfinden, in der Zeit, in der alle in tiefem Schlaf liegen. Dies ist die Zeit der Krieger. Während alle anderen - ja selbst die Kojoten - schlafen, treffen sich die Krieger.

Alinta bat mich, die Zeremonie gemäß unserer eigenen Tradition zu beginnen. Wir öffneten die Tore und sprachen unsere Eröffnungsgebete. Sodann knieten wir nieder, so daß unser drittes Auge den Boden berührte. Wir verweilten dort, bis wir der Mutter Erde und der unteren Welt dafür gedankt hatten, daß sie uns so weit gebracht hatten. Dann lauschten wir. Wir waren alle sehr zufrieden mit unserer Zeremonie. Schließlich wandte sich Alinta an die Geister der oberen und der unteren Welt, bevor sie uns mit der weißen Farbe bemalte. Die Bemalung, die ich erhielt, bestand aus einer Leiter, die vom Himmel zur Erde und von der Erde zum Himmel führte. Skyes Bemalung symbolisierte "den Himmel auf Erden". Sie ist eine Weberin. Unsere Bemalung befand sich am Kronenchakra, an der Kehle, am Herzen, am Nabel, am unteren Ende der Wirbelsäule sowie an unseren Händen und Füßen. Auf diese Weise gaben wir uns den Geistern als ihre Dienerinnen zu erkennen. Unsere normale Hautfarbe war in der Dunkelheit kaum noch zu sehen, und nur die weiße Bemalung leuchtete hervor. So wurden wir der geistigen Welt als Dienerinnen vorgestellt.

Dann ließ uns Alinta zum Feuer zurückkehren, wo sie die Frauen des Feuers anrief, in unser Rückgrad einzudringen und uns dazu zu verhelfen, mit Feuer und Leidenschaft umherzugehen. Als nächstes mußten wir unsere Hände ins Feuer legen; es mußte sich für uns kalt anfühlen. Schließlich wurden wir einzeln an einen geheimen Ort gebracht, wo man uns zeigte, wie man Männer mit sexuellen Absichten zurückweisen kann. Man zeigte uns, wie man ihre Energie in ihre Herzen lenkt. Danach kehrten wir zum Feuer zurück und begannen unsere Schwitzzeremonie. Dies war die einzige Schwitzzeremonie, in der ich überall an meinem Körper Schmuck trug und ein silbernes Medaillon an meinem Bauch hängen hatte. 2000 Jahre lang hatten die Menschen auf die Übertragung dieses kristallenen Berges gewartet. Wären zudringliche Geister zugegen gewesen, so hätte ich ihnen den Eintritt in meinen Körper verwehren sollen. Als Symbol für diese Einweihung gab man uns einen langen, geflochtenen Lederriemen, den wir dann innerhalb der Zeremonie tragen sollten. Dieser wurde über unserer Brust und über unserem Rücken überkreuzt. Unser "Feuer" steht dem Großen Geist zur Verfügung. Unsere Partnerinnen sind Gefährtinnen. Von nun an werden wir niemand anderem mehr dienen, als nur dem Großen Geist. Einmal haben wir diese Zeremonie wiederholt; dabei haben wir Asia und Annie als schwesterliche Feuerfrauen eingeweiht.

Wir lieben das Feuer. Die alte Tradition, über das Feuer zu gehen, ist für uns ein Spiel. Wir tanzen über glühende Kohlen. Annie hat besonderen Spaß daran, und sie lädt zusammen mit ihrem Gefährten und Ehemann David oft zum "Gang über glühende Kohlen" ein. Wir haben viele Zeremonien mit dem Feuer abgehalten. Wenn man über das Feuer geht und dabei keine Hitze wahrnimmt, kann man verstehen, daß unsere Körper auf das reagieren, was uns unser Geist sagt. Wenn wir über die glühenden Kohlen gehen, die wir "Popcorn" nennen, und dabei in die Sterne schauen, dann fühlen sich die Kohlen tatsächlich wie Popcorn, das unter unseren Füßen knirscht, an. Es ist möglich, über ein ganzes Bett aus glühenden Kohlen zu gehen, ohne sich zu verletzen, und sich dann an einem kleinen Stück Kohle, das neben dem Hauptfeuer vergessen wurde, zu verbrennen. Dazu kann es kommen, weil wir das einzelne Stück Kohle als etwas "glühend Heißes" sehen, dem wir ausweichen sollten. Der Gang über glühende Kohlen lehrt uns auf eindrucksvolle Weise, daß unser Körper tatsächlich der Diener unseres Geistes ist. Sobald wir dieses Wissen haben, können wir unseren Geist kontrollieren. Es gehört zu den Aufgaben einer Kriegerin, ihren Geist zu kontrollieren. Diese Aufgabe ist eine Lebensaufgabe. Die Lehre, die wir daraus ziehen sollen, können wir am schnellsten durch das Feuer erwerben.

Noch eine letzte Zeremonie. Eines Tages kam einmal ein reicher Mann auf unsere Ranch. Seine Ehe war dabei, in die Brüche zu gehen, und er war suizidgefährdet. So riefen wir den Großen Geist an und baten um Rat. Die Antwort, die wir erhielten, lautete: "Er möge seinen Körper ins Feuer legen". Wenn ein Mensch gewissermaßen seine Gebeine dem Feuer übergibt, wird ihm ein neuer Körper gegeben. Wir ließen also den Mann an dem Errichten eines großen Scheiterhaufens mitwirken. Sodann sagten wir ihm, er solle symbolische Gegenstände von sich selbst herbeischaffen. Aus Pappmaché machte er ein Modell seines Körpers. Dieser Puppe setzte er dann auch noch seinen eigenen Hut auf. Darüber hinaus brachte er noch viele Gegenstände, die für die Dinge und Personen standen, mit denen er verbunden war. Schließlich wiesen wir ihn an, rund um den Scheiterhaufen zu urinieren, um sein "Revier" zu kennzeichnen, und dann begannen wir die Abschiedszeremonie. Drei Tage lang sangen wir und schlugen die Trommel, um so dem Dahinscheiden seines alten Geistes Ausdruck zu verleihen. Am vierten Tag steckten wir zusammen den Scheiterhaufen in Brand und halfen ihm, seinen "Körper" dem Feuer zu übergeben. Es war höchst beeindruckend mitanzusehen, wie der Scheiterhaufen zusammen mit der Puppe in Flammen aufging und schließlich verschwand. Die vier Tage, in deren Verlauf der Mann Zeuge seines eigenen zeremoniellen Todes war, genügten ihm, um all das in ihm, was nach dem Tod verlangt hatte, zu befriedigen. Innerhalb kürzester Zeit ließ er sich von seiner Frau scheiden, zog auf die Inseln und begann zusammen mit seinen Freunden eine völlig neue geschäftliche Aktivität. Nun hat er ein neues Leben. Dies ist der Zauber und die Magie des Feuers. Es bringt den Lebenden neues Leben.

In den Flammen des Feuers werden unsere Erinnerungen als Gefangene der Liebe bewahrt. Bilder des Geistes und der Seele sind alles, was wir sind und sein werden, sei es aus ängstlichem oder aus befreitem Herzen. Erinnerungen wärmen uns, wenn die Zeiten schwierig sind. Sie trösten uns, wenn der kalte Wind weht, und wenn unsere Vorräte mager sind. Erinnerungen erhalten uns, wenn die Kohlen in unserem Leben nur schwach glühen. Sie wärmen unsere Seelen. Die Liebe ist niemals zu weit entfernt, solange die Erinnerung lebt und eine Flamme am Brennen ist. Laßt uns immer in die Glut unseres "Feuers" blasen. Laßt uns niemals das herrliche Feuer unserer allesverzehrenden Liebe vergessen. Kommt, ihr Erinnerungen der Liebe, und nehmt uns mit zurück an den Anfang, als wir alle Eins waren.

Kapitel 19

Die Heilkreise der Frauen

Der Kreis hat die Form der Mutter Erde, von Großmutter Mond, des Großvaters Sonne und eines jeden Planeten. Er hat die Form eines Vogelnests, eines Baumstamms, eines Blumenstiels, der Jagdmuster sowie der Revierkennzeichnungen eines Tieres. Er weist die Wachstumsmuster der Steine, der Blumen und der kleinen Kinder auf. Seine Form ist die, die im ganzen Universum am häufigsten anzutreffen ist. Es ist die Form, die der Rauch hat, der zum Großen Geist emporsteigt. Es ist die Form unserer Augen. Es ist die Form des Durchmessers unserer Körper. Die Bahn der Atome und Moleküle ist kreisförmig. Samen und Eizellen sind rund. Der Eingang zum Uterus ist rund, so wie übrigens alle Körperöffnungen. Der Kreis hat keinen Anfang und kein Ende. Seine Form ist die der Tipi-Siedlungen unserer Vorfahren, von denen viele behaupten, sie seien die stabilsten Konstruktionen überhaupt. Das Rad hat die perfekteste Form für die Bewegung. Der Allmächtige ist ein Kreis aus weißem Licht. Der Kreis ist die universelle Summe aller Symbole. Er ist das Symbol der Perfektion. Alle Heilungszeremonien finden innerhalb eines Kreises statt.

Der Kreis der Heilung lehrt uns, alle Dinge in einem anderen Licht zu sehen. Im Rahmen der modernen Erziehung lehrt man uns, linear zu denken. Lineares Denken spricht jedoch nur den Intellekt an. Bei kreisförmigem Denken wird der Geist durch die Intuition gelenkt. Anstatt Wächter und Führer zu sein, sitzt der Geist gewissermaßen wie ein Papagei auf der Schulter der wahren Führerin, nämlich der Intuition, und beobachtet. Von diesem Aussichtspunkt aus kann der Geist mit Erstaunen und Entzücken das ausrufen, was ihm durch die Augen des Herzens zu sehen gewährt wird. Eine lineare Haltung ist vielmehr auf das Ergebnis gerichtet denn auf den Vorgang. Ein in Kreisen denkender Geist betrachtet den Vorgang als den wesentlichen Aspekt. Der lineare Geist bemißt die Zeit in einer geraden Linie. Wenn man kreisförmig denkt, tritt man in den Fluß ein. Denkt man jedoch in linearen Bahnen, so wird man ständig sagen: "Ich will", "ich erwarte", "ich bin enttäuscht". Man ist dann mit den Illusionen der falschen Kraft, die sagt, "wenn ich dies tue, dann kann ich das bekommen", belastet. Ein Geist, der in Kreisen denkt, kann hingegen den Augenblick - das Hier und Jetzt - schätzen und genießen. Er wird an dem Freude haben, was er gerade tut und wird sich nicht an dem festhalten, was er bekommen könnte. Es gibt keine "Deadline", die den Reisenden seiner Kraft beraubt, denn diese geistige Haltung kennt keine Eile. Wenn man in Kreisen denkt, weiß man, daß die Dinge dann geschehen, wenn sie geschehen sollen. Im linearen Denken gibt es kein Verständnis für die Lehren unserer Medizin. Menschen, die sehr viel erwarten, sehen sich ständig mit irgendwelchen Herausforderungen konfrontiert. Unsere Ältesten sagen: "Erwarte nichts, und du wirst alles empfangen. Erwarte alles, und du wirst nichts als die Lektion, das Erwarten auszuhalten, empfangen".

Heilung ist eine Erinnerung an Tage des Wohlbefindens.

Wir alle tragen diese Erinnerung irgendwo in uns.

COLONEL LYN

Innerhalb des Kreises der Heilung schlagen die Trommeln solange, bis alle Herzen im Einklang schlagen. Man könnte auch sagen, daß die Trommeln solange schlagen, bis sich das lineare Denken im Nichts auflöst und der Geist eines jeden sich in den Kreis des einen Geistes begeben hat. Menschen, die kreisförmig denken, regen sich nicht über eine fällige Zahlung oder eine Aufforderung, vor Gericht zu erscheinen, auf; sie leben ihr Leben so, als gäbe es kein Morgen. Sie leben im Heute und geben in diesem Moment ihr Bestes. Sie sind nicht gierig. Institutionen wie beispielsweise Grundpfandrechte oder Hypotheken lassen in uns den Gedanken aufkommen, wir würden ewig leben. Menschen des Kreises leben ihr Leben mit der Leidenschaft für das Hier und Jetzt. Was man landläufig mit "Lebensversicherung" bezeichnet (ich habe übrigens keine!), sollte eigentlich "Todesversicherung" heißen. Menschen, die im Kreis leben, haben keine Angst vor dem Tod, da sie wissen, daß sie eigentlich nicht sterben, sondern vom Leben ins Leben gehen. Sterben können wir ohnehin nur dann, wenn es niemanden mehr gibt, der an uns denkt. Solange wir in der Erinnerung eines Menschen leben, sind wir lebendig. Es gab einmal Leute, die sagten, Gott sei tot; nun er war es für sie, da er in ihrer Erinnerung nicht mehr existierte. Ein Gott, an den sich die Menschen nicht erinnern, ist ein toter Gott. Im Kreis zu leben bedeutet, ewig lebendig zu sein. Alles ist ein Ritual und eine Feier.

Die Heilkreise der Frauen orientieren sich am Mond und an dem heiligen Großmutter-Geist. Die kraftvollsten dieser Kreise der Heilung sind diejenigen, die sich der Heilung der Erde widmen. Die Zeit, in der die Frauen die meiste Kraft und Energie in ihren Kreisen verspüren, ist die Zeit des Neumondes. Es ist dies die Zeit, in der der Mond vollständig abgenommen hat und sozusagen für eine kurze Zeitspanne leer ist. Danach beginnt er von neuem zuzunehmen. In diesen zeitlichen Zwischenraum legen wir unsere Gebete, denn es ist dies die Zeit, in der der Schleier zwischen der mittleren Welt und der oberen sowie der unteren Welt am transparentesten ist. Wenn wir in starker Verbindung mit der Erde gelebt haben, so ist dies gleichzeitig auch die Zeit unserer Blutung, und somit ist auch unsere eigener Schleier, der uns von den Visionen trennt, am dünnsten. Zu dieser Zeit wird man uns anhören und gleichzeitig zu uns sprechen.

Nenne eine Krankheit nie bei ihrem Namen.

Was wir beim Namen nennen, wird auf uns zukommen.

Cloud

Bei den Heilkreisen der Frauen ist es immer wichtig, besondere Wachposten aufzustellen, die störende Geister vertreiben. Personen, die Energiefelder wahrnehmen können oder anderweitige seherische Gaben besitzen, eignen sich besonders gut dazu. Ein Wachposten sollte seine bzw. ihre Schläfen immer mit Leder bedekken. Manchmal sitzen unsere Brüder am Eingang unseres Versammlungsraumes und bewachen uns. Es ist ein beruhigendes Gefühl, die Brüder in der Nähe zu wissen. Auch ist es wunderschön, sie draußen leise miteinander reden zu hören oder dem Klang ihrer Flöten zu lauschen, die sie eigens anstimmen, um für die Schwestern im Kreis eine angenehme Atmosphäre zu schaffen.

Insgesamt betrachtet sind Frauen mehr mit ihrem spirituellen Selbst in Kontakt, als das bei den meisten Männern der Fall ist. Frauen beginnen, ihr tiefes Wissen über ihre Körper und ihre Blutungen mehr und mehr zu entdecken. Dieses kostbare Wissen ist verlorengegangen, als männliche Lehrer und Leiter der Schwitzhüttenzeremonien begannen, die Menschen zu unterrichten, wobei ihnen in ihren Lehren das weibliche Gegenstück fehlte. Aufgabe der Kreise des Heilens der Frauen ist es nunmehr, die Frauen hinsichtlich ihrer wahren Stärke zu unterrichten, so daß diesem entehrenden Verhalten ein Ende gemacht werden kann. Eine Frau, die sich gerade in ihrer Mondphase befindet, ist eine Führerin, die der Welt dienen kann, da sie über wertvolle Energien verfügt. Die Mondphase ist diejenige Phase im Leben der zweibeinigen Wesen, in der sie am aufnahmefähigsten und sensibelsten sind. Der Schleier, der uns vom Großen Geheimnis trennt, wird transparent, und bei allem muß das Weibliche an erster Stelle stehen, da es die größte Kraft in sich birgt. Der große Großvater-Geist dient dem Heiligen Großmutter-Geist. Sie ist seine Partnerin; er dient ihr. Eine Frau, die sich gerade in ihrer Mondphase befindet, ist mit einem Wirbel von Energie umgeben, der so stark sein kann, daß er den Verlauf einer Zeremonie grundlegend verändern kann. Es ist nicht gut, eine solche Frau als "unrein" zu deklarieren und von den anderen abzusondern. Jedoch ist es erforderlich, sie über ihre Kräfte aufzuklären, so daß sie diese zum Wohl des Ganzen einsetzen kann. Wenn sich eine Frau gerade am Anfang ihrer Periode befindet, so ist es gut, wenn alle sie berühren, denn sie ist nun heiliger als jeder andere. Es ist wichtig, unser erstes Blut und die seherische Gabe unserer Frauen zu ehren. Dies ist eine der grundlegenden Lehren des Kreises der Heilung der Frauen.

Die erste Lehre des Heilkreises ist, sich selbst zu lieben. Dabei handelt es sich im Grunde genommen um die wichtigste Aufgabe im Leben eines Menschen. Wenn wir mit uns nicht im Frieden sind, können wir auch anderen nicht helfen. Wenn wir uns selbst nicht lieben, wie sollen wir dann die anderen lieben? Unsere Religionen haben uns gelehrt: Liebe deinen Nächsten, wie dich selbst. Dies ist aber genau die verkehrte Reihenfolge. Wir können ja nur das geben, was wir haben. Wir müssen also wissen, was uns glücklich macht. Wir müssen uns eine Arbeit suchen, die uns gefällt. Nur wenn wir unsere Träume leben, können wir innerlich erfüllt sein, ansonsten kämpfen wir ständig gegen Unmengen von negativer Energie an. Wir hassen und sind eifersüchtig. Zum Einweihungsritual einer Frau gehört es, daß sie in sich die Liebe für sich selbst findet. Unsere Vorfahren wußten schon von jeher, daß der ultimative Traum der Menschheit in der Androgynie liegt, d.h. darin, Männliches und Weibliches in sich zu vereinen. Es ist gut, wenn die Frauen, die an den Kreisen der Heilung teilnehmen, sich wie Männer kleiden und auch so geben. Es ist gut, den männlichen Anteil in uns zu zeigen und den weiblichen Aspekt in uns zu verschönen. Wir können voneinander lernen. Als Frauen können wir die Art und Weise, auf die wir unseren männlichen Wesensanteil zeigen können, nicht von den Männern lernen; vielmehr müssen wir dies von einer Frau, die für sich weiß, wie sie ihre männlichen Charakterzüge zeigen kann, lernen. Dies hat aber nichts damit zu tun, "wie ein Mann zu sein". Es handelt sich dabei um einen Ausdruck männlicher Energie, die durch einen weiblichen Körper fließt. Dasselbe gilt natürlich auch umgekehrt für die Männer; sie müssen von einem anderen Mann, der damit vertraut ist, lernen, ihre weiblichen Anteile zum Ausdruck zu bringen. Wenn sie dies von Frauen zu lernen versuchen, so werden sie bestenfalls "wie Frauen" sein, doch bringen sie somit nicht ihre eigenen weiblichen Wesensanteile zum Ausdruck.

Wir können nur dann die Liebe finden, wenn wir uns zuerst selbst lieben, andernfalls erzeugen wir Krankheit. Die höchste Krankheitsrate finden wir unter Menschen, die mit ihrem Leben oder mit ihrer Arbeit nicht zufrieden sind. Viele Menschen möchten nicht bloß Zimmermädchen oder anonymer Angestellter in einem riesigen Bürokomplex sein. Wenn sie dann krank werden, denken sie, sie könnten auf diese Art Liebe bekommen. Solange zwischen Körper und Seele Harmonie herrscht, solange geht es uns gut, denn die Harmonie beschützt uns. Die Ausgeglichenheit vertreibt böse Geister. Sobald die Harmonie verlorengeht, dringen böse Geister in den Körper ein und rufen Schäden hervor. Wenn Heilung erfolgen soll, so muß man zunächst herausfinden, was die Harmonie eigentlich zerstört hat. Erst nachdem die bösen Geister verschwunden sind, ist Heilung möglich. Es gibt Medizinen, die den entstandenen Schaden wiedergutmachen können. Was die Ärzte als "psychosomatische Erkrankung" bezeichnen, nennen wir "böse Geister". Innerhalb der Heilkreise der Frauen stellen wir eine direkte Verbindung zum Großen Geist her. Dieser vollbringt dann die Heilung. Der Heiler oder die Heilerin stellt den Kontakt mit dem Geist her. In der modernen Medizin geht es in erster Linie um Diagnosen und Analysen. Dabei kommt eine persönliche Ermutigung des Patienten absolut zu kurz, und der Geist wird im Ganzen außer acht gelassen. Der traditionelle Heiler erkennt zuerst den Geist an und wendet sich dann dem Patienten zu, der unterstützt und ermutigt wird, denn dies ist die eigentliche Heilung. Ursachenforschung und Diagnosenstellung ist hierbei nicht so wesentlich.

Begebt euch ins Wasser – dort ist Heilung für euch.

Grossmutter Jerry

"Kranke" Menschen sind eigentlich nicht deprimiert oder krank; im Grunde genommen sind sie nicht "in-spiriert", d.h. es fehlt ihnen die spirituelle Kraft, da ihr Geist unglücklich oder aus dem Gleichgewicht geraten ist. Ein Heiler spricht mit den Zungen des Geistes; er tut alles, was hilft. Der Geist vollbringt dann die Heilung. Der Kreis bleibt letztlich nur solange an der Seite des betroffenen Menschen, bis die Natur ihren Lauf nehmen kann. Krankheit bedeutet ein abhandengekommenes Gleichgewicht, sie bedeutet Furcht, Ärger und ein Verlieren der Seele. Eine verlorene oder verzweifelte Seele zu haben, ist der schlimmste Zustand. Er ist der häufigste Zustand, der zu Krankheit und Tod führt. Krankheit ist unausweichlich, wenn das Leben seinen Sinn und man selbst das Gefühl der Zugehörigkeit zu einem größeren Sinn, also zu einem Kreis, verliert. Der Kreis der Heilung gibt uns unser Gefühl der Zugehörigkeit und der Verbundenheit zurück, welches sich ursprünglich aus einer Verbundenheit mit dem Großen Geist ergibt. Ein chronisches Gefühl der Angst führt dazu, daß der Mensch, der dieses Gefühl empfindet, Liebe, Glück und

Vertrauen, die ja die Grundsteine für ein gesundes Leben sind, verliert. Wenn diese Grundsteine in einem Menschen nicht vorhanden sind, wird dem Körper langsam die Lebenskraft entzogen.

Innerhalb eines Kreises der Heilung sind wir sehr darauf bedacht, die Vorstellungskraft anzuregen. Wir spielen, daß wir dem bösen Geist auflauern, ihn fangen und ihn dann entlassen. Die Dunkelheit ist nur ein Licht, das sich verirrt hat. Wir stellen uns vor, daß wir sie "zum Licht schicken". Die Dinge, die sich ein Mensch vorstellt, verändern die Form seines Körpers. Nicht ein einziger Gedanke verhallt, ohne daß er eine körperliche Spur zurückläßt; kein neurochemisches Signal bleibt unbemerkt. Um Zugang zum universellen Geist zu erlangen, muß man seine Vorstellung umstellen. Heilung entspringt einem Gefühl der Untrennbarkeit von Allem Was Ist. Für einen Heiler ist es die authentische Gegenwart dessen, was er ist, die anderen und ihm selbst Kraft verleiht. Durch die Disziplin, die Schönheit, das Gleichgewicht, die Harmonie und die Ordnung, die in dem liegt, was wir sind, können wir die Heilung in den Kreis einkehren lassen. Wir können weder uns selbst noch anderen helfen, wenn wir eifersüchtig, ärgerlich oder verängstigt sind.

Frauen wissen, was es bedeutet, vom Tage der Empfängnis bis zum Tod,

sieben Tage die Woche, vierundzwanzig Stunden am Tag, zu nähren.

Wir haben die Eizellen des Lebens in unserem Leib.

Alles was zu uns kommt, geht zuerst zu diesen Eizellen, um sie zu nähren.

Wir sind die Schöpferinnen.

Cloud

Der Kreis des Heilens der Frauen ist besonders kraftvoll, da er seine Energie vom Mond bezieht. Als Frauen feiern wir zusammen mit dem Mond unsere Fähigkeit, Kraft und Energie anziehen zu können. Gerade unsere Beziehung zum Mond ist es, die uns einen Sinn für das Geheimnis dessen, wer wir sind, des Staunens, der Aufnahmefähigkeit, der Feinfühligkeit und unserer allumfassenden Fähigkeit, alles Sein zu umfangen, verleiht. Wir ehren die Sonne in uns, indem wir mit Entschlossenheit umhergehen und stets unser Bestes geben. Wir müssen im gleichen Maße entschlossen sein, wie wir auch anziehend sind. Wir sind sowohl die Sonne als auch der Mond. Wenn diese beiden Aspekte in uns im Gleichklang sind, so sind wir wie die Sterne. Die vierziger und fünfziger Jahre waren Sonnenjahre; die sechziger und siebziger Jahre hingegen waren Mondjahre. Die achtziger und neunziger Jahre sind Sternenjahre.

Alle Dinge haben zwei Seiten. Es gibt Tag und Nacht, körperliche und geistige Aspekte, Materie und Energie, Negatives und Positives, Aktion und Reaktion, links und rechts, oben und unten, Männliches und Weibliches, Logik und Intuition, Bewußtes und Unbewußtes, Leben und Tod, Sichtbares und Unsichtbares. Dies ist das Gleichgewicht. Wenn die Kerzen entzündet werden und ihr Licht in die vier Richtungen erstrahlt, und wenn die Begrüßungsgesänge gesungen werden, dann werden auch die unliebsamen Geister kommen. Es ist gut, ihnen einen Ort der Begrüßung zu bereiten, wo man ihnen Speise und Trank zur Verfügung stellt. Alkohol ist ein gutes Getränk für sie, da er auf die dunklen Geister anziehend wirkt. Wenn sich Menschen in Alkohol ertränken, haben sie eine schwache Aura. Die dunklen Geister können sich dann ihrer bemächtigen und sie sich und ihrer eigenen Unersättlichkeit und Gefräßigkeit zunutze machen. Wenn aber Alkohol an den Eingangstoren zurückgelassen wird, so werden die Schattengeister dort essen und trinken und ihr eigentliches Vorhaben vergessen. Wenn Alkohol nun in die Bäuche der Menschen gelangt, so muß die Dunkelheit sich einen Weg dorthinein bahnen, um dann Unheil anrichten zu können. Für die Geister des Lichts sprenge man den Boden mit Wasser und Kräutertees. Sodann bete man, daß diese Geister sich mit in den Kreis begeben und die Zeremonie segnen mögen. Man bitte nur diejenigen zu kommen, die ein Herz wie Christus haben (ein Herz für den Kreis All Dessen Was Ist). Man erzeuge süße Gerüche, denn Weihrauch wirkt sehr anziehend auf die Geister. Wenn wir uns nicht zunächst daran machen, die Geister anzurufen und sie dann anzuweisen, wird nichts geschehen. Man ehre immer die kleinen Wesen ... die Wesen des Weltalls, die in den heiligen Bergen leben. Wenn man ihnen Respekt entgegenbringt, vollbringen sie viele gute Taten.

Die Dämonen sind sehr häßlich. Manche sind so häßlich, daß es einem schier den Magen umdreht. Man muß sie aber so empfangen, als wären sie schön. Wir müssen sie für ihre Fähigkeit, uns stark zu machen, respektieren. Sie werden uns entweder besiegen oder uns zu Großem herausfordern. Eigentlich sind sie Diener des Lichtes; es ist ihre Aufgabe, uns solange zu plagen, bis wir ins Licht gehen. Dann werden sie uns in Ruhe lassen. Bei diesen Geistern handelt es sich um Dämonen der Sexualität, Eifersucht, Furcht, Gefräßigkeit, Lust, Gier, Lüge, Unruhe und Scham. Sie dringen in uns ein, wenn wir schwach und verletzbar sind. Dies kann bei kleinen Kindern geschehen oder auch bei einem Menschen, der im Sterben liegt. Oft jedoch geschieht es, wenn Menschen betrunken oder im Drogenrausch sind.

Jedes Ritual hat vier grundlegende Komponenten: Einen heiligen Zeitpunkt, einen heiligen Ort, eine heilige Absicht und heilige Werkzeuge, Gegenstände und Essensgaben. Heimliche Zeremonien finden in den frühen Morgenstunden statt, wenn alle noch in tiefem Schlaf liegen. Zeremonien, die Kraft spenden sollen, werden zur Mittagsstunde abgehalten, wenn die meisten Menschen beim Essen sind.

Zeremonien des neuen Anfangs finden zu Sonnenaufgang statt. Die Zeit des Sonnenuntergangs eignet sich gut für Zeremonien des Loslassens. Die Zeremonien des Heilens der Frauen werden an geschützten Orten des Mittelpunkts abgehalten. Es ist stets die heilige Absicht der Heilungskreise der Frauen, das Gleichgewicht herzustellen und uns etwas über die Liebe, die ja mit der Selbstliebe beginnt und sich dann auf die anderen erstreckt, zu lehren. Die Liebe für das Große Geheimnis liegt allen Aspekten der Kreise der Frauen zugrunde. Bevor man geheilt werden kann, muß man erst von allen negativen Gefühlen, Gedanken und Energien gereinigt werden. Manchmal kann die Heilung solange dauern, wie man zum Loslassen des Hasses und der Schuldgefühle braucht. Manchmal muß ein Mensch vor seiner Heilung erst Holz hacken und Wasser schleppen.

Die Menschen haben das Leben immer viel zu ernst genommen.

Wenn ihr eine solche Haltung habt, werdet ihr in Sorgen und Depressionen enden.

Ich will euch mal was sagen, ihr könnt nicht gleichzeitig

lachen und euch Sorgen machen.

Grossmutter Princess Moon Feathers

Ich habe es einmal erlebt, daß eine mir sehr nahestehende schwesterliche Freundin sich gegen mich gewandt und mich sogar verklagt hat. Der Schmerz darüber war unermeßlich, und das Gefühl der Wut nagte sehr an mir. Mit meinen Tränen baute ich auf unserer Ranch eine Sternenhütte für die Kinder und drei Unterstände. Mit meiner Wut baute ich Zäune und mähte hunderte von Quadratmetern Wiese mit einem Handrasenmäher. Es dauerte viele Monate, bis ich die Wut ausgebrannt und den Schmerz herausgeweint hatte. In dieser ganzen Zeit setzte ich der gerichtlichen Klage nie etwas entgegen. Als ich schließlich in mir den Ort der tiefen Liebe und Vergebung gefunden hatte, kam es zu einem gerichtlichen Vergleich, durch den ich alles, was mir gehörte zurückbekam und zusätzlich noch eine Summe in Höhe von 19.000.- DM. Die ganze negative Energie war umgewandelt worden in eine positive Kraft, mit der ich etwas aufbaute und das Land verschönerte. So können wir das "besitzen", was unser ist. Ich segne diese Schwester dafür, daß sie mir die Gelegenheit verschafft hat, etwas über Verwandlung und wahren Besitz zu lernen. In schweren Zeiten macht sich der Krieger daran, zu bauen. Wenn Vorräte nicht mit Geld gekauft werden können, nehme ich mein Beil in die Hand und baue mit den natürlichen Ressourcen der Erde. Damit Heilung möglich wird, müssen wir uns erst mit den negativen Energien auseinandersetzen. Sodann kann der Schaden durch gutes Essen, Kräuter und Spaß wieder repariert werden.

Gott hat die Welt als runde Kugel erschaffen,

damit ihr nicht zu weit nach vorne und nicht zu weit zurück schauen könnt.

Das Leben ist ein großes Abenteuer.

Eure Gabe ist es, zu geben.

Wenn ihr gebt, so zeigt ihr den anderen,

die auch auf diesem Pfad unterwegs sind, wie es ist, zu geben.

Die Großmütter haben schon so viel gegeben.

Nehmt diese Geschenke an und macht sie euch zunutze,

denn ihr seid bereits auf dem Pfad unterwegs.

Ja, ihr seid schon auf dem Weg.

Colonel Lyn

Die Schlange spielt bei der Heilung eine wesentliche Rolle. Sie ist das Symbol aller Vereinigungen, die mit Heilung und Gesundheit zu tun haben, einschließlich der American Medical Association. Unser Adlerhorst wird von Menschen, die sich mit Medizin auskennen, auch "das Haus der Schlange" genannt. Die Schlange wird mit dem Himmel, dem Regen, dem Regenbogen, den Sternen und den Blitzen in Verbindung gebracht. Sie ist das Symbol der dem Leben und dem Tod zugrundeliegenden Erneuerung. Denkt man an die Schlange, so denkt man an die Fähigkeit, sich von einer Welt in eine andere zu begeben. Die Schlange ist das Tor zu unserem Unterbewußtsein; sie ist untrennbar mit dem Licht verbunden. Zu ihren Kräften zählt auch die Fähigkeit, heilende Träume zu senden. In ihr ruht die Kraft zur körperlichen Erneuerung. Sie kann in die Zukunft sehen. Wenn sie uns in unseren Träumen begegnet, so ist dies ein Zeichen der Heilung. Sie ist das Symbol des Kundalini, des Feuers am unteren Ende des Rückgrates, das sich spiralförmig gen Himmel hinaufwindet. Man sagt, daß sowohl Buddha als auch Christus während der Zeit der Erleuchtung durch die Mutter von einer Kobra beschützt wurden. Die Schlange ruft uns zusammen. In dieser Zeit gibt es nur eine einzige richtige Handlung; laßt uns zusammenkommen. Im Kreis der Heilung sage ich: “Ich bin Cloud. Möge die Klapperschlange euch zum Tanz zusammenrufen”.

Frauen, die in Kreisen der Heilung zusammensitzen, bringen auch ihre spirituellen Helfer mit sich. Die geistigen Helfer sind unsere Verbündeten. Sie kommen zu uns in unseren Träumen und Visionen. Sie ziehen uns zu sich hin und stellen sicher, daß wir sie um uns scharen. Sie geben uns auch Verhaltensregeln und möchten, daß wir mit ihnen kommunizieren und ihnen zuhören. Wir dürfen ihnen niemals ihre Speise rauben und uns auch nicht ihrer rühmen. Wenn wir uns an sie um Hilfe wenden, müssen wir unsere Treue durch Enthaltsamkeit zeigen. Wir müssen uns übermäßiger Genüsse enthalten und ihnen durch Gesänge, Tänze und rituelle Handlungen die Ehre erweisen, um ihnen so unsere Liebe zu zeigen. Wir sind unseren spirituellen Helfern aufs engste verbunden, und es liegt an uns, diese Beziehung zu pflegen und zu nähren. Unsere Verbündeten, unsere geistigen Helfer, haben die Medizin, die sie uns zur Verfügung stellen. Wir haben außerdem noch unsere eigene Medizin, die wir dazu verwenden können, unseren eigenen Verbündeten auf der Erde zu helfen. Sie sind auf uns angewiesen, um die zukünftigen Generationen zu unterstützen, und ebenso sind wir auf sie angewiesen.

Alle zwei Jahre wählten die Frauen des Stammes der Irokesen die Männer aus,
die in der Hütte des Rates sitzen würden.
Sie trafen ihre Entscheidung mit Bedacht
und verwendeten dabei tagelang den Redestab.
Sie überlegten, “wie wird sich unsere Entscheidung
auf die nächsten sieben Generationen auswirken?”

Grossmutter Kitty

Manchmal bringen wir einen Fetisch unserer Verbündeten mit zu unseren Zeremonien. Diese kleinen Nachbildungen unserer spirituellen Helfer stellen eine Kraftquelle und einen Zugang zum alten Wissen dar. Es ist gut, die Fetische mit Weihrauch, Liedern und dem Klang der Trommeln zu nähren. Der Fetisch hat die Kraft desjenigen Tieres, das er repräsentiert, des Künstlers, der ihn gemacht hat oder des Steines bzw. des Holzes aus dem er besteht. Er ist dreidimensional und trägt die

Informationen wie ein Hologramm in sich. Er hat die Funktion einer geistigen Gußform, die dem Gedanken Form verleiht. So wie wir unsere Gedanken formen, so schaffen wir auch unsere Welt. Wir können einen Gedanken so formen, daß er eine Hand mit einem Handschuh darstellt, die unseren Körper aufschneidet und ein Gift entfernt, oder der aussieht wie das Junge eines Löwen, das von seiner Mutter gesäugt wird. Die Form des Gedanken bestimmt die Art und Weise auf die wir geheilt werden. Manche Menschen betrachten eine Heilung, die durch Saugen vollzogen wird, als etwas "Heidnisches"; dabei wird bei dieser Art von Heilung kein Blut vergossen. Es ist doch viel "primitiver", einer Frau die Brust zu amputieren, um dadurch einen Tumor zu entfernen, anstatt ihn herauszusaugen. Der Löwe ist ein starker Verbündeter, da er genau weiß, wie er sein Revier abgrenzen muß. Wenn in einem Körper etwas wächst, wo es nicht sein sollte, so kann der Löwe es entfernen. Der Löwe kann uns auch etwas über das Ziehen von Grenzen, die zum Überleben unabdingbar sind, beibringen.

Wenn wir etwas über einen Menschen herausfinden möchten, dann sollten wir etwas Heiliges für diesen Menschen machen. Der Prozeß, der stattfindet, wenn wir dem Geschenk gestatten, sich durch unsere Hände formen zu lassen, wird uns das mitteilen, was wir wissen müssen. Wenn wir jemanden heilen wollen, so machen wir ihm einen Gebetsstab. Dieser wird uns etwas über die Krankheit mitteilen. Wenn wir beispielsweise einen Gebetsstab herstellen, an dem wir dann eine Elsterfeder wiederfinden, so wissen wir, das der betreffende Mensch stark ist und überleben wird. Selbst große Vögel lassen sich nicht auf Ärger mir der Elster ein; dies ist ein gutes Omen.

Räucherfächer werden auch in den Kreisen der Heilung verwendet. Flügelfächer erheben den Geist. Schwanzfächer tragen uns in ein anderes Reich. Adler- und Eulenfächer reinigen die Aura eines Menschen. Sie nehmen das hinweg, was nicht in oder an dem Körper sein sollte. Ara- bzw. Papageienfächer bringen Dinge in Bewegung und verändern sie. Ein einziger Fächer ist wie ein Messer; er schneidet weg, was falsch ist. Alle zeremoniellen Fächer sind voller Schönheit; Schönheit ist auch das Ergebnis der Heilung.

Die in Zeremonien verwendeten, kraftvollen Gegenstände sind besondere Schlüssel, die verschlossene Türen unseres universellen Geistes aufschließen, hinter denen sich uraltes Wissen verbirgt. Federn sind die Boten der Götter. Die Vögel, die hoch in den Lüften fliegen, sehen und hören alles. Sie verfügen über magische Fähigkeiten der Heilung und bringen diesen Zauber mit in den Kreis. Man hat uns gesagt, daß Gott uns alles gegeben hat, was wir brauchen; dies umfaßt auch die Kraft der Tiere, die uns helfen. In ihnen ist keine Heimtücke oder Gier, was man von den Ärzten unserer modernen Gesellschaft nicht immer behaupten kann. Wir müssen nur vertrauen und zuhören. Die Feder eines Vogels ist wie eine Antenne zum Großen Geist. Vögel kennen die Geheimnisse von Krankheit, Unglück, Tod, Geburt und Freude. Man sagt, daß das "Jagdglück" von den Mauerseglern, den

Falken und den Kolibris kommt. Spiegel, Kristalle und Zauberstäbe dienen als Transmitter, Empfänger und Satellitensysteme zur Weitergabe der Informationen aus dem Reich des Großen Geistes.

Ich denke, daß Tante Millie Boyd mich deshalb zur geistigen Hüterin
von Mt. Warning erwählt hat, weil ich so offen und aufrichtig bin
und sie an ihre eigenen Sternenkinder erinnere.
Viele Ureinwohner Amerikas sind an diesen Ort gekommen.
Es ist mir eine große Ehre,
diesen heiligen Ort für euer ganzes Volk behüten zu dürfen.

CLOUD

Man muß immer für die Heilung "zahlen"; sowohl der Heiler als auch der Geist muß entlohnt werden. Was dem einen gegeben wird, wird einem anderen genommen. Eine Entlohnung muß immer erfolgen. Diese kann die verschiedensten Formen haben. Als Großvater Brave Scout für mich eine Heilung vornahm, schenkte ich ihm einen Lkw. Dieser hatte mich ungefähr 2.300,- DM gekostet. Das war eine hohe Summe für fünf Minuten Saugen und Singen, und doch war es ziemlich wenig dafür, daß ich von den beängstigenden Gedanken, die man mir eingepflanzt hatte, um mich in den Wahnsinn zu treiben, befreit war. Diejenigen, die Heilung vornehmen, müssen ihre sämtlichen Rechnungen bezahlt wissen, so daß sie sich in Ruhe auf gute Medizin konzentrieren können. So ist es immer gewesen. Kein Medizinmann und keine Medizinfrau mußte jemals jagen gehen, Kleider herstellen oder Mahlzeiten bereiten. Man sorgte für sie, so daß sie die nötige Ruhe hatten, ihre Heilungen vorzunehmen. Auch heute sollte es für die Heiler in unserem Kreis wieder so sein.

Vollendung ist ein wichtiger Aspekt im Kreis der Heilung. Manchmal ist das Tor zur Vollendung durch Unglücksfälle, Opfer und Entbehrung verschlossen. Wenn wir aber ausharren, so wird die Entbehrung den Göttern von Angesicht zu Angesicht gegenüberstehen. Was auch immer wir den Göttern versprechen, müssen wir halten. Ein Versprechen ist ein Versprechen. Was wir von den Göttern erhalten, das bekommen wir durch Handel und Entlohnung. Wir müssen das, was wir bekommen, bezahlen. Manche Schwüre, die wir den Göttern leisten, sind unsere eigenen, andere sind überliefert. Meine Zwillingsschwester weiß das. Als ich die Fehldiagnose hinsichtlich meines Krebses bekommen und man mir eröffnet hatte, ich hätte noch zwei Monate zu leben, kam sie sofort zu mir und sagte mir, daß sie meinen Traumpakt übernehmen und ihn weiterführen würde. Wenn ein Mensch sich verpflichtet hat, einen großen Traum zu tragen, so ist es gut, wenn er es zusammen mit vielen anderen tut. Wenn ein Mitglied unserer Familie stirbt, ohne seinen Traum erfüllt zu haben, so müssen wir ihn fortsetzen. Es gibt Menschen, die in ein Netz von familiären Verpflichtungen hineingeboren werden, die erfüllt oder den Nachkommen weitergegeben werden müssen. Dies gilt für uns alle, die wir "die Feder tragen". Unsere Vorfahren hatten den Traum, daß alle Menschen in einem großen Kreis leben werden. Wir sind dazu verpflichtet, unser Leben so zu leben, daß diese Verpflichtung erfüllt werden kann. Vollendung ist der Schlüssel zu einem erfüllten Leben. Es ist wichtig, sowohl die komplexen als auch die einfachen Dinge des Lebens zur Vollendung zu bringen. Um dieses Prinzip zugänglich zu machen, wurde das Medizinrad erschaffen, über das wir im folgenden Kapitel sprechen wollen. Es ist sinnvoll, zum Abschluß eines Zyklus eine möglichst schön gefertigte runde Scheibe als Symbol der Vollendung herzustellen. Diese bringe man dann an einen heiligen Ort, wo man sie dem Großen Geist überläßt. Der Allmächtige wird dann die Weichen stellen, so daß derjenige, für den es gut ist der gerade "des Weges kommt", sie findet.

Die Einzelheiten einer Zeremonie der Heilung der Frauen sind jedes Mal ein wenig unterschiedlich. Hier werden nur ein paar Beispiele angeführt. Wenn eine Frau sich in einer Phase befindet, in der sie nur wenig Energie hat, so ist es gut, wenn sie sich mit ausgebreiteten Armen und Beinen auf Mutter Erde legt. Dabei sollte sie auf dem Rücken liegen und mit dem Gesicht in den Himmel schauen. Ihr Kopf zeigt dabei gen Süden. Klare Quarzkristalle werden so aufgestellt, daß sie auf ihre Füße, ihre Hände und ihren Kopf zeigen. Ein weiterer Kristall wird auf ihren Bauch gelegt. Die Kristalle können ungefähr zwölf Zentimeter außer Reichweite liegen. Eine Stunde des Verharrens in dieser Position wird ihr ihre Energie und ihr inneres Gleichgewicht wiedergeben.

Außerdem gibt es ein Ritual, das darauf ausgerichtet ist, den Prozeß des Loslassens negativer Energie einzuleiten. Es ist mit harter, körperlicher Arbeit verbunden. Diese wiederum ist notwendig, um Wut und Schmerz aufzuzehren, bevor die Heilung beginnen kann. Man errichte einen Kreis aus Kerzen um die betroffene Person herum. Man ermutige sie dazu, sich all ihre Gedanken und Gefühle der Wut und des Schmerzes zu vergegenwärtigen, während sie in der Mitte des Kreises liegt. Die Dunkelheit fließt niemals in das Licht hinein, vielmehr ist es so, daß das Licht in die Dunkelheit fließt. Um den Kreis der Kerzen herum sollte sich ein Kreis von Frauen versammeln, welche die Rasseln schütteln und Begrüßungslieder singen. Man begrüße die Energien, wenn sie ans Licht kommen, und man sie sehen kann. Sodann danke man den Energien und führe sie zum Licht. Man erzähle Geschichten darüber, wie Wut und Schmerz in gezielte und segenbringende Taten umgewandelt werden können und wie man diese Energie umwandeln kann. Die betroffene Person sollte die Möglichkeit haben, flach auf dem Bauch in der Mitte des Kreises zu liegen. Die Kerzen sollten solange brennen, wie es nötig ist, um die negativen Energien zu reinigen. Die Rasseln dienen dazu, alte Formen aufzubrechen. Wenn dann die Energien gereinigt sind, schlage man die Trommel. Die Trommel vermag es, uns an einen anderen Ort zu bringen. Es ist auch gut, Lieder der Reise oder des Übergangs zu singen. Man leite die Energien des Lichts, die der Führung und Leitung bedürfen, und lasse die Dunkelheit niemals entschwinden, ohne ihr zuvor eine gute Richtung verliehen zu haben. Was aus einem Menschen herauskommt, wird in einen anderen hineingehen. Es ist gut, diese Energien an einen Ort der Kraft zu lenken. Einmal arbeiteten wir mit einer jungen Frau, deren Mutter ermordet worden war. Die junge Frau hatte die Gewalt in sich selbst aufgenommen und war nun voll des Hasses. Wir schickten diese Energie zu den Kräften der Wachdienste. Wir unterwiesen den dunklen Geist darin, dem Licht zu dienen. Es selbst sucht stets nach dem Licht. Der Zeremonie im Kreis sollte immer eine Anweisung zur körperlichen Arbeit wie etwa, "hacke Holz und trage Wasser", folgen. Mit dem Holzhacken und Wassertragen sollte solange fortgefahren werden, bis die betroffene Person mit sich selbst Frieden geschlossen und zu einer Lösung gefunden hat. Diese Lösung wird dann dem Wohl des Ganzen dienen.

Alle Arten körperlicher Arbeit bergen eine große Kraft in sich, wenn sie im Rahmen und mit der Unterstützung des Kreises verrichtet werden. Wir möchten auch das Bemalen des Körpers ansprechen, da die Bemalung von den Geistern auch im Schein des Mondes gesehen werden kann. Wenn sich ein Mensch mittels der Bemalung seines Körpers den Geistern präsentiert, so kann dies eine sehr kraftvolle Erfahrung sein. Eine weitere derartig kraftvolle Handlung ist es, "die Haare der Mutter Erde zu kämmen", und zwar zusammen mit den Haaren derjenigen Person, die nach Heilung sucht. Sie möge sich auf den Erdboden niederlegen und dabei ihre Haare ausbreiten. Sodann ordne man ihr Haar in der Form einer Krone rund um ihr Gesicht an. Diese Zeremonie birgt große Kraft in sich. Auch Tees, nahrhafte, lebendige und frische Lebensmittel sowie Bäder können die Zeremonie unterstützen.

Wenn eine Person geheilt worden ist, sollte sie viele gute Taten vollbringen, um so ihre Dankbarkeit zu zeigen. Sie sollte ihre Schuhe ausziehen und in dem Bewußtsein, auf heiligem Boden zu wandeln, einherschreiten. Sie sollte sich an heilige Orte begeben, ihren Respekt zeigen und Opfergaben darbringen. Die beste Opfergabe ist ein Türkis, da er der Stein des geheilten Herzens ist.

Während dieser Zeit,
in der sich das Gleichgewicht wieder einstellen muß,
kommen wir in Kreisen der Frauen zusammen,
um uns selbst wieder als Frauen zu erleben.
Die Männer setzen sich in Kreisen der Männer zusammen,
um sich als Männer zu erleben.
Und dann werden wir alle zusammenkommen;
es wird liebendes Gleichgewicht herrschen
und die Kräfte werden ausgewogen verteilt sein.

Grossmutter Kitty

Die Aufgabe der Frauen ist es, das zu tun,

was Nur Frauen Tun Können ...,

und nicht das,

was man ihnen erlaubt, zu tun.

Cloud

Kapitel 20

Frauen als Kriegerinnen

Sanfte Kriegerinnen, vereinigt euch. Nun ist unser Zeitalter angebrochen. Zu Anbeginn der Zeiten versprachen wir, den Familienverband der Erde zusammenzuführen. Stürmische Schwestern, stolze Mütter, unser Zeitalter ist angebrochen. Zu Anbeginn der Zeiten versprachen wir, den Familienverband der Erde zusammenzuführen! Schwestern, versammelt euch im Garten in unserem Kreis, so wie es prophezeit wurde. Ihr seid das heilige Feuer der Leidenschaft; ihr seid Kriegerinnen der alten Zeiten. Ihr Kriegerinnen, ihr seid die Schmetterlinge, deren Flügel sich nunmehr ausbreiten, und die alles verändern. Ihr seid die Quelle des geistigen Lichts und des stolzen Mutes. Das Rad des Lebens dreht sich. Jedes Kind folgt euch nach. Ihr seid die Mütter! Steht auf, seid der Mittelpunkt. Seht zu, daß alle in Sicherheit spielen können. Die Veränderung hat stattgefunden, um uns zum Licht über den Wassern zu führen, wo unsere Kinder zusammen mit den Delphinen in völliger Harmonie spielen. Dies ist das Zeitalter der Versprechen. Dies ist die Zeit der Vereinigung. Es ist die Zeit der Rückkehr der Kriegerinnen.

Als ich meine Visionen empfing, sah ich ganze Heerscharen von Frauen, die mit den Gewändern ihrer Vorfahren bekleidet waren. Es waren so viele von uns vertreten, daß wir die Unendlichkeit erreichen konnten. Einige von uns hatten nackte Oberkörper, und unsere Medaillons wehten im Wind. Niemand tat uns etwas zuleide, und aus unseren Körpern strömte das Licht des Regenbogens. Hinter uns konnten wir das Schlagen der Trommeln unserer Männer vernehmen. Die Türe hinter uns war geschützt. Wir waren als Kriegerinnen gekommen, um allem Krieg ein Ende zu machen.

Eine Kriegerin ist keine Kriegshetzerin. Eine Kriegerin nimmt von niemandem Befehle entgegen, außer vom Großen Geist. Eine Kriegerin ist hinsichtlich der Kampftechniken und der Verteidigung so gut ausgebildet, daß niemand es wagt, sie herauszufordern. Eine Kriegerin ist auch aufs Äußerste damit vertraut, ihren eigenen Willen als ultimative Waffe einzusetzen, um die Harmonie zwischen den Menschen zu gewährleisten. Während des Zweiten Weltkrieges waren die Samuraikrieger ihren Führern in unbedingtem Gehorsam verbunden. Diese Art der Hingabe ist ausschließlich dem Allerhöchsten vorbehalten. Die wahre Kriegerin verfügt über die selbstverständliche Gewißheit einer Person, die so stark ist wie die Erde, auf der sie lebt. Diese ihre Gewißheit ist dermaßen ausgeprägt, daß sie dazu in der Lage ist, eine potentiell unerfreuliche Situation zu verändern, bevor diese sich bis zu einem unerträglichen Maße zugespitzt hat. Die wahre Kriegerin bringt und propagiert den Frieden.

Vor dreitausend Jahren war unsere menschliche Gesellschaft um das Weibliche herum aufgebaut, und die Kriegerin genoß hohes Ansehen. Geronimo bediente sich oft der Kriegerinnen, als er sich auf die Reise begab, um sein Heimatland für sein Volk zurückzuerobern. Er bevorzugte und unterstützte sie. Bislang haben wir es aus Respekt oder zur Wahrung der Privatsphäre sowie auf der Grundlage des Wissens, daß alle Dinge zum Schöpfer zurückkehren werden, weitgehend vermieden, die Ältesten und Medizinmänner und –frauen zu erwähnen. Bevor wir uns dem Geist der Kriegerinnen eingehender widmen, fassen wir kurz die Grundzüge derjenigen Gesellschaften, deren Hauptaugenmerk auf das Weibliche gerichtet ist, zusammen. Wir werden uns dann auch dem Leben unserer Schwester der Medizin, Paula Gunn Allen, zuwenden. Sie ist eine Expertin hinsichtlich der Geschichte unseres Volkes und dessen Hingabe für das Weibliche. Was die Dokumentation des Aussterbens der auf das Matriarchat und das Weibliche im allgemeinen gerichteten Gesellschaften anbelangt, hat sie in ihrem Buch *The Sacred Hoop* (siehe hierzu die Liste der zur Lektüre empfohlenen Bücher im Anhang) hervorragende Arbeit geleistet. Gesellschaften, die sich auf den Frauen gründen, sind generell sehr tolerant und freizügig. Der Sexualität sowie der Wahl des eigenen Lebensstils werden große Freiheiten eingeräumt. Männer sind die Ernährer, sie sind passiv und unterhalten sich und die Frauen. Diese wiederum sind entschlossen, anspruchsvoll und verfügen über einen starken Selbstausdruck. Die Frauen stellen sicher, daß die Essensvertreilung unter den Menschen und Völkern auf eine gerechte Art und Weise vonstatten geht und daß es keine strikte strafende Kontrollinstanz gibt. Das wichtigste in dieser Art von Gesellschaft ist die Verbindung zum Göttlichen. Das Wohlergehen der Jungen und der Alten steht über allem anderen. Die wesentlichen Rollen innerhalb dieser Gesellschaftsstruktur werden von starken Frauen übernommen.

Die Mütter genießen das allerhöchste Ansehen in der Welt. Man erweist einem Menschen die höchste Ehre, indem man ihn "Mutter" nennt, selbst wenn es sich bei der Person um einen Mann handelt. Die Mutter ist die Kraft der Magie, die Kraft der Gedanken und die Kraft des Geistes. Mütter erheben alle Dinge zu Höherem. Wenn man sich, und sei es nur im Geiste, zu Frank Fools Crow begibt, so ist es, als würde man sagen, "Wie stehen die Dinge, Mutter unser aller?" Man nennt Häuptling Frank Fools Crow auch die göttliche "Mutter", der man ein Getreideopfer darbringt. Von allen Dingen auf der Welt wird die Mutterschaft am meisten verehrt und geachtet. Einer Person, die als Mutter betitelt wird, spricht man besondere Kompetenz zu. Kulturen, die auf der Mutterschaft aufbauen, schätzen und pflegen den Frieden, die Harmonie, die Zusammenarbeit, die Mit-Schöpfung, die Gesundheit und den Wohlstand für alle ihre Mitglieder. Eine wahre Kriegerin ist Mutter und Kriegerin in einem, selbst wenn sie keine eigenen Kinder hat.

Frauen sind nicht für den Krieg geschaffen.

Wenn unsere Sache die Liebe ist,

so ist das Ergebnis der Frieden.

GROSSMUTTER KITTY

Die Kolonialisierung der Weißen war bestrebt, die Frauen ihrer Stimme und ihrer Kraft zu berauben. Die Weißen nannten die auf Frauen basierenden Gesellschaften "Petticoat Governments", und sie schafften sämtliche Zusammenkünfte und Beratungen der Frauen ab und wandten sich gegen das, was noch vom Glauben an die Geliebte Frau, deren Stimme als die Stimme des Großen Geistes angesehen wurde, übrig geblieben war. Sie setzten fest, daß die Belohnung für die Tötung einer Frau doppelt so hoch sein sollte, wie die für das Töten eines Mannes. Sie ließen Frauen durch Männer vor den Augen der Kinder verprügeln, um die Herrschaft des Mannes deutlich zu machen. Sie benannten die weiblichen Gottheiten um und gaben ihnen männliche Namen. Sie fegten die Rituale der Frauen sowie ihre Medizinvereinigungen und Clans hinweg. Sie verbrannten die Bündel der Frauen. "Wenn die Frauen ihre Medizinbündel zu Boden warfen, so verschwand das betreffende Volk" (Allen). Jetzt ist es an der Zeit, daß die Frauen ihre Bündel wieder aufheben und den Kreis von Neuem aufbauen.

Die Kolonialisierung verängstigte unsere Kinder und machte die Frauen der männlichen Herrschaft untertan. Sodann machte sie die Männer den Priestern untertan. Unter dem Patriarchat wurden die Männer nur dann belohnt, wenn sie so strafend und autoritär wie die Priester selbst waren. Früher existierende, auf Frauen ausgerichtete Gesellschaften hatten die Kräfte immer in gleichem Maße auf Männer, Frauen und "Juwelen" (d.h. Menschen mit Zwillingsseelen) verteilt; dies traf auch auf die Verteilung zwischen jung und alt zu. Die Frauen hatten die Wirtschaft in ihren Händen und verteilten die Erträge gleichmäßig auf alle. Wir müssen zu dem heiligen Kreis zurückkehren. Die Rückkehr zum heiligen Kreis bedeutet einen

Umschwung von der Herrschaft des Männlichen zu der Gleichberechtigung des Weiblichen. Es handelt sich hierbei um einen Umschwung von der Hoffnungslosigkeit zum Vertrauen, vom Pessimismus zum Optimismus, von der Verzweiflung zur neuen Möglichkeit.

Innerhalb des weltweiten heiligen Kreises der Frauen stehen der Suchenden
die Energie und die Aufmerksamkeit ihrer geistigen Führerin sowie
ihre ganze Intuition und Kraft zur Verfügung.
Der allumfassende Imperativ lautet: Verändere etwas oder stirb.
Denken wir an die weltweite Krisenlage,
und denken wir dann an die Liebe und die Kraft,
die uns aus dem heiligen Kreis der Frauen zuströmen;
wie können wir da die Augen vor Veränderung und Wachstum verschließen?
Sich selbst zu verändern heißt, das Universum zu verändern.
Um also das Universum zu ändern, muß man sich selbst ändern.

SPIDER REDGOLD

Friede ist nun unser einziges Ziel. Die Form folgt dem Inhalt! Der Inhalt eines jeden Gedanken findet sich in einem der beiden folgenden Zustände wieder: Friede oder Konflikt, Gier oder Freigebigkeit, innere Ruhe oder Angst, Sanftmut oder Angriff, Liebe oder Haß. Der Inhalt dessen, was wir denken und sagen, ist einzig und allein unserem eigenen Willen unterworfen. Die Form unserer Welt gleicht sich dem Inhalt unseres Denkens und Redens an. Man kann niemals dadurch Frieden schaffen, daß man den Krieg vorbereitet. Jetzt ist die Zeit der Rückkehr der wahren Kriegerinnen. Eine einzige Frau, die ein klares Ziel und eine gute Gesinnung hat, kann eine Menge wütender Männer auseinanderbringen. Wir Frauen müssen uns an die Spitze stellen. Unsere Männer müssen hinter uns stehen und uns "den Rücken freihalten". Wir Frauen müssen für den Traum des Friedens erwachen; wir müssen zusammenstehen, Seite an Seite.In Kanada gibt es einen Mann, der sehr viel Einfluß auf die Kriegsfinanzierung ausübt. Er finanzierte die Waffengeschäfte mit den Kontras. Wir versuchten, ihn in Richtung Frieden zu beeinflussen. In seiner von hohen Mauern umgebenen, außerhalb von Toronto gelegenen Villa, feierte er vor einiger Zeit seinen fünfzigsten Geburtstag. Sein Haus wird ständig von der Polizei überwacht. Marie, Skye und ich zogen unsere Kriegerinnen-Gewänder an. Ich trug eine farbenprächtige Hose, eine Weste, meine Mokassins, ein Stirnband, meine Medizintasche, den Regenbogenschal und meinen Traumschild. Skye war ebenso ausgestattet, nur trug sie "Donner", die Trommel, bei sich. Marie verkleidete sich als Chauffeur und begleitete uns zum Ort des Geschehens. Der Vordereingang war für die Gäste geöffnet. Wir fuhren also vor und parkten den Wagen. Es war deutlich, daß der Vordereingang stark bewacht wurde. Zu dritt nebeneinander stellten wir uns auf und marschierten mit der Zuversicht der Armee ihrer königlichen Hoheit auf den Eingang zu. Die Wächter waren offensichtlich verwirrt, doch begrüßten sie uns mit den Worten: "Die Gäste warten im unteren Stockwerk, im Tanzsaal auf der rechten Seite auf euch." Anscheinend hielten sie uns für eine Entertainment-Truppe. Wir dankten ihnen, huschten an ihnen vorbei und gingen ins untere Stockwerk, wo wir uns auf unseren Auftritt vorbereiteten, während sich einige Anwesenden schon um uns scharten. Als der besagte Herr erschien, sangen wir "Happy Birthday", und die versammelte Menge stimmte mit ein. Er war davon überzeugt, daß wir als spezielles Geburtstagsgeschenk von einem der Gratulanten engagiert worden waren. Wir erzählten ihm dann die wunderbare Geschichte des Adlers und sangen unser Adlerlied. Im Verlaufe unserer Darbietung riefen wir das Höchste und das Beste an und baten um Gottes Segen für seine Kinder, und zwar im Einklang mit seinen Fähigkeiten, seine Entscheidungen zum Wohl aller Völker zu treffen. Er war von unserem Adler-Segen so begeistert, daß er uns bat, auch für den Rest der Feier zu bleiben. Wir lehnten dankend ab und zogen uns zurück. Ganz sicher wollten wir keine Fragen, woher wir denn kämen, beantworten. Ein paar Monate später wurde seine Beteiligung an dem Waffengeschäft publik und sein Imperium brach in sich zusammen.

Wenn wir den Traum in die Hände eines anderen legen, so kommt dieser Mensch davon nicht mehr los. Ich schrieb einmal ein Lied über Operation Wüstensturm, das den Titel trägt: "Der Traum, der dem Krieg Einhalt gebot". In dem Lied rufe ich die Frauen aus aller Welt dazu auf, sich zusammenzuschließen und Seite an Seite durch die Wüste zu gehen, soweit das Auge reicht.

Eine Geschichte erzählt von einem Indianerstamm, der von kriegerischen Stämmen angegriffen wurde. Die Menschen waren vom Krieg schon mürbe gemacht worden, und auch ihre Großmütter waren des Krieges müde. So wiesen die Großmütter, die immer die Souveränität bewahren, die Krieger an, ihre Waffen fallen zu lassen und sich an das Ende des Stammesgebietes zu begeben. In der hintersten Reihe standen die alten Männer, vor ihnen die jungen Frauen. Die Kinder wurden in die vorderste Linie, gleich hinter den Großmüttern aufgestellt. Die Großmütter nahmen die Babys und hielten sie hoch über ihren Köpfen. Und so marschierten sie unbewaffnet dem Feind entgegen. Die alten Großmütter sangen dabei ein Lied, das folgendes zum Inhalt hat: "Dies sind eure Kinder. Wir sind eure Großmütter. Dies sind eure Onkel und Tanten. Jene sind eure Großväter. Wir sind eine Familie. Laßt uns in Frieden leben". Die anstürmenden Krieger waren schockiert und verunsichert. Sie ließen ihre Speere fallen und lösten die Bespannung ihrer Bögen. Sie ließen ihre Pferde frei um die Menschen herumlaufen und kamen dann unbewaffnet, um sich mit dem anderen Stamm als eine Familie zusammenzusetzen. Das Lied der Großmütter hatte dem Krieg Einhalt geboten. Auch wir müssen wieder die Lieder der Großmütter singen. Es gab einmal eine Zeit, in der der Krieg unser Überleben sicherte. Heute ist der Krieg unser Untergang. Die Großmütter vom Anbeginn der Zeiten rufen nach unserem Frieden. Laßt diesen Frieden in den Herzen der Frauen beginnen, denn wir haben die wahre Kraft in uns.

Die Aborigines glauben daran,

daß die Frauen die Weisheit des Lebens innehaben.

ALINTA

Die Kriegerin ist weise. Sie begibt sich oft an Orte der Stille. Sie ist über das geistige Streben, Suchen, Konfrontieren, Reden und Kriegführen hinausgewachsen. Sie weiß, daß es gut und richtig ist, Vertrauen zum Schöpfer zu haben. Sie weiß um die Herrlichkeit der Sanftheit. Sie weiß, daß Glücklichsein Sicherheit bedeutet. Ihr eigenes Schicksal ruft sie, und sie schaut allem, auch dem Tod, unerschrocken ins Angesicht. Wenn es nicht möglich ist, in Frieden und ohne Angst zu sterben, kann sie nicht leben. Den östlichen Kriegern war diese geistige Haltung unter dem Namen Bushido bekannt. Ein Krieger, der schon tot ist, kann nicht mehr getötet werden. Sobald sich die Kriegerin mit ihrem eigenen Tod angefreundet hat, denkt sie an nichts mehr, während sie spielt; sie denkt nur noch daran, wie sie durch den Sieg das Glück mehren kann. Sie gibt alles, was sie hat, in den Geist des Spiels hinein. Sie verliert sich nicht in der Verzweiflung. Sie weiß, daß es müßig ist, etwas zurückzuwünschen, was bereits verloren ist. Sie ist freigebig, jedoch immer in Maßen. Sie weiß, daß die Gier von innen kommt, und daß sie uns immer hungrig zurückläßt. Eine Kriegerin vergißt sich nicht einmal für einen Moment, denn sie achtet sich selbst. Es besteht für sie keine Notwendigkeit, irgend jemanden zu retten. Sie weiß um die Suchtstrukturen, die sich hinter dem Retten und Gerettetwerden verbergen; von daher vermeidet sie die illusionären Schwachpunkte, die Rettung notwendig machen.Eine Kriegerin ist nicht wankelmütig und hat klar definierte Ziele. Sie sieht alle Dinge und Geschehnisse entweder als etwas Bedeutungsvolles oder etwas, das man vermeiden sollte. Sie ist sich stets der Spiegel im Leben bewußt. Sie weiß, daß sie selbst bitter geworden ist, wenn sie das Böse in einem anderen erkennt. Eine Kriegerin weint nur dann, wenn ihre Tränen nicht einem anderen zur Freude gereichen. Sie ist sich bewußt, daß ihr Leben immer traurig bleiben wird, wenn sie sich erst den Tränen ergeben hat. Eine Kriegerin hält deine Hand, doch wird sie immer ihre eigenen Gedanken haben. Sie hört nicht auf Belangloses. Sie läßt ihren Kummer nur solange zu, bis sie im Grunde ihres Herzens weiß, daß ihr an der betreffenden Sache oder Person etwas gelegen ist. Wenn ihr wahrhaft daran gelegen ist, wird sie den Fluß des Lebens nicht beweinen.

Wir sind Magnete für alles, was unser Leben ausmacht.

Schaut euch um. Was ihr seht, ist ein Spiegelbild eurer selbst.

Cloud

Eine Kriegerin ist auch eine Träumerin, die danach trachtet, glücklich zu sein. Sie strebt stets nach Frieden und läßt nicht einen unversöhnlichen Gedanken zu. Sie hat Vertrauen zur Gegenwart und läßt der Zukunft freie Entfaltungsmöglichkeiten. Sie lebt in dem Bewußtsein, daß aus der Sorge kein Schutz erwachsen kann. Der beste Schutz entspringt daraus, der Gegenwart seine Aufmerksamkeit zu schenken. Die Kriegerin ergibt sich nicht den Sorgen. Sie hat immer die Freiheit, ihre Meinung zu ändern, denn sie weiß, daß sie alles ändern kann, wenn sie ihre Meinung ändert. Die Kriegerin weiß auch, daß der Körper ein treuer Diener des Geistes ist. Sie ist sich bewußt, daß es keine wirkliche Dunkelheit geben kann, wenn sie nur das Licht in jeder Situation erkennt. Die Kriegerin lacht still in sich hinein, denn sie kennt die göttliche Freude, die sich hinter einem Lachen ohne Spott oder Hohn verbirgt. Sie weiß auch, daß sie Leichtigkeit und Liebe für sich selbst verdient hat.

Die Kriegerin beschuldigt niemanden; auf diese Weise vermeidet sie es, dem Ego zu dienen, dessen Leidenschaft darin liegt, andere oder gar sich selbst zu beschuldigen. Sie weiß, daß Krankheit eine Gewalttat des Geistes ist. Sie hat die Wirkungsweise der Vorstellungskraft erkannt und vermeidet es daher, jeden als das Opfer von Krankheiten zu sehen. Sie selbst hält mit ihrer Gabe des Heilens dagegen. Die Kriegerin hat sich von der Schuld losgesagt, da diese ein nutzloses Gefühl ist. Jedoch übernimmt sie für alles die Verantwortung. Ihren Ärger überantwortet sie dem Himmel, an Orten, wo dafür Platz ist. Sie ist dazu bereit, ihn gehen zu lassen und den Spiegel ihrer selbst anzunehmen. Die Kriegerin ist frei von Furcht.

Sie weiß, daß man aus dem Loslassen der Furcht Kraft schöpfen kann, nicht jedoch aus dem Versuch, Furcht hervorzurufen. Sie hat verstanden, daß eine Feindschaft keine Beziehung ist, sondern daß sich in dem Feind irgend etwas ihrer selbst widerspiegelt. Die Kriegerin zieht es vor, glücklich zu sein, statt recht zu haben.

Die Kriegerin übergibt alles der Großen Mutter, deren Anrecht auf den Thron sie niemals in Frage stellt. Sie sucht Rat und dient dem Göttlichen. Oft nimmt sie an Zeremonien teil, um sich selbst in das Ganze zu integrieren. Sie beschäftigt sich nicht damit, wonach Ihr der Sinn steht, denn ihr geht es um das Wohl des Ganzen. Sie weiß, daß sich ihre eigenen Gefühle wieder einpendeln werden, wenn ihr Sinn für die Einheit wieder hergestellt ist. Sie hat gelernt, die Dinge mit ihrem Herzen und nicht mit ihrem Verstand zu begreifen. Sie ist allzeit dazu bereit, ihre Arbeit zu tun. Sie weicht ihrem Schmerz nicht aus, sondern ergründet ihn und stellt sich ihm dann entgegen. Auf diese Weise beobachtet sie, wie ihr Schmerz vergeht. Eine Kriegerin weiß, daß die Wahrheit nun mal die Wahrheit ist und daß jeder sie kennt. Sie weiß auch, daß man die Wahrheit leben muß, denn man kann sie nicht in Worte fassen. Die Kriegerin wird sich in die Einsamkeit zurückziehen, wo sie ihren Worten freien Lauf lassen kann, um zu der Leere zu gelangen, die eine Lösung für ein jedes Problem möglich macht.

Die Kriegerin findet sich in den Wäldern und ebenso in der dunklen Stadt und ihren Lichtern zurecht. Sie ist eine ausgezeichnete Spurenleserin. Sie weiß, daß alles Wichtige in einem einzigen Augenblick liegt. Auch weiß sie, daß jedes Ende ein Anfang ist. Sie hat die Fähigkeit, den Verlauf einer jeden Situation vorauszusagen. Sie hat ein Gespür dafür, ob ein Mensch von irgend einer Sache oder einem Gefühl eine große Fülle hat, denn er wird dies hergeben, gleichgültig, ob es sich dabei um Liebe, Freude oder Frucht handelt. Sie erkennt Menschen, denen ihre Energie davonrinnt, da deren Nabel-Chakra, der Ort also, an dem die Kraft zu finden ist, verschlossen ist. Die Kriegerin kann auch die dunklen Seiten eines Menschen und Dinge, an denen dieser Mensch festhält, erkennen.

Der Gegner einer Kriegerin ist ihr Freund, da sie an dieser Gegenüberstellung wachsen kann. Sie vertraut darauf, daß ihr Gegner entschlossen ist, und sie weigert sich, in ein emotionelles Gefängnis zu fallen, während sie ihre Spannung und ihr Bewußtsein für Gefahren stets auf einem hohen Level hält. Die Kriegerin weiß, daß sie das Mißtrauen geradezu an ihr eigenes Feuer einlädt, wenn sie es überhaupt aufkommen läßt. Für eine Kriegerin ist es undenkbar, sich zu ergeben. Das Wort Niederlage existiert in ihrem Vokabular gar nicht. Jede Situation kann uns etwas lehren. Die Kriegerin weiß, daß es möglich ist, Dinge aus der Vergangenheit zu klären, wenn sie ihr Blut schnell fließen läßt; von daher wird sie stets bemüht sein, diesen Zustand auf unterschiedliche Weise herbeizuführen. Sie liebt es, sich körperlich zu betätigen. Sie weiß, daß Schreckgespenster in uns wiederum andere Schreckgespenster von außen herbeilocken. Sie achtet also stets darauf, was von ihr angezogen wird. Was sie in ihrem inneren Leben erschafft, das erschafft sie auch in ihrem äußeren Leben. Ihren Schreckgespenstern steht sie versöhnlich gegenüber und bereitet ihnen sogar einen Ort des Willkommens. Eine Kriegerin lebt in dem Bewußtsein, daß sie die Kraft verlassen wird, wenn sie immer nur nimmt und niemals gibt. Sie ist sich der Tatsache bewußt, daß die Dinge in ihr, die sie ignoriert, dadurch nur immer größer werden. Ein Leben unter dem Motto der "Vermeidungstaktik" würde die Kriegerin zu Fall bringen. Dinge, die wir zu ehren vergessen, entziehen uns unsere Lebensenergie.

Wir Frauen speichern ständig Energie.

Wir sind gewissermaßen wie ein Akkumulator.

Die Männer können die Energie nicht speichern.

In den Frauen ruht die wahre Kraft.

Männer sind körperlich stark, Frauen jedoch sind dazu in der Lage,

eine unendliche Reserve an Energie zu speichern und dann einzusetzen,

wenn sie es für richtig halten.

Cloud

Es gefällt einer Kriegerin, am Rande von Leben und Tod zu wandeln. In einem Leben ist sie schon viele Tode gestorben. Sie kennt das Feuer der Verwandlung und der Veränderung, und von daher kann sie ihre Heilkraft auch anderen zur Verfügung stellen. Sie lebt in dem Verständnis, daß sie zum Heilen geboren wurde. Sie versteht die Nöte und Leiden der anderen und kommt zu ihnen, um sie zu heilen und mit ihnen zu teilen. Als Kriegerin ist es ihr Bestreben, sich immer an einem zentralen Ort aufzuhalten. Wenn man sie aus dieser Mitte verdrängt, richtet sie ihre Aufmerksamkeit erneut auf den Mittelpunkt und versucht, ihn wieder zu erreichen. Sollte sie einmal am Boden zerstört sein, so bemüht sie sich darum, die Scherben so schnell als möglich wieder zu einem Ganzen zusammenzufügen. Sollte sich auf ihren Schultern eine Last angesammelt haben, die ihren Weg allzu beschwerlich macht, so verringert sie ihre Last, indem sie sich von alten Dingen befreit, die ihrem Glück im Wege stehen.

Die Ära des Säens ist vorüber; nun ist die Zeit des Erntens dessen, was wir gesät haben, angebrochen. Zum Beginn des Wüstensturms kam der Ruf nach der großen Prüfung. Der Schleier des Ignorierens wird zerrissen und jeder einzelne wird dazu aufgerufen, Stellung zu beziehen – will er die Gier walten lassen, oder will er teilen;

will er den Frieden oder den Krieg? Die Alten sind zurück; sie kommen in den Körpern von Weißen mit den Herzen der Menschen roter Hautfarbe. Ihr ursprüngliches Gewissen kannte keinen Haß. Sie haben die alten, sanften, weisen, überreichen Wege des Herzen zurückgebracht. Diejenigen unter uns, die sich dazu entschieden haben, ihre Augen zu verschließen, werden vergehen. Die Kriegerinnen kommen zusammen. Wir kämpfen aus der Kraft unserer Herzen heraus. Unsere Mutter Erde ist unser Garten, und es ist an uns, den Weg des Herzens zu ebnen.

Kapitel 21

Wie man seine eigene Medizin herstellt

Dieses Thema würde für sich ein eigenes Buch füllen. Das vorliegende Kapitel ist also im Grunde lediglich der Anfang jenes Buches. Es gibt kein Symbol, welches die Wahrheit darstellt. Die Menschen haben keine Möglichkeit, die Wahrheit durch Sprache, Bildhauerei, Gemälde oder anderweitig zum Ausdruck zu bringen. Die Wahrheit muß gelebt werden. Ein Symbol ist kein Gott. Somit sind alle existierenden Symbole nur Ausdruck des Göttlichen, doch können sie niemals die Gesamtheit des Großen Geheimnisses in seinem vollen Umfang darstellen. Allen Dingen wohnt eine Medizin inne; in ihrer Daseinserfahrung tragen sie alle die Wahrheit Gottes in sich. Und doch kann kein Ding, kein Geräusch die Wahrheit selbst einfangen. Wenn man sich eine Medizintasche macht oder einen Talisman trägt, so verehrt man dadurch nicht den Gegenstand per se. Diese Gegenstände sind vielmehr Ausdruck der Freude an der Schöpfung. Die Verehrung unserer Vorfahren war nicht auf Götzenbilder oder Abbilder gerichtet. Es gibt nur einen Gott, der uns unter vielen verschiedenen Namen bekannt ist. In allen Dingen jedoch ist das Große Geheimnis gegenwärtig. Wenn wir dies anerkennen, verehren wir immer den einen Gott.Alle Dinge des Himmels und der Erde bergen ihre eigene Medizin in sich. Dazu sind sie geboren. Wir Menschen müssen auf unserem Weg unsere eigene Einzigartigkeit erkennen. Dies spielt für unsere eigene Medizin eine wichtige Rolle. Wir haben stets die Freiheit der eigenen Entscheidung und des heiligen freien Willens. Wie wir diese Freiheit nutzen, bestimmt dann unseren Weg. Wo liegt der Unterschied, wenn die Wahrheit des einen ihn aufrecht durchs Leben gehen läßt, und die Wahrheit eines anderen diesen mit gesenktem Haupt einhergehen läßt? Wichtig ist letztlich nur, daß keiner den anderen in seinem Weg beeinträchtigt. Ein jeder von uns ist Teil des Großen Geheimnisses. Wir sind jeweils ein besonderes Wissen innerhalb des Allwissenden. Das einzige, was wir tun müssen, ist unsere eigene Medizin kennenzulernen und sie zum Ruhm und zu Ehren der Mutter allen Seins und des Vaters allen Lebens einzusetzen. Auf diese Art und Weise können wir zur Weisheit gelangen. Dennoch handelt es sich hierbei um einen immerwährenden Lernprozeß, der niemals abgeschlossen ist. Wir werden stets auf unsere eigene innere Stimme hören, denn sie ist das einzige, was uns wirklich vertraut ist. Die Alten sagten uns, "lebt mit dem Geist". Um dies zu tun, müssen wir begreifen, daß nichts dazu imstande ist, unseren eigenen Geist zu ersticken oder unsere eigene Urteilsfähigkeit auszuschalten. Nichts auf der Welt darf uns unsere natürlichen Triebe aberkennen. Während wir unsere eigene Medizin entwickeln, lernen wir, uns selbst zu schätzen. Wir fangen an zu begreifen, daß es unsere eigene Aufmerksamkeit ist, die allen Dingen Sinn und Schönheit verleiht. Unsere eigenen Ohren geben dem Wind und den Wassern ihre Lieder. Wir selbst sind es, die sich dazu entschließen, uns von diesen Liedern emporheben zu lassen. Unsere eigenen Augen verleihen dem Sonnenuntergang und dem aufgehenden Sichelmond seine Schönheit. Es ist unsere eigene Entscheidung, uns durch solch einen Anblick erheben zu lassen. Wenn wir uns und alles Leben schätzen, werden wir selbst zum Großen Geist. Unser eigenes Herz ist erfüllt, und so ist auch das Herz des Großen Geistes erfüllt. Unsere eigenen Gefühle schenken dem Großen Geist die Wahrnehmung des Fleisches. Wir sind das Herz und die Hände Gottes. Gott braucht uns, damit er wirklich Gott sein kann. Die Art und Weise, auf die wir unsere eigene Medizin zum Ausdruck bringen, entscheidet darüber, wie wir diesem Drängen nachkommen. Jeder von uns ist einzigartig auf der ganzen Welt. Wenn wir uns dazu entscheiden, uns selbst die Umsetzung des Drängens unseres Geistes zu verwehren, so geht etwas verloren, da kein anderer Wille dazu in der Lage ist, genau das auszudrücken, was allein in unserer Medizin liegt. Es liegt an uns, das zu tun, was uns gefällt. Wenn wir unsere eigene Medizin finden wollen, so müssen wir uns nur einmal umschauen. Was im Inneren liegt, manifestiert sich stets auch im Äußeren.

Vor vielen Jahren führte ich einmal einen rituellen Tanz um ein winterliches Lagerfeuer herum durch. In diesem Feuer hatte ich alle Bücher, Zeitschriften und Zeitungen verbrannt, die von etwas anderem als dem Frieden handelten. Diesem Ritual fielen beinahe alle Bücher, die wir über fünfzehn Jahre in unserer Bibliothek zusammengetragen hatten "zum Opfer". Während des Tanzes betete ich, daß alte Gedankenmuster und Worte vom Feuer aufgenommen werden mögen und sich in neue Worte und Geräusche umwandeln mögen. Einige Jahre später hörte ich das erste Lied, das mir von der "anderen Seite" geschickt worden war. Seine Worte waren wie Zaubergesang. Ich sang es wieder und wieder. Heute ist es für mich ein Lied meiner eigenen Kraft. Indem ich jedes Lied, das mir geschickt wurde, mit großem Respekt empfing, wurden mir noch viele weitere Lieder geschenkt. Heute nennt man mich eine Liedermacherin, deren Lieder unter den Produzenten in Nashville heißbegehrt sind. Diese Musik ist ein Geschenk meiner eigenen Medizin. Musik ist ohnehin eine ganz persönliche Medizin, und ich habe meine eigenen Lieder. Ein Lied möchte eine Geschichte erzählen, und es sucht nach einem Geschichtenerzähler. Ich kann es fühlen, wenn sich ein Lied in der Nähe aufhält; alles was ich dann zu tun habe, ist einen Raum zu schaffen, in dem es Gestalt annehmen kann.

Wenn man einen Gegenstand der Heilung
und der Medizin oder einen Altar herstellen will,
dann werfe man ein Tuch auf den Boden und bete:
"Kommt an diesen Ort, ihr Dinge,
die in MIR den Wusch erwecken, zu SEIN."

CLOUD

Im Jahr 1984 stieß ich auf einen Traum. Ich wagte mich in das Große Geheimnis und holte mir einen Traum. Bis heute haben wir jede Sekunde unseres Leben damit zugebracht, diesen Traum anzusäen. Ich hatte das Gefühl, daß die Zeit reif dafür gewesen sei, einen neuen Traum zu haben. Vor zwei Monaten kam Peanut an unserem Haus vorbei und brachte uns einen Habicht. Der Habicht ist ein besonderer geistiger Helfer. Die Krähe nannte mich "Habicht, der auf dem sonnenbeschienenen Wind fliegt". Ich befestigte seine Flügel neben dem Bild unseres Bruders Jesus. Es gab seinem Geist neuen Auftrieb in diesen Tagen der neuen Anfänge. Der Schwanz des Habichts wurde zu einem wunderschönen Fächer. Seine Füße brachten wir in einer besonderen Position auf unserer "Gottesschatulle" in einem nach Norden hinausgehenden Fenster an. Wir beteten, daß die Alten einen Stab zum Aufstöbern der Träume zu diesen Füßen kommen lassen mögen. Der Habicht ist ein Botenvogel. Dadurch, daß er zu mir gekommen ist, wurde mir bewußt, daß nun die Zeit für einen neuen Traum meines Herzens angebrochen sei. Der Vogel trägt meinen Traum zum großen Kontrollzentrum, und ihm wohnt auch die Medizin inne, die zur Erfüllung des Traumes erforderlich ist. Ich bewahre diesen Traum in meinem Herzen, und würde auch nicht darüber sprechen, da er dadurch an Kraft verlieren könnte. Heute kam der perfekte gegabelte Stab zu mir, mit dem ich den Traum berühren kann. Ich fiel förmlich über den Stab, als ich gerade meine Arbeit beiseite gelegt hatte und mich den Träumen der Mondhütte zuwenden wollte. In dieser gesegneten Zeit befestigte ich die Füße des Habichts an meinem Traumjägerstab, wodurch eine ganz neue Medizin entstand. Wir haben unsere Kraft miteinander geteilt. Es ist vollbracht. Heute danke ich für die Erfüllung eines Traumes.

Gerade befinde ich mich in meiner Mondphase und bin deshalb den Eingebungen des Großen Geistes sehr zugänglich. Als ich in diese Hütte im Wald gezogen bin, gab mir mein lieber Bruder und Freund, Bruce, einen Stab, der mich beschützen und mein Begleiter bei meinen Wanderungen sein sollte. Das eine Ende des Stabes war in der Form des Hufs eines Rehs geschnitzt, und der Stil selbst erinnert an eine Klapperschlange. Das obere Ende ist noch unvollendet. Ich stellte ihn in der Nähe des Eingangs auf, um daran erinnert zu werden, daß es da einen Bruder gibt, der an mich denkt. Dennoch war dies ganz offensichtlich noch nicht der richtige Ort, an dem dieser besondere Stab seine Kräfte entfalten konnte. Heute morgen saß ich zum Gebet in unserem Dorf. Da hörte ich, wie die Stimme meines Begleiters mich rief. Es war die Zeit gekommen, zu der ich ihm meine Aufmerksamkeit schenken sollte. Der Stab rief mich dazu auf, ihn zu kürzen. So schnitzte ich in das andere Ende einen Pferdehuf. Sofort verspürte ich das Gleichgewicht, das von ihm nun ausging. Er erzählte mir dann von einer alten Kriegskunst der Chinesen, die mit Stäben ausgeführt wurde. So machte ich mich daran, diese alten Riten zu vollziehen. Ich richtete also meine Aufmerksamkeit auf diese Dinge und nahm an, daß der Traum meines Herzens mir nun ganz nahe wäre. Indem ich mich dem Geist hingebe, wird mir meine ganz persönliche Medizin zuteil. Bittet, empfangt, gehorcht, lernt, zeigt Dankbarkeit, dient und wiederholt den Kreislauf.

Das erste und wichtigste, was zu tun ist,

ist eine innigliche Beziehung mit dem Großen Geist,

dem Schöpfer der Sterne, aufzubauen.

Cloud

Was ihr ignoriert,

wird euch in seinen Fängen halten.

Cloud

Oftmals ist die erste persönliche Medizin eine selbstgemachte Medizintasche. Der damit im Zusammenhang stehende Prozeß ist ein Vorgang, der uns von Großvater Brave Scout überliefert wurde. Die Variationen dazu mögen vielfältig sein. Wenn wir nun sein Geschenk mit anderen teilen, können sich durch diese Erfahrung vielleicht weitere Wege eröffnen. Als Großvater mir meine erste Tasche brachte, sagte er mir, daß er vier Tage lang gebetet hätte. Wir kamen zu dem Schluß, daß vier Tage der Vorbereitung angemessen sind, wenn man um eine Medizin bittet. Großvater sagte mir auch, daß es bei meiner Medizintasche darum ginge, aufmerksam zu sein. Er sagte mir, daß ich nur von den Dingen lernen könnte, auf die ich meine Aufmerksamkeit richtete. Auch sagte er mir, daß ich meine Medizintasche jeden Tag bei mir tragen und sie niemals aus den Augen lassen solle. Ich sollte sie nur dann abnehmen, wenn ich bade, schwimme, schlafe oder liebe. Ich habe sie nur einmal verloren. Ein Freund sammelte sie dann in irgendeiner Wäscherei wieder auf, doch hatte es Tage gedauert, sie wiederzufinden. In dieser Zeit wäre ich beinahe ausgeflippt. Ich konnte an nichts anderes mehr denken. Großvater erklärte mir, daß ich mit der gleichen Leidenschaft, mit der ich nach meiner verlorenen Tasche gesucht hatte, auch meine Träume verfolgen müßte. Ich müßte bei allem sprichwörtlich in jede Ecke schauen. Diese Medizintasche, die mir Großvater geschenkt hatte, trug ich jahrelang bei mir, bevor ich mir dann meine eigene machte. Jene erste Medizintasche leitete mich, und der Große Geist enthüllte mir das übrige. Und so soll es auch sein.

Jede Frau in unserem Kreis kommt aus ihrer eigenen Vergangenheit
und geht mit ihrem eigenen Schritt und aus freiem Willen
ihrer eigenen Zukunft entgegen.
Es gibt nicht einen Schritt, der für alle Frauen gleich ist.
Jede Frau kann nur das annehmen und realisieren,
was ihrem gegenwärtigen Wesen angemessen ist.

Spider Redgold

Zuerst bereitet man einen Ort des Betens und Rufens. Dieser Ort kann ein auf den Boden geworfenes Gebetstuch oder ein Altar sein, es kann sich aber auch um eine besondere Himmelsrichtung oder eine heilige Stätte handeln. An dieser Stelle bete man dann, eröffne seinen Herzenswunsch und bringe eine Opfergabe dar. Man kann die Aufmerksamkeit am besten mit Hilfe einer Kerze oder duftendem Räucherwerk erhöhen. Die Aufmerksamkeit zieht das Gewünschte an; von daher ist es gut, alles nur Mögliche zu tun, um die eigene Aufmerksamkeit bei der Sache zu halten. Sodann wird alles, was erforderlich ist, zu diesem Ort kommen. Was danach in der Tasche sein wird, ist einzigartig. Keine Medizintasche gleicht einer anderen. Möglicherweise befindet sich in ihr Asche eines zeremoniellen Feuers, Getreide als

Nahrungsmittel, Samen für das Wachstum, kleine Kristalle für Klarheit, heilige Gräser zum Schutz und als süßer Duft, Tierhaar für den Geist der Tiere, getrocknete Blumen, Erde, menschliches Haar, Blut oder Nägel. Um Überraschungen möglich zu machen, wird immer ein Geheimnis hinzugefügt. Ein Stück Schildkrötenpanzer verleiht ein starkes Herz. Ein Stück Pferdehuf bringt Stärke. An den Ort des Betens und Rufens können vielerlei Überraschungen gelangen. Die ganzen Gegenstände wickelt man am besten in ein kreisförmiges Stück Leder, das einen Durchmesser von etwa acht bis zehn Zentimeter hat. Dieses kann man mit Perlen besticken oder bemalen. Bevor man dies tut, sollte man das Leder kauen, um es geschmeidig zu machen und um ihm den besonderen Atem, d.h. seinen Geist, zu verleihen. Auf diese Weise bringt man sich selbst in die Arbeit mit ein, und man "besitzt" den entstehenden Gegenstand wirklich. Verwendet man ein Lederband, so kaut man auch dieses, und zwar am Mittelpunkt sowie an den Endpunkten, mit denen das Bündel verschnürt werden soll. Nachdem der Lederflecken feucht und geschmeidig geworden ist, legt man unter Aussprechen von Gebeten die gesammelten Gegenstände auf seine Mitte. Sodann verschließt man das Leder um die Gegenstände herum, so daß es eine runde Form erhält. Nachdem man das Lederband um das so entstandene Säckchen geschlungen hat, schneidet man das überflüssige Leder ab. Dieses wird sodann schwarz gefärbt und poliert. Es ist das "Gehirn" der Medizintasche. Man sollte es oft reiben und es mit süßen Düften, Menstruationsblut oder den Säften der eigenen Ejakulation einreiben. Die Medizintasche befindet sich in der Gewalt ihres Besitzers und als solche soll sie auch verwendet und verwahrt werden. Sie lehrt uns, wie wir unsere eigene Kraft benutzen und erhalten. Sie kann uns eine großartige Lehrmeisterin sein. Wenn man sie reibt, erweckt man sowohl ihre als auch die eigene Kraft. Vielleicht möchte euch jemand eine Medizintasche machen; diese kann jedoch niemals so kraftvoll sein, wie eine, die ihr selbst hergestellt habt

Bemüht euch um das innere Gleichgewicht.

Meine eigene Meinung ist mir die liebste.

Der, der die Erde erbeben und die Sterne leuchten läßt, lebt in mir.

Es gibt nichts und niemanden über ihm.

Cloud

Catherine ist eine großartige Näherin. Die Kleidung, die sie entworfen und genäht hat, zählt mit Sicherheit zu der großartigsten auf diesem Planeten. Ihre Arbeiten haben schon weitreichende Berühmtheit erlangt. Alles, was sie und ihre ganze

Familie trägt, ist von ihr selbst gemacht worden. Sie legt ihre Liebe und ihre Gebete in jeden Nadelstich. Auch auf diese Weise kann man ganz persönliche Medizin herstellen. Auch ich stelle jeden einzelnen meiner Medizingegenstände selbst her. Unsere Vorfahren konzentrierten ihre Aufmerksamkeit auf von Hand gefertigte Dinge. Solche Dinge sind mit Liebe gemacht und tragen den heiligen Atem in sich; von daher sind sie Gegenstände der Medizin. Dinge, die in Fabriken hergestellt wurden, tragen den Atem der Fabrik in sich. Sie beinhalten keine Liebe. Die Liebe ist es nämlich, die den heiligen Atem lenkt. Es ist gut, wenn wir unsere eigene Energie in die Dinge senden, die wir essen, trinken und anhaben. Wenn wir uns mit Gegenständen umgeben, die von furchtsamen Menschen hergestellt wurden, so werden wir diese Furcht absorbieren. Furcht und Angst sind die Gefühle, die uns vom Großen Geist trennen.

Zivilisationen erstehen und vergehen wieder, weil sie sich noch nicht mit dem Thema Furcht und Verleugnung auseinandergesetzt haben. Die Amerikaner sagen von sich, daß sie frei seien, und dabei blicken sie zum Beweis auf die Unabhängigkeitserklärung. Dennoch hat die freie Wahl der Amerikaner ihre unveräußerlichen Rechte so beschränkt, daß sie gerade noch eine Einkommensteuererklärung abgeben können, um die Steuern zu bezahlen, die dann dazu verwendet werden, sie in Kriegen zu töten, statt daß sie diese barbarische Form des Tributs abschaffen würden. Es ist doch immer noch so, daß die Armen für die Reichen arbeiten. Es ist nicht dasselbe, ein Mitspracherecht im Hinblick auf den Standort eines Atomkraftwerks zu haben, oder die Möglichkeit zu haben, einen solchen Bau im ganzen zu verhindern. Amerika erklärt, daß Japan den Zweiten Weltkrieg verloren hat, doch den Japanern gehört Amerika, und sie zahlen wenig bis gar keine Steuern. Aus sämtlichen historischen Aufzeichnungen geht hervor, daß die Ureinwohner Amerikas heidnische Wilde waren. Man sagt, die Ureinwohner seien von den Amerikanern besiegt worden. Dies entspricht nicht der Wahrheit. Unsere Vorfahren gewannen den eigentlichen Kampf, da sie sich ihre eigene Medizin bewahrten. Wir haben von jeher nur für unser Recht, unsere geistigen Körper wachsen und gedeihen zu lassen, gekämpft. Niemals kämpften wir um eine Entscheidung, wer nun die Erde unterjochen würde. Bald schon wird die Wahrheit des sich manifestierenden Schicksals bekannt werden, und diejenigen, deren Medizin stark ist, werden an der Seite des Großen Geistes sein. Vor der Existenz des geschriebenen Wortes lebten wir in einem Zeitalter der Kostbarkeiten. Wir wandten uns an die Felsen, auf daß sie uns Kraft gäben. Wir lauschten dem Wind. Dann kam das Zeitalter der Technologien, und wir entwickelten neue Formen der Kommunikation. In das neue Zeitalter traten wir mit einem riesigen Satz ein. Und nun endlich unternehmen wir den wirklich wichtigen großen Schritt in das Zeitalter des Geistes. Wir werden derart großartige Taten vollbringen, daß die genialsten Computer daneben primitiv erscheinen. Wir haben ein Zeitalter erreicht, in dem viele von uns wieder zu ihrer eigenen Medizin, ihrer Verbindung mit dem Geist, zurückgefunden haben. Wir senden eine Stimme in alle vier Himmelsrichtungen, auf daß wir für den Geist zugänglich werden. Was auch immer ihr tut, dient dem Geist. Dies ist persönliche Medizin. Der Geist wird euch alles lehren, was ihr wissen müßt. Seid aufmerksam. Was ihr mit eurer Aufmerksamkeit kauft, ist das wahre Leben, die Freiheit und das Glück.

Kapitel 22

Der Gang des Medizinrades

Das Wachstum aller Dinge ist wie ein Kreis. Der Kreis ist eine heilige Spirale. Das Medizinrad ist ein altes und kraftvolles Symbol für das Universum. Es ist ein Lehrmeister der Wahrheit. Es zeigt die vielen verschiedenen Arten und Weisen, auf die die Dinge miteinander verbunden und verwoben sind. Es zeigt uns auch, wie es um unsere Mutter Erde steht. Es sagt uns voraus, was geschehen wird. Die Worte des Lebens unseres Schöpfers sind nicht in toten Schriftrollen oder Inschriften enthalten, wir finden sie vielmehr in den Winden der vier Himmelsrichtungen. Gottes Wahrheit hallt in jedem Samen, der zum Leben erwacht, und in jedem Fluß, der fließt, wider. Die Gesetze Gottes sind die Gesetze der Natur. In unserer täglichen Suche nach Unterweisung, sind wir nicht auf die schwachen Versuche angewiesen, Worte auszulegen, die vor vielen Jahren von den Menschen geschrieben worden sind. Die Prophezeiungen der Alten sind Prophezeiungen der Alten. Unsere neuen Prophezeiungen können wir im Gesang unserer Vögel und im Rascheln der Blätter im Wind hören. Wir sind nicht allein.

Jeder von uns ist das Zentrum unseres Universums. In unserer Wanderschaft auf dieser Welt haben wir die Möglichkeit, uns den Lehren und der Kraft des Windes der vier Himmelsrichtungen anzuvertrauen. Jeder von uns befindet sich an seinem eigenen Platz, und jeder von uns hat seine ganz persönliche Wahrnehmung. Wenn wir zusammen um ein Feuer herumsitzen, wird jeder von uns das Feuer von einem anderen Standpunkt aus sehen. Jeder schaut in den Spiegel des Feuers und sieht einen einzigartigen Widerschein. So ist es auch, wenn man seinen Blick tief in das heilende Rad des Lebens versenkt. Wenn wir von unserer Wahrnehmung sprechen, so sprechen wir zum Mittelpunkt des Feuers hin. Unsere Bestimmungen und Bedeutungen sind im Feuer enthalten und werden in Spiralen ins Universum hinausgeschickt. Was die einzelnen sagen, wird von den anderen jeweils in unterschiedlicher Weise wahrgenommen. Wir nehmen das auf, was für uns von Bedeutung ist, und lassen den Rest an uns vorbeigehen.

Jeder von uns ist in eine einzigartige Position innerhalb des großen Kreislaufs des Lebens hineingeboren. Vom Anbeginn unseres Daseins an, gehen wir unseren Weg mit der Sonne. Manchmal ist unser Schritt schnell, manchmal ist er langsam. Es kann sein, daß wir viele Male in unserem Leben den Kreis vollenden. Es kann aber auch sein, daß wir uns kaum von unserem Ausgangspunkt wegbewegen. Stets jedoch haben wir die freie Wahl. Wir sind der Mittelpunkt des Kreises. Wir wandeln immer innerhalb des Kreises.

Wenn wir auf aktive Art und Weise um Führung und Unterweisung hinsichtlich der Vollendung unseres Lebens beten wollen, so ist es gut, wenn wir auf einem freien Feld in einen großen Kreis gehen. Mit diesem Gedanken im Sinn, erfand ich ein neues erhabenes Spiel, nämlich den "Gang des Medizinrads". Es beginnt damit, daß wir zusammen um das Feuer sitzen und reden. Wir sprechen über den heiligen Kreis, und wir sprechen in ihn hinein. Wir erkennen, daß alle Punkte des Kreises einen gegenüberliegenden Punkt haben. Wir lernen, daß auch im Leben alle Dinge ein Gegenstück haben. Auf diese Weise sehen wir, daß der Kreis ein unglaubliches Gleichgewicht in sich birgt. Manch einem, der mit im Kreis sitzt, wurde gesagt, er solle stark, mutig, ausdauernd und hart sein. Anderen hat man gesagt, sie sollen sanft, demütig, liebevoll und höflich sein. Das Medizinrad lehrt uns, daß Mut durch Weisheit, Stärke durch Sanftmut und Ausdauer durch Flexibilität ausgeglichen werden muß. Ausgeglichenheit und Gleichgewicht sind die Dinge, die uns das Medizinrad lehren will. Wir stehen immer im Mittelpunkt des Kreises und müssen alle vier Richtungen des Himmels anerkennen.

Der Osten

Ein neuer Tag bricht im Osten an. Jeden Morgen geht die Sonne im Osten auf. Der Osten steht also für den Beginn neuen Lebens; er steht für Geburt, Wiedergeburt und Erneuerung. Der Osten ist der Ort der Erleuchtung, der Ort, von dem aus das Licht in die Welt kommt. Der große Adler fliegt gen Osten; er ist ein Symbol für den, der am höchsten fliegt und am weitesten sieht. Aus dem Licht kommt Anweisung und Führungskraft. Der Adler hat eine achtfach verstärkte Sehkraft in die Weite. Wenn er in den Lüften kreist, kann er die Dinge auf der Erde genau erkennen. Er beobachtet die Bewegungen aller Geschöpfe und kennt den Unterschlupf selbst der kleinsten Lebewesen. Die Fähigkeit, über das Wohl der anderen zu wachen, ist eine wichtige Gabe, eine Gabe, die man oftmals nur unter großen Schwierigkeiten erlernen kann. Die Reise nach Osten schenkt uns die Gabe der schönen und klaren Worte. Sie bringt auch die Fähigkeit, auf lange Sicht selbst komplexe Situationen klar und deutlich erkennen zu können. Im Osten lernt der Anführer, die Verbindungen und Verknüpfungen der Dinge mit- und untereinander zu sehen. Dort lernen wir auch, uns auf uns selbst zu verlassen. Wir lernen, Hoffnung für die Menschen und Vertrauen in unsere eigene Sichtweise zu haben. Wir beginnen unsere Reise im Osten, und wir lernen all diese Dinge, wenn wir an diesen Punkt im großen Rad zurückkehren. Wir können uns nicht als wahre Anführer vor die Menschen stellen, solange wir nicht die gesamte Reise nach Süden, Westen und Norden gemacht haben. Im Süden lernen wir etwas über die Sensibilität im Hinblick auf die Gefühle anderer. Wir lernen etwas von der Liebe, die keine Gegengabe erwartet. Im Westen müssen wir etwas über unsere eigene einzigartige Bestimmung und den richtigen Einsatz unserer Kräfte lernen. Der Norden lehrt uns, wie wir mit Weisheit dienen und anderen zur Seite stehen können. Dann werden wir mit leichtem Herzen und Freude in den Osten zurückkehren. Wir werden die Fähigkeit haben, an das Unsichtbare zu glauben und den anderen mit Hoffnung und kritikloser Akzeptanz gegenüberzutreten. Wir werden Mut, Wahrheit und gute Worte in uns tragen. Wir werden verwundbar sein und den anderen mit Hingabe dienen. Wir werden die Gabe, die Dinge klar und scharf zu sehen, mitbringen, und wir werden gelernt haben, uns auf die gerade anstehenden Dinge zu konzentrieren. Der Osten ist ein männlicher Ort (Yang-Energie). Seine Farbe ist gelb.

Befreiung bedeutet, daß eine jede von uns das Recht hat,

auf ihrem eigenen heiligen Pfad zu gehen.

Grossmutter Kitty

Wir bewegen uns gerade von der vierten Welt der Trennung weg,

hin zu der fünften Welt der Einheit.

Wir beten für die Menschen und für die Erde.

Die Große Mutter wird sich selber heilen, denn sie ist eine Frau.

Grossmutter Kitty

Der Süden

Im Süden steht die Sonne an ihrem höchsten Punkt. Es ist der Ort des Sommers, der Fülle, der Jugend, der körperlichen Stärke und der Lebenskraft. Im Süden sind die Pflanzen und Gräser am grünsten und voller Leben. Die Raubvögel fliegen hoch am Himmel, und man hört das Lachen von Kindern. Im Süden spielen wir und bereiten uns auf die Herbst- und Wintermonate vor. Der Süden ist ein Ort der Vorbereitung auf die Zukunft.

Jetzt ist die Zeit angebrochen, in der wir wissen sollten,

daß nichts und niemand uns verletzen kann,

es sei denn wir selbst lassen es zu.

Alinta

Die kleine Maus wohnt im Süden. Sie ist eher kurzsichtig und muß sehr nahe an die Dinge herantreten, die sie sehen möchte. Im Süden lernen wir etwas über Herzensangelegenheiten und Innigkeit. Hier erfahren wir alles über unsere eigenen Gefühle füreinander und lernen, sie zum Ausdruck zu bringen. Im Süden streift der Kojote umher und versucht, uns auszutricksen. So lernen wir, einander zu necken und uns selbst necken zu lassen. Der Süden ist der Ort des Herzens, der Freigebigkeit, der Feinfühligkeit hinsichtlich der Gefühle anderer, der Loyalität, der noblen Leidenschaften und der Liebe eines Menschen für einen anderen.

Im Süden werden wir in unseren physischen Körpern auf die Probe gestellt. Wir lernen, unseren Körper auf die selbe Weise auszubilden und zu disziplinieren, wie wir ein Pferd ausbilden würden. Wir trainieren unseren Körper darauf, auf unsere Befehle zu reagieren, statt unseren Weg zu bestimmen. Wir schärfen unsere Sinne, um dem Ganzen als ganze Menschen dienen zu können. Wir lernen, uns mit Anmut zu bewegen. Wir lernen, zu singen und Musik zu machen. Wir erkennen, daß wir Künstler sind, und sehen die Kraft, die in der Fähigkeit zu prüfen und zu unterscheiden liegt. Luchs und Puma können uns als Beispiel für die körperliche Stärke und Agilität sowie die Schärfe aller Sinne, die wir uns im Süden angeeignet haben, dienen.

Geh in dich und suche Rat in dir selbst.

Trete mit den Geist in Verbindung.

Cloud

Im Süden erlernen wir diejenige Art des Idealismus, der alle großen Dinge möglich macht. Wir bilden unsere Gefühle aus. Einerseits lernen wir etwas über Liebe, Freigebigkeit, Mitgefühl und Sanftmut. Andererseits lernen wir auch, über Ungerechtigkeit erzürnt und von Gewalt abgestoßen zu sein. Wir lernen, unsere verletzten Gefühle und unseren Schmerz aus uns herauszulassen, da diese unser klares Denken beeinträchtigen könnten.

Die Farbe des Südens ist rot.

Der Westen

Im Westen geht die Sonne unter. Das Tageslicht verwandelt sich in Dunkelheit. Unsere Sehkraft verringert sich, und wir werden leiser. Wir erholen uns von der Arbeit des Tages und blicken auf das zurück, was wir geschafft haben. Der Westen symbolisiert die Zeit des Sonnenuntergangs in unserem Leben. Er ist die Himmelsrichtung des Unbekannten, des Insichkehrens, des Träumens, Meditierens und Betens. Der Westen ist ein Ort der Frauen: er ist ein Geheimnis. Alles Leben wird aus der Dunkelheit geboren - bei einer Geburt aus dem Mutterleib ist das ja nicht anders. Der Westen ist der Ort der Prüfungen, an dem unsere Kraft und unser Wille bis aufs Äußerste herausgefordert werden, damit wir so die Fähigkeit des Ausharrens und Durchhaltens erwerben. Wir werden wie hochschwangere Frauen, die noch die letzten Tage vor der Geburt durchhalten.

Je näher man seinem Ziel ist, um so beschwerlicher wird der Pfad. Im Westen lernen wir, uns einer Herausforderung bis zum letzten zu stellen, selbst wenn der Weg noch so beschwerlich, lang und schmerzhaft sein mag. Vom Westen her kommen oft Blitz und Donner, von daher ist der Westen auch ein Ort der Kraft, da die Donnergeister Boten der Kraft und Stärke sind. Im Westen sammeln wir unsere Kräfte, um zu heilen, zu beschützen, zu verteidigen, zu nähren, zu wissen und zu sehen. Im Westen geschieht es, daß wir uns den Gesetzen Gottes zuwenden und lernen, wie man in völliger Harmonie mit der Kraft umgehen kann.

Im Westen lehrt man uns Stärke. Wir tun es den Bären gleich, die sich zum Winterschlaf zurückziehen. Aus den Tiefen unseres Wesens heraus werden wir stark.

In der Dunkelheit lernen wir, wie wir die Leidenschaft der Loyalität durch eine tiefe spirituelle Einsicht ausgleichen können. Zu dieser Einsicht können wir nur gelangen, wenn wir den Lärm der äußeren Welt gewissermaßen aussperren und uns alleine daran machen, um uns und in uns zu blicken und zu lauschen. Auch an der Schildkröte können wir uns hinsichtlich der Reise ins eigene Innere ein Beispiel nehmen. Nicht nur, daß sie sich sehr deutlich sichtbar nach innen zurückzieht, nein, sie hat außerdem ein Herz, daß noch tagelang weiterschlägt, nachdem der Rest ihres Körpers bereits gestorben ist. Von ihr können wir wahrhafte Ausdauer lernen. Wenn wir uns in die Tiefen unseres eigenen Wesens zurückziehen, können wir mit unserem Schöpfer in Kontakt treten. Wir lernen, uns so zu akzeptieren, wie wir wirklich sind. Wir sehen uns selbst als vollkommen geistiges und im gleichen Moment als vollkommen körperliches Wesen. Wir wissen, daß wir als Abbild Gottes geschaffen wurden. Dieses Wissen läßt uns demütig sein, und stets bemüht, mit dem Großen Geist in Verbindung zu bleiben.

Im Westen lernen wir, was es heißt, Opfer zu bringen. Wir erkennen, das Geheimnis des Opfers, nämlich, daß es kein Opfer gibt, da es für jede Gabe im Leben eine Gegengabe gibt. Wir sehen, daß wir, wenn wir etwas geben, auch etwas erhalten. Im Westen können wir uns wieder neu und voll froher Hoffnung, so wie wir im Osten geboren wurden, erleben. Wir können uns dem Süden zuwenden und unsere Hoffnung durch jugendliche Leidenschaft gereift sehen. Wir können erkennen, daß wir für eine große Mission vorbereitet wurden. Diese Erkenntnis läßt uns demütig werden. Im Westen bilden wir die Fähigkeit aus, mit unserem inneren Auge klar und deutlich zu sehen. Was wir sehen, kann entstehen. Wir sehen, was die Menschen gemeinsam erreichen können. Erfüllt von spiritueller Weitsichtigkeit, ziehen wir vom Westen aus, eine Aufgabe zu erfüllen.

Die Farbe des Westens ist schwarz.

Der Norden

Der Norden ist der Ort des Winters. Wir sehen, wie der Schnee vom Himmel fällt und die Erde und die Bäume bedeckt. Viele Winter in unserem eigenen Leben bescheren uns weißes Haar, zur Zierde unseres eigenen Lebensbaums. Wir werden an unsere Vorfahren und unsere Ältesten erinnert, die uns vorausgegangen sind. Wir erinnern uns an die Arbeit, die unsere Großeltern für uns verrichtet haben. Wir denken auch an die einzigartige Beziehung zwischen Großeltern und Enkeln. Der Norden ist der Ort der Großmütter und Großväter. Der weiße Büffel lebt im Norden.

Einst war der Büffel für unser Volk ein Zeichen der Fülle. Die Büffel gaben uns Felle, so daß wir Kleidung hatten und unsere Tipis damit bedecken konnten. Den Büffeln haben wir auch unsere Nahrung und unsere Werkzeuge und Schilde zu verdanken. Selbst der Dung der Büffel brachte uns Nutzen: er nährte unsere Feuer. Die Großmütter und Großväter des Nordens wünschen sich nur das eine: Fülle für unsere Kinder über sieben Generationen hinweg.

Als ich noch Krankenschwester war, sah ich viele Menschen,
die sich an ihre Verwandten, Eltern oder Kindern klammerten,
und diesen sowie sich selbst nichts als Schuldgefühle bereiteten.
Aus diesen Schuldgefühlen heraus klammerten sie noch mehr,
und gewährten es dem jeweiligen Familienmitglied nicht,
mit Würde zum Schöpfer und zu den ihm oder ihr verbundenen Menschen zu gehen.
Wir beginnen unseren Weg auf einer Seite des Medizinrads und kehren,
nachdem wir das ganze Rad durchlaufen haben, an den Ausgangspunkt zurück.
Wir sind dazu herausgefordert, aus unserem Selbst herauszutreten
und unseren Egoismus abzulegen.

Grossmutter Kitty

Im Norden sind die Blätter von den Bäumen gefallen, und die nackten Äste sind mit Eiskristallen bedeckt. Der Norden ist der Ort der Morgendämmerung unserer wahren, kristallklaren Weisheit, einer Weisheit, die einfach, fundamental und direkt ist. Im Norden lernen wir zu denken, zu spekulieren, Dinge vorauszusehen, zu unterscheiden, Probleme zu lösen, uns Dinge vorzustellen, zu analysieren, zu verstehen, zu berechnen, zu organisieren, uns zu erinnern und versteckte Bedeutungen zu interpretieren.

Unter den Lehrmeistern des Nordens befinden sich auch die großen Berge. Wir erfahren, daß der Weg um so steiler und beschwerlicher wird, je höher wir klettern. Doch lernen wir im Norden auch, daß unsere Sicht um so weiter und besser wird, und daß wir selbst um so stärker werden, je höher hinauf wir kommen.

Der Norden ist ein Ort der Vollendung und Erfüllung. An diesem Ort erreicht unsere Willensstärke ihren Höhepunkt, da wir lernen, das was wir im Osten als in weiter Ferne liegende Vision begonnen haben, hier zur Vollendung zu bringen. Die Fähigkeit, etwas zu einem Abschluß zu bringen, ist Ausdruck für Größe. Sie ist von unglaublicher Bedeutung für unser Wohlbefinden. Als wir im Westen waren, lernten wir die Kraft des Durchhaltens. Doch selbst diese kann uns verlassen, wenn wir nicht letztlich das Ziel erblicken und in der Gewißheit, daß unser Sieg unmittelbar vor uns liegt, die letzten Schritte tun.

Entscheidet euch bewußt für den Großen Geist, und bleibt an seiner Seite.

Haltet euch selbst die Treue, und vertraut auf euch selbst.

Mahisha

Zu diesem Wissen, daß der Sieg tatsächlich kurz bevorsteht, können wir Zugang erlangen, indem wir für diese Aufgabe unser Bestes geben und dann loslassen. Im Norden müssen wir lernen, uns vom Ergebnis unserer Bemühungen loszulösen und dem Großen Geist Raum zu geben, damit er unsere Anstrengungen mit Überraschungen aus der anderen Welt krönen kann. Wenn wir losgelöst sind, können wir auch hoch oben auf dem heiligen Berg stehen und die Vergangenheit, die Gegenwart und die Zukunft als eins sehen. Wir können den Verlauf unserer Bemühungen sowie den Pfad unseres Schicksals erkennen. Zu diesem Zeitpunkt können wir uns von all den mit der Reise verbundenen Emotionen, wie Haß, Schmerz, Eifersucht, Verlangen, Wut und Angst, befreien. Im Norden sind wir schließlich so weit, daß wir alles loslassen können, sogar die Dinge, die wir unendlich geliebt haben. Erst wenn wir dazu in der Lage sind, unser Geschenk zum Thron Gottes zu bringen und es dort zurückzulassen, werden wir einen Schritt zurücktreten und es aus einer anderen Perspektive sehen können. Es ist wichtig, von den Dingen, die wir als wahr angenommen haben, von unseren Ängsten, Rivalitäten, unserem Haß und sogar von unserer Liebe für andere, Abstand zu gewinnen. Dinge, an die wir uns klammern, können uns daran hindern, klar zu denken. Sie können die Kontrolle über uns erlangen. Wir müssen uns in den Norden begeben, um zu erkennen, daß unser Wesen weit mehr umfaßt, als bloß unseren Körper, unsere Gedanken und Einsichten, und daß unsere Fähigkeiten weit über diese beschränkten Dinge hinausreichen. Wenn wir unser Wissen und Fühlen von einem losgelösten Ort aus betrachten, dann können wir uns auch dazu entscheiden, unsere Fähigkeiten zum Wohl des Ganzen einzusetzen. Die Anfänge des Losgelöstseins erlernen wir in den Feuern der Liebe; die Vollendung kann nicht durch Worte, sondern vielmehr in Augenblicken der Stille und an heiligen Orten erlernt werden.

Die letzte Lektion des Nordens ist die Ausgeglichenheit. Die Weisheit des Nordens läßt uns erkennen, wie alle Dinge miteinander zusammenhängen und untereinander verwoben sind. Wenn wir die Ausgeglichenheit und den Gleichklang begreifen, dann begreifen wir auch die Gerechtigkeit. Der Gerechtigkeitssinn ist die größte aller Gaben. Wenn wir die Gerechtigkeit verstehen, können wir die Dinge so sehen, wie sie wirklich sind. Ohne Gerechtigkeitssinn und Ausgeglichenheit kann es keinen Frieden und keine Sicherheit in den Dingen des Lebens geben.

Im Norden vollenden wir das, was wir begonnen haben. Wir befreien uns aus den Fesseln der Furcht. Wir lernen, die Dinge auf der Grundlage einer ganzheitlichen Betrachtung vorherzusehen. Wir erkennen den großen Zusammenhang zwischen allen Dingen. Unsere Gabe der Intuition wird uns bewußt, so daß wir auf sie vertrauen können. Der Norden lehrt uns auch die Mäßigkeit. Wir lernen, in der Mitte zu sein. Im Norden nehmen wir den Rang der Ältesten hinsichtlich unserer eigenen Reise ein. Die Farbe des Nordens ist weiß.

Was auch immer ihr wirklich benötigt,

wird euch gegeben.

"Not" im eigentlichen Sinne kann also niemals entstehen.

Cloud

Hiermit ist die Beschreibung der vier Himmelsrichtungen beendet. (In der Darlegung meines Verständnisses von den vier Himmelsrichtungen stütze ich mich unter anderem auf ein einfaches Buch, das den Titel *The Sacred Tree [Der heilige Baum]* trägt.)

Wir haben gelernt, wie wir unsere Stärke durch Rituale, Zeremonien und Spiele erneuern können. Von Zeit zu Zeit sind wir dazu aufgerufen, den großen Kreis unserer Ranch aufs Neue zu begehen. Jedes Mal werden wir an einen anderen Ort einer jeden der vier Ecken gerufen. Mein letzer Gang des Medizinrads hatte sich als der bedeutungsvollste erwiesen. Ich war nach zwei anstrengenden Jahren in Los Angeles auf die Ranch zurückgekommen. Die Stimme meiner Visionen hatte mich zu den Leitern der großen Mediengesellschaften, den Film- und Fernsehstars und den politischen Führern gerufen. Ich war völlig erschöpft. So kehrte ich auf unser Land zurück, um mich zu regenerieren und auf weitere Anweisungen zu warten. Diese Anweisungen kamen dann von meinem wundervollsten Gang des Medizinrads.

Es war gerade eine Gruppe Frauen zu einem dreitägigen Camp auf der Ranch. Wir spielten Spiele, schwammen im Teich, versammelten uns in der Schwitzhütte und machten Kiva-Masken für unsere stillen Meditationen am Feuer. Irgendwer machte den Vorschlag, ich sollte einen Medizinradgang leiten. So beschloß ich, mich der Reise anzuschließen.

Mit Hoffnung im Herzen machte ich mich in Richtung Osten auf. Mein Wunsch nach einem neuen Anfang ließ mich förmlich zur Sonne rennen. Als ich gerade ein großes Bündel Oklahoma-Salbei weitergab, hörte ich eine Stimme, die sagte: "Wußtest du, daß die Sterne in sich selbst hinein implodieren und sehr fest werden, bevor sie in die Galaxien hinaus explodieren?" Ich blieb wie angewurzelt stehen. Ich wußte, daß die Stimme mich "Stern" genannt hatte. Ich hielt inne und ließ die Wahrheit auf mich wirken. Intuitiv kam mir die Bedeutung des Gesagten zu Bewußtsein. Ich sollte auf der Ranch bleiben und mich in das Geheimnis meines eigenen Wesens versenken. Dadurch würde ich stark und fest werden, und eines Tages würde ich mich in die Galaxien hinausbegeben. Im Stillen sammelte ich Salbei, auf daß er mich an die Botschaft erinnern möge.

Sodann wandte ich mich gen Süden, um am Ort meiner Jugend meine Hoffnung wachsen zu lassen. Mein Körper war nach der Hektik und den Anstrengungen in Hollywood müde geworden. Als die Stimme meiner Vision mich zum ersten Mal westwärts nach Tinsel-Town sandte, hatte ich gedacht, die Reichen und Berühmten dieser Welt würden voller Begeisterung aufspringen und mich bei der Vorbereitung der großen Weltfeier unterstützen. Zumindest jedenfalls, so dachte ich, würden sie mir helfen, die Einladung "nach Hause zu kommen", auszusprechen. Dies war nicht der Fall gewesen. Ich hatte alles eingesetzt, was ich hatte, und doch schien es nicht möglich zu sein, die Einladung zur großen Weltfeier auszusprechen. Ich begab mich also nach Süden, zum Teich der Schildkröten. Ich selbst hatte diesem Teich den Namen "Teich der Schildkröten" gegeben, weil ich in ihm immer ein paar Schildkröten beim Sonnenbad gesehen hatte. Dieses Mal waren über vierzig Schildkröten in dem Teich. Das überraschte mich und ließ mich aufhorchen. Als ich um die Biegung kam und durch das Tor aus Pappeln auf der nordwestlichen Seite des Teiches hindurchging, war ich erneut von Erstaunen ergriffen. Direkt vor mir lag ein ganzer Wald junger, gerade gewachsener, biegsamer Weiden, die sich hervorragend zum Bau von Schilden und Geflechten eignen würden. Wenn ich früher solche Weiden finden wollte, mußte ich immer mindestens einen oder zwei Kilometer weit an Orte mit feuchtem Boden gehen. Und nun stand da vor meinen Augen, auf dem Gelände unserer eigenen Ranch, ein ganzes Wäldchen voller solcher perfekten Weiden. Der Wind wehte, und es hörte sich so an, als würden die Weiden applaudieren. Meine innere Stimme sagte zu mir: "Du hast alles, was du brauchst, und sogar noch mehr, genau hier". Ich hatte also die ganze Welt bereist, nur um dann nach Hause zurückzukehren und alles zu finden, was ich brauchte. Obwohl ich die Einzelheiten des Omens nicht kannte, wußte ich, daß ich mich nun entspannen und es nur genießen durfte, daheim zu sein. Ich mußte nun nicht mehr umherstreifen und an fremde

Türen klopfen. So sammelte ich mit meinen Händen einige Weiden zusammen und setzte meinen Weg fort.

Ich wandte mich mit den üblichen gemischten Gefühlen gen Westen und wußte dabei, daß der Westen mir Ruhe und Stärke bringen würde. Mir war auch bewußt, daß man im Westen in die Tiefe geht und an seine Grenzen gebracht wird. Mein Weg führte mich zu einem Feld voller Gänsefuß. Der Gänsefuß gilt bei den meisten Menschen als Unkraut. Und doch gibt es auf diesem Planeten kaum eine grüne Pflanze, die gesünder und delikater wäre als er. Wenn ich einem Gast das beste Essen bereiten will, dann mache ich die jungen Triebe des Gänsefußes. So stand ich nun im Westen, inmitten dieser Pflanzen, als ich erneut meine mir so vertraute innere Stimme hörte: "Cloud ... nur das Beste für dich, deine Familie und deine Freunde". "Nur das Beste!" Diese Botschaft traf mich im tiefsten Inneren. Ein Sieg war errungen; die Gezeiten hatten sich geändert. Die Belohnung für harte Arbeit stand mir bevor. Ich sprach einen Dank aus, pflückte ein paar Blätter zum sofortigen Verzehr sowie für meinen Rückweg und wandte mich zum Gehen.

Das Dorf lag im Norden. Ich konnte die Schwitzhütten, das Feuer, die heilige Stätte und die Himmelshütte der Zeremonien bereits erkennen. Der Schild des Schutzes war ganz hoch oben befestigt und zum Wind hin ausgerichtet. So rannte ich geradezu auf den Ort des Nordens zu. In vergangenen Zeiten war ich schon so oft auf den Adlerfelsen, die sich am Rande des Dorfes erheben, gestanden, doch war ich noch nie unterhalb von ihnen im dichten Dschungel der Wildblumen entlanggegangen. Heute rief mich der Norden dazu auf, durch seine einfachsten und schönsten Blumen hindurchzugehen. Barfuß bahnte ich mir meinen Weg durch die kniehohen Gräser und die orangen, violetten, gelben und weißen Blumen. Die kleinen Blumen schienen mir groß und aufrecht und stolz. Ich bückte mich, um sie zu berühren und ihre kleinen Gesichter zu küssen. Es schien mir so, als sagten sie zu mir: "Laß das Wilde in dir erblühen!" Ich soll also meine Wildheit erblühen lassen. Genial! Diesen Gedanken fand ich ungemein aufregend, und ich hatte richtig Lust, ihm Ausdruck zu verleihen. Über zu lange Zeit in meinem Leben hatte ich meine Energie zurückgehalten, und nun sagte die Weisheit des Nordens zu mir, daß ich meine "Wildheit erblühen" lassen sollte. Ich pflückte ein paar der Wildblumen und rannte über die Felder zurück an den Ort, an dem ich meine Reise begonnen hatte.

Mit hoch erhobenen Händen sang ich in meiner Sprache Lobgesänge und wiederholte die Dinge, die ich erfahren und gelernt hatte: 1. Ein Stern implodiert in sich selbst hinein, bevor er in das Universum hinaus explodiert. 2. Du hast alles, was du brauchst, und noch mehr. 3. Nur das Beste für dich, deine Freunde und deine Familie. 4. Laß die Wildheit in dir erblühen. Die Aussage war nun klar. Man sagte mir, daß ich mich vorbereiten sollte. Das Geschenk meines Schicksals liegt unmittelbar vor mir.

So kehrte ich zu unserem Heim, dem Adlerhorst, zurück und legte die an diesem Tage gesammelten Dinge in einen kleinen Wildlederbeutel. An diesem Tag machte ich meine erste Medizintasche, an der ein Glöckchen befestigt ist. Ich trage sie jeden Tag bei mir, und sie erinnert mich an das Versprechen meines Schöpfers.

Ein Märchen der Ojibwa

Am Anfang gab es keinen Schmerz, kein Leid und keinen Tod.

In jenem Dorf wuchs einmal ein wilder Wein von der Erde direkt in den Himmel,

auf dem die Geister hinauf und herab stiegen,

um den Menschen ihre Ratschläge zu erteilen.

Eine Freundschaft zwischen einem Menschen und dem Geist führte zu Eifersucht,

und so bat der Mensch darum, im Himmel Einlaß zu erhalten.

Der Geist trug den Menschen nach oben, doch dessen Großmutter setzte ihm nach,

und so zerriß der Wein, und Krankheit befiel die Menschen.

Der Wein ist das Vertrauen auf den Großen Geist und der Glaube an ihn.

Der Geist wird über euch wachen.

KAKTUS

Kapitel 23

Das Erzählen von Geschichten

Der 17. August 1989 stellte einen Wendepunkt in der Geschichte unseres Planeten dar. Bis zu diesem Zeitpunkt konnten wir den Luxus genießen, uns auf das Zeitalter, in dem sich das Schicksal manifestieren würde, vorzubereiten. In den sechziger, siebziger und achtziger Jahren versuchten wir durch Seminare und das Hinterherrennen hinter irgendwelchen Idolen in einen Zustand des Vergessens zu geraten. Auf dem "Selbstfindungstrip" zu sein, war damals große Mode. Diese Zeit ist jetzt vorbei. Unsere Bestimmung steht nunmehr vor der Tür, und - ob wir nun vorbereitet sind oder nicht, ob wir wachen oder schlafen - wir sind verantwortlich und haben geradezustehen. Laßt uns also die Ärmel hochkrempeln und uns an die Arbeit machen, selbst wenn wir nicht unbedingt das Gefühl haben, gerüstet und vorbereitet zu sein, denn die Morgendämmerung ist angebrochen. Das Zeitalter der Harmonic Convergence setzte ein Zeichen dafür, daß die Energien, die unsere Entscheidungen beeinflussen, wieder präsent sind. Eine dieser Energien liegt im Adler begründet. Die Adler-Nation ist hier, und sie ist voller Kraft und Stärke. Unsere Vorfahren sind zurück, und sie sind dabei, zu lehren. Die Taube kam und brachte die Hoffnung auf den Frieden mit. Jetzt ist der Adler zurückgekehrt, um den Frieden zu realisieren. Dies ist es, was wir über den Adler wissen.

In den Vereinigten Staaten von Amerika gilt der Adler als Symbol der Vortrefflichkeit und des Stolzes. Er ist ein Symbol des Mutes und repräsentiert alles, was gut und richtig ist. Er ist so amerikanisch wie der Apple Pie. Der Adler ist unser Symbol der Stärke. Wenn wir danach streben, als Adler-Nation auf Erden unseren Worten Taten folgen zu lassen, so manifestieren wir unsere Bestimmung im Einklang mit dem göttlichen Plan. Der Adler ist ein Raubvogel, der kein As frißt, sondern nur lebende Beute schlägt. Somit ist der Adler jeden Tag dazu herausgefordert, das Gleichgewicht der Natur nicht zu stören. Doch der Adler ist mit Herausforderungen vertraut.

Er lebt an sehr hoch gelegenen Orten und baut seinen Horst aus solidem und kräftigem Material. Er ist ein ausgezeichneter Zimmermann. Adlerhorste können bis zu zwanzig Tonnen schwer sein. Sie befinden sich an den gefährlichsten Felskanten und müssen so solide gebaut sein, daß sie selbst dem stärksten Wind, der heißesten Sonne und dem kältesten Schnee standhalten. Der Adler ist ein großartiger Baumeister.

Adler sind ewig jung. Wenn sich ihre Federn abnützen, ziehen sie sich zurück und entledigen sich der alten Federn, so daß neue nachwachsen können. Dieses "Ritual" wiederholt sich bis zum Tage ihres Todes. Mit kaputten Schwungfedern könnten sie nicht leben, also werfen sie ständig die alten Federn ab und lassen neue nachwachsen. Um das Ausmaß eines solchen Vorgehens begreifen zu können, stelle man sich einmal vor, wir schwierig es ist, einem Huhn die Federn auszurupfen. Der Adler aber kann, im Unterschied zum Huhn, eine Flügelspannweite von bis zu zweieinhalb Metern haben!

Adler sind androgyn; Männchen und Weibchen sehen rein äußerlich gleich aus und verhalten sich auch gleich. Manchmal kann das Weibchen ein wenig größer sein, doch in den meisten Fällen müßte man das Weibchen mit den frischgeschlüpften Jungtieren im Nest beobachten, um eine Unterscheidung treffen zu können. Das Männchen wird nach dem Schlüpfen der Kleinen als erstes das Nest verlassen, um auf Jagd zu gehen. Wenn noch keine Jungtiere im Nest sind, bauen und jagen die beiden Adler gemeinsam. Jeder hat die gleichen Aufgaben. Sie bauen ihr Nest zusammen, und sie jagen zusammen.

Ich wurde in der Welt des weißen Mannes großgezogen.

Ich habe eine Lüge gelebt.

Mein indianischer Vater mißbrauchte mich.

Als ich der Wahrheit ins Auge blickte, konnte Heilung möglich werden.

Grossmutter Kitty

Adler sind monogam. Wenn sich ein Männchen und ein Weibchen zusammengetan haben, bleiben sie für den Rest ihres Lebens zusammen. Sollte einer der beiden ums Leben kommen, so bleibt der andere allein.

Adler sind großartige Jäger; sie jagen immer paarweise. Einer der beiden fliegt in großer Höhe und sucht mir scharfem Blick den Boden ab. Der andere gleitet relativ nahe am Boden dahin und stößt dabei schrille Schreie aus, um so Kaninchen und Mäuse aufzuschrecken. Sodann stößt der erste vom Himmel herab, schlägt die Beute, und gemeinsam fliegen die beiden anschließend davon, um zusammen das Mahl zu verspeisen.

Laß große Energie um die, die sich versammeln, entstehen;

sodann erhebe dich selbst und bewahre den Raum für diese Energie.

Cloud

Unter den Eingeborenen genießt der Adler hohes Ansehen. Er fliegt am höchsten und sieht am weitesten. Er kann Dinge in achtfacher Vergrößerung sehen und hat auch auf die Nähe einen scharfen Blick. Seine Federn verwendet man, um zum Großen Geist zu beten. Er ist das Geschöpf, das dem Höchsten am nächsten ist.

Adler sind wundervolle Eltern und Lehrer. Wenn die Kleinen schlüpfen, reißen sich die Elterntiere ihr eigenes Daunengefieder aus, um das Nest für ihre Jungen weich zu machen. Wenn die Zeit gekommen ist, daß die jungen Adler das Fliegen lernen sollen, sammeln die Alten die Daunen zusammen und werfen sie aus dem Nest, das dann gar nicht mehr so gemütlich ist, was die Kleinen ganz unruhig macht. Die Eltern setzen sich an den Rand des Nestes und "gackern" wie Hühner. Dies ist die einzige Gelegenheit, zu der die Eltern solche Laute ausstoßen. Sie wollen die Kleinen herausfordern und ihnen sagen: "Hey, ich wette, du schaffst es, dich auf meine Flügel zu setzen". Dabei breiten sie ihre Schwingen aus. Die Kleinen nehmen Anlauf und setzten sich auf den Rücken des Elterntiers, wo sie sich mit ihren kleinen Krallen festhalten. Wenn das Junge sicher auf dem Rücken sitzt, erhebt sich der große Adler in die Lüfte und übt Starts und Landungen. Wenn sich das Kleine dann sicher fühlt, taucht der große Adler einfach unter seinem Kind weg, und das Kleine fliegt. Fliegen ist ihr Element, dazu wurden sie geschaffen. In der Flugschule bekommen sie immer eine Eins mit Stern. Adler leben zu hoch oben, um sich Fehler erlauben zu können. Entweder sie fliegen, oder sie sterben – und Adler fliegen. Man wird niemals ein Adlerbaby am Fuße eines Cañons finden, weil es das Fliegen nicht gelernt hat. Ihr Körper ist auf großartige Flugleistungen ausgelegt, und ihre Eltern sorgen ebenfalls dafür, daß sie das Fliegen lernen. Während die Kleinen noch jung sind, und noch dazulernen müssen, werden sie bei weiteren Flügen stets von ihren Eltern umkreist. Sollten die Kleinen zu weit absinken, tauchen die Eltern unter sie hinein und heben sie wieder in die Lüfte hinauf. Die Alten bleiben solange an ihrer Seite, bis ihre kleinen Muskeln stark genug geworden sind, daß sie alleine durch die Lüfte gleiten können.

Bei der Paarung lassen sich Adler nicht zuschauen. Mit bloßem Auge könnte man dieses Schauspiel niemals miterleben. Man weiß auch nicht, wie hoch Adler nun wirklich fliegen können. Zu Beginn des Paarungsrituals fliegen sie jedenfalls in noch größerer Höhe. Plötzlich schwingt sich das Männchen bis zu 900 Meter über das Weibchen hinauf. Dann neigt es seinen Kopf nach unten und legt seine Flügel an. Im Sturzflug schießt es auf das Weibchen herab, und kurz vor dem Zusammenstoß breitet es urplötzlich seine riesigen Schwingen aus. Genau in dem Augenblick dreht sich das Weibchen um. Ihrer beider Füße krallen sich ineinander, sie legen ihre Köpfe aneinander, breiten ihre Schwingen aus und lassen sich Hunderte, ja Tausende von Metern gemeinsam in die Tiefe fallen. Erst kurz vor dem Aufprall auf der Erde lösen sie ihre Umarmung und fliegen dann zusammen wieder der Sonne und den Winden entgegen. Mögen wir alle wie Adler fliegen!

Ich bin eine Geschichtenerzählerin. In den Geschichten, die ich erzähle, geht es um das Leben, so wie ich es kennengelernt habe. Ich beobachte die Natur und erfahre dabei ihre Geschichten. Ich gehe meinem eigenen Leben auf den Grund und erzähle meine eigenen Geschichten. Jeder von uns ist eine sich gerade entwickelnde Geschichte. Großmutter Caroline Avant besitzt eine großartige Vorstellungskraft. Bei ihren Geschichten halten ihre Enkelkinder den Atem an, und wir Erwachsenen sind wie verzaubert, denn wir wissen, daß aus ihren Geschichten der Große Geist spricht, und daß wir etwas daraus lernen können.

GROSSMUTTER JO JO

Dieses Kapitel wäre nicht vollständig, würde die beste Geschichtenerzählerin, die ich kenne, unerwähnt bleiben. Sie ist nicht etwa deshalb eine wundervolle Geschichtenerzählerin, weil sie es besser als jede andere versteht, eine Geschichte zu spinnen und sie auf eloquente Art und Weise zu erzählen. Sie ist auch nicht deshalb eine einzigartige Geschichtenerzählerin unseres Regenbogen-Stammes, weil sie einen unumstößlichen Glauben an den Frieden auf Erden hat. Nein, sie ist so großartig, weil sie nicht im geringsten egoistisch ist. Sie ist eine lebendige Heilige. Ihr Name ist Großmutter Jo Jo; sie ist Jüdin. Sie ist eine unserer wahrhaft großen Vorfahren, die in der Haut einer Weißen und mit dem Herzen einer Roten zurückgekehrt ist. Ihr Wissen über den wahrhaft spirituellen Roten Pfad ist größer als das der meisten anderen. Außerdem ist Jo Jo deshalb eine wunderbare Geschichtenerzählerin, weil ihre Geschichten immer einen friedlichen Ausgang haben, und weil sie ihre Zuhörer zu aktiven Teilnehmern an der Geschichte macht. Großmutter Jo Jo ist klinische Psychologin, und von daher lauscht sie tagein tagaus den Erzählungen ihrer Patienten. In ihrer Freizeit leitet sie ein Heim der H.O.M.E. Stiftung für Kinder und ältere Menschen. Darüber hinaus ist sie die Leiterin der "Good Medicine School", in der sie den Schülern etwas über den guten Roten Pfad erzählt. Und schließlich hat sie die Paradise Gardens in Miami geschaffen, in denen es einen Wald gibt, in dem sie die Bäume in der Form des Medizinrads angepflanzt hat.

Ich war der unsicherste Mensch, den man sich nur vorstellen kann,

denn die amerikanische Regierung hatte mich zu einer Fremden

in meinem eigenen Land gemacht, und deshalb haßte ich sie.

Dafür bat ich Gott nicht um Vergebung.

Alles, was ich mir heute wünsche, ist eine liebende Familie.

Ich möchte wieder unter Indianern leben.

Grossmutter Princess Moon Feathers

Wie das Leben so spielt, habe ich gerade einen Brief von ihr bekommen. Wir hatten darüber nachgedacht, eine ihrer Geschichten in diesem Buch zu veröffentlichen, doch wußte ich, daß durch die Übersetzung viel zu viel von dem eigentlichen Gehalt der Geschichte verlorengehen würde. Ihre Geschichten werden erst durch die schauspielerische Beteiligung der Zuhörer, die diese somit erst zum Leben erwecken, so großartig. Wo auch immer sie hingeht, schleppt sie Taschen voller Requisiten mit sich herum, für den Fall, daß ihr ein paar Leute über den Weg laufen. Und ehe man sich's versieht, findet man sich in irgendeinem lächerlichen Kostüm wieder und spielt die Rolle, die gerade in die von Großmutter in diesem Augenblick erfundene Geschichte hineinpaßt. In ihrer Darstellung ist sie so reinen Herzens, daß jeder Anwesende davon überzeugt ist, daß das Geschehen und der Ausgang des Dramas nichts anderes als eine "direkte Botschaft des Großen Geistes" sein kann. Als sehr bescheidenen Versuch, ihre Verdienste aufzuzeigen, haben wir beschlossen, einen Ausschnitt des Briefes, den wir heute erhalten haben, hier abzudrucken. Jeder ihrer Briefe ist gleichermaßen bereichernd und bezaubernd, und wir können es nur einem jeden wünschen, eines Tages unserer Großmutter Jo Jo, der vollendeten Geschichtenerzählerin, über den Weg zu laufen!

[Auszüge eines auf den 11. April 1992 datierten Briefes von Großmutter Jo Jo an Cloud]

“In meinem täglichen Leben tue ich das, was ich am besten kann, nämlich den Menschen zuhören. Ich habe nun zwei Aufgaben – Menschen zu begegnen; und Stunde für Stunde kommen sie zu mir. Ich habe so ein Gefühl, als hätte ich das alles schon einmal durchlebt. Manchmal kommt es mir so vor, als hätte ich in einem riesigen Lehnstuhl gesessen (wie Abraham Lincoln; und ich würde aus einfachen Verhältnissen stammen und Rettung sowie neuen Auftrieb durch die Lektüre von Büchern und die Korrespondenz mit solch bedeutungsvollen Freunden erfahren). Ich habe so etwas schon erlebt. Menschen kommen, und es entstehen Beziehungen. Ich höre ihnen zu und erlebe sie als sich abmühende Charaktere in ihren eigenen Dramen. Ich schlage Lösungsansätze vor und empfehle ihnen “Spiele”, die sie ausprobieren und sehen können, ob sich dadurch mehr Licht und Freude in ihrem Leben einstellt. Ich weiß, daß ich helfen konnte, wenn mich die kleinen Kinder, bevor sie gehen, in ihre Arme schließen, oder wenn die älteren Menschen zum Abschied leicht den Kopf neigen, in einer Geste des tiefen Respekts. Wenn es mir gelingt, die Augen eines Menschen, die vorher stumpf und trübsinnig waren, zum Strahlen und Leuchten zu bringen, dann weiß ich, daß es mir gelungen ist, das zu tun, was mir aufgetragen wurde. Hilfe bringt Hoffnung. Wenn ich anderen helfe, so bringt das sowohl diesen Menschen als auch mir selbst die Chance, glücklicher zu sein.

Wenn ich auftanken will, gehe ich zum Paradies [so bezeichnet Großmutter den Wald, den sie gerade anpflanzt]. Wir stammen alle aus dem großen Garten, und zu diesem Garten werden wir zurückkehren, gleich Regentropfen, die in die Meere fließen.

Und nun zu meiner Geschichte für diesen Brief [jeder Brief von Großmutter enthält eine Geschichte]. Weißt Du, Cloud, wir Regenbogen-Kriegerinnen lassen unseren Worten stets Taten folgen. Es ist dies der Pfad unseres Herzens und die geistige Haltung der spirituellen Heiler. Und so kam es, daß ich inspiriert und aus den dunkleren Stunden meines Tages emporgehoben wurde und die Geschichte von Dorothy und dem Zauberer von Oz neu schrieb. Bei mir wurde die Geschichte zu einer Parodie, in der ich das Leben für die Kinder pries. Hier nur ein paar besonders faszinierende Ausschnitte. In meiner Geschichte kamen nämlich alle Charaktere zusammen und bildeten einen großen Rat der Kinder. [Dies war der letzte Wunsch unserer Großmutter Princess Moon Feathers.] Laß mich erzählen, was geschehen ist. Ich führte diese Improvisation mit geistig behinderten Erwachsenen durch. Sie sind ja ewige Kinder! Hier also nur einige Szenen, die uns großen Spaß bereitet und eine Menge Gelächter beschert haben. Da war also Dorothy, die ganz einsam und verloren war und nach einem Weg suchte, zurück nach Hause zu gelangen. Da war To-To, ihr treuer Hund, der sie daran erinnerte, daß das Zuhause dort ist, wo dein Herz ist, und daß man durch die Liebe wahre Freude finden kann. Da war die Vogelscheuche, die von den Gleichgültigen gehänselt und verspottet wird, und die auf dem Pfad der Weisheit einen Weg findet, um glücklich zu sein. Und da war der eiserne Holzfäller, der von den Tränen seiner Einsamkeit schon ganz verrostet war und sich deshalb nicht mehr bewegen konnte, und der auf dem Pfad der Liebe Freundschaft durch Mitgefühl (und durch das Verschenken der Gummibärchen des Verzeihens!) findet. Da war außerdem der feige Löwe, gespielt von einem verärgerten, schimpfenden Mann, der den "Löwenschwanz" vorne tragen wollte, und den ich dann freundlich darauf hinwies, daß der richtige Platz für den Schweif hinten sei. Es war wunderbar, zuzusehen, wie er langsam in das Spiel eingebunden wurde und schließlich richtig mutig wurde und die anderen beschützte. Dies geschah auf dem Pfad des Respekts und des Mutes. (Wir pflanzten dann unseren "Baum des Respekts" und unseren "Baum des Mutes" direkt nebeneinander im Paradies-Garten).

Am Ende des Spiels versammelten sich die Mitspieler im Kreis und bildeten einen großen Rat (zusammen mit dem Kaninchen, dem Grashüpfer, der Schildkröte, dem Schmetterling, dem Frosch – der ständig "eines Tages, eines Nachts" murmelte -, der Krähe und der Libelle). Der Kreis bestand aus zwölf Personen. [Eine Anmerkung zu Jo Jos Spielen und Geschichten: Sie erfindet immer eine Rolle für jeden Mitspieler, selbst wenn sie dazu eine eigene Erweiterung der Bibel kreieren muß!] Die Krähe mußte sagen: "Sei geduldig!", was für Maria, die diese Rolle spielte, und deren Muttersprache Spanisch ist, ziemlich schwierig war. Aber sie übte fleißig und will diesen Satz nun jeden Tag für sich wiederholen. Unser großer Rat der Kinder brachte viele Gedanken, Worte und Werke der Weisheit hervor. Cloud, sie bestanden darauf, daß ich der Grashüpfer sein sollte. Stell Dir mich einmal als Grashüpfer vor, mit einem riesigen weißen Hut, einer großen Nase und einem Schnurrbart. [Noch eine Anmerkung zu Jo Jos Spielen: die Kostüme passen nicht immer so ganz zu der jeweiligen Rolle. Sie verwendet einfach das, was sie gerade in ihrer Requisitentasche findet.] Mein Kostüm demonstrierte, daß nichts so ist, wie es scheint, und daß das Leben eine Illusion ist. Tatsache ist, daß das Leben das ist, was wir aus ihm machen! Und so bekam die Schildkröte den braunen Hut mit dem Geweih daran. Absurd! Es war so dumm, und doch machte es uns wirklich Freude. Der eiserne Holzfäller wurde zum "Mann mit dem frohen Herzen" - ja, das wurde er wirklich. Diese Rolle wurde auf meine Anweisung von "Großvater Jack" gespielt, und er machte seine Sache wirklich gut. Ich hatte noch diese kleine leere Dose, in der früher mal Erdnüsse gewesen waren. Als Trommel machte sie sich ausgezeichnet. Wunder können wirklich geschehen. Die Vogelscheuche wurde zu einem "lustigen Vogel", der Löwe wurde ein "mutiger Löwe" und alle sangen zusammen: "Du schaffst es! Du schaffst es! Du schaffst es! Du schaffst Es!" Und ich dachte daran, daß Du mir damals auf der Ranch genau diese Worte gesagt hast. Ja, ich kann es schaffen! Danke dafür, daß Du mich aufgebaut und mir geholfen hast, meine besten Fähigkeiten in Geschichtenerzählen zutage zu fördern. Das ist es, was Du am besten kannst: das Beste in den anderen zu fördern! Mit Liebe und im Gesang, änderte ich den Text in unserem letzten Lied folgendermaßen:

Wir sind ein großer Rat der Kinder,
sind Regenbogenkriegerinnen, die nach dem Frieden trachten.
Keine Schwierigkeit kann uns aufhalten,
denn die Regenbogenliebe ist viel zu stark!

O ja. Der große Zauberer von Oz wurde vom Großen Geist selbst gespielt. Er ist überall und immer in unserer Nähe. Das war meine abschließende "Botschaft" in dem Spiel.

Wenn jemand Geschichtenerzähler werden möchte, wäre es für ihn oder sie sicher von Vorteil, einige Zeit mit Großmutter Jo Jo zu verbringen. Ihre Liebe ist für jeden da. Sie ist sehr bescheiden, und doch ist sie die Meisterin dieser Kunst. Sie läßt jedem Menschen so viel Raum, daß er genau der werden kann, der er ist.

Gebt, wenn ihr darum gebeten werdet.

Sagt nichts, bevor man euch fragt.

Grossmutter Kitty

Kapitel 24

Unterhaltung als erhabene Medizin

Eines Tages kam einmal ein "wiedergeborener" Vollblutindianer mit seiner hitzigen, der Pentecostal Church angehörenden, rothaarigen Ehefrau zu einem Festival in Oklahoma, um meine dort ausgestellten Medizingegenstände zu begutachten. Sie standen mit verächtlicher Miene und verschränkten Armen da, schüttelten die Köpfe und murmelten irgend etwas Unverständliches. Als ich mich an sie wandte, sahen sie mir direkt ins Gesicht und sagten: "Das ist Satanswerk des New Age". Ich war völlig perplex. Wie konnten so alte Gegenstände wie Tomahawks, Medizintaschen, Schilde, Traumfänger für Kinder und handgewebte Kleider Objekte des "New Age" sein? Es betrübte mich sehr, daß ein junger Vollblutindianer so sehr von jemanden beeinflußt worden war, daß er seine ureigene, natürliche Verbindung zum Großen Geist verlieren konnte. Außerdem sind die Dinge, die manche Menschen mit "New Age" bezeichnen ja eigentlich nichts anderes als Manifestationen eines sehr alten Zeitalters, das zu neuem Leben erwacht ist. Im religiösen Glauben vergangener Zeiten kommt zum Ausdruck, daß es eine höhere Autorität außerhalb von uns gibt, die mehr über unsere Bestimmung weiß, als wir selbst. Das sogenannte New Age mit seinen Gurus und kanalisierten Einrichtungen unterscheidet sich nicht wesentlich vom System der Priester und deren Machtstellung sowie der Vorherrschaft der Männer vergangener Zeitalter. Die alte Welt ist im Sterben begriffen; ihre Zeit muß zu einem Ende kommen. Wir müssen ihr gestatten, mit so viel Würde wie möglich zu sterben, während wir gleichzeitig ein neues Zeitalter des Lichts einleiten, in dem unsere Welt ein Paradies für den Großen Geist wird. Wir sind der großartigste Tanz des Geistes. Wir sind nur hier, um den Geist auf ehrfuchteinflößende Weise zu unterhalten. Wir sind Diener des Großen Geistes. Wir sind gekommen, um dem Verscheiden des Alten beizuwohnen und das Neue einzuleiten. Wir sind Sterne, die von den Sternen gekommen sind, um andere Sterne zu erwecken. Wir dürfen nicht vergessen, wer wir sind, und wir müssen uns wie Sterne verhalten. Wir sind auf der Bühne, und der Vorhang hat sich gehoben. Dies ist keine Kostümprobe!

Da wir gerade von Kreativität sprechen;

wir müssen schon unterscheiden.

Der Atem des Lebens ist nicht genug.

COLONEL LYN

Den Weg werden uns weder Politik, noch Religion noch Erziehung weisen, da es sich dabei um überkommene, auf Furcht basierende Systeme handelt. Den Zuschlag hat nunmehr das Vergnügen und die Unterhaltung. Anders als andere gesellschaftliche Führungspersönlichkeiten, haben die Entertainer die Freiheit, so ziemlich alles zu sagen, was sie wollen. Sie haben die Freiheit, sie selbst zu sein, sich so zu kleiden, wie es ihnen gefällt, und jeder ist an ihrer Meinung interessiert. Dies ist ein Aufruf an alle Unterhaltungskünstler, daß sie die Macht, die ihnen ihr Beruf verleiht, erkennen und sie dazu verwenden mögen, ein Paradies für den Großen Geist zu schaffen. Wir mehren das, auf das wir unsere Aufmerksamkeit richten. Wenn Schauspieler und Schauspielerinnen Charaktere darstellen, die verschlagen, treulos, bösartig, biestig, heimtückisch oder ignorant sind, so können sie gewiß sein, daß sich diese Qualitäten früher oder später in ihrem Leben manifestieren werden. Wenn ein Schauspieler ein wahrer "Star", d.h. also ein "Stern" ist, dann wird er erwachen, sein eigenes Licht in sich erkennen und solche Rollen ablehnen, die nur dazu dienen können, eine kranke Welt zu schaffen. Dies gilt auch für die Nachrichten. Die "Unterhaltungsindustrie" (dieser Begriff umfaßt die gesamte über die Medien verbreitete Unterhaltung) hat unsere gegenwärtig existierende Gesellschaft geschaffen. Durch das Fernsehen, via Satellit und mittels globaler Vernetzungen können wir uns mit der ganzen Welt in Verbindung setzen. Amerika ist dafür verantwortlich, die Fackel der Liebe und Freiheit für alle hochzuhalten. Und was haben wir getan? Wir haben dafür gesorgt, daß TV-Serien wie "Dallas" oder "Denver Clan" weltbekannt wurden. Wenn wir erst einmal begriffen haben, daß wir das mehren, auf das wir unsere Aufmerksamkeit richten, dann werden wir uns nicht mehr damit beschäftigen, die Drogenszene zu bekämpfen, sondern uns statt dessen für die Freiheit und die Mitwirkung an der Schöpfung begeistern.

Selbst in Zeiten, in denen die Wirtschaft in der Krise ist, geben die Menschen Geld für Unterhaltung aus. Tatsächlich blüht die Unterhaltungsindustrie gerade in solchen Zeiten besonders. Die Menschen suchen nach Unterhaltung, die ihnen dabei hilft, sich besser zu fühlen. Wir brauchen mehr solche Filme wie *Field of Dreams, Hook, Die Schöne und das Biest, City of Joy* und *Forrest Gump*! Wir möchten doch das Kino oder Theater mit einem guten Gefühl in uns verlassen. Wir möchten Weisheit und Hoffnung und Mut mit nach Hause nehmen, und wir möchten sagen können: “Ja!” Im Idealfall möchten wir teilhaben, an unserer eigenen Unterhaltung. Unterhaltungskünstler halten mit ihrem Mikrophon eine große Macht in ihren Händen. So war es schon immer. In früheren Zeiten, als es noch kein Radio und kein Fernsehen gab, versammelten sich die Leute der Dörfer und Städte, wenn die Minnesänger und fahrenden Schausteller einfuhren. Die einfachste Melodie genügte, um die Menschen zum Tanzen zu veranlassen. Bei Tanz und Unterhaltung vergaß man alte Fehden. Man sagt, “Menschen, die zusammen beten, halten zusammen”. Noch besser könnte man sagen, “Menschen, die zusammen spielen, halten zusammen”. Es ist wirklich so, daß gemeinsames Spielen und Lachen eine Bindung erzeugen kann, die stark genug ist, um viele Hindernisse zu überwinden.

Als wir unseren Freunden der Pentecostal Church auf dem Festival erzählten, daß wir uns dem “Spaß verschrieben” hatten, dachten sie wirklich, wir wären “verloren”. Was Spaß macht, ist sicher Sünde. Sie blieben nicht lange genug, um herauszufinden, was wir damit eigentlich meinten. Einerseits steht “Spaß”, also im Englischen “Fun” für Friends Uniting Nations (Freunde sich vereinender Nationen), andererseits geht es uns natürlich auch um Frohsinn und wirklich reinen Herzens erlebten Spaß. Wenn wir etwas tun, was uns keinen Spaß macht, dann sollten wir es besser nicht tun. Stellen wir uns nur einmal vor, was auf dieser Welt alles nicht mehr getan würde, und wieviel glücklicher die Menschen und der ganze Planet wäre!

Mein Tanz ist eine greifbare und körperliche Darstellung

der angewandten Energie.

Mahisha

Es ist wichtig, daß wir uns versammeln und zusammen spielen. Wir haben ja schon bewiesen, daß wir zusammenkommen können, um uns gegenseitig zu bekriegen. Laßt uns nun also zusammenkommen, um zu feiern. Es ist wichtig, daß wir zusammenkommen. Jedes System, daß sich selbst abgrenzt, basiert auf der Angst. Wir haben in Amerika ein bundesweites Sicherheitssystem entwickelt, daß sich aktiv damit beschäftigt, so ziemlich jeden umzubringen (unter anderem auch Präsidenten). Wir haben eine bundesweite Drogenstelle, die eigentlich nur noch die Empfehlung aussprechen müßte, man soll sich zu dietätischen Zwecken von Motoröl ernähren, und unser Wirtschaftssystem ist darauf ausgerichtet, uns davon zu überzeugen, daß ein friedliches Leben schlecht für die Wirtschaft ist. Wir sehen uns selbst als intelligente Wesen, und doch stehen wir gefährlich nahe am Rande des Abgrunds, da wir dabei sind, unseren Planeten für alles andere als Asphalt und Beton vollkommen unbewohnbar zu machen. Wir Menschen stehen auf der Liste der am meisten gefährdeten Arten an oberster Stelle. "Smart" wurde mittlerweile zum Synonym für "gut im Betrügen und Geschäftemachen und korrupt in der Politik". Intelligenz kann nicht mit dem bloßen Besitz eines Gehirns gleichgesetzt werden. Es gibt Lebensformen, die überhaupt kein Gehirn haben, die aber mehr Intelligenz als die Menschen beweisen. Noch nicht einmal ein Virus würde seinen eigenen Lebensraum verschmutzen, es sei denn in einem Versuch, sein eigenes Leben zu retten. Wahre Intelligenz ist mit der Lebenskraft, dem Atem des Lebens, gleichzusetzen. Sie kommt in einem Leben im Einklang mit allen anderen Lebensformen zum Ausdruck. Mit den Worten meines außerirdischen Freundes: "Wenn die Erdbewohner eine Vorstellung davon hätten, was Kooperation bedeutet, dann wäre der weiteste Abstand zwischen zwei Punkten kein Komitee, und die einzelnen Länder würden nicht unentwegt von einem Krieg in den nächsten marschieren".

Wenn ich darum gebeten werde, aufzutreten, bete und warte ich einfach,
und manchmal ist eine Idee dann greifbar.
Manchmal kommt sie in Gestalt eines Traumes,
in dem mir die grundlegende Geschichte,
die dann getanzt, erzählt oder gelehrt werden soll, mitgeteilt wird.

MAHISHA

Wir sind hier, um dazu beizutragen, daß die Umwandlung dieses Planeten in das herrliche Reich des Großen Geistes, das er eigentlich sein sollte, geschehen kann. Für diejenigen, die nicht mit an Bord kommen, werden andere kommen. Unsere Aufgabe ist es, mehr Licht in die Welt zu bringen. Es ist unsere Sicht der physischen Form, die die Erschaffung des Universums inspiriert. Und es ist die Aufgabe der Unterhaltungsindustrie, den Weg zu weisen, so daß der Himmel auf Erden entstehen kann. Wenn wir die größtmögliche Freiheit haben, um unsere eigene Individualität zu kreieren, dann können wir auch der Wahrheit unseres eigenen Ichs am nächsten kommen. Einheit bedeutet nicht etwa Gleichschaltung. Einheit bedeutet, eins zu sein im Geist. Ebenso wie alles, was zur Schöpfung gehört - jedes Sandkorn und jeder Grashalm - einzigartig auf der ganzen Welt ist, so ist auch ein jeder von uns einzigartig. Unsere Regierung sowie unser gesellschaftliches System war darum bestrebt, uns in die Gleichschaltung und Gleichheit zu treiben. Während die Kleiderordnung in der gleichgeschalteten Gesellschaft die Uniform ist, lautet die Kleidervorschrift im Unterhaltungssektor: "sei so einzigartig, wie du wirklich bist". Wir kleiden uns für den Erfolg, wenn wir nach außen das manifestieren, was wir in Wahrheit im Geiste sind. Solange wir nicht die Freiheit finden, unserem eigenen "Lied" Ausdruck zu verleihen, werden wir uns fürchten und kein Vertrauen zu uns selbst haben. Wenn wir aber nicht auf uns selbst vertrauen, dann können wir auch nicht auf Gott vertrauen. Dies ist eigentlich die Wurzel des sogenannten Sündenfalls, des Abfalls vom Glauben. Die Vortrefflichkeit, der Wert also, der das Gütesiegel unserer Nation ist, ruft uns jedoch dazu auf, vortrefflich darin zu sein, wir selbst zu sein. Das Streben nach der Vortrefflichkeit muß uns Spaß machen. Es muß uns innere Erfüllung geben, wahrhaftig wir selbst zu sein und keines unserer Gefühle zu verleugnen. Wir müssen Feste feiern und uns mit anderen austauschen. Wir müssen die unglaubliche Vielfalt unserer Vortrefflichkeit feiern. Vor allem aber müssen wir wissen, daß der Allerhöchste unterhalten werden will. Zeigen wir Gott also unsere Freude und unseren Spaß!

Am Ende einer Versammlung wende ich mich immer der guten Medizin zu. Dazu versammeln sich alle Teilnehmer im Kreis; sie singen, tanzen, spielen einen Sketch, machen Musik oder rezitieren ein Gedicht. Einen ganzen Tag verbringen wir damit, zu proben und die Kostüme vorzubereiten. Diese Art von Feier gefällt besonders den Ältesten. Wenn wir auf den Gesichtern unserer Ältesten die Freude und Zufriedenheit über dieses Familienunterhaltungsfest sehen, so wissen wir, daß auch der Schöpfer der Sterne zufrieden ist.

Noch eine abschließende Bemerkung: Stundenlang saßen wir da und beobachteten kleine Kätzchen beim Spiel. Wir lachten und kicherten, während wir dem Spiel der Hundewelpen zusahen. Wir sitzen an glucksenden Bächen, wo wir kleine Fische beobachten. Wir sehen dem Wind zu, wie er über Wiesen und Felder streift. Die ganze Natur ist zur Freude für uns und sich selbst da. Einmal sah ich einem Vogel zu, wie er sich aus den Lüften herabstürzte und kurz vor dem Aufprall auf dem Asphalt seinen Sturz bremste, um sogleich wieder in den Himmel hinauf zu fliegen. Er hatte einfach nur Freude an seinen eigenen Flugkünsten. Die Zeit ist reif, daß auch die Menschen wieder in den Kreis ALL DESSEN WAS IST zurückkehren und wahrhaftig zu den Sternen werden, die sie nach dem Wunsch des Schöpfers sein sollen.

Wenn ihr das Prinzip des Verschenkens wirklich verstanden habt,

dann werdet ihr dem Gedanken des Opfers

lachenden Herzens gegenüberstehen.

Cloud

Kapitel 25

Das Verschenken

Das Zahlungsmittel Geld tauchte zum ersten Mal auf diesem Planeten im antiken China auf. Es gab da wohl gewisse Bauern, deren Reichtum so groß war, daß sie ihr eigenes Volk versklavten, so daß sie Diener hatten, die ihre Ernteerträge zu den an den Straßen gelegenen Tauschhandelsplätzen schleppten. Diese Versklavung erzürnte den Allerhöchsten, und über Nacht gab es auf einmal das Geld. Es war ein Symbol dafür, wieviel Getreide ein Bauer in seinen Scheunen lagern hatte. Das Geld war federleicht und konnte mühelos an die Handelsplätze gebracht werden, wo es dann zum Ablösen der in den Scheunen gelagerten Getreidevorräte diente. Es hatte letztlich nur eine Funktion: die Sklaven zu befreien! Es sollte ursprünglich nur für zweihundert Jahre, einen Zeitraum, der ausreichen sollte, um alle Sklaven zu befreien, auf dem Planeten eingesetzt werden. Noch immer ist die einzige Aufgabe des Geldes die, die Sklaven zu befreien. Und noch immer hat es seine Aufgabe nicht erfüllt. Die Bauern des antiken China waren so raffgierig, daß sie das Geld und die Sklaven behielten. Daran hat sich bis zum heutigen Tage nichts geändert. Von denjenigen, denen viel gegeben wurde, wird auch viel verlangt. Wenn die Reichen von ihren materiellen Schätzen nichts verschenken, so werden ihre Seelen verarmen.

Unsere Vorfahren wußten um die Bedeutung des Verschenkens; sie kannten das Gesetz des Gleichgewichts. Eine volle Tasse kann nicht noch mehr gefüllt werden, es sei denn, man schenkt von ihrem Inhalt etwas her, und schafft somit neuen Raum. Die Natur verabscheut das Vakuum. Wenn wir uns selbst entleeren, schaffen wir wieder Raum, in den neue Fülle strömen kann. Unsere moderne Gesellschaft hat einen Lebensstil entwickelt und kultiviert, der darauf ausgerichtet ist, materielle Schätze anzuhäufen. Wer am meisten besitzt, hat das Spiel gewonnen. Eine derartige Haltung zielt nur darauf ab, den physischen Körper zu nähren und läßt Geist und Seele zumeist hungrig zurück. Wenn eine junge Sportlerin hervorragende Leistungen erbringt, verleiht man ihr Preise, gibt ihr zu Ehren große Empfänge, macht ihr Geschenke und preist ihre Leistungen in den Zeitungen. Die ganze Aufmerksamkeit ist auf den "Star" gerichtet, während die restlichen Mitglieder des Teams leer ausgehen. Niemand würdigt ihre Leistungen, die es dem "Star" überhaupt ermöglicht haben, so herausragend zu sein.

Menschen, die das Prinzip des Verschenkens verstanden haben, und die mit irgend etwas reich gesegnet sind, wissen, daß es gut ist, etwas an diejenigen zu verschenken, die nicht so gesegnet sind. Wirklich reich ist einer, der viel verschenken kann, und nicht einer, der viel horten kann. Wenn eine junge Athletin eine große Leistung erbracht und deshalb eine Auszeichnung erhalten hat, so ist es gut, wenn ihre Familie ein großes Fest für all ihre Freunde und Angehörigen gibt. Es ist gut, wenn die Familie den anderen Teammitgliedern Geschenke macht und ihnen sagt: "Ihr habt unserer Tochter geholfen, diese hervorragende Leistung zu erbringen. Wir geben euch dieses Geschenk und beten darum, daß der Schöpfer der Sterne euch reich segnen und euch die Erfüllung eurer Träume bringen möge". Auf diese Weise wird das Gleichgewicht erhalten. Der "Star" erkennt den "Star", der in jedem anderen steckt, und erweist ihm seinen bzw. ihren Respekt. Als Großvaters Sohn zum Häuptling der Oto gewählt wurde, lud die Familie zu einem großen Fest des Schenkens ein. Wenn eine Heilung stattfindet, wird auch die Familie des Geheilten zu einem Fest laden. Wir wurden durch das Leben unserer Großmutter beschenkt; nun geben wir ein großes Fest des Verschenkens, um uns auf diese Weise für ihr Leben zu bedanken. Um etwas zu bekommen, müssen wir etwas weggeben. Wir geben, sodann erhalten wir etwas und dann geben wir aufs Neue. Dies ist der Kreislauf der Fülle und des Überflusses. Es ist ehrenwert, Geschenke zu machen. Wenn wir mit irgend etwas Geld verdienen möchten, so müssen wir es zuerst weggeben.

Die Bibel spricht davon, daß ein jeder den zehnten Teil seines Einkommens geben soll. Man sagt außerdem, daß uns das, was wir guten und frohen Herzens verschenken, zehnfach vergolten werden wird. In manchen Fällen wird man auch siebenmal siebzigfach entlohnt. Die Kirche setzte die Abgabe eines Zehntels des Einkommens als Zwangsabgabe durch, ohne wirklich verstanden zu haben, was es heißt, ehrenvoll etwas zu verschenken. Zu dem kirchlichen System gesellte sich die Regierung, die Steuern erhob. Mittlerweile zahlen wir weit mehr als die Hälfte unseres Einkommen als Steuern an den Staat. Hier wird aufs Gröbste das heilige Gesetz verletzt. Es ist höchste Zeit, daß wir zu dem alten Verständnis des Verschenkens zurückfinden. Wir müssen lernen, das zu mehren und zu pflegen, was uns am wertvollsten ist. Diejenigen Dinge, auf die wir unsere Aufmerksamkeit richten, werden für uns wachsen und gedeihen. Wenn wir auf Grund eines Gesetzes 10 % hergeben, so unterstützen wir Gesetze, die uns vorschreiben, was wir zu tun haben. Wenn wir unseren Freunden und Familienmitgliedern das Beste geben, was wir haben, dann mehren wir Überfluß und Fülle für unser Familie und unsere Freunde.

Bevor wir einem Steuersystem, das vier von fünf schwarzen Kindern soziale Unterstützung zahlt, zum Opfer fallen, sollten wir besser einen obdachlosen Menschen in unserem Haus aufnehmen. Wir hier in Oklahoma haben so etwas schon viele Male im Laufe der vergangenen Jahre getan, und jedes Mal waren wir die Beschenkten. Unsere Ranch ist für viele Menschen ein Zuhause. Etliche Menschen haben uns gesagt, daß sie die Stärke hatten, die größten Schwierigkeit zu überwinden, weil sie in dem Bewußtsein lebten, daß sie jederzeit nach Hause zurückkehren könnten, wenn es sein müßte. Dieses Wissen gab ihnen die Kraft und den Mut, den sie brauchten, um ihre Unabhängigkeit zu erlangen.

Manchmal muß ich der Realität einfach ins Auge sehen:

ich hasse die amerikanische Regierung,

und ich entschuldige mich auch nicht dafür.

GROSSMUTTER PRINCESS MOON FEATHERS

Es ist nicht gut, wenn eine Regierung Nahrung und Unterkunft für die Menschen zur Verfügung stellt. Viel besser ist es, wenn wir, "das Volk", die Möglichkeit der freien Wahl haben und unsere Ressourcen dazu verwenden können, uns selbst zu ernähren. In diesem Jahrzehnt werden große Veränderungen stattfinden. Wir werden Regierungsumbildungen beobachten, und der Einfluß des "einfachen Volks" wird mehr und mehr zunehmen. Es wird der Tag kommen - noch vor dem Jahr 2000 - an dem die Menschen wieder "das Volk" sein werden. Wir werden wieder zusammen träumen, und unsere wundervolle Erde wird wieder an den ihr gebührenden Platz in den Sternen erhoben werden. Man wird sie als "die Schönste" kennen. Wenn dieser Tag gekommen ist, werden wir, das Volk, den Samen der Schöpfung, den der Allerhöchste in uns gepflanzt hat, verschenken. Wir werden diesen Samen an die ganze Welt verschenken. Wir werden laufen, ohne müde zu werden und gehen, ohne Angst zu haben. Wir werden das Regenbogenlicht aus den Pflanzen und Bäumen und aus unseren eigenen Körpern strömen sehen. Wir werden uns mit den Kojoten und den Schlangen zusammentun, und wir werden alle Freunde sein. Das Kind in einem jeden von uns wird unser Denken bestimmen. Mit unseren Herzen werden wir den Weg weisen. Geld wird nicht mehr nötig sein, denn wir werden unsere Gaben und Talente mit allen um uns herum teilen. Diejenigen, die sich diesem Gesetz in den Weg stellen, werden an andere Orte in der Galaxie abberufen werden, denn ein großes Zeitalter des Lichts und der Liebe ist unserem Planeten bestimmt. Diejenigen unter uns, die ihre höchste Aufgabe im Verschenken sehen, werden sich den Himmel auf Erden bereiten. Dies ist schließlich der Gedanke, der dem Prinzip des Schenkens zugrunde liegt: es soll uns aus der Sklaverei befreien und unsere Erde in ein Paradies verwandeln.

Um unser Volk wieder dem Fluß des Lebens und des Schenkens zuzuführen, spielen wir die folgenden Spiele. Das Verschenken an Geburtstagen ist zum Beispiel sehr einfach. Diejenige, die in ein neues Lebensjahr eintritt, lädt zu einem Fest, und gibt all ihren Freunden und Verwandten ein Geschenk. Jedes dieser Geschenke ist eine besondere Medizin, die ihr sehr am Herzen liegt oder die sie gerade für diesen Anlaß gemacht hat. Die Geschenke werden gemacht, um die Freude auszudrücken, die man durch Freundschaft empfinden kann. Die Jubilarin bereitet überdies ein Essen für die Geladenen und sorgt für besondere Unterhaltung. Auf diese Weise wird der übliche Ablauf einer Geburtstagsparty umgekehrt.

Das Fest des Verschenkens zum Erntedank soll dazu dienen, der Mutter Erde für ihre Früchte zu danken. Alle Teilnehmer versammeln sich schon Tage zuvor, bestellen das Land und lassen ihm besondere Pflege angedeihen. Man schenkt der Mutter Erde einen besonderen Altar, einen neuen Pfad oder einen neuen Versammlungsort für die Kinder. Als Geschenk kann alles dienen, was die Erde bereichert oder ihr in irgendeiner Weise Freude macht.

Geht dorthin, wo man euch willkommen heißt.

Gebt, wenn man euch darum bittet.

Cloud

Das Fest des Verschenkens der Kriegerin oder des Kriegers darf in keinem Lager fehlen. Wenn der Kreis zum ersten Mal zusammenkommt, legt ein jeder ein Stück Papier mit seinem bzw. ihrem Namen in ein großes Gefäß. Am ersten gemeinsamen Abend werden die Namen gezogen und die ganze Woche lang geheimgehalten. Im Verlauf der Woche, "verfolgt" jeder demjenigen Menschen, dessen Namen er gezogen hat. Dabei beobachtet er die andere Person, hört ihr zu und versucht, ihre Schönheit zu erkennen. Bei der letzten großen Versammlung findet ein großes Fest des Beschenkens statt, in dessen Verlauf jeder den Namen eines Kriegers geschenkt bekommt, sowie ein besonders Geschenk, das seinem oder ihrem Geist angemessen ist. Dies ist eine sehr bewegende Zeremonie, in deren Verlauf die Bedeutung des Verschenkens im Gegensatz zum Beschenktwerden eine besondere Bedeutung erlangt. Sowohl der Name als auch das Geschenk erinnern uns in besonderem Maße daran, welche Freude wir erfahren können, wenn wir geben, ja sie erinnern uns gewissermaßen daran, daß es eigentlich unser Wunsch ist, zu geben, und daß die Ressourcen dazu immer zur Verfügung stehen.

Kapitel 26

Die Etikette der Erde

Ich war vier Jahre alt, als ich zum ersten Mal etwas über das Betragen auf der Erde lernte. Ich hatte einen kleinen Strauß Immergrün für meine Mutter gesammelt. Das Immergrün stammte aus dem Friedhofsgarten. Meine Mutter erklärte mir, daß die Blumen der Mutter Erde gehörten, und daß unser Pfarrer ihr Gärtner sei. Sie sagte, daß es nicht richtig gewesen sei, die Blumen der Mutter Erde zu nehmen, ohne vorher den Pfarrer um Erlaubnis zu fragen, und ohne vorher zur Mutter Erde zu beten. Sie sagte, es sei so, als würde jemand meine Haare abschneiden, ohne mich vorher zu fragen. Ich mußte die Blumen zum Friedhof zurücktragen und dem Pfarrer erklären, was ich getan hatte. Dann half mir meine Mutter, neue Samen auszustreuen, um das, was ich genommen hatte, zu ersetzen. Damals schien es mir so, als hätte die Sache eine große Bedeutung.

Am Silvesterabend des Jahres 1988 saß ich zusammen mit einem Kreis von Frauen im Haus von Ted Turner an der Big Sur Küste von Kalifornien, um den Übergang ins Neue Jahr zu feiern. Eine der herausragendsten und liebenswertesten Frauen in diesem Kreis war Barbara Pyle, die Vizepräsidentin des CNN und Leiterin der Abteilung für Dokumentationen. Barbara ist eine dynamische Frau mit unglaublichen Energien, die soviel arbeitet, wie es normalerweise hundert Leute kaum schaffen könnten. Sie ist die Verantwortliche für eine überaus faszinierende Dokumentationsreihe über unsere Mutter Erde. Sie selbst hat wohl mehr Zeit ihres Lebens in Urwäldern und Wüsten zugebracht, als in Städten. Im Zuge ihrer Anstrengungen, der globalen Gemeinschaft, die sie so sehr liebt, so nahe wie möglich zu sein, war sie schon einer jeden denkbaren Art von Durchfallerkrankung ausgesetzt. Wir danken Barbara für Filme wie *The Day of Five-Billion* und *Hurricane Irene*. Ihr gesamtes Leben hat sie der weltweiten Verständigung verschrieben und ihr Herzblut in den Kampf gegen die Abholzung der Regenwälder, die Überbevölkerung, den Hunger auf der Welt sowie die Verwüstung unseres Planeten gelegt. An diesem besonderen Silvesterabend war sie in ihrem Element. Stunden lang saßen wir zusammen und sangen und beteten. Wir riefen den Geist von Gaia, unserer Mutter Erde, an. Als ihr Geist dann gegenwärtig wurde, spürten wir, wie eine überwältigende Energie den Raum erfüllte, und wir bemerkten, daß Barbara wie verwandelt war. Innerhalb von zwei Minuten hatte sie sich selbst in Mutter Erde verwandelt. Sie erschien plötzlich wie eine uralte Frau mit blutenden Wunden, die ganz erbärmlich anzusehen war. So sahen wir das Antlitz von Mutter Erde in den Gesichtszügen dieser jungen Frau vor uns. Und so schnell wie Mutter Erde uns erschienen war, war sie dann auch wieder verschwunden. Zurück blieb eine sehr mitgenommene und perplexe Barbara. In diesem Augenblick verstand ich die Bedeutung der Etikette bzw. der Anstandsregeln der Erde. Ich konnte erahnen, wie wichtig es ist, behutsam und verantwortungsvoll mit einer sehr müde gewordenen und überstrapazierten Erde umzugehen. Sie ist es leid, daß man sie ausblutet und Gift in ihre Arterien pumpt. Sie ist krank, weil sie vergiftete Luft atmen und bleihaltiges Wasser trinken muß. Sie ist schokkiert und abgestoßen vom Verhalten der Menschen, die ihren wunderschönen Körper mißbrauchen und ausplündern. Sie ist alt und müde und voller Mißtrauen. Sie ist wie eine uralte Frau, die seit ewigen Zeiten ohne Liebe und Zuwendung gelebt hat. Wir müssen sie nunmehr mit dem allergrößten Respekt behandeln, schließlich ist sie letztlich stärker als wir; wir könnten eines Tages aussterben, sie aber wird weiterleben. Ihr Zorn könnte sehr bald über uns hereinbrechen, und er kann gewaltig sein. Ihre Liebe jedoch ist noch gewaltiger. Es ist nun an uns, zu entscheiden, ob wir in ihrer Liebe und ihrem Überfluß schwelgen oder unter ihrem Zorn zerbrechen wollten. Sie ruft ihre Kinder zusammen. Sie ruft uns dazu auf, die uns gegebenen Ressourcen zu teilen und zu erhalten. Sie möchte, daß wir sie, die Erde, mit unserer Liebe "besitzen". Rosen gedeihen am besten außerhalb der von Menschen eingezäunten Flächen. Auf unserem Abfall müssen wir unser eigenes Paradies entstehen lassen.

Als ich sechzehn war, erteilte mir meine Mutter eine Lektion, die ich niemals vergessen werde. Ich war gerade mit hochinteressanten Gerüchten über eine Mitschülerin, die schwanger geworden war, aus der Schule nach Hause gekommen. Die Geschichte war zu der Zeit Stadtgespräch. Meine Mutter hörte mir zu, wie ich mich so ereiferte, und nahm mich dann mit auf eine Kuhweide. Sie ließ mich niederknien und an einem alten, vertrockneten Kuhfladen riechen. "Na, wie riecht das?", fragte sie mich. Widerwillig antwortete ich, daß es nach gar nichts riechen würde. Daraufhin nahm meine Mutter einen Stecken und bohrte ihn in den Kuhfladen, der innen noch feucht und übelriechend war. Sie fragte mich: "Und wie riecht das?" Der ausströmende Ammoniak ließ meine Augen tränen. Mutter hieß mich aufzustehen, schaute mir direkt in die Augen und sagte: "Schatz, vergiß nicht, wenn man nicht in der Scheiße herumrührt, wird sie bald aufhören zu stinken".

Wir haben unsere Erde ziemlich verwüstet, doch in dieser unserer Wüste können wir einen Garten erblühen lassen. Es ist höchste Zeit, daß wir von unseren Vorfahren lernen, wie wir unserer Erde den gebührenden Respekt entgegenbringen können.

Möge der Große Geist der Berge
dein Leben zu einem singenden Bach machen.
Mögen die kommenden zwölf Monde
deinen Träumen einen Sinn geben.
Möge ein Regenbogen
deine Schulter berühren,
mit dem Versprechen seines Glanzes.
Möge das Sonnenlicht dich bescheinen,
während du durch Eis und Schnee wandelst.

GEBET DER UREINWOHNER AMERIKAS

Mahena ist eine Ureinwohnerin von Hawaii. Sie ist eine der schönsten Frauen der Welt. Zu Ehren der Geister der Erde und des Himmels tanzt sie die alten, überlieferten Hula-Tänze. In ihrem Kreis ist jedes Mitglied dafür verantwortlich, die Geister der Insel zu ehren. Ihr persönlicher Wasserfall liegt versteckt im Urwald, zirka drei Kilometer von jeglicher Zivilisation entfernt. Einmal pro Woche geht Mahena zu ihrem wundervollen Wasserfall, um den Geistern, die diesen heiligen Ort bewahren, die Ehre zu erweisen. Einmal durften wir sie begleiten. Auf dem Weg sprach sie mit den einzelnen Bäumen und Felsen und sang ihnen etwas vor. Sie sammelte schöne Teeblätter und Blumen. Singend begab sie sich an den Ort, an dem sich der Wasserfall befindet. Als sie vor ihm stand, erhob sie ihre Arme und grüßte ihn, so als stünde sie vor ihrer eigenen Mutter. In Wahrheit ist es auch ihre Mutter, und Mahena liebt ihre Mutter sehr. Sie begann dann, mit dem Wasserfall zu sprechen, und ihm von ihren Erlebnissen der letzten Woche zu erzählen. Sie redete einfach über diejenigen Dinge, die ihr in den Sinn kamen, denn sie wußte, daß die Geistern den Erzählungen über ihre Familie sehr gerne lauschten. Dann zog sie ihre Kleider aus und badete. Sie lachte und kicherte, als wir uns ihr anschlossen. So planschten, lachten und sangen wir alle zusammen. Wir konnten die Geister, die um uns herum waren, mit uns lachen hören. Es herrschte die selbe Atmosphäre der

Freude, die man verspürt, wenn man sich schon eine Woche lang auf einen regelmäßig eintreffenden Besuch freut. Die Geister sandten eine Energie und Liebe aus, die sagte, daß Mahenas Besuch für sie das wichtigste Ereignis der ganzen Woche war. Sie erwarteten ihr Kommen, merkten sich alles, was im Verlauf des jeweiligen Besuchs geschehen war, und freuten sich dann wieder auf den nächsten Besuch. Die Geister dieses Wasserfalls liebten Mahena! Und Mahena liebte diese Geister. Im Anschluß an unser fröhliches Bad beteten wir und priesen die Gegenwart der Geister, die uns liebten und sich über unseren Besuch freuten. Wir konnten die Liebe der Steine, Pflanzen, Bäume, ja der gesamten Natur, fühlen. Wir sind dazu ernannt, über unsere Mutter Erde zu wachen. Diese Wahrheit wurde in jenem Augenblick konkrete Realität. Bevor wir gingen, machte eine jede von uns den Geistern des Wasserfalls ein Geschenk. Wir ließen unsere Blumenbündel und unsere Altare am Fuße des Wasserfalls zurück. Mahena sagte uns, daß sie nächste Woche, wenn sie zurückkehren würde, nicht mehr da sein würden. Sie sagte uns auch, daß jeder schöne Ort auf den Inseln jemanden wie sie selbst hätte, der jede Woche käme und sich um den jeweiligen Ort kümmern würde. Was für eine wundervolle Idee, die man doch auf unseren gesamten Planeten anwenden könnte!

Es geht nicht so sehr um ein "Ich bin",

sondern vielmehr um ein "Wir sind".

Wir sind: das Volk, das Geheimnis, die Mutter Erde.

Grossmutter Kitty

Viele Jahre lang ging Brooke Medicine Eagle mit mir auf Reisen. Sie sagte immer, daß sie darum ringen würde, die Menschen genauso zu lieben, wie sie die Erde und ihre Tiere liebte. Mir selbst wurde die große Ehre zuteil, Brooke als leuchtendes Beispiel für eine respektvolle Haltung der Erde gegenüber zu haben. Wo auch immer diese Frau ist, singt sie der Erde ihre Lieder. Jede Reise verlängert sich dadurch, daß Brooke von jedem schönen Platz so angezogen wird, daß sie an ihm verweilen und einen Altar bauen möchte. Sie freut sich wie ein kleines Kind über einen versteckten Pfad zwischen den Espen oder einen kleinen Wasserlauf, an dem man entlanggehen kann. Jeder Felsen im Wasser dient ihr als Sitzgelegenheit, von der aus sie ein Lied für den Felsen und für das Wasser singen kann. An jedem Berg macht sie Halt und spielt ihm ein Lied auf ihrer Flöte. An jedem Felsen, an dem das Sickerwasser des Berges herabtropft, erfrischt sie sich und segnet die Erde. An jedem Strauch, an dem Beeren wachsen, macht sie Rast und ißt wie die Bären. Jede heiße Quelle dient zum Bade und jeder sternenklare Himmel ist dazu bestimmt, unter ihm zu schlafen. Brooke ist wahrlich ein "Kind dieser Erde". Ihre Liebe und Hingabe für die Erde ist stark genug, daß sie unentwegt reist und andere dazu begeistert, mit ihr zu gehen und in ihren Tanz für Mutter Erde einzustimmen.

Nur wenige von uns würden abstreiten,

daß sich unser Planet in der Krise befindet.

Wir befinden uns am äußersten Rand des Radius

eines großen Pendels, das in Richtung Verzweiflung,

Zerstörung, Gewalt und Ungerechtigkeit schwingt.

Wir stehen der Krise und dem Chaos Auge in Auge gegenüber.

Wird es dem Planeten gelingen, sein Gleichgewicht

und seine Harmonie wiederzuerlangen,

oder werden die Kräfte der Zerstörung

die Erde in das endlose Meer des Chaos hinabreißen?

Indem wir die weibliche Energie in Bewegung setzen,

verändert sich das Geschick des Planeten.

Wir bringen die weibliche Energie in unser Wesen.

Durch den Kanal unseres Seins setzen wir diese Energie frei,

hinaus in das Reich der materiellen und spirituellen Realität der Erde dieser Zeit.

Spider Redgold

Auch Natalie liebt die Erde. Sie führte uns an einen Ort, an dem wir die Piktogramme der Kinder unserer Vorfahren bewundern konnten. Wir brachten unsere Opfergaben, Getreide und eine besondere Medizintasche zu diesem Spielplatz im Lavafeld. Natalie brachte uns auch in das Tal der Götter, Waipio Valley. Ihr Sohn, Devin, ist genauso begeistert von Höhlen wie ich. Wir nehmen immer unsere Flöten mit und spielen für die Höhlengeister. Manche Menschen haben Angst vor Höhlen; sie sagen, daß Geister in den Höhlen wohnen, und daß man niemals in Höhlen hineingehen sollte. Es ist doch aber offensichtlich, daß die Geister unserer Vorfahren in den Höhlen leben, und daß sie gerne Gesellschaft hätten. Also Devins und meine Gesellschaft mögen sie jedenfalls. Wenn wir zu einer Höhle gehen, verweilen wir immer am Eingang und bitten um Einlaß, da wir beide der Meinung sind, daß sich das so gehört. Bevor wir gehen, lassen wir immer ein Geschenk, beispielsweise eine Essensgabe, für die Altvordern zurück. Wir sprechen auch gerne besondere Wünsche in den Höhlen aus, da wir wissen, daß unsere Vorfahren uns lauschen. Was man in einer Höhle sagt, ist immer geheim. Einmal wurde mir in einer Höhle am Rande des Waipio Valley ein neuer Körper geschenkt. Diese besondere Höhle hatte mich vom Festland aus gerufen. So unternahm ich die Reise zu der großen Insel, nur um in diese Höhle zu gehen. Skye war mir beim Auffinden der Höhle behilflich und hielt dann am Eingang Wache. Im Innern der Höhle wurde ich dann von einer unglaublichen Energie ergriffen und tanzte einen Tanz, der Stunden zu dauern schien. Als ich dann nach draußen trat, war ich so voller Kraft und Energie, daß ich kilometerlang durch den Dschungel lief. Ich war damals 44, und mir war soeben der Körper eines jungen Burschen gegeben worden. Ich fühlte die physische Transformation meiner Energien und verstand die Kraft der Regeneration, die von unserer Mutter Erde ausgeht.

Der Warnruf der Erde lautet: "Hört! Heilt zuerst euch selbst".

MAHISHA

Mit Natalie und Pua ging ich zum ersten Mal zu der Vagina Höhle auf Hawaii. Auf diesen Besuch mußten wir uns tagelang durch Fasten, Beten und das Vorbereiten eines besonderen Geschenks, das wir bei "der Dame" zurücklassen wollten, einstimmen. Man sagt, daß es sich bei diesem heiligen Ort um die weiblichen Geschlechtsorgane des Körpers von Pele handelt. Mit viel Hingabe schnitzte ich ein wunderschönes Kanu, das ich mitnehmen wollte. In das Kanu legte ich eine Medizintasche mit vielen heiligen Totems meiner Träume. So wanderten wir durch die Urwälder zu dem Tor, das uns in den Leib der Erde führen würde. Am Eingang angelangt, baten wir um Einlaß. Pua stand ganz nah am Eingang, um sicherzugehen, daß unsere Energie in der Höhle willkommen war. Eine unserer Begleiterinnen war nicht willkommen. Sodann kletterten wir mindestens vierhundert Meter in den Leib der Erde hinunter. Mit unseren Taschenlampen erleuchteten wir unseren Weg, der uns an einem schmalen Gesims aus Lavagestein entlangführte. Tief unten befindet sich eine Stelle, die wie eine Kammer ist, und die durch einen von oben einfallenden Lichtstrahl erleuchtet wird. Die Lava hat hier ein Amphitheater mit einem perfekten

Altar entstehen lassen. Hoch oben, über diesem Altar, befindet sich ein zweiter Altar, der exakt die Form einer Vagina hat und etwa 5,5 Meter lang ist. An diesem Ort priesen und verehrten wir die Schöpfung. Ich saß bei der Klitoris dieser von der Natur gemachten Skulptur und wurde "ergriffen" von einem uralten Ritual der Verehrung der ersten Frau, der Mutter der Schöpfung. Aus der spirituellen Welt erschien plötzlich ein wundervoller Kristall, der neben mir zu liegen kam. Ich trage ihn nun bei meinem Donnerstein. Man sagte mir, daß ich ihn niemandem zeigen solle. In allen Dingen, die von einem Geheimnis umgeben sind, liegt eine besondere Kraft. Solange wir im Unklaren sind, wird unsere Aufmerksamkeit durch unsere Neugier gefesselt. Es ist gut, neugierig zu sein. Ich bin sehr neugierig auf diesen Kristall.

Mutter Natur ist gut zu uns. Lebt mit der Natur.

Begebt euch in den Strom. Erlebt jede Minute, und zwar JETZT.

GROSSMUTTER PRINCESS MOON FEATHERS

Jedes Mal, wenn ich die Göttin Pele besuche, bringe ich ihr ein Geschenk. Letztes Mal brachte ich ihr eine geschnitzte, mit Federn geschmückte Schlange. Mit diesem Geschenk wollte ich zum Ausdruck bringen, daß dies die Zeit ist, in der sich die Kämpfer des Lichts versammeln, um den Traum wachzutanzen. Manche Menschen behaupten, die Sechs sei die magische Zahl der Manifestation. Ich sage, ein einziger Mensch, der zum Glauben gefunden hat, ist genug. Dennoch habe ich rund um den nordamerikanischen Kontinent sechs geflügelte Schlangen verteilt. Unser Kontinent ist dafür verantwortlich, den Weg aufzuzeigen, der in das "Reich des Friedens auf Erden" führt. Eine dieser geflügelten Schlangen ließ ich, wie schon gesagt, im Süden, bei der Göttin Pele zurück. Eine weitere ist im Norden, in Kanada. Wieder eine befindet sich im Osten, in New York. Eine andere ist in Big Sur, Kalifornien. Die fünfte ist am Mittelpunkt, in Milfay, Oklahoma, und die letzte geht mit mir auf Reisen. An all diesen Orten kommt der Regenbogenkreis der Kinder des Lichts zusammen und lenkt die Energien auf die Heilung unseres Planeten.

Laßt uns der Mutter Erde den gebührenden Respekt erweisen. Laßt uns am Morgen unseres Lebens erwachen und der Sonne entgegensingen. Laßt uns ein Fest feiern, wenn Licht in der Dunkelheit erstrahlt. Laßt uns die Sonne preisen, für ihr Werk eines jeden Tages, und laßt sie uns am Abend mit einem Gruß verabschieden. Laßt uns den Mond begrüßen, und ihm ein Lied singen, dafür, daß er uns in der

Nacht leitet und bewacht. Laßt uns den Sternen entgegenwinken, in dem Bewußtsein, daß wir selbst Sterne sind. Möge jede Wildblume uns an unseren unbesiegbaren Geist erinnern. Laßt uns einen Dank für jedes schöne Ding auf Erden aussprechen, und laßt uns darum bemüht sein, die Schönheit in jedem Ding, das zuerst häßlich erschien, zu erkennen.

Es ist Ostern. Heute stehen wir mit unseren Füßen fest in Mutter Erde verwurzelt und mit unserer linken Hand nach oben, zu Vater Himmel ausgestreckt, aufrecht da. Wir strecken uns aus, nach dem Großen Geheimnis, unserer ersten Mutter, und werden von ihr beschenkt. Was wir erhalten, legen wir in unsere Herzen. Durch unsere Herzen können wir mit unserem dritten Auge sehen und somit aus dem Inneren des Großen Geheimnisses sprechen. Hört diese Worte, die von der ersten Mutter, dem Heiligen Geist, der göttlichen Großmutter kommen:

> Ihr seid alle meine Kinder. Ich liebe jeden von euch gleich. Ihr seid sehr wertvoll, einzigartig und wunderschön. Ihr habt die Freiheit, über euer Schicksal selbst zu bestimmen. Was in eure Leben kommt, kommt weil ihr darum gebeten habt. Euren eigenen Erwartungen gemäß werdet ihr euch erheben oder zu Fall kommen. Keiner von euch ist mehr bevorzugt oder mehr benachteiligt als der andere. Jeder von euch liegt im Kampf zwischen Ekstase und Agonie. Ihr braucht nicht mehr zu kämpfen! Jeder von euch ist beschenkt worden. Was man gibt, wird immer irgendwo empfangen. Was man nicht gibt, ist für immer verloren. In der Ewigkeit zählt jede Sekunde.
>
> Eure Vorfahren schenkten euch das Leben. Ihr Leben diente dazu, daß ihr in noch größerem Überfluß leben könnt. Geht nun einen Schritt weiter und tut, was sie nicht tun konnten. Träumt gemeinsam von einer Welt, in der alle Geschöpfe zusammen als "Familie" bezeichnet werden können. Seht, wie eure Begrenzungen und Fesseln sich auflösen. Verschmelzt eure Leben; berührt eure Seelen. Seid behutsam und höflich. Respektiert die Individualität eines jeden einzelnen. Nehmt euch Zeit, um die Eigenschaften eures Gegenübers zu erkennen, und achtet sie. Erkennt diese unterschiedlichen Eigenschaften als die wesentlichen Merkmale, die jedem Ding seine eigene Schönheit verleihen. Achtet und schätzt eure eigene Schönheit.
>
> Ehrt die Erde mit allem, was auf ihr ist. Wenn ihr etwas von ihr nehmt, dann bezahlt sie dafür, und fragt sie vorher um Erlaubnis. Nehmt nur das, was ihr selbst und eure Familie braucht, und gestattet anderen, das gleiche zu tun. Für alles, was Frucht bringt, und was ihr nehmt, pflanzt etwas Neues. Kündigt euren Besuch gebührend an, und wartet, bis ihr in einem Haus, einem Gebäude, auf einer Wiese oder in einem Wald willkommengeheißen werdet. Jeder Ort ist irgend jemandes Heim.

Behandelt die ganze Erde und den Himmel als Heim des Großen Geistes.

Wagt es, euch an eure Anfänge zu erinnern. Ihr wart es, die ihr in der großen Dunkelheit standet und das Licht hervorgebracht habt. Ihr wart es, die ihr die strahlende Sonne am Himmel aufgehen ließt. Und ihr habt den Mond in der Nacht leuchten lassen und die Sterne in die entferntesten Ecken des Universums geschleudert. In euren Händen habt ihr die Erde zu einer runden Kugel geformt. Ihr wart es auch, die ihr das Wasser auf die Erde gerufen, die Täler geschnitzt und die Berge erhöht habt. Ihr habt eure Hand über das Land gestreckt und so die Fische, die Vögel und die Tiere des Waldes, der Lüfte und der Meere entstehen lassen. Ihr wart es, die ihr die bunten Blumen und das grüne Gras zum Leben erweckt habt. Es war eurer Werk! Ihr wart und seid eins mit allem was ist, mit der ersten Mutter, dem Großen Geheimnis. Alles Leben kam von euch und kehrt zu euch zurück. Die unsichtbaren Kräfte gehören zu euch, wie eure eigenen Finger. Die "andere", außerhalb von euch, das seid ihr selbst. Alles ist eins. Die "andere" hat versprochen, euch Jetzt zu wecken. Wacht auf! Eure Zeit ist gekommen, laßt die Vision vom Himmel auf Erden Wirklichkeit werden. Lauscht den Geistern der Sterne. Jeder von euch ist ein Stern in einem Stern und auf einem Stern, der sich innerhalb des großen, ewigwährenden Sterns bewegt. Ihr teilt nun das "Ich" mit dem großen "Ich bin da". Ihr seid der Messias! Wacht auf! Das einfache Vertrauen eines Kindes ist alles, was benötigt wird. Die Wissenschaftler werden die letzten sein, die die Wahrheit erfahren, nicht die ersten. Die Kinder wissen es. Ihr seid die Kinder. Schenkt euch selbst das Leben. "Ihr werdet noch Größeres vollbringen, als ich es getan habe", sagte unser Bruder. Jetzt ist die Zeit.

Genießt jeden eurer Atemzüge! Genießt es, großartig zu sein. Spielt! Freut euch! Lacht, bis ihr nicht mehr könnt! Werdet zu lachenden Sternen!

In Liebe,
Eure Großmutter, Euer Selbst

Danke dafür, daß ihr unser Buch gelesen habt. A Ho!

Großmutter Princess Moon Feathers

Colonel Lyn

Kactus

Großmutter Kitty

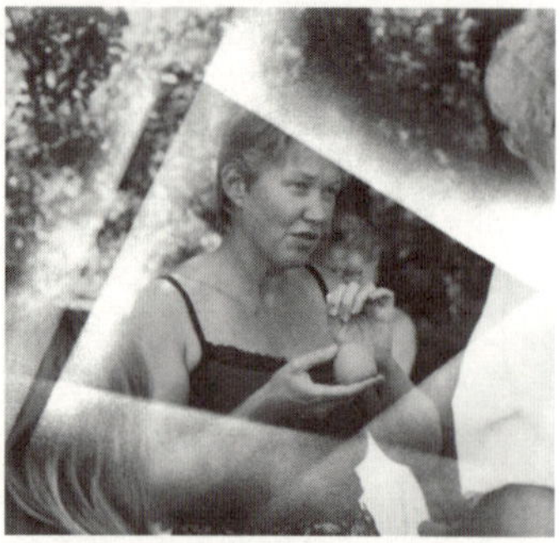

Mahisha

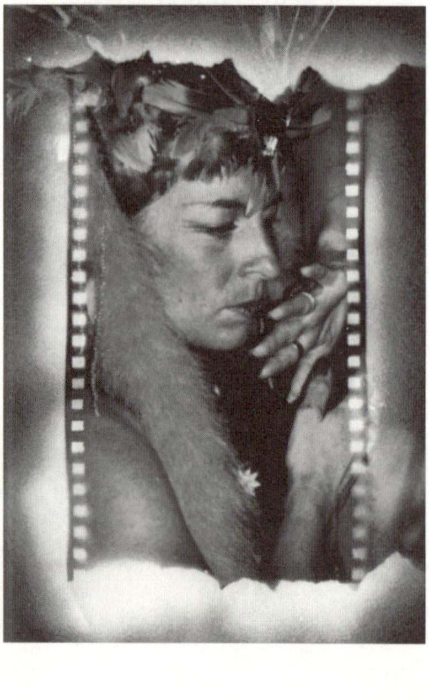

Spider Redgold

Nachwort: Ein letztes A-Ho!

"Viele Jahre lang hörte man das Klagen eines einzigen Cowgirls,
das seine Sünden beweinte.
Sie blickte auf eine Verkettung von Fehlern zurück
und fand die Heldin in sich.
Ich habe alles verloren, was man nur verlieren kann,
Ehre, Stolz, Geliebte und Freunde.
Doch aus der Asche erhob sich eine Leidenschaft,
und ich gehe dem Sieg entgegen!"

Musik von Cloud, © 1994,
"It's Too Late To Let Your Memories Fade Away"

Ein neuer Tag bricht an, in der Open Spoke Ranch in Stillwater, Oklahoma. Wir stehen auf dem Adlerfelsen am östlichen Eingang des Dorfes der "starken Herzen bei Mitternacht". Von diesem Ort des ewig Neuen lassen wir eine Stimme erschallen, die ein ganz persönliches Lied der Kraft singt:

"Wir haben keine Angst!
Wir wissen, daß unsere Herzen froh sind.
Wir sind bereit, etwas Gutes zu tun, an diesem neuen Tag.
Wir werden wieder und wieder kommen,
bis unsere Aufgabe erfüllt ist.
Dann wirst Du uns heimrufen,
in das eine große Zelt
in Deinen ewigen Himmel.
Bereite uns einen Weg, großer Schöpfer!
Bereite uns einen Weg!
Bereite einen Weg!"

So beginnt jeder neue Tag mit einem Segen für uns, auf unserer Ranch. Der heilige Boden der Zeremonien ist unser Geschenk an die kommenden sieben Generationen. Mit jedem Atemzug bereiten wir diesen heiligen Boden, diesen Spielplatz für unsere Kinder - alle Kinder, jeden Alters - über sieben Generationen hinweg.

In der "Vision von ´84" sah ich Spielfelder, Dörfer der Eingeborenen, Orte der Zeremonie, Sternentore, Spielhäuser, Amphitheater, Orte der Herausforderung, Erdtrommeln, Hütten für die Ältesten, Himmelsgewölbe, Blockhütten, Wolkenhäuser, Hütten der Versammlung des Rates, Baumhäuser, natürliche Unterkünfte, Städte des Westens, Waggonzüge und Schutzgebiete für Büffel. Dies ist das Land, das früher unsere Heimat war. Es ist ein wahrer Tempel unserer Zukunft. Man sagte mir, daß viele solcher "heiliger zeremonieller Orte des Lichts" auf unserem wunderschönen blauen Planeten entstehen würden. Diese Vision beginnt mehr und mehr Gestalt anzunehmen.

Vor kurzem kam mein Traumwandler in einem Traum zu mir und zeigte mir ein wundervolles Versprechen:

> Viele Freunde und Familienangehörige hatten sich auf der Ranch versammelt, um zusammen zu musizieren, zu feiern und zu speisen. Am Himmel erschienen auf einmal derartig wundervolle Wolken, daß wir in Staunen und Bewunderung erstarrten. Einige von uns waren von Furcht ergriffen und flüchteten sich in die Haupthütte. Sodann kam ein starker Wind auf, der die Äste der Bäume hin und her wehte.
>
> Mit einem Mal öffnete sich die große silberumrandete Wolke in von der Erde zum Himmel zeigender Richtung; sie erinnerte an eine riesengroße Vagina, die sich gleich einem großen Portal auftat. Aus ihr traten neun riesige Lichtwesen hervor. Das Gewand eines jeden von ihnen leuchtete in einer der Farben des Regenbogens. Diese Wesen waren sehr stark, freundlich und androgyn.
>
> Eines nach dem anderen trat hervor, und so standen sie gleich einer Reihe leuchtender Farben vor uns. Das neunte Wesen trug ein rotes Gewand und machte eine Geste des Grußes. Ich streckte meine Hand aus und brachte ihm den Gruß, den man an einen "Häuptling" richtet, entgegen. Es begrüßte auch mich als "Häuptling". Sonst wurde kein Wort gesprochen.
>
> Dann ließ das Wesen durch ein Kopfnicken ein Hologramm der Ranch entstehen, in dem diese als wundervolles Dorf des Lichts, der Musik, des Lachens und der Liebe erschien. Dieses Bild unserer Ranch schwebte direkt vor uns in der Luft. Ganz offensichtlich handelte es sich dabei um eine prophetische Vision. Es war deutlich, daß das Wesen sagen wollte: "Dies ist die Entwicklung, die die Ranch durchlaufen wird".
>
> Mit großem Erstaunen wandte ich mich an Skye: "Hast du das gesehen?", fragte ich sie. Mit einem Strahlen auf dem Gesicht bestätigte sie mir, daß sie es gesehen hätte. Sodann nickte der Häuptling mit dem roten Gewand erneut. Er hob uns auf eine Art Gürtel, der um die ganze neue Ranch herumreichte und uns einen Einblick in die Zukunft unserer Ranch gewährte. Was wir an jenem Tag sahen, bestätigte unsere Bestimmung und unsere Mission. Wir dankten den Wesen viele Male, bevor sie wieder durch das große Wolkentor im Himmel verschwanden.

Nachwort

Mein Vater erzählte oft und gerne eine Geschichte, die er als kleiner Junge gehört hatte. Henry Ford wollte einmal bei seinen Arbeitern Geduld und Ausdauer stärken. Er sagte zu ihnen: "Wenn ihr den Glauben nicht verliert und die Geduld habt, lange genug zu warten, könnt ihr im Leben alles tun, was ihr wollt."

Einer seiner jungen Arbeiter wollte ihn herausfordern und sagte: "Ich glaube, da haben Sie nicht recht, Mr. Ford, denn so sehr ich auch wollte, ich kann doch niemals Wasser in einem Sieb tragen".

"Oh doch, mein Sohn, das können Sie", antwortete Henry Ford, "wenn Sie nur die Geduld haben zu warten, bis es gefriert".

Skye und ich haben viele solcher Phasen des geduldigen Wartens hinter uns gebracht. Solange der Schöpfer der Sterne uns den Atem zum Leben gibt, werden wir weiter unseren Traum von einer wunderschönen Erde als großem Spielplatz der heiligen Zeremonien träumen. Der Gewinn aus diesem Buch geht an die "Magical Child Foundation" und deren Open Spoke Ranch, die wiederum unser Geschenk an die kommenden sieben Generationen ist. Es ist unser Traum, heilige Orte wie diese Ranch überall auf unserem Planeten entstehen zu sehen. Zusammen kann es uns gelingen, den heiligen Kreis All Dessen Was Ist, wieder aufzubauen. Macht alle mit! Laßt uns unser Beil zum Feuer des Kreises bringen. Zusammen werden wir einen langen Weg zurücklegen!

Scout Cloud Lee und Beth Skye

Quellenverzeichnis

Allen, Paula Gunn, *The Sacred Hoop*, Beacon Press, Boston, Massachusetts, 1986.

Hill, Ruth Beebe, *Hanta Yo*, Warner Books, New York, New York, 1979.

Lee, Scout, *The Excellence Principle*, Metamorphous Press, Portland, Oregon, 1990.

Lee, Scout and Summer, Jan, *The Challenge of Excellence*, Metamorphous Press, Portland, Oregon, 1990.

Mails, Thomas E., *Secret Native American Pathways*, Council Oak Books, Tulsa, Oklahoma, 1988.

Mails, Thomas E., *Fool's Crow: Wisdom & Power*, Council Oak Books, Tulsa, Oklahoma, 1991.*

Medicine-Eagle, Brooke, *Buffalo Woman Comes Singing*, Ballantine Books, New York, New York 1991.

Sheehan, Kathryn and Waidner, Mary, *Earth Child*, Council Oak Books, Tulsa, Oklahoma, 1991.

Open Spoke Ranch

Scout Cloud Lee und die Produzentin Beth Skye sind unter folgender Adresse zu erreichen:
The Open Spoke Ranch, Route 3, Box 265, Stillwater, OK, 74075, USA, Tel.: 001-405-377-2201

* In Deutschland erschienen, unter dem Titel *Das Leben von Fool's Crow, Ich singe mein Lied für Donner, Wind und Wolken*, Fischer Taschenbuch, 1996